也来自朱利安·杰恩斯协会

Conversations on Consciousness and the Bicameral Mind:
Interviews with Leading Thinkers on Julian Jaynes's Theory

Gods, Voices, and the Bicameral Mind:
The Theories of Julian Jaynes

Reflections on the Dawn of Consciousness:
Julian Jaynes's Bicameral Mind Theory Revisited

The Julian Jaynes Collection:
Biography, Articles, Lectures, Interviews, Discussion

The Minds of the Bible:
Speculations on the Cultural Evolution of Human Consciousness

The Psychology of Ancient Egypt:
Reconstructing A Lost Mentality

二分心智崩溃中意识的起源

朱利安·杰恩斯
JULIAN JAYNES

安怡 译

朱利安·杰恩斯协会
Julian Jaynes Society

版权所有 © 2025 Julian Jaynes Society

版权所有。未经出版商书面许可，不得以任何形式或任何方式（电子或机械）复制或使用本书的任何部分，包括复印、录制或通过任何信息存储或检索系统。如有疑问，请发送至 Julian Jaynes Society，电子邮件：info@julianjaynes.org。

二分心智崩溃中 意识的起源
原版于 1976 年出版，标题为 The Origin of Consciousness in the Breakdown of the Bicameral Mind
Houghton Mifflin Company, Boston

The Origin of Consciousness in the Breakdown of the Bicameral Mind
版权 © 1976 by Julian Jaynes

Publishers Cataloging-in-Publication Data
Jaynes, Julian
二分心智崩溃中 意识的起源

ISBN: 978-1-7373055-7-6 (softcover)

朱利安·杰恩斯协会 (Julian Jaynes Society)
内华达州亨德森 (Henderson, Nevada)
julianjaynes.org

JJSING041025

序言

1969年9月，在华盛顿的美国心理学会特邀演讲中，我首次公开总结了这项研究的中心思想。从那时起，我一直是个巡回演讲者，这部作品的各个部分都在不同地方的学术研讨会和讲座上发表过。由此引发的关注和讨论令我获益匪浅。

第一篇介绍了我所得出的这些想法。
第二篇研究了历史证据。
第三篇对一些现代现象进行了推理解释。

最初，我计划用第四篇和第五篇来完成该理论的中心立场。现在这些将成为单独的一卷，名为《意识的结果》，尚未计划出版。

普林斯顿大学, 1982

目录

序言   v
导论 意识的问题   1

第一篇
人的心智

第一章 对意识的意识   19
第二章 意识   41
第三章 《伊利亚特》的心灵   57
第四章 二分心智   70
第五章 双脑   83
第六章 文明的起源   103

第二篇
历史的见证

第一章 神、坟墓和偶像   121
第二章 文字的二分心智神权政体   145
第三章 意识的起因   167
第四章 美索不达米亚的心智变化   182
第五章 希腊的理智意识   207
第六章 卡比鲁的道德意识   238

第三篇
二分心智在现代世界的残余

第一章 对授权的追求   257
第二章 先知和附体   275
第三章 诗歌与音乐   292
第四章 催眠   305
第五章 精神分裂症   325
第六章 科学的预言   348

后记   359

导论

意识的问题

啊，这是一个充满了不可见的景观与可听闻的沉默的世界，一个心灵的虚无国度！何其不可言喻的本质：难以触摸的记忆、无从展现的遐想，和一切私隐！一座弥漫着无声独白与先见之明的秘密剧院，一栋布满所有情绪、沉思与奥秘的无形大厦，一方容纳失望与发现的无边胜地。一个完整的王国：在其中每个人都独自统治，质疑我们所欲的，指挥我们所能的。一处深藏的隐居之所，在那里可以研究出我们所做的和可能做的费解之书。一个比我在镜中所找到的任何东西都更是我自己的内在世界。这种意识是自我中的自我，是一切；但又什么都不是——那究竟是什么呢？

它又是从何而来？

以及为什么？

很少有问题比这个问题，即意识及其在自然界中的地位问题，经受得住更久或经历过更复杂的历史。尽管经过几个世纪试图把在某个时期分别被称为心灵和物质的两个实体（在另一个时期被称为主体和客体，在其他时期被称为灵魂和身体）结合起来思考和实验，尽管对意识的流变、状态或内容进行了无休止的讨论；尽管对直觉，感觉材料（sense data）、感觉所与、直接感觉、感觉与料、表象与表征，结构主义内省的感觉、图像和情感，科学实证主义的证据数据，现象学的空间，霍布斯的幽灵，康德的现象，唯心主义者的表象，马赫

（Mach）的元素，皮尔斯（Peirce）的幻觉，或赖尔（Ryle）的范畴错误等术语进行了区分，如此种种，但意识的问题仍然困扰着我们。关于它的一些东西一直反复出现，没有得到解决。

它是不会消失的差异，是别人对我们的看法和我们对内在自我的感觉以及维持这种感觉的深刻感受之间的差别。是共享行为世界中的你和我，与所想事物不确定的位置之间的区别。是我们的反思和梦想，以及我们与他人在想象中的对话，在这些对话中，我们为自己的希望和遗憾、未来和过去寻找借口、辩护、宣扬，这一切永远不会为他人所知；所有这些幻想的厚重织物与可碰触、可站立、可踢打的现实，如树、草、桌子、海洋、手、星星——甚至大脑，是如此绝对地不同。这怎么可能呢？我们孤独地经验的这些短暂的存在，如何融入自然界的有序阵列中，而自然又以某种方式围绕和吞噬着这个认知的核心？

几乎从有意识开始，人们就已经意识到了意识的问题。而每个时代都以自己的主题和关切来描述意识。在希腊的黄金时代，当公民自由旅行，而奴隶在做工时，意识就像前者那般自由。特别地，赫拉克利特（Heraclitus）称其为一个巨大的空间，即使沿着每条道路行进，边界也永远无法找到。[1] 一千年后，奥古斯丁（Augustine）在迦太基的山洞里，对"我高大的想象力的山峰和丘陵"，"我记忆中的平原、洞穴和岩洞"及其"多种多样的宽敞的房间，奇妙地配备了难以计数的贮藏"[2] 感到惊讶。请注意，心灵的隐喻（metaphors）是如何成为它所感知的世界的。

十九世纪上半叶是地质学大发现的时代，地球过去的记录镌刻在不同的地层中。这导致了意识分层理论的流行。即意识分层记录了个人的过去，意识层层深入，直至无法再被读取。对无意识的强调越来越多，在1875年之前，大多数心理学家都坚持认为，意识只是心智

---

1. Diels 编：《前苏格拉底哲学家残篇》，45。
2. 《忏悔录》9:7; 10:26, 65。

生活的一小部分，无意识的感觉、观点和判断构成了心理过程的绝大部分。[3]

在十九世纪中叶，化学接替地质学成为流行的科学，从詹姆斯·密尔（James Mill, 1773-1836）到威廉·冯特（Wilhelm Wundt, 1832-1920）和他的学生，如爱德华·铁钦纳（Edward B. Titchener, 1867-1927），意识是可以在实验室中分析为感觉和感受的精确元素的复合结构。

就像蒸汽机车在十九世纪末进入日常生活的模式一样，它们也在对意识的意识中起作用，潜意识被视为一个需要明显的宣泄口的能量紧张的锅炉，当被压制时,它会向上推升,喷涌而成为神经质的行为和无处可去的梦想的眩晕的、伪装的实现。

对于这种隐喻,我们能做的不多,只能说这正是它们的本来面目。

现在这种对意识性质的探索最初被称为身心问题（mind-body problem），带有沉闷的哲学解决方案。但自从进化论提出后，它就变成了一个更科学的问题。它成了心智的起源问题，或者更具体地说,进化论中意识的起源问题。我们自省的种种主观经验，这些由联想、希望、恐惧、情感、知识、颜色、气味、牙痛、刺激、搔痒、快乐、苦恼和欲望组成的宿主的常伴，在进化过程中，各种奇妙的内在经验的织锦在何处以及如何演变?我们如何能从单纯的物质中获得这种内在性?如果是这样,是在何时?

这个问题一直是二十世纪思想的核心。在此，我们不妨简单地看一下已经提出的一些解决方案。我将提及我认为最重要的八个方案。

意识是物质的一种属性

最广泛的可能解决方案主要对物理学家有吸引力。它指出，我们在内省中感受到的主观状态具有一种连续性，一直延伸到系

---

[3]. 关于这一效果的陈述，见 G.H. Lewes：《心灵的物理基础》（伦敦: Trübner, 1877），第365页。

统进化中,并超越了相互作用的物质的基本属性。我们的意识与所意识到的对象之间的关系,与一棵树与它所扎根的土地之间的关系,甚至与两个天体之间的引力关系,并无根本不同。这种观点在本世纪(20世纪)头四分之一的时间里是很引人注目的。亚历山大(Alexander)所称的"共在"(compresence)或怀特海(Whitehead)所称的"领会、摄入"(prehension)为一元论提供了基础,这种一元论转而成为一个被称为新实在论(Neo-Realism)的蓬勃发展的流派。如果一支粉笔掉在讲桌上,那么粉笔和桌子的相互作用只是在由充满我们心灵的感知和认识而产生的复杂性上有所不同。粉笔认识桌子,正如桌子认识粉笔一样。这就是为什么粉笔会停在桌子上。

这是对一个非常微妙的立场的夸张描述,但它还是揭示了这个困难的理论正在回答相当错误的问题。我们不是要解释我们如何与环境互动,而是要解释我们在内省中的特殊经验。这种新实在论的吸引力确实是一个历史时代的一部分,当时粒子物理学的惊人成就正在被到处谈论。物质的稳固性正在被消解为空间中单纯的数学关系,而这似乎与个人意识的相互关系一样,是一种非物理的性质。

意识是原生质(Protoplasm)的一种属性

第二种最广泛的解决方案主张,意识不在物质本身;相反,它是所有生物的基本属性。正是最小的单细胞动物的应激性,经过连续的、辉煌的进化,从腔肠动物、原索动物、鱼类、两栖动物、爬行动物和哺乳动物到人类,有了很大的进展。

十九世纪和二十世纪的众多科学家,包括查尔斯·达尔文(Charles Darwin)和爱德华·铁钦纳(E.B. Titchener),发现这一论点是不容置疑的,在本世纪的前半期启动了大量对低等生物体的出色观察。寻找原始意识的工作开始了。题为《动物的心灵》(The Animal Mind)或《微型生物的精神生活》(The Psychic Life *of Micro-Organisms*) 的书被热切地撰写和阅读。[4] 任何观察变形虫（阿米巴虫）捕食或对各种刺激作出反应的人，或观察草履虫避开障碍物或结合的人，都会感到将人类的类别应用于这种行为的诱惑是非常强烈的。

这使我们看到问题的一个非常重要的部分——我们对其他生物的同情和认同。无论我们在这个问题上可能持有什么样的结论，"看到"他人的意识、认同我们的朋友和家人，从而想象他们的想法和感受，自然而然是我们意识的一部分。因此，如果动物的行为和我们在类似情况下的行为一样，我们的人类同理心表现地如此娴熟，以至于在没有理由的情况下，需要一种特殊的精神力量来抑制这种同情。我们将意识归于原生动物的解释，只是做出了这种常见的、误导性的识别。对它们行为的解释完全在于物理化学，而不是内省的心理学。

甚至在具有突触神经系统的动物中，从他们的行为中读出意识的倾向，更多的是来自我们自己，而非来自我们的观察。大多数人都会认同一条挣扎的虫子。但正如每个给鱼钩上过饵的人所知，如果一条虫子被切成两半，拥有原始大脑的前半部分似乎并不在意，而后半部分则在"痛苦"中挣扎。[5] 但是，如果虫子像我们一样感觉到疼痛，肯定是有大脑的那一部分在做令其痛苦的事情。尾部的痛苦是我们的痛苦，而不是虫子的痛苦;它的蠕动是一种机械性的释放现象，尾部的运动神经因脱离了脑神经节的正常抑制而连连发威。

意识是一种学习

当然，要使意识与原生质体共存，就会导致讨论可以推断出意识的标准。因此，第三种解决方案指出，意识不是从物质开始的，也不是从动物生命开始的，而是在生命进化的某个特定时间产生的。对于

---

4. 分别由一位铁钦纳主义者 Margaret Floy Washburn 和 Alfred Binet 撰写。早期动物进化领域的真正经典是 H.S. 詹宁斯的《低等生物的行为》（纽约: Macmillan, 1906)。
5. 由于蚯蚓在被触摸时，受到触觉刺激会蠕动，因此，当蚯蚓在坚硬的地面或木板上爬行时，最好用刀片来做这个实验。难以置信的人和拘谨的人可以通过假设自己在帮助蚯蚓增加数量（也就是知更鸟的数量）来压制内心的痛苦，因为切断之后，蚯蚓的两端都会再生。

几乎所有积极研究这个问题的人来说,似乎很明显,在进化过程中,意识开始的时间和地点的标准是联想 记忆或学习的出现。如果一个动物能在其经验的基础上改变其行为,那么它一定是有经验的;它一定是有意识的。因此,如果一个人想研究意识的进化,他只需研究学习的进化

  这的确是我开始寻找意识起源的方式。我的第一项实验工作是一个天真的尝试,在一株特别长寿的含羞草中产生信号学习(或条件反应)。信号是一束强光;反应是一片叶子在对它与茎的连接处的精准的触觉刺激下而下垂。经过一千多次的光线与触觉刺激的配对,我的被试植物还是和以前一样绿。它没有知觉。

  在这次预料之中的失败之后,我开始研究原生动物,仔细观察在黑色胶木上用蜡刻的T型迷宫中的单个草履虫,如果它走到错误的一边,就使用直流电击来惩罚它,让它晕眩。如果草履虫能学习,我认为它们必定是有意识的。此外,我对动物分裂后的学习(和意识)会发生什么非常感兴趣。第一次表现出的积极结果在后来的重复实验中没有得到证实。在低等动物群中发现学习的一连串失败后,我转而研究具有突触神经系统的物种、扁形虫、蚯蚓、鱼和爬行动物,它们确实可以学习。所有这些都是基于幼稚的假设,即我正在记录意识的宏伟进化。[6]

  荒唐!恐怕是在几年后,我才意识到这种假设根本没有意义。当我们内省时,不是在任何学习过程的束缚下,尤其不是在条件反射和T型迷宫所表示的学习类型上。那么,为什么科学名单上有那么多知名人士将意识和学习等同起来?而我为什么会如此蹩脚地跟随他们?

  原因是存在一种巨大的历史神经症。心理学界有很多这样的情况。而科学史对心理学研究至关重要的原因之一是:它是摆脱和超越这种智识障碍的唯一途径。18和19世纪被称为联接论(Associationism)的心理学学派,一度表现得如此有吸引力,为有声

---

[6]. 关于这个重要但在方法上很困难的学习进化问题的最新讨论,见 M.E. Bitterman 的桑代克百年纪念演讲:《学习的比较分析》,见《科学》,1975, 188:699-709。其他参考资料可参R.A. Hinde 的《动物行为学》第二版(纽约: McGraw-Hill, 1970),特别是第 658-663 页。

望的人所拥护，以至于它的基本错误已经深深地印在普通的思想和语言中。

这个错误过去是，现在仍然是：意识是一个由被称为感觉和观念的元素所居住的实际空间，而这些元素由于彼此相似、或者由于它们被外部世界弄得一起出现，所产生的关联，确实是学习是什么，以及心灵是什么。因此，学习和意识被混淆了，被那个最模糊的术语——经验——搅乱了。

正是这种困惑，徘徊逗留在我对这个问题的第一次挣扎背后，以及在20世纪上半叶对动物学习的巨大重视背后。但现在绝对清楚的是，在进化论中，学习的起源和意识的起源是两个完全不同的问题。我们将在下一章中用更多的证据来证明这一论断。

意识是一种形上学的强加之物

到目前为止，我提到的所有理论都是从假设开始的，即意识是通过简单的自然选择在生物学上进化的。但另一种立场否认这种假设是可能的。

它问道：这种意识、思想、原则、信念对我们生活和行动的巨大影响真的能从动物行为中推导出来吗？在各类物种中，只有我们、独有我们！我们试图了解自己和世界，在思想的基础上成为反叛者、爱国者或殉道者。我们建造夏特尔主教堂和计算机，写作诗歌和张量方程，下棋和演奏四重奏，把宇宙飞船开到其他星球，倾听其他星系的声音——这与迷宫中的老鼠或狒狒的威胁表演有什么关系？达尔文关于心灵进化的连续性假说是进化论神话中非常可疑的标志。[7] 使反叛者从生活的安逸中挣扎出来的科学家梦寐以求的对确定性的向往，困扰着艺术家的疼痛之美、正义的甜蜜之刺，或者我们听说真正的勇气美德之行为、以及在无望的痛苦中愉快忍耐时，而产生

---

[7]. 证明这种连续性是达尔文第二最重要的作品《人类的后裔》的目的。

的近乎狂喜的兴奋感——这些真的可以从物质中获得吗?或者甚至与无言的猿猴的白痴等级相连续?

这条鸿沟是令人敬畏的。人和其他哺乳动物的情绪生活确实惊人地相似。但如果过分关注这种相似性，就会忘记这样一条鸿沟的存在。人类的文化、历史、宗教和科学等理性生活，与我们所知的宇宙中的任何其他事物都不同。这就是事实。就好像所有的生命都进化到了某一点，然后在我们自己身上转了一个直角，直接向不同的方向爆发。

对类人猿和使用语言的理性文明人之间的这种不连续性的认识，使许多科学家回到了形而上学的观点。意识的内在性在任何意义上都不可能通过自然选择从单纯的分子和细胞的组合中进化出来。人类的进化必须比单纯的物质、机会和生存要多。必须从这个封闭系统的外部添加一些东西，以解释像意识这样不同的东西。

这种想法始于现代进化论的开始，特别是在自然选择理论的共同发现者阿尔弗雷德·拉塞尔·华莱士（Alfred Russel Wallace）的工作中。达尔文和华莱士在1858年双双宣布了这一理论后，他们都像拉奥孔（Laocoons）一样在人类进化的蛇形（复杂）问题及其意识的卷曲困难中苦苦挣扎。但达尔文用他自己的天真蒙蔽了这个问题，只看到进化中的连续性，而华莱士却没有这样做。不连续性是糟糕且绝对的。特别是人类的意识官能"不可能通过与决定一般有机世界以及人类生物体逐步发展相同的规律来发展"，[8] 他认为，证据表明，某种形上学力量在三个不同的点上指导了进化：生命的起源，意识的起源，以及文明的起源。事实上，部分地由于华莱士在生命后半程坚持在灵媒的降神会中徒劳地寻找这种形而上学强加的证据，导致他的名字并不像达尔文那样作为自然选择进化论的发现者而广为人知。这种努力是科学界所不能接受的。通过形而上学的强加来解释意识，似乎是跳出了自然科学的规则。但如何仅用自然科学来解释意识，确实是一个问题。

8.《达尔文主义,自然选择理论的阐述》（伦敦:Macmillan, 1889),第475页;另见《华莱士对自然选择理论的贡献》第10章。

无助的旁观者理论

作为对这种形而上学假设的反应，在进化论思想的早期阶段，唯物主义观点日趋强势。这是一种与直接的自然选择更为一致的立场。它甚至内在地具有那种尖锐的悲观主义，而这种悲观主义有时奇怪地与真正的硬科学联系在一起。这种唯物论使我们确信：意识根本不做什么，而且事实上什么都不能做。许多态度强硬的实验者仍然同意赫伯特·斯宾塞（Herbert Spencer）的观点，即对意识的这种降级是唯一符合直接进化理论的观点。动物被进化了；神经系统及其机械反射的复杂性增加了；当神经的复杂性达到某种未指明的程度时，意识出现了，从此开始了它作为宇宙事件无助的旁观者的徒劳历程。

我们所做的事情完全由大脑的线路图及其对外部刺激的反射来控制。意识不比电线发出的热量更多，只是一个附带现象而已。正如霍奇森（Hodgson）所说：有意识的感觉只是呈现在马赛克表面的颜色，但马赛克是由石头而不是由颜色组成的。[9] 或者正如赫胥黎（Huxley）在一篇著名的文章中所坚持的："我们是有意识的机器人。"[10] 意识不能改变身体的工作机制或其行为，一如火车的汽笛不能改变其机械运转或方向一样。无论它如何呼号，铁轨早已决定了火车的去向。意识是从竖琴上飘来的旋律，但无从拨动其琴弦；泡沫从河水中汹涌而出，但不能改变其路线；影子忠诚地陪伴在旅人身边，但难以影响其行程。

威廉·詹姆斯（William James）对有意识的机器人理论进行了最好的讨论。[11] 他的论证有点像塞缪尔·约翰逊（Samuel Johnson）通过踢着石头喊"我这样反驳它"来驳倒哲学上的观念论。意识与它所忠实关注的事业毫无关系，这简直是不可思议的。如果意识只是行动的无力的影子，为什么在行动最犹豫不决的时候，意识反而

---

9. Shadworth Hodgson：《练习的理论》（伦敦：Longmans Green, 1870), 1:416。
10. 而意志只是大脑状态的象征。T.H.赫胥黎：《散文集》（纽约：Appleton, 1896), Vol. 1, p. 244。
11. 威廉·詹姆斯：《心理学原理》（纽约：Holt, 1890），第1卷，第5章，也见威廉·麦克杜格尔：《身体与心灵》（伦敦：Methuen, 1911），第11, 12章。

更为强烈?为什么在做最习惯的事情时,我们的意识却最少?当然,意识与行动之间这种摇摆不定的关系是任何关于意识的理论都必须解释的问题。

突现进化论(Emergent Evolution)

突现进化论被非常明确地迎上舞台,以将意识从仅仅作为无助旁观者的不体面的状态中拯救出来。它还被设计用来科学地解释所观察到的进化的不连续性,而这正是形而上学强加论点的核心所在。当我前段时间第一次开始研究它的时候,我也感觉到了一道亮光,意识问题和所有的一切似乎都颤抖着落到了准确而美妙的地方。

它的主要思想是一个隐喻。就像湿润的属性不能仅仅从氢和氧的属性中得出一样,意识也是在进化的某个阶段以一种无法从其构成部分中得到的方式产生的。

虽然这个简单的想法可以追溯到约翰·斯图尔特·密尔(John Stuart Mill)和G.H.卢斯(G. H. Lewes),但真正令人振奋的是罗伊·摩根(Lloyd Morgan)在1923年的《突现进化论》(Emergent Evolution)中的版本。这本书是一个彻头彻尾的突现进化体系,有力地追溯到了物理领域。物质的所有属性都是从一些不明确的先驱者那里产生的。复杂化合物的属性是由较简单的化学成分组合而成的。生命体的独特属性是由这些复杂分子的结合而产生的。进而,意识从生物体中产生。新的结合带来了新的关联性,这些关联性带来了新的突现物。因此,在每一种情况下,新出现的属性都与它们所产生的系统有效相关。事实上,在每个更高层次上出现的新关联指导并维持着该层次特有的事件的进程。那么,意识是在进化的关键阶段作为真正的新事物出现的。当它出现时,它指导大脑中的事件进程,并在身体行为中具有因果效力。

大多数杰出的生物学家和比较心理学家,所有受挫的二元论者,都对这一反归纳主义的学说表示欢迎,这是很不体面的。生物学家们称它是对物理学和化学的新的独立宣言。生物学家再也不必因为观测结果不是从非生物的工作中发现的，也不符合预期，而被霸凌去压制这些结果。生物学本身就成为一门科学。知名的神经学家一致认为，现在我们不再需要认为意识只是在我们的大脑过程中跳着勤力但徒劳的舞蹈。[12] 意识的起源似乎已经被指出，以夺回意识作为行为支配者的被篡夺的宝座，甚至允诺在未来出现新的和不可预测的现象。

但它有吗？如果意识是在进化中出现的，那么是什么时候？在什么物种中？什么样的神经系统是必要的？当理论突破的第一波热潮减退时，人们发现问题并没有真正改变。亟需回答的正是这些具体的问题。突现进化论的错误之处不是其学说本身，而是它让人们重新回到了对意识和行为的舒适的思考方式中去，使人们获得了对广泛而空洞的一般性的认可。

从历史上看，值得注意的是，所有这些在生物学的长廊上为突现进化而起舞的情况正在发生，与此同时，一种更强大的、教育程度较低的、具有严格的实验活动的学说正在开始对心理学界进行强有力的征服。当然，解决意识及其在自然界中的地位问题的方法之一是否认意识的存在。

行为主义（Behaviorism）

坐下来，试着意识到说"意识不存在"意味着什么，这是一个有趣的练习。历史没有记载早期行为学家是否尝试过这一壮举。但它到处记录了意识不存在的学说在本世纪对心理学产生的巨大影响，且规模甚大。

而这就是行为主义。它的根源可以远远追溯到发霉的思想史，追溯到十八世纪及之前的所谓伊壁鸠鲁派（Epicureans），追溯到从植物到动物到人类的归纳尝试，追溯到被称为客观主

---

12. 这里的引文来自 H. S. Jennings，转述自 C. Judson Herrick。关于这些和其他对突现进化论的反应，见 F. Mason：《进化的创造》（伦敦：Duckworth, 1928）和威廉·麦克杜格尔：《现代唯物主义与突现进化论》（纽约：Van Nostrand, 1929）。

（Objectivism）的运动，或者更具体地说，行动主义（Actionism）。因为正是奈特·邓拉普（Knight Dunlap）试图将后者传授给一位优秀但无能的动物心理学家约翰·B·华生（John B. Watson），从而产生了一个新词——行为主义（Behaviorism）。[13] 起初，它与我们已经研究过的"无助的旁观者"理论非常相似。意识在动物身上并不重要。但是，在遭遇了一次世界大战和一些激烈的反对声音之后，行为主义带着"意识根本就不是什么"的断言，冲上了知识的舞台。

何其令人惊讶的学说！但真正令人震惊的是，它开始时似乎是一个突发奇想，后来发展成一种运动，从1920年到1960年持续占据心理学的中心舞台。这样一个奇特立场长盛不衰的外部原因迷人且复杂。当时的心理学正试图从哲学中挣脱出来，成为一门独立的学科，并利用行为主义来做到这一点。行为主义的直接对手，铁钦纳的内省主义（Titchenerian introspectionism），建立在意识和化学之间的错误类比上，是一个苍白无力的对手。第一次世界大战后被推翻的观念论留下了一个需要新哲学的革命时代。物理学和通用技术引人入胜的成功提供了一种似乎与行为主义更加兼容的模式和手段。世人对主观思想充满厌倦与警惕，渴望客观事实。在美国，客观事实就是实用主义（pragmatic）的事实。行为主义在心理学中提供了这一点。它允许新一代用一个不耐烦的手势将意识及其起源问题的所有陈旧的复杂问题扫到一边。我们将翻开新的一页，有一个新的开始。

新的开始在一个又一个实验室中获得了成功。但它成功的唯一内在原因不在于其事实，而在于它的计划。这是一个多么有活力和令人振奋的研究计划啊！它有一个闪亮的永不生锈的承诺，即把所有的行为简化为少数几个反射和由它们发展出来的条件反应；把刺激、反应和强化的脊髓反射术语概括为领导行为的难题，从而似乎解决了它们；让老鼠穿越数英里的迷宫，进入更迷人的客观定理

---

13. 关于行为主义早期的一个不那么带有攻击性的描述，见 John C. Burnham：《论行为主义的起源》，《行为科学史杂志》，1968, 4:143-151。还有一个很好的讨论，Richard Herrnstein：《约翰-B-华生的比较心理学导论》，见 M. Henle, J. Jaynes 与 J. J. Sullivan 编辑《心理学的历史概念》(纽约: Springer, 1974), 98-115。

的迷宫；以及它的庄严保证，把思想降为肌肉抽搐，把人格降为小阿尔伯特的苦难。[14] 在这一切中，有一种激动人心的兴奋，在此难以述说。复杂将变得简单，黑暗将变得光明，而哲学将成为过去。

　　从外面看，这场对意识的反抗似乎冲进了人类思想的古老堡垒，在一所又一所大学里竖起了它高昂的旗帜。但是，曾经作为其主要流派的一员，我承认并不像看起来那样。在印刷品之外，行为主义只是拒绝谈论意识。没有人真的相信他没有意识。在国外有一种非常真实的虚伪，因为那些对其问题感兴趣的人被强行排除在学术心理学之外，一篇又一篇的文章试图将这个不受欢迎的问题扼杀在学生的视野之外。从本质上讲，行为主义是一种方法，而不是它试图成为的理论。而作为一种方法，它驱除了旧的幽灵，给心理学带来了一次彻底的门户清理。现在，衣柜已经被清扫干净，橱柜也被清洗和通风，我们已经准备好再次考察这个问题。

意识是网状激活系统（Reticular Activating System）

　　但在这样做之前，还有最后一个方法，一个完全不同的方法，也是我近来喜欢的一个方法，即神经系统。在试图解开心灵之谜的挫折中，不管是真实的还是幻想的，我们常常用解剖学来慰藉我们的困惑，并把一个想法看作是一个特定的神经元，或把一种情绪看作是一种特定的神经递质！这是一种诱惑，源于对上述所有解决方案的不可检验性和模糊性的恼怒。摒弃这些语言上的微妙之处！哲学深不可测的姿态，甚至行为主义的纸上理论，都只是为了回避我们正在谈论的材料而采取的托词！在这里，有一个动物——如果你愿意，让他成为一个人——他就在我们分析的桌子上。如果他有意识，那一定是在这里，就在他身上，在我们面前的大脑里，而不是在过往哲学无能的自以为是的暗示中！今天，我们终于有了直接探索神经系统的技

---

14. 华生关于条件恐惧的实验的不幸对象。

术，从大脑到大脑。在这块仅有三磅半重的藕色物质中的某处，一定存在答案。

我们所要做的就是找到大脑中负责意识的那些部分，追踪它们的解剖学演变，就可以解决意识的起源问题。此外，如果研究与这些神经结构发展的不同阶段相对应的现今物种的行为，将能最终以实验的方式准确地揭示出意识的基本特征。

现在这听起来像是一个很好的科学计划。自从笛卡尔选择了大脑的松果体作为意识的居所，并被其同时代的生理学家们彻底驳斥后，人们一直在热切地寻找大脑中意识存在的地方，尽管这种寻找往往很肤浅。[15] 但探索仍在继续。

目前，对意识的神经基质的合理提名是我们这个时代最重要的神经学发现之一。这就是被称为网状结构（reticular formation）的微小神经元的纠缠，它长期以来一直隐藏在脑干中，未被发现。它从脊髓顶部通过脑干一直延伸到丘脑和下丘脑，吸引着来自感觉和运动神经的附属物，几乎就像经过它附近的通信线路上的一个窃听系统。但这还不是全部。它还可能与大脑的半打主要区域和脑干的所有核团有直接的指挥路线，并向脊髓发送纤维，通过脊髓，影响感觉和运动神经末梢。它的功能是使选定的神经回路敏感化或"唤醒"，并使其他神经回路脱敏，因此，那些从事这项工作的人把它命名为"清醒的大脑"。[16]

网状结构也经常以其功能命名，即网状激活系统。它是全身麻醉通过使其神经元失活而产生效果的地方。切断它可以产生永久性睡眠和昏迷。通过在其大部分区域植入电极来刺激它，可以唤醒沉睡的动物。此外，它能够对大脑的大多数其他部分的活动进行分级，这样做是对其自身内部兴奋性和神经化学的滴度的反映。存在一些例外情况，在这里讨论起来太复杂了。但是，这些例外并没有削弱令人振奋的想法，即这个与整个大脑相连的短神经元的无序网络，这

---

15. 我在我的论文《十七世纪的动物运动问题》中更详细地讨论了这个问题，见《思想史杂志》，1970, 31: 219- 234。
16. 见 H.W. Magoun：《觉醒的大脑》（Springfield, Illinois: Thomas, 1958）。

个在经典神经学的严格意义上的感觉和运动系统之间的中央交易核心，是长期以来寻求的整个问题的答案。

* * *

  如果现在看一下网状结构的演变，询问它是否可以与意识的演变相关联，我们发现没有任何鼓舞人心的因素。事实证明，它是神经系统最古老的部分之一。事实上，有一个很好的理由可以说这是神经系统最古老的部分，围绕着它发展出了更有序、更具体、更高度进化的神经束和神经核。目前对网状结构的演变所知甚少，这似乎并不表明意识及其起源的问题将通过这种研究得到解决。
  此外，在这种推理中存在着一种错觉。在将心理现象转化为神经解剖学和化学的倾向中，这种错觉太常见了，而且不言而喻。我们只能在神经系统中了解首先在行为中了解的东西。即使我们有一个完整的神经系统的线路图，仍然无法回答最基本的问题。尽管知道每一个曾经存在的物种的每一根轴突和树突的每一根痒痒的线的连接，连同它所有的神经递质以及它们在每一个曾经存在的大脑的数十亿个突触中的变化，我们仍然永远不能——永远不能——仅仅从大脑的知识中知道那个大脑是否包含像我们自己的意识。我们首先必须从头开始，从意识是什么的某种概念开始，从我们自己的内省是什么开始。我们必须确定这一点，然后才能进入神经系统并谈论神经学。
  因此，我们必须尝试通过说明意识是什么来创造一个新的起点。我们已经看到，这不是一件容易的事，而且这个主题的历史是一个巨大的隐喻与指称的混淆。在任何这样的情况下，当某些东西甚至对清晰的开端都如此抗拒时，从确定该东西不是什么开始是明智的。而这正是下一章的任务。

第一篇

人的心智

第一章

对意识的意识

当被问及"什么是意识"这个问题时,我们就会意识到意识的存在。大多数人都将这种"对意识的意识"等同于意识本身。这是不确切的。

在对意识的意识中,我们觉得它是可以想象的最不证自明的东西。我们觉得它是我们所有清醒状态、情绪和情感、记忆、思想、注意力和意志的典型属性。我们确信无疑:意识是观念、学习和推理、思考和判断的基础,因为它记录并储存了经验的发生,使我们能够对它们进行反省,并随心所欲地从中学习。我们也很清楚,所有这些被称为意识的奇妙运作和内容,都位于心灵中的某个地方。

然而,经过严格的考察,以上陈述都是错误的。它们是几个世纪以来意识一直借以伪装的戏服。它们是为解决意识的起源问题而设置障碍的错误观念。证明这些错误并说明意识不是什么,是本章中我希望完成的漫长但具有冒险性的任务。

意识的广泛性

首先,可以抛弃意识这个词的几种不正确用法。例如,头部受到撞击后有"失去意识"的说法。但如果这是对的,那我们就无法形容临床文献中已知的梦游状态,在这种状态下,一个人显然没有意识,但却对外物刺激有反应，而被打倒的人则没有。因此，我们应该说，头部遭受重击的人既失去了意识，也失去了反应性，它们是不同的东西。

这种区别在日常生活中也很重要。我们不间断地对事物做出反应，而当下并没有意识到它们。倚树而坐，我总是对树和地面以及我自己的姿势做出反应，如果我想走路，我会不自觉地从地上站起来。

沉浸在这第一章的想法中，我甚至很少意识到我在哪里。在写作时，我对手中的铅笔有反应，因为我抓着它，对我的写字板有反应，因为我把它放在膝盖上，对它的线条有反应，因为我在上面写字，但我只意识到我想说什么，以及我是否对你讲得很清楚。

如果一只鸟从附近的灌木丛中冲出来，尖叫着飞向地平线，我可能会转身看向它，听到它的声音，然后再回到这一页，全然没有意识到自己刚刚做了什么。

换句话说，反应性涵盖了我的行为以任何方式考虑到的所有刺激，而意识则是相当独特的东西，是一种远非普遍存在的现象。我们只是不时地意识到我们在对什么做出反应。反应性可以从行为学和神经学的角度来定义，而意识在目前的知识状态下却不能。

但这种区别的意义更为深远。我们一直在对事物作出反应，而这些反应无论何时在意识中都没有任何表现。在看到任一物体时，眼睛和视网膜成像通过每秒20次的移动对物体做出反应，然而我们看到的是一个没有变化的稳定物体，对不同输入或将它们组合成物体的过程没有任何意识。在适当的背景下，一个异常小的视网膜图像会自动被视为远处的东西；我们并没有意识到要进行校正。颜色和光线的对比效果，以及其他知觉恒常性（perceptual constancies），都在我们清醒甚至做梦的经验中时刻进行着，而我们丝毫没有意识到它们。这些例子几乎没有触及根据较早的意识定义人们可能期望意识到、但绝对没有意识到的众多过程。我在这里想到了铁钦纳对意识的称呼，即"当下发生的心理过程的总和"。现在我们离这样的立场非常遥远。

让我们更进一步。意识是我们精神生活中比我们意识到的小得多的一部分，因为我们不可能意识到我们没有意识到的东西。这句话说起来何其简单，但理解起来却非常困难！就像在一个暗室中要求手电筒四下搜寻没有任何光照耀的东西。既然手电筒在它转动的任何方向上都有光，就会得出结论说到处都有光亮。因此，意识似乎可以渗透到人的所有心理，而实际上并非如此。

意识的时间也是一个有趣的问题。当我们清醒的时候，我们是否一直都有意识？我们认为是的。事实上，我们肯定是这样的！我闭上眼睛，即使我试着不去想，意识仍然在流淌，这是一条在不同条件下连续涌现的内容大河，我被教导称之为思想、图像、记忆、内在对话、遗憾、愿望、决心，所有这些都与我有选择地意识到的不断变化的外部感觉盛会交织在一起。（意识）始终是连续性的。当然，这是一种感觉。无论我们在做什么，我们都感觉到我们的自我，我们最深的深层的身份，确实是这种唯有在无梦的睡眠时才会停止的持续的流动。这就是我们的经验。许多思想家把这种连续性的精神作为哲学的出发点，作为任何人都不能怀疑的确定性的基础。即，我思，故我在（Cogito, ergo sum）。

但这种连续性意味着什么呢？如果我们把一分钟看成是六万毫秒，那么我们对其中的每一个毫秒都有意识吗？如果你仍然这样认为，继续划分时间单位，切记，神经元的激发是有限的——尽管我们不知道这与我们对意识的连续性的感觉有什么关系。很少有人愿意坚持认为，意识在某种程度上像一团迷雾一样漂浮在神经系统的上方和周围，与神经不应期（neural refractory periods）的任何世俗必需品完全不相连接。

更有可能的是，看似连续的意识其实是一种幻觉，就像大多数关于意识的其他隐喻一样。在我们的手电筒比喻中，手电筒只有在开着的时候才会意识到它是开着的。虽然存在着巨大的时间间隔，但只要事物大致相同，对手电筒本身来说，灯光似乎一直在持续。因此，我们对时间的意识比我们想象的要少，因为我们无法意识到我们没有意识的时候。而丰富的内心体验巨大且不间断的流动感，现在慢慢地滑过梦幻般的情绪，在兴奋的激流中、从险峻的峡谷中翻腾而下，或者均匀地漫过我们华丽的岁月，这就是这一页上的内容，一个关于主观意识如何 看待主观意识的隐喻。

　　但是有一个更好的方法来说明这一点。如果你闭上左眼，盯着这一页的左边空白处，你根本不会意识到在你的视野中，右边大约四英寸处有一个很大的空隙。但是，仍然只用右眼盯着看，拿起你的手指，沿着从左边缘到右边缘的一条印刷线移动，你会看到它的顶部消失在这个空隙中，然后重新出现在另一侧。这是由于在视网膜的鼻侧有一个两毫米的空隙，视神经纤维在这里聚集,使眼睛通向大脑。[1] 这个空隙的有趣之处在于，它并不像通常所说的那样是一个盲点；它是一个非（盲）点。盲人能看到自己的黑暗。[2] 但你根本看不到你视野中的任何空隙，更不用说以任何方式意识到它了。就像盲点周围的空间是连接在一起的，根本没有任何缝隙，意识也在其时间缝隙上编织自己，给人以连续的错觉。

　　几乎在任何地方，我们都可以看到很多例子，说明我们的日常行为是多么无意识。弹钢琴就是一个非常特别的例子。[3] 在这里，各种复杂的任务被同时完成，却几乎没有任何意识：两行不同的近似天书的文字要同时被阅读，右手被引导到其中一行，左手被引导到另一行；十个手指被分配到各种任务中，指法在没有任何意识的情况下解决了各种运动问题，而心智则将升号、降号和自然音解释为黑键和白键，服从全音符、四分音符或十六分音符以及休止符和颤音的

---

1. 注意盲点的一个更好的技巧是拿两张大约半英寸见方的纸，在你面前一英尺半的地方拿着它们，用一只眼睛盯着其中一张，然后把另一张纸移出同一侧，直到它消失。
2. 除非失明的原因是在大脑。例如，士兵在大脑皮层的一个或另一个枕部区域受伤，大部分的视野被破坏，但他们并没有意识到自己的视力有任何改变。直视前方，他们有一种看到完整视觉世界的错觉，就像你或我一样。
3. 这个具有类似措辞的例子被卡彭特（W. B. Carpenter）用来说明他的"无意识思考"，这可能是十九世纪对这个观点的第一个重要陈述。卡彭特在 1852 年的《人类生理学》第四版中首次对其进行了描述，但在他后来的作品中描述得更为广泛，如他的《心理生理学原理》（伦敦：Kegan Paul, 1874），第二册，第13章。

时间，一只手可能是一小节三拍，而另一只手则是四拍，同时双脚在软化或模糊或保持各种其他音。而在这段时间里，表演者，有意识的表演者，正处于对所有这些巨大的事业成绩的艺术狂喜的第七重天，或者偶然迷失在对翻动音乐书书页的个人的沉思中，相信他正在向她展示他的灵魂！当然，意识通常在这种复杂活动的学习中发挥作用，但不一定在表演中发挥作用，这是我在这里试图说明的唯一观点。

　　意识往往不仅是不必要的；它可能是相当不可取的。钢琴家在一组激越的琶音中突然意识到自己的手指，就不得不停止演奏。尼金斯基（Nijinsky）在某个地方说，当他起舞时，仿佛在乐池里回头看自己；他没有意识到每一个动作，而是意识到他在别人眼里是怎样的。一个短跑运动员可能意识到他在比赛中相对于其他人的位置，但他肯定没有意识到把一条腿放在另一条腿的前面；这种意识确实可能导致他绊倒。任何打网球的人，以我这种中庸的水平，都知道他的发球突然"化为乌有"和连续双发失误的恼怒！双发失误越多，就越有意识。双发失误次数越多，越能意识到自己的动作(和自己的处置!)，事情就越糟糕。[4]

　　这种费力的现象不能用身体的兴奋来解释，因为在意识方面，同样的现象也发生在较为轻松的工作中。此时此刻，你并没有意识到你是如何坐着的，手放在哪里，阅读速度有多快，尽管在我提到这些项目时，你已经意识到了。当你阅读时，没有意识到字母或单词，甚至没有意识到句法或句子和标点符号，而只意识到它们的意义。在你听一个演说时，音素会消失在单词中，单词会消失在句子中，句子会消失在它们所要表达的内容中，消失在意义中。意识到讲话的元素就是破坏讲话的意图。

　　在输出方面也是如此。试着在说话时充分意识到自己的发音。你将彻底停止说话。

---

4. 本书作者在钢琴上即兴演奏，他最好的演奏是在他发明新主题或改进时没有意识到演奏的一面，当他像另一个人一样神游并意识到他的演奏。

同理，在写作中，似乎铅笔、钢笔或打字机本身在拼写单词、空格、正确运用标点符号、换行、变换方式展开连续的语句，决定在这里放一个问题、在那里放一个感叹词，即使在我们全神贯注于自己试图表达的内容和所面对的人时。

因为在说话或写作时，我们并不真正意识到自己当时究竟在做什么。意识的作用在于决定说什么、如何说、以及何时说，但这样看来，音素或书面字母的有序和连续的完成就以某种方式代为做到了。

意识不是经验的复制

尽管在归于亚里士多德的著作中已经使用了空白心灵的隐喻，但实际上只是从约翰·洛克在十七世纪将心灵视为"白板"（tabula rasa）开始，我们才强调意识的这一记录作用，并因此看到意识中充满了可以在内省中重新阅读的记忆。如果洛克生活在我们这个时代，他就会使用照相机而不是石板的比喻。但想法是一样的。大多数人都会断言：意识的主要功能是储存经验，像照相机一样复制经验，以便在未来的某个时候对它进行反思。

看起来是这样。但要考虑以下问题。你房间的门是从右边还是左边打开的?你的第二长的手指是哪个?红绿灯是红色还是绿色在上面?刷牙时你能看到几颗牙齿?在电话表盘上，哪些字母与哪些数字有关?如果你在一个熟悉的房间里，不用转身，写下你身后墙上的所有物品，然后再看。

我想你会惊讶地发现，在意识中，对你从以前那么多专注的经验中储存的所谓图像进行回顾的能力是多么的有限。如果熟悉的门突然向另一边打开，如果另一个手指突然变长，如果红灯的位置变化，或者你多了一颗牙，或者电话的制作方式不同，或者在你身后的窗户上装了一个新的窗帘，你会立即知道，这表明你一直都"知道"，但不是有意识的。心理学家很熟悉，这就是识别和回忆之间的区别。

你能有意识地回忆起的东西，与你实际知识的巨大海洋相比，只是沧海一粟。

　　实验表明，有意识的记忆不是像人们有时认为的那样，是对感觉图像的储存。只有当你在某个时候有意识地注意到你的手指长度或你的门，在某个时候数过你的牙齿，你才能记住，尽管你已经无数次观察过这些东西。除非你特别注意到墙上的东西，或者最近打扫过或刷过墙，否则你会对自己遗漏的东西感到惊讶。进一步进行反省。在这些情况下，你难道没有问过那里一定有什么吗?从想法和推理开始，而不是从任何图像开始?有意识的回顾不是对图像的检索，而是对你以前所意识到的东西的检索，[5] 并将这些元素重新加工成合理或可信的模式。

＊　＊　＊

　　让我们以另一种方式证明这一点。如果你愿意，想想你什么时候进入你现在所在的房间，什么时候拿起这本书。对它进行反省，然后问一个问题:你所复制的图像是你进来后坐下来开始阅读时的实际感觉领域吗?你是不是有一个自己穿过其中一个门的图像，也许甚至是其中一个入口的鸟瞰图，然后也许隐约看到自己坐下来拿起这本书?这些都是除了在这个反省中、你从未经历过的事情!你能不能检索出声音?你能回忆事件周围的声场吗?或者当你坐下时，把压力从脚上移开，并打开这本书时的皮肤感觉?当然，如果你继续思考，你也可以重新安排你的想象性回顾，使你确实"看到"进入房间，就像它可能是的那样;"听到"椅子和书本打开的声音，"感受"皮肤的感觉。但我认为，这其中有很大一部分是对经验应该是什么样子的创造性想象——我们稍后将称之为叙述——而不是它实际上是什么样子。

---

5. 在这方面，请看罗伯特·S·伍德沃斯在《心理问题》（纽约：哥伦比亚大学出版社，1939年）中的讨论，第7章。

或者反省一下你上次去游泳的时候；我猜测你对海边、湖边或游泳池有一个印象，这在很大程度上是一种回顾，但当谈到你自己在游泳时，呵！就像尼金斯基在他的舞蹈中一样，你看到自己在游泳，这是你从来没有观察过的。关于游泳的实际感觉是非常少的，特别是穿过你脸部的水线，水掠过皮肤的感觉，或者当你转头呼吸时，你的眼睛在水下到什么程度。[6] 同样地，如果你想到你最后一次在户外睡觉，去滑冰，或者——如果所有的事情都失败了——在公共场合做了一件让你后悔的事情，你往往倾向于不看、不听、不感觉你实际经历过的事情，而是以客观的方式重新创造它们，看到自己在那个情境中，好像你是别人一样。那么，回忆是一项伟大的发明，看到自己犹如在别人眼中看到你。记忆是"必须有的"的媒介。尽管我毫不怀疑，在任何一个例子中，你都可以通过推理发明一种对经验的主观看法，甚至确信那是真实的记忆。

意识对概念来说不是必要的

关于意识的另一个常见的容易混淆的看法是：意识是形成概念的具体而独特的地方。这是一个非常古老的想法：我们先有各种有意识的经验，然后把类似的经验放在一起，形成一个概念。这种想法甚至成为心理学家们进行的一系列实验的范式，他们认为自己是在研究概念的形成。

马克斯·穆勒在其上个世纪的一次精彩讨论中，将问题引向了一个点，他问：谁曾看到过一棵树？"没有人见过树，只有这棵或那棵冷杉树，或橡树，或苹果树…。因此，树是一个概念，这样的概念永远不可能被感官看到或感知到。"[7] 在外部环境中只有特定的树，只有在意识中，才存在树的一般概念。

---

6. 一个例子取自唐纳德·赫伯的启发性的讨论：《心灵的眼睛》，见《今日心理学》，1961年，第2期。

7. Max Müller：《思考的科学》（伦敦: Longmans Green, 1887), 78-79. Eugenio Rignano在他的《推理心理学》（纽约: Harcourt, Brace, 1923)，第108-109页，提出了与我类似的批评。

概念和意识之间的关系原本可以有一个广泛的讨论。但在此只需表明：它们之间没有必然的联系。当穆勒说没有人见过一棵树时，他是把他对一个物体的了解误认为是物体本身。每个在烈日下跋涉了数十公里的疲惫旅人都曾见过"一棵树"。同理，每只被狗追赶时的猫、松鼠和花栗鼠也都见过一只狗。蜜蜂对花有一个概念，老鹰对悬崖峭壁有一个概念，就像一只筑巢的鸫鸟对绿叶笼罩的树枝高处的叉丫有一个概念一样。概念只是行为上等同的事物的种类。根本概念是先于经验的。它们是使得行为发生的倾向性结构（aptic structures）的根本。[8] 事实上，穆勒应该说的是，从来没有人曾经意识到一棵树。因为意识不仅不是概念的储存库，它基本上也不与概念打交道。当我们有意识地去想一棵树时，我们确实意识到了一棵特定的树，比如长在我们房子旁边的一棵冷杉、橡树或榆树，并让这棵具体的树代表树这个概念，就像我们也可以让一个概念词代表这棵树一样。事实上，语言的伟大功能之一就是让一个词语代表一个概念，这正是我们在写作或谈论概念材料时所做的。而且我们必须这样做，因为概念通常根本不在意识当中。

意识不是学习的必要条件

对意识的第三个重要误解是，它是学习的基础。特别是对于十八和十九世纪一系列杰出的联想论者心理学家（Associationist psychologists）来说，学习是意识中的观念通过相似性、相邻性或偶发的其他关系被分组的问题。无论我们所说的是人还是动物，所有的学习都是"从经验中获利"，或者是意识中的观念聚集在一起——如我在导言中所说。因此，当代的常识，在没有意识到原因的情况下，便在文化上继承了意识对学习是必要的这一想法。

---

8. 倾向性结构是倾向性的神经学基础，由先天进化的倾向性范式加上发展中的经验结果组成。这个术语是我一篇未发表的文章的核心，意在取代本能等有问题的词汇。它们是大脑的组织，总是部分地与生俱来的，使有机体在某些条件下有可能以某种方式行事。

这个问题有些复杂。不幸的是，它在心理学中也被一种有时令人生厌的行话所破坏，这实际上是对十九世纪的脊髓反射（spinal-reflex）术语的过度概括。但是，为了我们的目的，我们可以认为对学习的实验室研究有三种核心类型，即信号、技能和解决方案的学习。让我们依次讨论每一种，并提问：:意识在其中是否必要?

信号学习(或经典的巴甫洛夫条件反射)是最简单的例子。如果在一个光信号之后，立即通过橡胶管向一个人的眼睛吹一口气，大约10次之后，以前只对吹气眨眼的眼皮就会开始对光信号单独眨眼，而且随着试验的进行，该情况会越来越频繁。[9] 经历过这一著名的信号学习过程的受试者报告说，它没有任何意识成分。事实上，在这个例子中，自发眨眼的介入，试图协助信号学习,阻止了意识的发生。

在更多的日常情况下，同样的简单联想学习可以被证明是在没有任何意识的情况下进行的。如果你在享用一顿特别美味的午餐时，听到了一种独特的音乐，那么下次听到这种音乐时，你会更喜欢它的声音，甚至嘴里的唾液也会多一点。音乐已经成为一种快乐的信号，与你的判断力糅合在一起。绘画亦如是。[10] 在实验室里经历过这种测试的受试者，在被问及为什么他们在午餐后更喜欢某种音乐或绘画时，他们答不上来。他们没有意识到自己已经悄然学到了什么。但真正有趣的是，如果你事先知道这个现象，意识到食物和音乐或绘画之间可能的关联时，以上的学习就不会发生。再一次的，意识在实际上不仅是不必要的，甚至削弱了我们这种类型的学习能力。

正如我们在前面看到的技能的表现，在技能的学习中，意识确实像一个无助的观众，没有什么可做的。一个简单的实验将证明这一事实。两手各拿一枚硬币并把它们抛出去，在空中交叉，使每枚硬币

---

9. G. A. Kimble：《条件反射是条件刺激和非条件刺激之间时间的函数》，见《实验心理学杂志》，1947, 37: 1-15。
10. 这些是Gregory Razran的研究,在他的《进化中的心智》（波士顿: Houghton Mifflin, 1971）第232页上有讨论。T. A. Ryan在《有意向的行为》（纽约: 罗纳德出版社, 1970年）第235-236页对这些研究与整个无意识学习的问题进行了批判性的讨论。

都被另一只手抓住。你可以在十几次试验中了解这一点。当你这样做时，问一下，你是否对你所做的一切都有意识，或者意识是否确实有必要？我想你会发现，学习被描述为自然而然的（Organic）而不是有意识的要好得多。意识将你带入任务，给你要达到的目标。但从那一刻起，除了对你在这些任务中的能力有短暂的神经质的担忧之外，就好像学习是为你而做的。然而，十九世纪的人们认为意识是行为的整体结构，会试图把这样的任务解释为有意识地辨别好的和坏的运动，并通过自由选择重复前者而放弃后者！

在这方面，复杂技能的学习也不例外。人们对打字进行了广泛的研究，用一位实验者的话说，人们普遍认为，"所有方法上的调整和捷径都是无意识的，也就是说，学习者无意中进入了这样的境地。学习者突然注意到他们是以一种新的和更好的方式完成工作的某些部分。"[11]

在抛硬币实验中，你甚至可能发现，意识如果存在，会阻碍你的学习。这是技能学习中非常常见的发现，就像我们在技能的表现中看到的那样。让学习在你没有太多意识的情况下进行，这一切都会更顺利和有效地完成。这种情况有些时候更加明显，在像打字这样的复杂技能中，人们可能会学会持续地打出"the"或"the"。补救措施是通过有意识地练习"the"这个错误来扭转这一过程，这与"熟能生巧"的通常想法相反，错误越练越少——这种现象被称为反向实践（negative practice）。

在实验室研究的常见运动技能中，如复杂的追赶旋转系统或镜像追踪，被要求非常注意自己动作的被试者通常表现得更差。[12] 而我采访过的运动教练在敦促受训者不要过多考虑他们正在做的事情时，也在不知不觉中遵循了这一实验室证实的原则。禅宗学习射箭的练习在这一点上非常明显，建议射手不要想到自己在拉弓和放箭，

---

11. W. F. Book：《技艺的心理学》（纽约：Gregg, 1925）。
12. H. L. Waskom：《激励和强制应用的实验分析及其对学习的影响》，见《心理学杂志》，1936, 2: 393-408。

而是要把自己从对自己所做事情的意识中释放出来，让弓自己伸展，箭在适当的时候从手指上释放出来。

解决方案学习(或工具性学习或操作性训练)是更复杂的情况。通常情况下，当一个人在获得某个问题的解决方案或通往某个目标的路径时，意识在以某种方式设置问题方面起着非常重要的作用。但意识并不是必须的。在一些例子中，一个人对他所寻求的目标或他为实现该目标所找到的解决方案没有任何意识。

另一个简单的实验可以证明这一点。请一个人坐在你的对面，说一些词，他能想到多少就说多少，在每一个词之后停顿两三秒钟让你写下来。如果在每一个复数名词(或形容词，或抽象词，或任何你选择的词)之后，你在写下它时说"好"或"对"，或简单地"嗯嗯"或微笑，或愉快地重复复数词，复数名词(或其它任何类型的词)的频率将随着他继续说词而明显增加。这里重要的是，实验对象根本没有意识到他正在学习什么。[13] 他没有意识到他正在努力寻找一种方法来使你增加你的鼓励性话语，甚至没有意识到他对这个问题的解决办法。每天,在我们所有的对话中，我们不断地以这种方式训练和被对方训练，而我们却从未意识到这一点。

这种无意识的学习并不局限于语言行为。一个心理学课程的参加者被要求称赞大学里任何一个穿红色衣服的女孩。一周之内，食堂里一片红色(和友好)，而且没有一个女孩意识到自己被影响了。另一个班级，在被告知无意识学习和训练的一周后，在教授身上尝试了一下。每当他向讲堂右侧移动时，他们就会全神贯注地听他讲笑话并发出哄笑。据报道，他们几乎可以直接把他训练到门外，他仍然没有意识到任何异常。[14]

---

13. J. Greenspoon：《两种口语声音对两种反应频率的增强作用》，见《美国心理学杂志》，1955, 68: 409-416。但这里存在相当大的争议，特别是在实验后问题的顺序和措辞方面。受试者和实验者之间甚至可能存在一种默契。见 Robert Rosenthal：《行为研究中的实验者效应》(纽约：Appleton-Century-Crofts, 1966)。在这场争论中，我目前同意 Postman 的观点，即学习发生在受试者意识到强化的偶然性之前，事实上，除非如此，否则意识不会发生。L. Postman 和 L. Sassenrath：《口头奖励和惩罚的自动作用》，见《普通心理学杂志》, 1961年, 65: 109-136。
14. W. Lambert Gardiner：《心理学：一个探索的故事》(Belmont, California: Brooks/Cole, 1970), p. 76。

大多数这些研究的关键问题是，如果受试者事先决定寻找这种突发事件，他当然会意识到他正在学习做什么。解决这个问题的一个方法是使用被试者无法察觉的行为反应。这一点已经做到了，使用拇指上的一块非常小的肌肉，其运动对我们来说是不可察觉的，只能通过电记录仪才能检测。受试者被告知，实验涉及的是间歇性不愉快的噪音与音乐结合在一起对肌肉紧张的影响。在他们身上放置了四个电极，唯一真正的电极是小拇指肌肉上的那个，其他三个是假电极。这个装置是这样设置的：每当电检测到不可察觉的拇指肌肉抽搐时，如果令人不快的噪音已经响起，则停止15秒；如果在肌肉抽动时声音没有打开，则将其延迟15秒。在所有受试者中，关闭扰人的噪音的极细微的拇指抽动的速度增加，而受试者丝毫没有意识到他们正在学习关闭噪音。[15]

因此，意识不是学习过程的必要部分，无论是学习信号、技能还是解决方案，都是如此。当然，在这个迷人的主题上还有很多话可讲，因为当代行为矫正研究的整个主旨就是沿着这些路线进行的。但是，就目前而言，我们只是确立了旧的学说，即有意识的经验是所有学习的基础，这显然是绝对错误的。在这一点上，至少可以得出结论，有可能——我说有可能——设想出没有意识但能够学习和解决问题的人类。

意识不是思考的必要条件

当我们从精神的简单方面来到更复杂的方面时，我们进入了越来越模糊的领域，我们使用的术语变得更加难以驾驭。思考当然是其中一方面。如果说意识对于思考来说是不必要的，那么人们就会立即

---

15. F. Hefferline, B. Keenan, R. A. Harford：《在没有观察到反应的情况下，人类受试者的逃避和回避条件》，见《科学》，1959年，130: 1338-1339。另一项非常清楚地显示无意识解决学习的研究是J.D. Keehn的研究：《无意识的实验研究：无意识眨眼的操作性条件》，见《行为研究与治疗》，1967年，5：95-102。

提出抗议：当然，思考是意识的核心和骨干！但是，让我们慢慢来谈。我们这里所指的将是那种可能被称为"想起"（thinking-about）或"想到"（thinking-of）的自由联想，事实上，它似乎总是完全被包围和沉浸在意识的形象区域中。但这件事其实一点都不清楚。

让我们从以对或错来断定结果的思维类型开始。这就是通常所说的判断，与我们刚才讨论的解决方案学习的一个极端非常相似。

一个简单到看起来微不足道的实验会让我们直接看到问题的核心。拿出任何两个重量不相等的物体，如一支笔和铅笔、或两个不一样的水杯，并把它们放在你面前的桌子上。然后，部分地闭上眼睛以增加对任务的关注，用拇指和食指拿起每一个，判断哪个更重。现在对你所做的一切进行反思。你会发现自己意识到物体触碰到你手指皮肤的感觉，意识到当你感受每个物体的重量时的轻微下压力，意识到物体表面的任何突起，等等。而现在要实际判断哪个更重。那是什么？瞧！判断一个物体比另一个物体重的行为本身是没有意识的。它是由你的神经系统以某种方式提供给你的。如果我们把这种判断过程称为思考，我们就会发现这种思考根本就不是有意识的。是的，这是一个简单的实验，但极其重要。它一下子就推翻了整个传统，即这种思维过程是有意识的心灵结构。

早在本世纪初，这种类型的实验就被所谓的维尔茨堡学派（Würzburg School）广泛研究。这一切都始于卡尔·马贝（Karl Marbe）在1901年的一项研究，它与上述实验非常相似，只是使用的是小砝码。[16] 受试者被要求举起面前的两个砝码，将较重的那个放在对面的实验者面前。无论是对实验者本人还是对其训练有素的受试者（他们都是内省心理学家，introspective psychologists）来说，这都是一个惊人的发现，即判断过程本身从来都不是有意识的。物理学和心理学总是显示出有趣的对比，科学的讽刺之一是，简单到看起来很傻的马贝实验对心理学的意义，如同难以设置的迈克尔逊·莫里（Michaelson-Morley）实验对物理学来说一样。就像后者证明以太

---

16. K. Marbe，《判断力的实验心理学研究：逻辑导论》（莱比锡：Engelmann, 1901）。

（ether）——那种被认为周遍于空间的物质——并不存在一样，重量判断实验表明，判断——被认为是意识的标志——根本不存在于意识中。

但这里可以提出一个意见。也许在举起物体的时刻，判断都发生得太迅速了，以至于我们完全遗忘了它。毕竟，在内省中我们总是有数以百计的词来描述几秒钟内发生的事情。(这是一个何其惊人的事实啊!) 而我们对刚刚发生的事情的记忆有时转瞬即逝，甚至在试图表达它的时候。也许这就是出现在马贝实验中的情况，那种被称为判断的思维方式终究可以在意识中寻获,只要我们能记住。

这就是在马贝之后几年，瓦特（Watt）面临的问题。[17] 为了解决这个问题,他使用了一种不同的方法,即词语联想法（word associations）。将印在卡片上的名词展示给受试者，受试者要以最快的速度说出一个关联词来回应。这不是自由联想，而是学术上所谓的部分限制:在不同的系列中，受试者被要求将一个上位词(如橡树)、同位词(橡树-榆树)或下位词(橡树-横梁)与看到的词联系起来;或一个整体(橡树-森林)、一个部分(橡树-橡子)或一个共同整体的另一部分(橡树-路径)。这项限制性联想任务的性质使我们有可能把对它的意识分为四个阶段:指示它是哪种约束(例如, 上位)，刺激名词的呈现(例如, 橡木)，寻找一个适当的联想，以及口语回答(例如, 树)。内省观察者被要求首先将自己限制在一个阶段，然后再限制在另一个阶段，从而在每一个阶段都能得到更准确的意识。

人们预计，这种分别方法的精确性将证明马贝的结论是错误的,思考的意识将在瓦特的第三个阶段被发现，也就是寻找适合特定约束性联想的词的阶段。 但这样的事情并没有发生。第三阶段是自省式的空白。似乎发生的情况是，一旦给出一个提示词，思考就会自动进行，而不是真正有意识的，而且在此之前，观察者已经充分理解了所要求的特定类型的联想。这是一个非凡的结果。另一种说法

---

17. H. J. Watt：《对思想理论的实验贡献》，见《心理学史档案》，1905, 4: 289-436。

是，一个人在知道自己要思考什么之前就已经开始思考了。这件事的关键部分是指令，它使整件事情自动进行。我将把它简称为"结构"（struction），我的意思是它同时具有指导（instruction）和构造（construction）的内涵。[18]

那么，思考不是有意识的。相反，它是追随一个结构和结构所要运作的材料的自发过程。

但我们不必停留在词语联想;任何类型的问题都成立，甚至那些更接近于自发行动的问题。如果我自言自语，我将遥想一棵夏天的橡树，那是一个结构（struction），而我所谓的思考实际上是从一个未知的海洋中向我的意识海岸上投下的一列相关图像，就像瓦特实验中的约束性联想一样。

如果我们有数字6和2，用一条垂直线划分，6|2，那么根据规定的结构（struction）是加法、减法还是除法，这样的刺激产生的想法将是8、4或3。重要的是，结构本身，即加法、减法或除法的过程，一旦被给出，就会在神经系统中消失。但它显然存在于"心灵"中，因为同样的刺激可以导致三种不同反应中的任何一种。一旦它被启动，我们将意识不到丝毫。.

假设我们有如下一组图形：:

这一系列中的下一个图形是什么?你是如何得出答案的?一旦我给出了结构，你就会自动"看到"它将是另一个三角形。我认为，如果你试图反省你得出答案的过程，你就没有真正地检索所涉及的过

---

18. 集合、决定趋势、结构这三个术语需要加以区分。集合是一个更具包容性的术语，是一个参与性的倾向性结构，在哺乳动物中可以从准备性的一般边缘系统到决定趋势的特定皮质系统排序，在人类中，其最后部分通常是结构。

程，而是通过给自己提供另一个结构来创造你认为它们必须是的东西。在任务本身中，你真正意识到的只是结构、即摆在你面前的页面上的图形，然后是解决方案。

这与我前面提到的语言的情况也没有什么不同。当我们说话时，我们并不真正意识到搜罗词语，或将词语组合成短语，或将短语组合成句子。我们只意识到我们给自己的一系列持续不断的结构，然后，没有任何意识地，这些结构自动地形成了语言。如果我们愿意的话，我们可以在说话时意识到它的产生，从而提供一些反馈，导致进一步的指示。

因此，我们得出这样的结论：通常被认为是意识的生命的实际思考过程根本不是有意识的，只有它的准备、它的材料和它的最终结果是有意识地被感知的。

意识不是理性（Reason）的必要条件

人类作为理性动物的悠久传统，也就是将人类封为智人的传统，其所有的教皇式的普遍性都建立在一个优雅的假设上，即意识是理性的宝座。对这种假设的任何讨论都会因为理性这个词本身的模糊性而遭遇尴尬。这种模糊性是我们从旧有的"官能"（faculty）心理学中得到的遗产，这种心理学谈论的是理性的"官能"，它当然位于"意识"中。这种强迫性的理性和意识的沉淀被进一步与真理的观念相混淆，即我们应该如何推理，或运用逻辑——这些都是完全不同的东西。因此，逻辑被认为是有意识的理性的结构，迷惑了几代可怜的学者，他们非常清楚地知道，三段论（syllogisms）并不是他们反省的内容。

推理（Reasoning）和逻辑（logic）对彼此来说就像健康对医学一样，或者说——最好是——像行为对道德一样。推理指的是日常世界中的各种自然思维过程。如果客观真理是我们的目标，那么逻辑就是我们应该如何思考——而日常世界对客观真理的关注很少。

逻辑是对我们通过自然推理得出的结论进行论证的科学。我的观点是，对于这种自然推理的发生，意识是不必要的。我们之所以需要逻辑，是因为大多数推理根本不是有意识的。

首先考虑一下，我们已经确定的许多现象是在没有意识的情况下进行的，这些现象可以是称为基本的推理种类。选择路径、文字、音符、动作、大小和色彩恒常性的知觉修正——所有这些都是原始的推理，在没有任何推动、催促甚或意识的警视下进行。

即使是更标准的推理类型也可以在没有意识的情况下发生。一个男孩在过去的一个或多个场合观察到一块特定的木头漂浮在一个特定的池塘上，会在一个新的场合直接得出结论:另一块木头会漂浮在另一个池塘上。当新的木头直接被看到漂浮在新的池塘上时，在意识中没有收集过去的事例，也没有任何必要的意识过程。这有时被称为从具体事物中推理，只是基于普遍性的预期。没有什么特别异乎寻常的。这是所有高等脊椎动物共有的一种能力。这种推理是神经系统的结构，不是意识的结构。

但更复杂的无意识的推理是持续进行的。我们的思维速度远远超过意识所能跟上的速度。我们通常以一种自动的方式根据过往的经验作出一般性的断言，而且有时只能在事后才能检索到断言所基于的任何过去的经验。我们常常得出合理的结论，但却无法证明其合理性！因为推理是不自觉的。想想我们对别人的感情和性格所做的推理，或者从别人的行为中推理出他们的动机。这些显然是我们的神经系统自动推理的结果，在这种推理中，意识不仅是不必要的，而且正如我们在运动技能的表现中所看到的那样，可能会阻碍这一过程。[19]

当然，我们感叹，这不可能是智力思维的最高过程的真实情况！毫无疑问，我们最终将来到意识的王国，在那里，所有的一切都在金色的澄明中展开，所有有序的理性过程都在意识的充分公开中进行。但

---

19. 这种情况早期被认为是没有意识的，被称为"自动推理"或"常识"。在Sully、Mill和其他十九世纪的心理学家中可以找到相关的讨论。

是，真理并没有如此恢弘。科学家带着他的问题坐下来，使用有意识的归纳和演绎的画面，就像独角兽一样具有神话色彩。人类最伟大的洞察力来得更加神秘。赫尔姆霍兹（Helmholtz）说他的快乐的想法"常常悄然潜入我的思维，而我却没有怀疑它们的重要性……在其他情况下，它们倏然而至，而不需要我做任何努力……它们尤其喜欢在阳光明媚的天气里，当我在林中的山上轻松散步时光临！"[20]

高斯（Gauss）在提到他多年来试图证明的一个算术定理时，写道："就像一道突如其来的闪电，这个谜题恰好被解开了。我自己也说不清是什么线索将我以前所知道的东西与使我的成功成为可能的东西联系起来。"[21]

而杰出的数学家庞加莱（Poincare）对他发现自己发现的方式特别感兴趣。在巴黎心理学会的一次著名演讲中，他讲述了自己是如何踏上征程的。"旅途中发生的事件使我忘记了我的数学工作。到达库坦斯（Coutances）后，我们上了一辆公共汽车，准备去某个地方。当我的脚踏上台阶的那一刻，我突然想到了这个想法，我以前的想法似乎并没有为它铺路，我用来定义富克思（Fuchsian）函数的变换与非欧几里得几何学的变换是相同的！"[22]

看来，确实是在比较抽象的科学中，详察的材料更少受到日常经验的干扰，而这种突然涌现的洞察力是最显著的。爱因斯坦的一位密友曾告诉我，这位物理学家许多最伟大的想法都是在他刮胡子的时候突然想到的，以至于他每天早上不得不非常小心地移动剃须刀的刀片，以免他惊讶地割伤自己。而英国一位知名物理学家曾对沃尔夫冈·科勒（Wolfgang Köhler）说："我们经常谈论三个 B，即巴士 Bus、浴室 Bath 和床 Bed。这就是我们科学中的伟大发现诞生的地方。"

---

20. 引自Robert S. Woodworth：《实验心理学》（纽约: Holt, 1938), p. 818。
21. 正如Jacques Hadamard所引用的，《数学领域的发明心理学》（普林斯顿: Princeton University Press, 1945)，第15页。
22. Henri Poincare：《数学创造》，见其《科学基础》（G. Bruce Halsted译, 纽约: The Science Press, 1913), p. 387。

这里的要点是，创造性思维有几个阶段:首先是有意识地解决问题的准备阶段，然后是没有任何意识地专注于问题的孵化期;然后是后来被逻辑证成的阐明。这些重要而复杂的问题与判断重量或圆-三角序列的简单问题之间的相似性是显而易见的。准备阶段主要是建立一个复杂的结构，同时有意识地关注结构要使用的材料。但是，实际的推理过程，达至巨大发现的神秘跳跃，就像简单的重量判断一样，在意识中没有表现。事实上，有时几乎就像问题必须被忘记才能解决一样。

意识的位置

我想讨论的最后一个谬论既重要又有趣，我把它留在最后，因为我认为它是对常人的意识理论的一记重击。意识发生在哪里?

每个人，或几乎每个人，都会立即回答，在我的脑海中。这是因为当我们内省时，我们似乎在向内回看我们眼睛后面的某个内在空间。但我们的"看"究竟是什么意思?我们有时甚至会闭上眼睛，以便更清楚地反思。看什么呢?它的空间特征似乎是不容置疑的。此外，我们似乎在不同的方向移动或至少是"看"。如果我们过于强烈地要求自己进一步描述这个空间的特征(除了其想象的内容)，我们会感到一种模糊的刺激，好像有什么东西不想被知道，一些质疑的品质在某种程度上是不优雅的，就像在一个其乐融融的场所的无礼举动。

我们不仅把这个意识空间定位在自己的脑袋里。我们还假设它存在于其他人的头脑中。在与朋友交谈时，保持定期的目光接触(那是我们灵长类过去以目光接触建立部落等级制度的遗迹)，我们总是假设在我们同伴的眼睛后面有一个我们正在交谈的空间，类似于我们想象在我们自己脑袋里说话的空间。

这就是问题的核心所在。因为我们非常清楚地知道，任何人的脑袋里都没有这样的空间!在我或你的脑袋里，除了这样或那样的生理组织，别无他物。而它主要是神经组织这一事实是无关紧要的。

现在，这种想法需要稍作思考才能适应。这意味着我们不断地在自己和别人的头脑中发明这些空间，并且完全知道它们在解剖学上并不存在;而且这些"空间"的位置确实是很随意的。例如，亚里士多德学派的著作[23]将意识或思想的居所置于心脏的正上方，认为大脑只是一个冷却器官，因为它对触摸或伤害不敏感。有些读者不会发现这种讨论是有效的，因为他们把思考的自我定位在上胸部的某个地方。然而，对我们大多数人来说，将意识定位在头部的习惯是如此根深蒂固，以至于很难有其他的想法。但是，实际上，当你留在原地时，你也可以把你的意识放在隔壁房间靠近地板的角落，在那里进行你的思考，就像在你的脑子里一样。不是真的一样。因为有很好的理由说明为什么把你的思想空间想象在你的体内更好，这些理由与意志和内部感觉有关，与你的身体和你的"自我"的关系有关, 这些理由将在我们继续讨论时变得明显。

将意识置于大脑中并无现象上的必要性，这一点通过各种异常情况得到了进一步加强，在这些例子中，意识似乎在身体之外。一位在战争中受到左前额叶脑损伤的朋友在医院病房天花板的一角恢复了意识，他欣喜地俯视着小床上被绷带包裹的自己。那些服用麦角酰二乙胺（LSD）的人经常报告类似的脱体（out-of-the-body）或体外体验（exosomatic experiences），正如他们所称。这种情况并不表明有什么形而上学的东西;只是表明意识的定位可能是一个任意的问题。

让我们不要犯错。当我有意识的时候，我总是而且肯定是在我的脑袋里使用我大脑的某些部分。但我在骑单车时也是如此，而骑单车并不在我的脑子里进行。当然，这些情况是不同的，因为单车有一个明确的地理位置，而意识则没有。在现实中，意识没有任何位置，除非我们想象它有。

---

23. 很明显,归于亚里士多德的著作并非出自同一人之手,所以我更喜欢这一称呼。

意识是必要的吗?

　　回顾一下我们所处的位置，因为我们刚刚在大量的冗长的材料中找到了我们的方法，这些材料可能看起来更令人困惑而不是明晰。我们已经得出结论，意识不是通常认为的那样。它不能与反应性相混淆。它不涉及很多知觉现象（perceptual phenomena）。它不参与技能的执行，而且常常妨碍其实施。它不需要参与说、写、听或读。它不像大多数人认为的那样复刻经验。意识根本不参与信号学习，也不需要参与技能或解决方案的学习，这些学习可以在没有任何意识的情况下进行。它对于做出判断或简单的思考是不必要的。它不是理性的居所，事实上，一些最困难的创造性推理的例子是在没有任何意识的情况下进行的。而且，除了想象中的位置，它没有任何所在!因此，直接的问题是，意识到底是否存在?但这是下一章的问题。在这里，我们只需结论，意识对于许多活动并没有多大的影响。如果我们的推论是正确的，那么完全有可能存在一个种族的人，他们说话、判断、推理、解决问题，确实做了我们所做的大多数事情，但他们根本没有意识。这是我们在这一点上不得不得出的一个重要的、在某些方面令人不安的概念。事实上，我是以这种方式开始的，并且非常重视这个开篇，因为除非你在这里确信没有意识的文明是可能的，否则你会发现接下来的讨论没有说服力，而且自相矛盾。

第二章

意识

因此，在消除了关于意识的一些主要误解后，我们还剩下什么呢?如果意识不是所有这些东西，如果它不像我们想象的那么广泛，不是经验的副本，也不是学习、判断甚至思想的必要场所，那么它是什么?当我们凝视上一章的灰尘和瓦砾，希望像皮格马利翁（Pygmalion，译者注：塞浦路斯国王，热爱自己雕刻的少女像）一样看到从废墟中崭新走出纯洁和质朴的意识，在尘埃落定之际，让我们围绕着这个主题漫无边际地谈论些不同的东西。

隐喻和语言

让我们来谈谈隐喻。语言最迷人的特性是它有能力进行隐喻。但这是一个多么轻描淡写的说法啊！因为隐喻不仅仅是语言的一个额外的技巧，如它在老式作文教科书中经常被轻视的那样;它是语言的根本构成基础。我在这里使用的是最一般意义上的隐喻:用一个术语来描述另一个事物，因为它们之间或它们与其他事物之间存在着某种相似性。因此，一个隐喻中总是有两个术语，一个是要描述的事物，我称之为"被喻"（metaphrand），另一个是用来阐释它的事物或关系，我称之为"喻媒"（metaphier）。一个隐喻总是以一个为人熟知的喻媒去譬喻一个不太为人所知的被喻。[1] 我创造了这些混合术语，只是为了呼应乘法中乘数（multiplier）去乘以被乘数（multiplicand）的运算。

　　语言正是通过隐喻而发展的。在回答"这是什么？"这个问题时，如果回答困难或经验独特，常见的回答是"嗯，它就像…。"在实验室研究中，儿童和成人在向看不到的其他人描述不明物体（或被喻）时，都会使用延展的喻媒，而这些喻媒会随着重复使用被固定为标签。[2] 这就是语言词汇形成的主要方式。隐喻巨大而有力的功能即是随着人类文化变得越来越复杂, 在需要时产生新的语言。

　　随便看一眼字典中常见词的词源就能证明这一论断。或者以各种动植物的拉丁标记命名，或甚至以其美妙的常用英文名命名，如锹形甲虫（stag beetle）、杓兰（lady's-slipper）、蜻蜓（darning needle）、野胡萝卜（Queen Anne's lace）或毛茛（buttercup）。人体是一个特别有创造力的喻媒（metaphier），在众多领域中创造了以前无法描述的差别。军队、桌子、书页、床、船、家庭或钉子，或水汽或水系的头;时钟、悬崖、卡片或水晶的面;针、风、风暴、靶子、花或土豆的眼睛;山的眉毛;老虎钳的脸颊；齿轮或梳子的齿;水壶、火山口、钻头的唇（译者注：边缘）;鞋舌、板接头（board-joints）或铁路转辙器（railway switches）;椅子的扶手或大海的臂弯（arm）;桌子、罗盘的腿、水手的航程的航段（leg）或板球场的腿侧区;等等。或者这一页的脚。或者你即将翻开的那一页。所有这些具体的隐喻都极大地提高了我们对周围世界的感知和理解能力，并实实在在地创造了新的对象。事实上, 语言是一种感知的器官，而不仅仅是一种交流的手段。

---

1. 这种区别在内涵上与I.A.Richards的tenor和vehicle不一样。见他的《修辞学哲学》（纽约:牛津大学出版社，1936年），第96、120-121页。也不像Christine Brook-Rose 的proper和metaphor术语，这两个术语都让事情变得过于文学化。见她的《隐喻的语法》（伦敦:Seeker and Warburg, 1958)，其中的第一章是对这一主题一个很好的历史介绍。
2. 见S. Glucksberg, R. M. Krauss 和 R. Weisberg：《幼儿园儿童的指示性交流：方法和一些初步发现》，见《实验儿童心理学杂志》，1966年, 3:333-342。

这是语言同步地(或在不涉及时间的情况下)进入世界空间，以描述它并更明确地感知它。但是语言也以另一种更重要的方式运动, 历时性的, 或随着时间的推移, 在我们的经验背后, 基于我们神经系统中的倾向性结构, 创造出抽象的概念, 这些概念的指涉在隐喻的意义之外是不可观察的。而这些也是由隐喻产生的。这的确是我论述的要点、核心、精髓、内核、中心、精华等等，它本身就是一个隐喻,只有用心灵的"眼睛"才能"看到"。

在人际关系的抽象概念中，皮肤成为一个特别重要的喻媒。我们与其他人取得或保持"联系"（in touch），他们可能是"厚脸皮"或"薄脸皮"，或者可能是"敏感"的, 在这种情况下, 必须小心地"处理"（handled）他们，以免我们不恰当地"摩擦"他们；我们可能对另一个人有一种"感觉"，因为我们可能与他有一种"感动"的经历。[3]

科学概念都是这种由具体的隐喻产生的抽象概念。在物理学中有力、加速度 (acceleration, 增加一个人的步幅)、惯性 (inertia, 最初指一个无精打采的人)、电阻抗 (impedance)、阻力 (resistance)、场 (fields), 现在还有粲数 (charm)。在生理学中, 机器的喻媒一直处于发现的中心。我们通过比喻来理解大脑，从电池和电报到计算机和全息照相。医学实践有时是由隐喻决定的。在 18 世纪, 发烧时的心脏被视为像一口沸腾的锅，因此放血作为处方以减少其燃料。甚至时至今日, 大量的医学都是建立在军事隐喻之上的, 即防御身体不受这种或那种攻击。法律的概念在希腊语中源于 nomos, 即建筑物的基础。法律上的责任或约束, 来自拉丁语的ligare, 意思是用绳子捆绑。

在早期, 语言和它的指涉在隐喻的台阶上从具体上升到抽象, 甚至可以说, 在隐喻的基础上创造了抽象的东西。

隐喻发挥了这一全部重要的功能，这一点并不总是很明显。但这是因为具体的喻媒隐藏在音位变化中，让词语自己存在。甚至像动词"to be"这样一个听起来没有隐喻的词也是由隐喻产生的。

---

3. 见 Ashley Montagu：《碰触》(纽约: Columbia University Press, 1971)。

它来自梵语bhu,"生长,或使之生长",而英语形式的 am 和 is 是由梵语 asmi (呼吸) 的同一词根演变而来。令人有些许惊喜的是,我们最普通的动词的不规则变位记录了一个时期,当时人类还没有独立的"存在"一词,只能说某物"生长"或"呼吸"。[4] 当然,我们没有意识到存在(being)的概念是这样从一个关于生长和呼吸的隐喻中产生的。抽象的词语是古老的硬币,它们在繁忙的交流中的具体形象已经随着使用而磨损殆尽。

因为在短暂的一生中,我们对历史的广度了解得太少,所以倾向于把语言看成像字典一样固化,具有花岗岩般的永久性,而不是像其实际所处的那样,是一个汹涌不息的隐喻之海。事实上,如果我们考虑到过去几千年来发生的词汇变化,并将其推算到几千年后,就会出现一个有趣的悖论。因为如果我们有一天得到了一种堪能表达一切的语言,那么隐喻就不再是可能的。在这种情况下,我不会说,我的爱像一朵红玫瑰,因为爱会因其成千上万的细微差别而爆发出各种术语,而应用正确的术语会让玫瑰在隐喻中销声匿迹。

那么,语言的词典是一套有限的术语集,通过隐喻能够延伸至无限的情况,甚至由此创造出新的环境。

(意识会是这样一种新的创造吗?)

作为隐喻的理解

我们正试图理解意识,但在希望理解任何事物时,真正要做的是什么?就像孩子们尝试描述不知名的物体一样,当试图理解一个事物时,我们试着为该事物找到一个隐喻。不是随便什么隐喻,而是我们比较熟悉和容易注意的东西。理解一个事物就是通过将其替代为我们更熟悉的东西来达成对该事物的隐喻。而这种熟悉的感觉就是理解的感觉。

---

[4]. Phillip Wheelwright 在其《燃烧的喷泉》(Bloomington: Indiana University Press, 1954) 中的转述。

几个世代以前，对雷暴的理解也许是超人的神灵在战斗中的咆哮和轰隆。例如，我们会把闪电之后的喧腾声还原为熟悉的战斗之声。同样，今天，我们将风暴简化为各种假设的经验，包括摩擦、火花、真空，以及膨胀的大块空气碰撞在一起产生噪音的想象。这些都不像我们想象的那样真正存在。我们对这些物理事件的想象就像战神一样远离现实。然而，它们作为隐喻，令人感觉很熟悉，所以我们说我们理解雷暴。

因此，在科学的其他领域，一旦可以说自然界的某个方面与某些熟悉的理论模型相似时，我们就说自己理解了它。顺带提一下，理论（theory）和模型（model）这两个词有时交替使用。但实际上不应如此。理论是模型与模型所要代表的事物之间的一种关系。玻尔（Bohr）的原子模型是一个质子被轨道上的电子包围。它有些像太阳系的模式，而这确实是它的隐喻来源之一。玻尔的理论则是，所有原子都与他的模型相似。随着最近对新粒子和复杂的原子间关系的发现，该理论已被证明不是真的。但这个模型仍然存在。一个模型既非真也非假；唯它与它所代表的东西的相似性的理论才有真假。

理论是模型和数据之间的一种隐喻。而科学中的理解是复杂的数据和熟悉的模型之间的相似性感觉。

如果对一个事物的理解是找到对它的熟悉的隐喻，那么我们可以看到，在理解意识方面总是会有困难。因为我们应该立即明白，在我们的直接经验中，没有也不可能有任何东西像直接经验本身一样。因此，在某种意义上，我们将永远无法像理解我们所意识到的事物那样来理解意识。

我们一直在研究的关于意识的大多数错误都是所尝试的隐喻的错误。我们谈到了意识是经验的副本这一概念，它来自于小学生的石板这一明确的隐喻。但当然没有人真的说意识是经验的副本；它好像是这样。当然，我们在分析中发现，它并没有这样做。

甚至那最后一句话背后的想法，即意识做任何事情，也几乎是一个隐喻。它是说，意识是一个在物理空间中行动的人，他做事情，而这只有在"做"也是一个隐喻的情况下才是真的。因为做事是一个生命体在物理世界中的某种行为。还有，这个隐喻的"做"是在什么空间里进行的？（一些尘埃开始落定）这个"空间"也必须是真实空间的隐喻。所有这些都让人想起我们对意识位置的讨论，也是一个隐喻。意识被认为是一个东西，所以像其他东西一样必须有一个位置，但正如我们之前看到的，它实际上在物理意义上并没有位置。

我意识到，我在这里的论证变得相当密集。但在明晰之前，我想描述一下我对类比（analog）一词的理解。类比是一种模型，但却是一种特殊的模型。它不像科学模型，科学模型的来源可以是任何东西，其目的是作为解释或理解的假设。相反，类比在每一点都由它所比拟的事物产生。地图就是一个很好的例子。它不是科学意义上的模型，不是像玻尔原子那样的假设模型来解释未知的东西。相反，它是由已知的东西构建的，即使不是完全已知。一个地区的土地在地图上被分配到一个相应的区域，尽管土地和地图的材料绝对不同，而且土地的很大一部分特征必须被排除在外。模拟地图与其土地之间的关系是一种隐喻。如果我指着地图上的一个位置说："那里是勃朗峰（Mont Blanc），从夏蒙尼（Chamonix）出发，我们可以这样到达东面。"这实际上是一种速记的方式，"即标记为勃朗峰的点与其他点之间的关系与实际的勃朗峰及其邻近地区相似。"

心灵的隐喻语言

我想现在已经很明显了，至少是朦胧的，从上一章的碎片中产生了什么。我现在不觉得自己在一步步向你证明我的论点，而是在你的心智中安排某些概念，这样，至少你不会立即与我即将提出的观点疏远。在我意识到这是本书的一个困难和明显的分散的部分时，我在这里的步骤是简单地用一般的术语说明我的结论，然后澄清它所暗示的内容。

主观意识的心智是所谓现实世界的类比物。它是用词汇或词场建立起来的，其术语都是物理世界中行为的隐喻或类似物。它的真实性与数学是同一等级的。它使我们能够缩短行为过程，作出更适合的决定。像数学一样，它是一个操作者，而不是一个事物或储存器。而且它与意志和决定密切相关。

考虑一下我们用来描述意识过程的语言。用来描述心理事件的最重要的一组词语是视觉的。我们"看到"解决问题的办法，其中最好的办法可能是"辉煌的"，而相对于"沉闷的"、"心智混乱的"或"晦涩的"解决办法来说,这个人"更明亮"和"心智清晰"。这些词都是隐喻，它们所适用的心灵空间是实际空间的隐喻。在这个空间里，我们可以"接近"一个问题，也许是从一些"观点"出发，与困难"搏斗"，或"一并抓住"(seize together) 或"共同把握"（com-prehend）一个问题的部分，等等, 使用行为的隐喻来发明在这个被隐喻的心灵空间中要做的事情。

而描述现实空间中的物理行为的形容词，也被类比为描述心灵空间中的心理行为，当我们说我们的心智是"快"、"慢"、"激动"(如当我们思考或共同思考时)、"心智灵敏"、"强壮"或"意志薄弱"。进行这些隐喻活动的心智空间有自己的一组形容词;我们可以"心胸宽广"、"深沉"、"开放"或"狭隘";我们可以"被占领";我们可以"把一些东西从我们的心智中 移开"，"把一些东西放在心智中"，或者我们可以"得到它"，让一些东西"渗透"，或者在心智中"承受"、"拥有"、"保持"或"持有"它。

就像现实空间一样，一些东西可以在我们心智的"后面"，在它的"内在深处"，或者"超越"我们的心智，或者"离开"我们的心智。在争论中，我们试图把事情"说透"给别人听，"达到"他们的"理解"，或找到"共同点"，或"指出"，等等, 所有现实空间的行为都被类比到心灵的空间。

但是，我们所做的隐喻是什么呢?我们已经看到，隐喻的一般功能是旨在指定一个事物的一个特定方面，或者描述一些无法用语言来表达的东西。那个要被指定、描述、表达或在词汇上被扩大的东西就是我们所说的被喻（metaphrand）。我们通过一些类似的、更熟悉的东西来进行操作，称为喻媒（metaphier）。当然，最初的目的是非常实际的，指定大海的一个臂弯（arm），作为贝类的一个更好的栖息地，或者将头放在钉子上以便更好地将木板固定在支柱上。这里的喻媒是指手臂和头，而被喻则是指已经存在的海的特定部分和钉子的特定一端。现在，当我们说心灵空间是真实空间的隐喻时，真实的外部世界是喻媒。但是，如果隐喻产生了意识，而不是简单地描述它，那么被喻是什么?

副喻媒（Paraphiers）和副被喻（Paraphrands）

如果我们更仔细地观察隐喻的性质(同时注意到我们所说的几乎所有东西的隐喻性质)，我们发现(甚至是动词"发现"!)它不仅仅是由一个喻媒和一个被喻组成的。在大多数复杂的隐喻的底部，还存在着喻媒的各种关联或属性，我将称之为副喻媒（paraphiers）。而这些副喻媒又投射到被喻中，成为我所说的副被喻（paraphrands）。术语，是的，但如果我们要清楚地了解我们的指涉，这是绝对必要的。

一些例子将表明，将隐喻解读为这四个部分其实是很简单的，同时也澄清了否则我们无法谈论的东西。

考虑一下雪覆盖地面的隐喻。被喻是关于雪覆盖地面的完整性和厚度的东西。喻媒是床上的毯子。但这一隐喻令人愉悦的细微差别在于喻媒的副喻媒，毯子。这些是关于温暖、保护和沉睡的东西，直到某个时期的苏醒。然后，这些关于毯子的联想自动成为原始被喻的联想或副被喻，即雪覆盖地面的方式。因此，我们通过这个隐喻创造了大地沉睡并被冰雪覆盖保护直到春天苏醒的观念。所有这些都包含在简单地使用"毯子"这个词来指代雪覆盖地面的方式中。

当然，并非所有的隐喻都有这样的生成潜力。在那个经常被引用的"船在乘风破浪前进"（a ship plows the sea）中，被喻是船头穿过水面的特殊动作，而喻媒则是犁地的动作。这种对应关系是准确的。这就是它的终结。

但是，如果我说小溪在树林里唱歌，小溪的汩汩声和潺潺声的被喻和(假定)孩子唱歌的喻媒之间的相似性就完全不准确了。有趣的是，快乐和舞蹈的副喻媒成为了小溪的副被喻。

或者在许多诗歌将爱情比作玫瑰的例子中，吸引我们的不是被喻和喻媒的脆弱对应关系，而是副被喻，即爱情生活在阳光下，闻起来很甜，抓起来有刺，花期只有一季。或者假设我说的不那么直观，但更深刻的是完全相反的东西，我的"爱就像一个铁勺，把闪烁的光沉入食盘里"。[5] 这里被喻和喻媒的直接对应关系，不在视线范围之内，是微不足道的。相反，是这个隐喻的副被喻创造了不可能存在的东西，经久不衰的小心翼翼的形状、隐秘的光亮与持久的爱的坚守，深藏在厚重的、可操纵的、柔软的时间沉积中，整个过程从男性的角度模拟了(和这样的副被喻喻)性交。爱情没有这样的属性，除非我们通过隐喻产生它们。

经由这样的诗歌构成了意识。如果我们回到先前看过的一些心灵的隐喻，就可以看出这一点。假设我们正试图解决一些简单的问题，如前一章中的圆--三角系列。假设我们通过感叹终于"看到"答案是什么，即一个三角形，来表达我们已经得到了解决方案的事实。

这个隐喻可以像雪毯或歌唱的小溪一样被分析。被喻是获得解决方案，喻媒是眼睛的视觉，而副喻媒是所有那些与视觉相关的东西，然后创造出副被喻，比如心灵的"眼睛"，"清楚地看到解决方案"

---

5. 摘自Seumas Heaney的诗："Mossbawn (for Mary Heaney)"，选自《北方》（伦敦: Faber, 1974）。

等等，最重要的是一个"空间"的副被喻，在这个空间里，"看"正在进行，或者我称之为心灵空间，以及"看"的"对象"。

我并不是说这个简短的概述可以代替关于意识最先是如何产生的真正理论。这个问题我们将在本书第二篇中讨论。相反，我只打算提出一种可能性，希望以后能使之合理化，即意识是词汇隐喻的工作。它从具体的表达的喻媒和它们的副喻媒中旋转出来，投射出只存在于功能意义上的副被喻。此外，它还不断地生成自己，每一个新的副被喻都能够成为一个独立的被喻，从而产生新的喻媒和副喻媒，如此循环。

当然，这个过程不是也不可能像我说的那样杂乱无章。世界是高度有组织的，而正在生成意识的具体喻媒也因此以有组织的方式生成了意识。因此，意识和我们所意识到的物理--行为世界是相似的。那个世界的结构在意识的结构中得到了呼应——尽管有某些差异。

在继续之前，还有最后一个复杂问题。类比的一个基本属性是：它产生的方式并不是它的使用方式——显然地。制作地图的人和使用地图的人在做两件不同的事情。对于地图制作者来说，被喻是一张空白的纸，他在上面用他所知道的和已经测量过的土地的喻媒来操作。但对地图使用者来说，情况恰恰相反。土地是未知的；土地才是被喻，而喻媒是他正在使用的地图，他通过地图来理解土地。

意识也是如此。当意识被我们的语言表达的副被喻所产生时，它就是被喻。但是，意识的运作犹如它是返回的旅程。意识成为充满我们过去经验的喻媒，不断地、有选择地对诸如未来的行动、决定和部分记忆中的过去，对我们是什么和可能是什么等未知因素进行操作。而我们正是通过意识的生成结构来理解世界的。

关于这个结构，我们能说些什么呢？在这里，我将只简要地提到最重要的东西。

意识的特点

1. 空间化

　　意识的第一个也是最原始的方面是我们已经有机会提到的，几乎所有我们能做的心理隐喻的副被喻（paraphrand），我们接管的心理空间，作为这一切的栖息地。如果我让你想一想你的头，然后是你的脚，然后是你今天早上吃的早餐，然后是伦敦塔，然后是猎户座，这些东西都有空间分离的特质；而我在这里指的正是这种特质。当我们内省时（比喻看到某些东西），正是在这个隐喻性的心灵空间上，不断地更新和"扩大"每一个新的事物或意识到的关系。

　　在第一章中，我们谈到了我们如何在自己的头脑中以及在别人的头脑中发明心灵空间。除了在本体论的意义上，"发明"这个词也许过于强烈。或者说我们毋庸置疑地假定这些"空间"。它们是作为意识的一部分，也是假设为他人的意识的一部分。

　　此外，在物理--行为世界中不具有空间特性的事物，在意识中也被制造成具有空间性。否则，我们就不可能对它们有意识。我们将称之为空间化。

　　时间是一个明显的例子。如果我让你想一想过去的一百年，你可能会倾向于以这样一种方式摘录这个问题，即年份是连续展开的，可能是从左到右。但当然，时间上没有左或右。只有之前和之后，而这些不具有任何空间属性——除了通过类比。你不能，绝对不能思考时间，除非把它空间化。意识始终是一种空间化，其中历时性转变为共时性，在时间中发生的事情被摘录并并排观看。

　　这种空间化是所有有意识思维的特点。如果你现在正在思考我的特定理论在所有心灵理论中的位置，你首先习惯性地"转向"你的心灵空间，在那里抽象的东西可以被"分离出来"，并被"放在"彼此的旁边来"查看"——这在物理上或现实中永远不可能发生。然后你把理论比喻为具体的对象，然后把这些对象的时间序列比喻为一个共时性的阵列，第三，把理论的特征比喻为物理特征，所有这些特征都在某种程度上使它们可以以某种顺序"排列"。然后你再做一个"契合"进一步表达的隐喻。契合的实际行为，这里的"契合"是意识中的类比物，可能因人而异，或因文化而异，取决于将事物安排在某种秩序中的个人经验，或将物体放入它们的容器中，等等。因此，思想的隐喻基底有时非常复杂，难以解释。但是，你在阅读本书时的每一个有意识的想法，都可以通过这样的分析追溯到具体世界中的具体行动。

2. 摘录（Excerption）

　　在意识中，我们从未"看到"任何事物的全部。这是因为这种"看到"是实际行为的类似物，而在实际行为中，我们在任何一个时刻都只能看到或注意到一个事物的一部分。在意识中也是如此。我们从对一个事物可能的注意的集合中摘录，这包括我们对它的知识。由于意识是我们实际行为的一个隐喻，这就是所有可能做到的。

　　比如说，如果我让你想想马戏团，你首先会有一个转瞬即逝的轻微模糊的时刻，然后也许会想象到空中飞人，或者可能是中心环的小丑。或者，如果你想到你现在所处的城市，你会摘录一些特征，如一座特定的建筑或塔或十字路口。或者，如果我让你想想你自己，你会从你最近的过去做一些摘录，相信你当时是在想你自己。在所有这些例子中，我们没有发现任何困难或特别的矛盾，这些摘录并不是事物本身，尽管我们说话时好像它们是。事实上，我们从未意识到事物的真实性质，只是意识到我们对它们的摘录。

　　控制摘录的变量值得更多的思考和研究。因为人对世界和与之互动的人的全部意识都取决于这些变量。你对一个你熟悉的人的摘录与你对他的感情有很大关系。如果你喜欢他，摘录的内容就会是愉快的事情；如果不喜欢，就会是不愉快的事情。因果关系可能在任何一个方向发生。

　　我们如何摘录他人在很大程度上决定了我们觉得自己生活在什么样的世界里。以一个人小时候的亲戚为例。如果我们选取他们的失败，他们隐藏的冲突，他们的妄想，那是一回事。但如果我们撷取他们最快乐的时候，他们独特的乐趣，那就是另一个世界了。作家和艺术家们正在以一种受控的方式做着"在"意识中更随意地发生的事情。

摘录有别于记忆。一个事物的摘录在意识中是记忆所黏附的事物或事件的代表，通过它我们可以检索到记忆。如果我想记起去年夏天我在做什么，我首先有一个相关的时间摘录，这可能是日历上几个月的一个疾速的印象，直到我停留在对一个特定事件的摘录上，比如沿着一条特定的河边行走。从那里，我围绕着它进行联想，检索关于去年夏天的记忆。这就是我们所说的回忆，它是一个特殊的有意识的过程，任何动物都无法做到。记忆是一连串的摘录。意识中的每一个所谓的联想都是一种摘录，一个方面或图像，如果你愿意的话，一些冻结在时间中的东西，根据个性和变化的情景因素从经验中摘录出来。[6]

3. 模拟的"我"（I）

这个隐喻"世界"的一个最重要的"特征"是我们对自己的隐喻，即模拟的"我"，它可以在我们的"想象"中"移动"，"做我们实际上没有在做的事情"。当然，这样一个模拟的"我"有很多用途。我们想象"自己""做"这个或那个，从而在想象的"结果"基础上"做出"决定，如果我们没有一个想象的"自我"在想象的"世界"中行动，那是不可能的。在空间化那一节的例子中，不是你的物理行为自我试图"看"我的理论在替代理论的阵列中适用于何处；而是你的模拟"我"。

如果我们在外面散步，有两条路在树林里分岔，我们知道其中一条路要经过更多的迂回路线才能回到目的地，我们可以用我们的模拟"我"来"穿越那条更长的路线，看看它的美景和池塘是否值得我们花更多的时间。如果没有意识和代理它的模拟"我"，我们就不能这样做。

---

[6]. 摘录随着年龄或健康状况等个体差异的变化，是一项极其有趣的研究。例如，如果我们感到沮丧或痛苦，意识中的世界的摘录会发生巨大的变化。

4. 隐喻的"我"（me）

然而，模拟的"我"并不只是这样。它也是一个隐喻的"我"。当我们想象自己在更长的道路上漫步时，确实捕捉到了"我们自己"的"一瞥"，就像在第一章的练习中所做的那样，我们称其为自视性图像（autoscopic images）。我们既可以从想象中的自我向外看想象中的远景，也可以退后一点，看到自己也许跪在某条小溪边喝水。当然，这里有相当深刻的问题，特别是在模拟的"我"（I）与隐喻的"我"（me）的关系方面。但这是另一番论述。我只是指出问题的性质。

5. 叙述化

在意识中，我们总是把我们的代理自我看作是我们生活故事中的主要人物。在上面的说明中，叙述是显而易见的，即沿着一条林间小路行走。但不太明显的是，只要我们有意识，就在不断地这样做，我称之为叙述化。坐在我的位置上，我正在写一本书，这个事实或多或少地被嵌入到我生命故事的中心，时间被空间化为我的日夜征程。新的情况被有选择地视为这个正在进行的故事的一部分，不符合这个故事的看法没有被注意到，或者至少没有被记住。更重要的是，选择与这个正在进行的故事相一致的情况，直到我在生活故事中对自己的描述决定了我在新情况出现时如何行动和选择。

为我们的行为指定原因或解释为什么要做某件事，都是叙述的一部分。作为理由的这些原因可能是真实的或虚假的，中立的或理想的。意识随时准备解释我们碰巧发现自己所做的任何事情。小偷把他的行为说成是由于贫穷，诗人把他的行为说成是为了美，科学家把他的行为说成是由于真理，目的和原因不可分割地交织在意识中行为的空间化中。

但我们正在叙述的不仅仅是我们自己的模拟"我"；还有意识中的其他一切。一个游离的事实被叙事化，以适应其他游离的事实。一个孩子在街上哭了，我们把这个事件叙述成一个迷路的孩子和一个寻找孩子的父母的心理画面。一只猫在树上，我们把事件叙述成狗追赶它的画面。或者说，我们所能理解的心灵事实变成了一种意识理论。

6. 调和

我想在这里讨论的意识的最后一个方面是以大多数哺乳动物常见的行为过程为模型。它实际上来自于简单的识别，在这里，一个略显模糊的感知对象被制成符合一些先前学到的模式（schema），这个自动过程有时被称为同化（assimilation）。我们将一个新的刺激物同化为我们的概念，或关于它的模式，即使它略有不同。由于我们每时每刻看到、听到或触摸到的东西都不完全相同，所以在我们感知世界的过程中，这种同化先前经验的过程一直在进行着。我们在以前学到的关于事物的方案的基础上，将事物组合成可识别的对象。

现在，同化的意识是调和。一个更好的术语可能是compatibilization，但这似乎太浮夸了。我所指称的调解基本上是在心灵空间中做的，就像叙事在心灵时间或空间化时间中所作的。它把事物作为有意识的对象聚集在一起，就像叙述把事物作为一个故事结合在一起。而这种结合成一种一致性或可能性是根据在经验中建立的规则来完成的。

在调和中，我们使摘录或叙述相互兼容，就像在外部感知中使新的刺激和内部概念相一致。如果我们把自己叙述成在一条林间小道上行走，那么，连续的摘录就会自动与这样的旅程相容。或者，如果在白日梦中，两个摘录或叙述恰好同时开始出现，它们就会被融合或调和。

如果我让你同时联想一片山地牧场和一座塔，你会自动将它们调和起来，让塔从草地上升起。但如果我让你同时想到山地牧场和海洋，调和往往不会发生，你可能会先想到一个，然后再想到另一个。你只能通过叙述的方式把它们结合起来。因此，在这个过程中，有一些兼容性的原则，而这种原则是基于世界的结构而学到的。

让我总结一下，作为一种"看到"我们所处位置和我们讨论方向的方式。我们已经说过，意识是一种操作，而不是一个东西、一个储存器或一个功能。它通过类比的方式运作，通过以一个可以观察整个空间、并在其中隐喻地移动的模拟"我"来建构一个模拟空间。它对任何反应性进行操作，摘录相关的方面，叙述并将它们融合在一个隐喻的空间中，在那里，这些意义可以像空间中的事物一样被操纵。有意识的心灵是世界的空间模拟，心理行为是身体行为的模拟。意识只在客观上可观察到的事物上运作。或者，用约翰·洛克的回声换一种说法，意识中没有任何东西不是先前行为的类似物。

这是困难的一章。但我希望我已经以某种合理性勾勒出了意识作为隐喻生成的世界模型的概念会导致一些相当明确的推论，而且这些推论在我们自己的日常意识经验中是可以检验的。当然，这只是一个开端，一个有点粗糙的开端，我希望能在未来的作品中发展。但现在回到我们对这一切的起源的主要探索就足够了，把对意识本身的性质的进一步阐述留到后面的章节。

如果意识是在语言的基础上发明的一个模拟世界，与行为世界平行，甚至像数学世界与事物数量的世界平行一样，那么我们能对其起源说些什么呢？

在我们的讨论中，我们已经到达了一个非常有趣的点，这个点与我们在导论章中讨论的意识起源问题的所有替代解决方案完全矛盾。因为如果意识是以语言为基础的，那么它的起源就会比以往所认为的要晚得多。意识是在语言之后出现的!这种立场的影响是极其严重的。

第三章

《伊利亚特》的心灵

在摩天轮顶部有一个棘手的时刻,当我们来到内侧的弯道时,面对着一个由坚固大梁组成的支撑结构,突然之间,这个结构消失了,我们被抛向天空,进行向外的曲线下降。

此时此刻也许就是如此。因为我们在导论中面对的所有科学选择,包括我自己对这个问题的偏见,都向我们保证,意识是在哺乳动物进化的某个地方或之前通过自然选择进化出来的。我们一度确信至少有些动物是有意识的,确定意识以某种重要的方式与大脑进化相关、可能是大脑皮层,确定早期人类在学习语言时是有意识的。

这些确信现在已经消失了,我们似乎被推到了一个新问题的苍穹。如果上一章中对意识理论的印象式发展实际上指向正确的方向,那么意识只能在人类中产生,而且这种发展必须是在语言发展之后。

现在,如果人类的进化是一种简单的连续性,我们在这一点上的步骤通常是研究语言的进化,尽可能地确定它的年代。然后,我们将尝试追踪此后的人类心智,直至达到调查的目标,在那里可以通过某种标准宣称:这里终于是意识起源和开始的地点和日期。

但人类的进化并不是简单的延续。公元前 3000 年左右,人类历史上出现了一种奇怪的、非常了不起的做法。它是将语言转化为石头或粘土或纸莎草纸(或书页)上的小标记,这样,语言就可以被看到,而不仅仅是听到;而且可以被任何人看到,而不仅仅是当时在耳边的人。因此,在继续执行上一段的计划之前,我们首先应该通过考察这些看得见的语言的最早案例,来尝试确定意识起源在其之前或之后。那么现在的问题是:人类最早的书写中的心智状态是什么样的?

只要回到人类最早的书面记录,为主观意识的存在与否寻找证据,我们就会立即被无数的技术问题所困扰。最艰难的是翻译可能来自与我们完全不同的心智的著作。这在人类最早的著作中尤其成问题。这些文字有象形文字、僧侣体和楔形文字——有趣的是,它们都诞生于公元前 3000 年左右。都没有被完全解读。当主题是具体的,困难就比较小。但是,当符号很特别,而且无法通过上下文确定时,大量必要的猜测就会把这些过去的迷人证据变成一个罗夏克(Rorschach)检测,现代学者在其中投射他们自己的主观性,而很少意识到他们曲解的严重性。因此,这里关于意识是否存在于早期埃及王朝和美索不达米亚文化中的迹象,对于需要进行的那种相关分析来说,过于模糊了。我们将在本书第二篇中再次讨论这些问题。

人类历史上第一部以某种我们对其翻译有足够把握的语言写成的、与我的假说有关的著作是《伊利亚特》(Iliad)。现代学术界认为,这个关于血汗和泪水的复仇故事是在公元前1230年左右由吟游诗人(希腊文 aoidoi)的传统发展起来的。根据最近发现的一些赫梯石板的推断,[1] 该史诗的事件发生于公元前900年或850年左右,彼时它被写下来。在这里,我建议把它看作是一份极其重要的心理学材料。我们要向它提出的问题是:《伊利亚特》中的心智是什么?

《伊利亚特》的语言

答案怪异地有趣。一般来说,《伊利亚特》中没有意识的存在。我说"一般"是因为我将在后面提到一些例外情况。因此,一般来说,没有关于意识或精神行为的词汇。《伊利亚特》中那些在

---

1. V.R. d'A. Desborough:《最后的迈锡尼人及其继承者:一份考古调查,约公元前 1200 年--公元前1000 年》(牛津,Clarendon Press, 1964)。

后世意味着精神事物的词有不同的含义，都比较具体。*Psyche* 这个词，后来指灵魂或有意识的思想，在大多数情况下是指生命物质，如血液或呼吸：一个垂死的战士把他的 *psyche* 流到地上，或在最后的喘息中把它呼出。*Thumos*，后来的意思是类似情感的灵魂，只意味着运动或激动。当一个人停止运动时，*thumos* 就会离开他的四肢。但它在某种程度上也像一个器官本身，因为当格劳库斯（Glaucus）向阿波罗（Apollo）祈求减轻他的痛苦并给他力量帮助他的朋友萨尔普顿（Sarpedon）时，阿波罗听到了他的祈祷，并"将力量投到他的thumos中"（《伊利亚特》，16:529）。*Thumos* 可以告诉一个人吃、喝或战斗。狄俄墨得斯（Diomedes）在一个地方说："当他胸中的thumos告诉他，并且有神灵唤醒他"，阿喀琉斯（Achilles）将会战斗(9:702f.)。但它并不是一个真正的器官，也不总是局部的；汹涌的海洋也有 *thumos*。一个有点类似的词是phren，它在解剖学上总是被定位在上腹部、或中腹的感觉，而且通常是用复数形式。正是赫克托尔（Hector）的 *phrenes* 认识到他的兄弟不在他身边（22:296）；这就是我们所说的"惊讶地喘不过气来"。只是在几个世纪后，它才在其比喻意义上指的是心灵或"心"。

也许最重要的是 noos 这个词，在后来的希腊语中被拼成nous，意思是有意识的心灵。它来自于 *noeein* 这个词，即看到。它在《伊利亚特》中的正确翻译应该是感知、识别或视野之类的东西。宙斯"把奥德修斯（Odysseus）放在他的 *noos* 里"。他一直监视着他。

另一个重要的词，也许来自 *meros*（部分)这个词的加倍，是mer-mera，意思是分成两部分。这个词通过添加一个常见的、可以把名词变成动词的后缀-izo变成了动词，即 mermerizein，把某件事物分成两部分。现代译者为了在他们的作品中获得所谓的文学质量，经常使用与原文不相符的现代术语和主观分类。因此，mermerizein 被错误地翻译为思索、思考、心口不一、烦恼、试图决定。但从根本上讲，它的意思是指在两个行为上的冲突，而不是两个想法。它总是事关行动的。它多次用于宙斯(20:17, 16:647)，也用于其他人。冲突经常

被说成是在 *thumos* 或 *phrenes* 中进行，但从未在 *noos* 中发生。眼睛不能怀疑或发生冲突，像即将发明的有意识的心灵所能做到的那样。

一般来说，除了某些例外，这些词是任何人、作者或人物或神，最接近于有意识的心灵或思想的词。我们将在后面的章节中更仔细地探讨这些词的含义。

《伊利亚特》中也没有意志（will）的概念或词语，这个概念在希腊思想中发展得很晚。因此，《伊利亚特》的人没有自己的意志，当然也没有自由意志的概念。事实上，我认为对现代心理学理论来说非常麻烦的整个意志问题，可能有它的困难，因为这种现象的词语被发明得太晚。

《伊利亚特》语言中另一个类似的缺失是我们意义上的"身体"一词。在公元前五世纪，soma 是身体的意思，在荷马作品中总是以复数形式出现，意思是死人的肢体或一具尸体。它是 *psyche* 的反义词。有几个词用来表示身体的各个部分，在荷马作品中提到的总是这些部分，而不是作为一个整体的身体。[2] 因此，毫不奇怪，迈锡尼及其时期的早期希腊艺术显示，人是由奇怪的铰接式的四肢组成的，关节不明显，躯干几乎与臀部分离。这就是我们在荷马中一再发现的形象，荷马说手、小臂、上臂、脚、小腿和大腿都很灵活、有力，运动敏捷，等等，却没有提及身体的整体性。

现在，这一切都非常奇特。如果《伊利亚特》的人没有主观意识，没有心灵、灵魂或意志，那么是什么启发了行动？

早期希腊人的宗教

有一种古老而普遍的观点认为，在公元前四世纪之前，希腊没有真正的宗教，[3] 荷马史诗中的神只是"诗人的快乐发明"，如著名学

---

[2]. Bruno Snell：《心灵的发现》，T. G. Rosenmeyer译（剑桥：Harvard University Press, 1953）。在了解了Snell关于荷马语言的平行工作之前，我已经很好地进入了本章的思想和材料。然而，我们的结论大相径庭。

[3]. 除了E.R.Dodds精湛的著作《希腊人与非理性》（伯克利：University of California Press, 1951）。

者所言。[4] 这种错误观点的原因是，宗教被认为是一种道德体系，是一种对外部神灵的俯首称臣，努力做到有德行。确实在这个意义上，学者们是对的。但如果说《伊利亚特》中的神只是史诗作者的发明，那就完全误解了事情的真相。

《伊利亚特》中的人物并没有坐下来思考该怎么做。他们没有像我们说的那样有意识的心灵，当然也没有自省。以我们的主观意识，不可能理解到那种情形。当人王阿伽门农（Agamemnon）抢走阿喀琉斯的情妇时，是一位神抓住了阿喀琉斯的黄发，警告他不要打阿伽门农（1:197ff）。一位神从灰色的大海中升起，在黑色船只旁的海滩上安慰他愤怒的泪水；一位神对海伦低声耳语，让她的心被思乡之情涤荡；一位神在进攻的米奈劳斯（Menelaus）面前把帕里斯（Paris）藏在雾中；一位神告诉格劳克斯（Glaucus）将铜误当作金(6:234ff.)；一个神带领军队作战，在转折点对每个士兵说话，辩论并教导赫克托（Hector）必须做什么，敦促士兵前进或通过向他们施法或在他们的视野中画上薄雾而击败他们。正是诸神在人与人之间挑起争吵(4:437ff.)真正导致了战争(3:164ff.)，然后计划了战争的策略(2:56ff.)。是一位神让阿喀琉斯承诺不参战，另一位神劝他参战，还有一位神给他披上金色的火焰，直达天堂，并通过他的喉咙在血淋淋的战壕里向特洛伊人喊话，在他们心中激起无法控制的恐慌。事实上，诸神代替了意识。

行动的开端不在有意识的计划、推理和动机中；它们在神的行动和言论中。对另一个人来说，一个人似乎是他自己行为的原因。但对这个人自己来说却不是。当战争即将结束，阿喀琉斯提醒阿伽门农他是如何抢走他的情妇时，人王宣称："不是我造成了这一行为，而是宙斯和我的部分，以及在黑暗中行走的厄里涅丝（Erinyes）：我任意地从阿喀琉斯那里夺走他的奖品那天，他们在集会上把野味放在我身上，所以我能做什么？诸神总是有他们的办法"。(19:86-90)这并不是阿伽门农为了逃避责任而虚构出来的，这一点很清楚，阿喀琉斯

---

4. 例如, Maurice Bowra：《〈伊利亚特〉中的传统和设计》（牛津: Clarendon Press, 1930), 第222页。

完全接受了这个解释，因为阿喀琉斯也顺从于他的神。有学者在评论这段话时说，阿伽门农的行为已经"与他的自我格格不入"，[5] 这还远远不够。因为真正的问题在于，伊利亚特英雄的心理是什么？我是说，他无论如何没有任何的自我。

甚至这首诗本身也不是由我们意义上的人创作的。它的前三个词是 Menin aedie Thea，"愤怒的歌声，哦，女神啊！"。而接下来的整部史诗都是女神的歌声，是那个入迷的吟游诗人在阿伽门农世界的废墟中"听到"并向他的铁器时代的伙伴们吟唱的。

如果我们抹去对诗歌的所有成见，表现得就像我们以前从未听说过诗歌一样，那么异常的演讲质量会立即震撼我们。我们现在称它为格律（meter）。这些稳定的六步格音符与普通对话中松散杂乱的口音是多么不同的东西啊！诗歌中格律的作用是促进大脑的电波活动，当然也可以放松吟唱者和听众的正常情绪抑制。当精神分裂症患者的声音以扫描式的节奏或韵律说话时，也会发生类似的情况。那么，除了后期的添加，史诗本身既不是有意识地创作，也不是有意识地记忆，而是连续地、创造性地改变，就像钢琴家对他的即兴创作没有意识一样。

那么，这些推着人像机器人一样行动，并通过他们的嘴唇唱出史诗的神是谁呢？他们是伊利亚特的英雄们可以清楚地听到的讲话和指示，就像某些癫痫病人和精神分裂症患者听到的声音一样，或者就像圣女贞德听到她的声音一样。众神是中枢神经系统的组织，可以被视为随着时间的推移具有强烈一致性的意义上的角色，是双亲或训诫性形象的混合体。神是人的一部分，与这一概念相当吻合的是，神从未走出自然法则。希腊的神不能无中生有，不像《创世纪》 Genesis 中的希伯来神。在神和英雄的对话所反映的他们的关系中，存在着两个人之间可能发生的同样的礼节、情感和劝说。希腊神话中的神从未以雷霆之势出现，从未让英雄产生敬畏或恐惧，而且与《约伯记》中那个令人发指的自大之神相去甚远，这是可能的。

---

5. 其中有Martin P. Nilsson：《希腊宗教史》(纽约: Norton, 1964)。

他只是带领、建议和命令。神也没有谦卑，甚至没有爱，也没有什么感激之情。事实上，我认为神与英雄的关系——作为它的祖先——类似于弗洛伊德（Freud）的自我--超我（ego-superego）关系或米德（Mead）的自我--概化他人（self-generalized other）的关系的所指。英雄对神明最强烈的情感是惊讶或惊奇，这种情感就像我们在解决一个特别困难的问题时突然出现在脑海中，或者在阿基米德洗澡时发出的"尤里卡"（eureka!）的叫声中所感受到的。

诸神就是我们现在所说的幻觉。通常，他们只被他们说话的特定英雄所看到和听到。有时他们在迷雾中出现，或从灰色的海洋或河流而来，或从天空中显现，他们前面有视觉上的光环。但在其他时候，他们只是出现。通常他们会以自己的身份出现，以单纯的声音出现，但有时会以与英雄密切相关的其他人的身份出现。

在这方面，阿波罗与赫克托尔的关系特别有趣。在第16卷中，阿波罗作为他的舅舅来到赫克托身边；然后在第17卷中作为他的盟友领袖之一；后来又在同一本书中作为他最亲爱的海外朋友。整部史诗的结局是，雅典娜在告诉阿喀琉斯杀死赫克托尔之后，又以他最亲爱的兄弟得伊福玻斯（Deiphobus）的身份来到赫克托尔身边。赫克托尔相信他是自己的副手，他向阿喀琉斯挑战，向得伊福玻斯索要另一支长矛，然后转身发现那里什么都没有了。我们会说他出现了幻觉。阿喀琉斯也是如此。特洛伊战争是由幻觉指挥的。而那些被指挥的士兵与我们完全不同。他们是惰性的机器人，不知道自己在做什么。

二分心智

因此，画面是陌生、无情和空虚的。我们不能像对待其他人那样，通过在凌厉的眼神背后发明心灵空间来接近这些英雄。《伊利亚特》的人不像我们一样有主观性；他没有对自己对世界的认识的意识，没有可以内省的内部心灵空间。与我们自己的主观意识心灵不同，我们可以把迈锡尼人的心灵状态称为二分心智（bicameral mind）。决断、计划、倡议是在没有任何意识的情况下组织起来的，然后以其熟悉的语言"告知"个人，有时是熟悉的朋友或权威人物或"神"的视觉光环，有时则是单独的声音。个人服从这些幻觉的声音，因为他自己无法"看到"该怎么做。

我刚才提出的这种心智存在的证据，并不是完全依靠《伊利亚特》。而是《伊利亚特》提出的假设，在后面的章节中，我将试图通过研究古代其他文明的遗存来证明或反驳这一假设。尽管如此，在这个时候提出对前面的某些反对意见是有说服力的，这将有助于在继续讨论之前澄清一些问题。

反对：一些学者认为这史诗完全是荷马一个人的发明，没有任何历史依据，甚至怀疑特洛伊：根本不存在，尽管施里曼（Schliemann）在19世纪有著名的发现？

答复：最近发现了公元前1300年的赫梯石板（Hittite tablets），其中明确提到了希腊人（亚该亚人，Achaeans）和他们的国王阿伽门农的土地，从而使这一疑问得到了解决。第二卷中记载的向特洛伊派船的希腊地点，与考古学发现的聚居模式非常吻合。迈锡尼的宝藏，曾经被认为是诗人想象中的童话，现在已经从城市的淤泥废墟中挖了出来。《伊利亚特》中提到的其他细节，如丧葬的方式、盔甲的种类，如精确描述的野猪獠牙头盔，都在与该诗有关的遗址中被发掘出来了。因此，《伊利亚特》的历史基础没有疑问。它不是想象出来的创造性文学，不是文学讨论的问题。它是历史，与迈锡尼的爱琴海交织在一起，有待心理历史学家的研究。

这部史诗的单人或多人作者问题至少在一个世纪以来一直被古典学者无休止地争论。但是, 这种历史基础的确立，甚至是诗中提到的古器物，都必须表明有许多中间人将公元前十三世纪发生的任何事情口头传给后世。因此，把这首诗的创作看作是这种口头传播的一部分，而不是公元前九世纪一个叫荷马的人的独作，是比较合理的。荷马，如果他存在的话,可能只是第一个被转述的吟游诗人。

反对：即便如此，《伊利亚特》这样一部史诗，所知的最早手稿是公元前四世纪或三世纪亚历山大学者的重写本，显然肯定存在多种形式，而我们今天读到的是由这些形式拼凑而成的版本，这样的诗怎么能被视为反映公元前十三世纪的迈锡尼人的实际情况呢？

答复：这个非常关键的反对意见因诗中的描述与合理性之间的某些差异而变得更加强烈。今天，考古学家认定的普里阿姆城（Priam）是令人失望的蔓草瓦砾堆，占地不过几英亩，而《伊利亚特》统计其守军有五万人。即使是微不足道的小事，有时也会被夸张地提升到不可思议的程度：阿贾克斯（Ajax）的盾牌，如果是由七张牛皮和一层金属制成的，将重达近300磅。历史无疑被改变了。围攻持续了十年，考虑到双方的供给问题，这绝对是不可能的。

一般来说，有两个时期可以对原始历史进行这样的修改：从特洛伊战争到公元前九世纪的口头传播时期，当时希腊字母出现，史诗被写了下来；此后的文学时期（literate period）到公元前二、三世纪的亚历山大学者时期，其综合修订版就是我们今天的版本。至于第二个时期，毫无疑问，各种版本之间会有差异，额外的增补和变化、甚至属于不同时间和地点的事件，都可能被卷入这个激烈的故事的漩涡中。但是，正如所有其他希腊文学作品中所表明的那样，所有这些添加的内容可能都受到被抄写者对这首诗的尊敬及公共表演的要求等约束。这些活动在不同的地方举行，特别是每四年在雅典的Panathenaea举行，在那里，所谓的吟诵者们（rhapsodes）虔诚地向广大观众吟唱《伊利亚特》和《奥德赛》（Odyssey）。因此，除了一些当代学者认为是后期添加的情节(如伏击多伦Dolon和提及哈迪斯Hades)外，现在的《伊利亚特》可能与公元前9世纪首次写下的内容非常相似。

但在更早的时候，在昏暗的模糊处，伫立着朦胧的吟游诗人。当然，正是他们陆续地改变了原有的历史。口传诗歌是一个与书面诗歌非常不同的种类。我们阅读和评判它的方式必须完全不同。创作和演出不是分开的，它们是同时进行的。《伊利亚特》的每一次新创作都是建立在听觉记忆和传统吟游诗人公式的基础上的,每一个吟游诗人都有不同长度的固定短语来填充不记得的六音步(hexameters),并用固定的情节来填补未被记住的行动。而这是在实际战争之后的三、四个世纪。因此,《伊利亚特》与其说是反映了特洛伊的社会生活,不如说是反映了从那时起到文学时期的几个社会发展阶段。作为一份社会学材料,这种反对意见是成立的。

但作为一份心理学文献,情况却完全不同。这些神灵从何而来?为什么他们与个人有特殊关系?我的论证强调了两点,一是缺乏心理语言,二是由神灵发起的行动。这些都不是考古学上的问题。它们也不可能是吟游诗人所发明的事项。关于它们的任何理论都必须是关于人本身的心理学理论。唯一的另一种选择如下文所述。

反对:我们是不是对可能只是文学风格的东西大做文章?诸神仅仅是吟游诗人的诗意方法,使行为生动,这些方法可能确实可以追溯到迈锡尼最早的吟游诗人?

答复:这就是众所周知的神灵和他们对行动的过度决定的问题。在我们看来,神明是非常不必要的。为什么他们会在那里?常见的解决方案如上所述:它们是一种诗意的方法。神圣体系复制了自然的有意识的因果关系,简单地以具体的形象化形式呈现它们,因为吟游诗人没有精巧的语言来表达心理问题。

不仅没有理由相信吟游诗人有他们试图表达的任何有意识的心理,这样的概念也与这首诗的整体结构完全不同。《伊利亚特》是关于行动的,它充满了行动——持续的行动。它实际上是关于阿喀琉斯的行为及其后果,而不是关于他的思想。至于诸神,《伊利亚特》的作者和人物都同意接受这个由神管理的世界。说诸神是一种艺术装置,就像说圣女贞德向宗教裁判所讲述她的声音,只是为了让那些即将谴责她的人觉得这一切都很生动一样。

这并不是说,首先出现心理因果关系的模糊的一般概念,然后诗人通过发明神灵赋予它们具体的图像形式。正如我将在本文后续说明的那样,事实恰恰相反。当有人提出,内在的权力感、或内在的诚谕或判断力的丧失是神圣机制发展的萌芽时，我认为事实恰恰相反，必须服从的声音的存在是意识阶段的绝对先决条件，在这个阶段，自我负责，可以在自己内部辩论，可以命令和指导，而这样一个自我的创造是文化的产物。在某种意义上，我们已经成为我们自己的神。

反对：如果二分心智存在，可能会发展出彻底的混乱，每个人都遵循自己的私人幻觉。唯一可能存在的二分心智制文明（bicameral civilization）的方式是严格的等级制度，较低级的人对他们之上的权威的声音产生幻觉，而这些权威对更高的权威产生幻觉，如此下去，国王和他们的同僚对神产生幻觉。然而，《伊利亚特》并没有以其对英雄个人的专注而呈现出任何这样的画面。

答复：这是一个非常有说服力的反对意见，令我困惑许久，特别是当我研究其他二分心智制文明的历史时，其中没有像《伊利亚特》的社会世界中那样的个人行动自由。

拼图中缺失的部分原来是众所周知的来自克诺索斯（Knossos）、迈锡尼和皮洛斯(Pylos)的线形 B 石板（Linear B Tablets）。它们直接写在我所说的二分心智时期 (bicameral period) 的。它们早已为人所知，但长期以来，密码学家们极其艰苦地工作，却未能破解。最近，它们被破译出来，并被证明包含一种音节文字，这是最早的书面希腊文字，只用于记录。它为我们勾勒了更符合二分心智假设的迈锡尼社会的轮廓：官员、士兵或工人的等级制度，货物清单，欠统治者、特别是欠神明的货物报表。因此，特洛伊战争的实际世界在历史上更接近于理论所预测的僵化的神权制度，而不是诗中的自由个性。

此外，迈锡尼的国家结构与《伊利亚特》中描述的武士的松散组合大不相同。它确实与同时期的美索不达米亚的神明统治的王国相当相似(如本文后面所述,特别是在第二篇中)。线形B石板中的这些记录称国家元首为 Wanax，这个词在后来的古典希腊语中只用于神明。同样，记录中称他的国家所占据的土地为他的 temenos，这个词后来只用于表示神的圣地。晚期希腊语中的国王一词是 basileus，但这个词在这些石板中表示的是一个不太重要的人。他或多或少是

Wanax 的第一个仆人，就像在美索不达米亚，人类统治者实际上是他在幻觉中听到的神所"拥有"的土地的管家一样——我们将在第二篇第2章中看到。线形B石板的材料很难拼凑起来，但它们确实揭示了中央集权的宫廷文明的等级和分层特性，而口头传统中创作《伊利亚特》的诗人的继承人完全忽视了这一点。

在充分发展的《伊利亚特》中，社会结构的这种松动可能部分是由于将其他更晚的故事汇集到特洛伊战争的主题中而造成的。最能说明《伊利亚特》是由不同作品组成的证据之一是诗中有大量的不一致之处，有些是非常接近的。例如，当赫克托从战斗中撤退时，有一句话 (6:117) 说："黑色的兽皮打在他的脖子和脚踝上"。这只能是早期迈锡尼人的身体盾牌（body-shield）。但下一句提到了"围绕着浮雕盾牌外侧的边缘"，这是一种非常不同的、更晚的盾牌类型。很明显，第二行是后来的诗人加上去的，他处于听觉上的恍惚中，甚至没有看到他在说什么。

进一步的限定

事实上，由于这是二分心智瓦解和意识开始的混乱时期(我们将在后面的章节中看到)，我们可能期望这史诗既反映这种等级制度的崩溃，又反映更多的主体化与旧的心智模式并存。事实上，我在前几页中已经省略了某些与理论不符的地方，我认为这些地方就是这种入侵。这些接近于主观意识的东西出现在《伊利亚特》的某些部分，被学者们认为是对核心诗篇的后期补充。

例如，第 9 卷是在希腊人大迁徙到小亚细亚之后才写成并添加到诗中的，其中提到了人类的欺骗行为，这与其他书中的内容不同。其中大部分发生在阿喀琉斯就阿伽门农对待他的问题对奥德修斯所作的冗长的修辞性回复中 (9:344, 371 和 375)。特别是阿喀琉斯对阿伽门农的诽谤："对我来说，像哈迪斯之门一样可恨的人是心口不一之人。" (9:3123f.) 这无疑是主观意识的一种表现。海伦的难以翻译

的祈愿 (3:173ff.; 6:344ff.) 或内斯特（Nestor）的明显回忆(1:260ff.) 也可能是如此。

　　文中还有两个非同寻常的地方，首先是阿格诺尔（Agenor）(21:553)，然后是赫克托尔 (22:99) 对自己讲话。这两段话在诗中出现的时间较晚，相距很近，内容极不恰当(它们与说话者之前的个性相矛盾)，并且使用了一些相同的短语和台词，都表明它们是同一个吟游诗人在后期插入故事中的模板。但不会太晚。因为它们太不同寻常，甚至让说话者都感到惊讶。在这些独白之后，两位主人公都准确地说出了同样的惊讶之语："但我的生命为什么要这样对我说？"如果这种自言自语确实是常见的，如果说话者真的有意识，就没有理由感到惊讶了。当我们更详细地讨论意识如何产生时，我们将有机会回到这些例子。

　　本章的主要观点是，客观地看，人类最早的以我们能够真正理解的语言书写的文字显示出与我们非常不同的心理。我认为，这必须被接受为事实。这种偶尔出现的叙述、模拟行为或心灵空间的例子是后来的创作者作为。《伊利亚特》的大部分内容在缺乏模拟意识方面是一致的，并指出了一种非常不同的人的特性。由于我们知道希腊文化很快就成为一种意识文学，我们可以把《伊利亚特》看作是站在时代的转捩点上，是回到那些非主体性时代的窗口，当时每个王国在本质上都是神权政体，每一个人都是在新情况出现时听到的声音的奴隶。

第四章

二分心智

我们是有意识的人类，正在努力了解人性。在上一章中，我们提出的大胆假设是：人类的本性曾一度被一分为二：一个被称为神的执行部分和一个被称为人的追随者部分。两部分都没有意识。这对今天的人类来说几乎是不可理解的。既然我们是有意识的，并且渴望理解，我们就力图将其还原为我们经验中熟悉的东西，正如在第二章中看到的理解的本质。这就是我在本章要尝试的。

二分心智的人

除了回过头来看第一章，回想在没有意识的帮助下能做的所有事情，几乎没有什么可以让我们对二分心智人的一面感到熟悉。但是，一连串的"不"多么不令人满意啊！不知何故，我们仍然希望理解阿喀琉斯。仍然觉得，一定有、绝对有他的内心感受。我们试图做的是在他身上发明一个心灵空间和一个模拟行为的世界，就像在自己和同时代人身上所做的那样。而这种发明，我认为，对这个时期的希腊人是无效的。

也许用一个接近这种状态的比喻会有帮助。在驾驶汽车时，我不是像一个沉默的司机坐在那里指挥自己，而是发现自己几乎无意识地全神投入。[1] 事实上，我的意识通常会参与其他事情，如果你碰巧是我的乘客，我的意识会参与与你的谈话，或者思考意识的起源。然而，我的手、脚和头的行为，几乎是在不同的世界。在触摸某物时，我被触摸；在转头时，世界转向我；在看时，我立即与一个我所遵从的世界有关，即在公路上而不是在人行道上行驶。而我对这些都没有意识。当然也没有相关的逻辑。如果你愿意的话，我被卷入其中，不自觉地完全沉醉在可能不断地威胁或安慰、吸引或排斥的相互作用刺激中，对交通变化及其特定方面作出恐惧或自信、信任或不信任的反应，而我的意识仍然在其他话题上。

现在简单地减去这种意识，你就会看到一个二分心智人是什么样子。世界将发生在他身上，而他的行动将成为这种发生的不可分割的一部分，而且没有任何意识。现在让一些全新的情况出现，前方发生事故，道路堵塞，轮胎爆裂，发动机熄火，看，我们的二分心智人不会像你和我那样做，也就是快速有效地将我们的意识转到这件事上，并讲述出该怎么做。他将不得不等待他的二分制的声音，这个声音带着他生命中储存的训诫智慧，会无意识地告诉他该怎么做。

二分心智的神

但这种幻听是什么样的呢？有些人甚至觉得很难想象会有被听到的心理声音与外部产生的声音具有相同的体验品质。毕竟，大脑中没有嘴巴或喉部！

无论利用什么脑区，绝对可以肯定的是，这种声音确实存在，而且体验这种声音就像听到真实的声音一样。此外，古代这种二分心智情况下的声音，在质量上与当代人的幻听极有可能非常相似。许多正常的人都会在不同程度上听到这种声音。通常是在压力大的时候，可能会听到父母的安慰声。

---

1. 这个例子的想法要归功于 Erwin W. Straus 富有洞见的文章《幻觉现象学》，见 L. J. West 主编《幻觉》(纽约: Grune and Stratton, 1962), pp. 220-232。

或者在一些持续存在的问题中。二十多岁的时候，我独自住在波士顿的灯塔山（Beacon Hill），有一个星期一直在研究和孤独地苦思冥想这本书中的一些问题，特别是关于什么是知识以及我们如何能够知道任何东西的问题。我的信念和疑虑在珍贵的认识论的迷惘中盘旋，无处着陆。一天下午，我躺在沙发上，陷入智识的绝望。突然，在阒静中，从我的右上方传来了一个坚定而清晰的声音，它说："将知者纳入所知中！"（Include the knower in the known!）它拉着我站起来，好奇地喊道："喂？"看谁在房间里。那声音有一个确切的位置。但没有人在那里！甚至在我怯懦地寻找的墙壁后面也没有。我不认为这种虚无缥缈的深奥是神圣的启示，但我确实认为它与过去那些声称有这种特殊选择的人所听到的相似。

完全正常的人可能会经常听到这种声音。在就本书中的理论进行讲座后，听众中的一些人来告诉我他听到过的的声音，让我惊讶。一位年轻的生物学家的妻子说，几乎每天早上在她整理床铺和做家务的时候，她都会和她去世的祖母的声音进行长时间的、内容丰富的、愉快的对话，在对话中她确实能听到祖母的声音。这让她丈夫大为震惊，因为她之前从未提及此事，因为"听到声音"通常被认为是精神错乱的标志。当然，对深陷焦虑的人来说，确实如此。但由于对这种疾病的恐惧，在正常人中持续出现幻听的实际发生率并不清楚。

唯一广泛的研究是上世纪在英国进行的一项并不理想的调查。[2] 只统计了正常人在健康状况良好时的幻觉。在7717名男性中，有 7.8% 的人在某些时候有过幻觉。在 7599 名女性中，这一数字为12%。幻觉在20至29岁的受试者中最为频繁，这也是精神分裂症最常发生的年龄。视觉幻觉的数量是听觉幻觉的两倍。还发现了国家差异。俄罗斯人的幻觉数量是平均水平的两倍。巴西人的幻觉甚至更多，因为他们的幻听发生率非常高。至于原因，任何人都可以猜测。然而，这项研究的一个不足之处是，在一个鬼怪作为令人兴奋的谈资

---

2. 亨利·西德威克等：《关于幻觉的普查报告》，见《精神研究学会论文集》，1894，34:25-394。

的国家，很难有准确的标准来区别实际见闻与幻觉。这方面亟需进一步更多、更好的研究。[3]

精神病患者的幻觉

当然，在精神分裂症的困扰下，类似于二分心智的幻听是最常见的，也是研究得最好的。现在这是一个困难的问题。在怀疑出现幻觉时，苦恼的精神病患会接受某种化学疗法，如氯丙嗪（Thorazine），专门消除幻觉。至少，这种程序是值得怀疑的，而且可能不是为病人做的，而是为希望消除对手对病人的这种控制的医院而做的。但从未有证据表明产生幻觉的病人比其他人更难缠。事实上，根据其他病人的判断，产生幻觉的精神分裂症患者比没有幻觉的病人更友好，更不设防，更讨人喜欢，对医院里的其他人有更积极的期许。[4] 而且，即使效果明显是负面的，幻觉的声音也有可能对治疗过程有帮助。

无论如何，自从化学疗法出现后，幻觉患者的发生率比以前低了很多。最近的研究显示，不同医院之间的差异很大，从波士顿市立医院50%的精神病患者，到俄勒冈州[5]一家医院的30%，在长期对病人进行大量使用镇静剂的医院里，这个比例甚至更低。因此，在下面的内容中，我更多地依靠一些较早的精神病文献，如布莱勒（Bleuler）的伟大经典之作《早发性痴呆》（Dementia Praecox），其中特别是精神分裂症的幻觉方面得到了更清晰的认识。[6] 如果我们要了解早期文明中听到的二分声音的性质和范围，这一点很重要。

---

3. 一个不应该做的例子可以在D.J.West的《关于幻觉的大规模观察问卷》中找到，《精神研究学会杂志》，1948, 34:187-196。
4. P. M. Lewinsohn：《幻觉患者的特征》，见《临床心理学杂志》，1968, 24:423。
5. P. E. Nathan, H. F. Simpson, 和 M. M. Audberg：《诊断的系统分析模型II：异常知觉行为的诊断有效性》，见《临床心理学杂志》，1969 年, 25:115-136。
6. Eugen Bleuler：《早发性痴呆或精神分裂症群》，Joseph Zinkin 译(纽约: International Universities Press, 1950)。 接下来的章节的其他来源包括我自己的观察和对病人的采访，后续页面脚注的作品，L. J. West的各个章节，以及各种案例报告。

声音的特点

精神分裂症患者的声音与个人有各种关系。他们常常以简短的句子交谈、威胁、诅咒、批评、请教。他们告诫、安慰、嘲弄、劝告，或有时只是宣告所发生的一切。他们大叫、抱怨、讥笑，从最轻微的耳语到雷鸣般的叫喊不等。这些声音往往有一些特殊的特点，如说话很慢、略读、押韵、或有节奏，甚至说外语。可能有一个特别的声音，更多的时候是几个声音，偶尔也有很多声音。如同在二分心智文明中，他们被认为是神、天使、魔鬼、敌人、或某个特定的人或亲属。或者偶尔他们被归为某种装置，让人联想到在二分心智王国中非常重要的雕像。

有时这些声音使病人感到绝望，命令他们做某件事，然后在执行之后狠狠地责备他们。有时它们是一种对话，如同两个人在讨论病人。有时赞成和反对的角色被不同人的声音所取代。他女儿的声音告诉病人"他将被活活烧死！"而他母亲的声音则说："他不会被烧死的！"[7] 在其他情况下，有几个声音同时喋喋不休，使病人无法听懂。

它们的位置和功能

在某些情况下，尤其是最严重的情况下，这些声音无法定位。但通常是可以的。它们从一侧或另一侧、从后方、从上方和下方呼唤，在很少的情况下，它们来自病人的正前方。它们似乎来自墙壁、地窖和屋顶，来自天堂和地狱，或近或远，来自身体或衣服的某个部位。有时，正如一位病人所说的，"他们呈现了所有藉由说话的物体的性质——无论是从墙里，从通风口，还是在树林和田野里说出来的。"[8] 有些病人有一种倾向，将好的安慰性声音与右上方联系起来，而坏的声音来自下面和左边。在极少数情况下，病人觉得这些声音是从自己的嘴里发出来的，有时感觉像异物在他的嘴里鼓起来。有

---

7. Bleuler, p. 97f.
8. T. Hennell：《见证人》(伦敦: Davis, 1938), p. 182。

时声音会以怪异的方式具体化。一位病人声称，他的两只耳朵上方都栖息着一个声音，其中一只比另一只大一点，这让人联想到ka及其在古埃及法老雕像被描绘的方式，我们将在随后的章节中看到。

这些声音经常批评病人的想法和行动。有时他们禁止他做他刚想做的事。有时这甚至在病人意识到自己的意图之前就发生了。一位来自瑞士图尔高州（Thurgau）的聪明的妄想症患者对他的私人护理员怀有敌意。当后者走进他的房间时，在病人还没有做什么的时候，那个声音就用最责备的语气说："现在你知道了！"。一个图尔高人殴打了一位非常体面的私人护理员![9]

这里最重要的是，病人的神经系统会做出简单的知觉判断，而病人自己并不知道。如上所述，这些判断可能会被转变成似乎是预言的声音。一个走过大厅的守卫可能会发出轻微的声音，而病人并没有意识到。但病人听到他幻觉中的声音喊道："现在有人提着一桶水走下大厅了"。然后门就开了，预言就应验了。对声音的预言性的信任，就像也许在二分心智时期一样，这样被建立和维持起来。此时，病人独独追随他的幻听，对他们毫无戒备。如果声音不清楚，他就会紧张而缄默地等待，等待被声音塑造，或者，被他的助手的声音和手塑造。

通常情况下，精神分裂症的严重程度在住院期间会出现波动，而且声音常常随着病情的变化出现和消失。有时，只有在病人做某些事情，或在某些环境中，声音才会出现。在今时今日的化学治疗之前，很多病人没有一个清醒的时刻可以摆脱它们。当病情最严重时，声音最响亮，而且来自外部；当病情最轻微时，声音往往倾向于内部耳语；而当定位在体内时，其听觉质量有时是模糊的。病人可能会说："它们根本不是真正的声音，而只是死去的亲人的声音的重复。"特别轻度症状的聪明患者往往不能确定他们是否真的听到了这些声音，或者他们是否只是被迫去想这些声音，如"可听闻的想法"，或"沉默的声音"，或"意义的幻觉"。

---
9. Bleuler, p. 98。

幻觉在神经系统中必须有一些先天的结构作为其基础。我们可以通过研究那些从出生或幼年时就极度失聪的人的情况，清楚地看到这一点。因为即使是他们，也能——以某种方式——体验到幻听。这在耳聋的精神分裂症患者中很常见。在一项研究中，22名产生幻觉的极重度耳聋的精神分裂症患者中，有16人坚持说他们听到了某种交流。[10] 一位32岁的先天性耳聋的妇女，对一次治疗性流产充满了自责，声称她听到了来自上帝的指责。另一位50岁的先天性耳聋的妇女听到超自然的声音，宣称她有神秘的力量。

视觉成分

精神分裂症患者的视觉幻觉发生得较少，但有时却极其清晰和生动。我的一个精神分裂症患者，一个20岁的活泼的民歌作家，在车里坐了很久，焦急地等待一个朋友。一辆蓝色的汽车在路上行驶，突然奇怪地减速，变成了铁锈色，然后长出巨大的灰色翅膀，慢慢地拍打着树篱，消失了。然而，当街道上的其他人表现得好像没有发生过什么特别的事情时，她更加惊恐了。为什么？除非他们所有人都以某种方式结成联盟，向她隐瞒他们的反应。而这又是为什么呢？往往是意识对这种虚假事件的叙述，以一种理性的方式将周围的世界整合进去，从而带来了其他的悲剧性症状。

有趣的是，没有幻听的重度失聪的精神分裂症患者往往有手语的视觉幻象。一个16岁的女孩在8个月大时就失聪了，她沉溺于与空旷的地方进行奇怪的交流，并对着墙壁做手势。一位年长的先天性耳聋的妇女用手语与她的幻觉男友交流。其他聋人患者可能会出现与想象中的人进行持续的交流，使用手势和手指拼写的文字混搭。一位35岁的聋女在14个月时失去了听力，她过着放纵的滥交与暴怒交替出现的生活。入院时，她用手语解释说，每天早上都有一个身穿

---

10. J. D. Rainer, S. Abdullah 与 J. C. Altshuler：《聋人的幻觉现象学》，见《幻觉的起源与机制》，Wolfram Keup 编 (纽约: Plenum Press, 1970), pp. 449-465。

白袍的精灵来找她，用手语说一些话，有时很吓人，这些话决定了她一天的情绪节奏。另一位聋哑病人会对着空旷的地方吐口水，说她是在向潜伏在那里的天使吐口水。一个30岁的男人，从出生就开始耳聋，较为亲切，他会看到小天使和小人国的人在他身边，并相信他有一根魔杖，用它几乎可以实现任何事情。

偶尔，在所谓的急性暮光状态（acute twilight states）下，整个场景，通常是宗教性质的，甚至在大白天也可能出现幻觉，天堂敞开着，有神灵对病人说话。或者有时文字会出现在病人面前，就像在伯沙撒（Belshazzar）面前一样。一个妄想症患者在护工让他吃药的那一刻，看到了空气中的毒字。在其他情况下，视觉幻觉可能与真实环境相吻合，有的人在病房里走来走去，有的人站在医生的头顶上，甚至像我所说的雅典娜对阿喀琉斯显现一样。更常见的是，当视觉幻觉与声音一起出现时，它们只是闪亮的光或云雾，就像忒提斯（Thetis）来到阿喀琉斯或耶和华来到摩西身边。

诸神的释放

如果我们假设精神分裂症的幻觉与古代神灵的指引相似是正确的，那么在两者中应该有一些共同的生理刺激。我认为，这只是压力。正如我们所提到的，在正常人中，释放幻觉的压力阈值非常高；我们大多数人需要在遇到麻烦时才会听到声音。但在易患精神病的人中，这个阈值要低一些；就像我描述的那个女孩一样，只需要在停放的汽车中焦急地等待就可以了。我认为这是由于压力产生的肾上腺素的分解产物在血液中的堆积造成的，由于基因的原因，对有些个人来说，无法像正常人那样快速通过肾脏。

在二分心智的时代，我们可以假设，产生幻觉的压力阈值比今天的正常人或精神分裂症患者要低得多。唯一必要的压力是由于某种新情况而必须改变行为时发生的压力。任何不能根据习惯处理的事情，任何工作和疲劳之间的冲突，攻击和逃跑之间的冲突，任何在服从谁或做什么之间的选择,任何需要作出任何决定的事情,都足以导致幻听发生。

现在已经清楚地确定,决策(我想把"决策"这个词的每一丝有意识的内涵都去掉)正是压力的表现。如果老鼠每次希望获得食物和水时都要穿过电网,它们会出现溃疡。[11] 仅仅电击老鼠并不能使它们这样。必须要有冲突的停顿或是否穿越电网的决策压力才能产生这种效果。如果把两只猴子拴在一起,让其中一只猴子至少每20秒按一次杠子,以避免两只猴子的脚受到周期性的冲击,那么在三或四周内,做出决定的猴子会出现溃疡,而另一只同样受到冲击的猴子则不会。[12] 重要的是无法预知的停顿。因为如果实验是这样安排的,动物可以做出有效的反应,并立即收到成功的反馈,那么通常所称的"执行性溃疡"就不会发生。[13]

因此,被阿伽门农击退的阿喀琉斯,在灰蒙蒙的海面上,在决策的压力下,从迷雾中幻化出忒提斯。因此,赫克托面临着是去特洛伊城外与阿喀琉斯作战还是留在城内的抉择的痛苦,在决策的压力下,他幻觉出告诉他出去的声音。神圣声音在决策压力达到某个相当的程度之前终结了它。如果阿喀琉斯或赫克托尔是现代高管,生活在一个压制他们的压力缓释神的文化中,他们也可能会患上身心失调病。

声音的权威

我们不能离开这个幻觉机制的主题,而不去面对更深刻的问题:为什么这种声音被相信,为什么服从?因为在所有的经验证据和堆积如山的常识面前,它们被认为是客观真实的。事实上,病人听到的声音比医生的声音更真实。他有时会这样说。一个精神分裂症

---

[11]. W. L. Sawrey 和 J. D. Weisz:《产生胃溃疡的实验方法》,见《比较和生理心理学杂志》,1956, 49: 269-270。
[12]. J. V. Brady, R. W. Porter, D. G. Conrad 与 J. W. Mason:《回避行为和胃-十二指肠溃疡的发展》,见《行为实验分析杂志》,1958, 1: 69-72。
[13]. J. M. Weiss:《压力和疾病的心理因素》,见《科学美国人》,1972, 226: 106。

患者对他的医生说:"如果这不是一个真实的声音,那么我也可以说,甚至你现在也不是真的在跟我说话"。而另一个人在被询问时回答:

> 是的,先生。我清楚地听到了声音,甚至很响亮;他们在这一刻打断了我们。对我来说,听他们说话比听你说话更容易。我更容易相信他们的重要性和真实性,而且他们不问问题。[14]

只有他能听到这些声音,这一点并不重要。有时他觉得自己因这一天赋而感到荣幸,被神圣的力量选中,并得到了荣耀,即使是在声音恶毒地责备他时,即使是在将他引向死亡时也是如此。他在某种程度上与基础的听觉能力面对面,比风、雨、火更真实,嘲笑、威胁和安慰的力量,是他无法回避和客观看待的力量。

不久前的一个阳光明媚的下午,一个人正躺在科尼岛海滩的躺椅上。突然,他听到了一个如此响亮和清晰的声音,他看了看他的同伴们,确信他们也一定听到了这个声音。当他们表现得若无其事时,他开始感到奇怪,于是把椅子移开。然后

> ....突然,比以前更清晰、更深沉、更响亮,那个低沉的声音再次向我袭来,这次就在我耳边,让我心里一紧,浑身发抖。"Larry Jayson,我以前告诉过你,你不是什么好东西。你为什么坐在这里,让人相信你和其他人一样好,而你不是?你在愚弄谁呢?"

那低沉的声音是如此响亮,如此清晰,每个人都一定听到了。他站起身来,慢慢走开,沿着木板路的楼梯走到下面那片沙地上。他等着看那声音是否回来了。它确实回来了,这次它的话语扑面而来,不是你听到任何话语的方式,而是更深。

> ....仿佛我的所有部分都变成了耳朵,我的手指听到了这些话,我的腿和我的头也听到了。"你没有用",那个声音用同样深沉的语调缓缓说道:"你在地球上从来没有任何好处或作用。这就是大海。你还不如把自己淹死。只要走进去,继续走就可以了。"

---

14. Hennell, pp. 181-182.

这个声音一结束,我就知道它的冷酷命令,我必须服从。[15]

走在科尼岛细碎沙地上的病人听到了巨大的声音,就像阿喀琉斯在爱琴海的迷雾海岸边听到忒提斯的声音一样清晰。甚至就像阿伽门农"不得不服从"宙斯的"冷酷命令",或者保罗在大马士革前服从耶稣的命令一样,杰森先生也涉足大西洋,准备淹死。违背他的声音的意愿,他被救生员救起,并被带到贝尔维尤(Bellevue)医院,在那里他恢复了健康,写下了这段二分心智的经历。

在一些不太严重的病例中,病人在习惯了这些声音之后,可以学会客观地对待它们,并减弱它们的权威。但是,几乎所有精神分裂症患者的自传都一致地谈到了对声音命令的无条件服从,至少在开始时是这样。为什么会这样呢?为什么这种声音在阿尔戈斯(Argos)、在通往大马士革的路上,或者在科尼岛的海岸,都有这样的权威?

声音是一种非常特殊的方式。我们无法处理它。我们不能把它推开。我们不能转过去背对着它。我们可以闭上眼睛,屏住呼吸,放弃触摸,拒绝品尝。但我们不能关闭耳朵,尽管我们可以部分地蒙住他们。声音是所有感官模式中最不容易控制的,而它正是所有进化成就中最复杂的媒介——语言。因此,我们所看到的是一个具有相当深度和复杂性的问题。

服从的控制

考虑一下倾听和理解别人对我们说话是什么意思。在某种意义上,我们必须成为另一个人;或者说,短暂地让他成为我们的一部分。我们暂停自己的身份,之后回到我们自己,接受或拒绝他所说的。但是,那短暂的身份磨合是理解语言的本质;如果这种语言是一种命令,那么理解的认同就成为服从。聆听(hear)实际上是一种服从(obedience)。事实上,这两个词来自同一个词根,因此最初可能是同一个词。在希腊语、拉丁语、希伯来语、法语、德语、俄语以及

---

15. L. N. Jayson:《狂热》(纽约: Funk and Wagnall, 1937), pp. 1-3。

英语中都是如此，在英语中 obey 来自拉丁语 obedire，是 *ob+audire* 的合成词，即面对某人的倾听。[16]

问题是对这种服从的控制。可以通过两种方式进行。

第一个不太重要的是简单地通过空间距离。如果你愿意的话，想想你在听到别人跟你说话时你会做什么。你把距离调整到某种文化上的标准。[17] 当说话者离你太近时，他似乎是想紧紧地控制你的思想。而太远时，他对你的思想控制得不够好，使你无法切适地理解他。如果你来自阿拉伯国家，面对面的距离小于12英寸是舒适的。但在更多的北方国家，最舒服的对话距离几乎是这个距离的两倍，这是一种文化差异，在社会交流中可能导致各种国际误解。在小于通常距离的情况下交谈，至少意味着试图相互服从和控制，例如，在爱情关系中，或在两个男人即将打架的面对面的威胁中。在这个距离内对某人说话就是试图真正地支配他或她。在这个距离内被人说话，并且保持这个距离，会导致接受说话者的权威的强烈倾向。

我们控制别人对我们的话语权的第二个也是更重要的方式是通过我们对他们的意见。为什么我们永远在评判，永远都在批评，永远都在把人归入模糊的赞美或责备的类别？我们不断地给别人打分，把他们归入往往是可笑的地位等级，只是为了调节他们对我们和我们思想的控制。我们对他人的个人评判是影响的过滤器。如果你想让别人的语言对你产生影响，只需在你自己的私人评价中把他捧得更高。

现在考虑一下，如果这些方法都不奏效，因为那里没有人，没有声音发出的空间点，一个你无法回避的声音，就像你所说的一切一样接近你，当它的存在超越了所有的边界，当没有可能逃脱时——逃离，它和你一起逃离——这个声音不受墙壁或距离的阻碍，不因蒙住耳朵而减弱，也不会被任何东西、包括自己的尖叫湮没，——听者是多么无助啊！如果一个人属于二分心智文化，在那里，声音被公认为

---

16. Straus, p. 229.
17. 对于那些有兴趣研究这个问题的人来说，可以参考 Edward T. Hall 的《隐匿的尺度》(纽约：Doubleday, 1966)，其中强调了文化差异，以及 Robert Sommer 的《个人空间:设计的行为基础》(Englewood Cliffs, New Jersey: Prentice-Hall, 1969)，该书深入研究了空间行为。

处于等级制度的最顶端,作为神、国王、陛下教导你,拥有你的威严,头、心、脚,全知全能的声音,不能被归类为你的下级,二分心智的人对他们是多么顺从啊!

　　对具有主观意识的人的意志的解释仍然是一个深刻的问题,还没有达到任何令人满意的解决。但在二分心智的人中,　　这就是意志。另一种说法是,意志是作为一种声音出现的,这种声音具有神经命令的性质,其中命令和行动并没有分开,在这种情况下,听到就是服从。

第五章

双脑

在一个二分心智人的大脑中发生了什么?在我们物种的历史上，任何与仅存在于一百代前的完全不同的心智一样重要的事情，都需要进行一些生理学上的陈述。这怎么可能？鉴于我们头颅内的神经细胞和纤维极其微妙的结构，它是如何被组织起来，以使二分心智成为可能？

这就是本章的大哉问。

找到答案的第一个方法是显而易见的。既然二分心智以语言为媒介，那么大脑中的语言区域就必须以某种重要的方式参与其中。

现在，在讨论这些区域时，以及在本章和本文的其余部分，我将使用只适合于右撇子的术语，以避免某种笨拙的表述。左脑半球控制着身体的右侧，对右撇子来说包含了语言区域。因此，它通常被称为优势半球，而控制身体左侧的右半球则通常被称为非优势半球。我说的好像所有人都是左半脑主导的。实际上，左撇子有不同程度的侧向优势，有些人是完全反转的(右半脑做左半脑通常做的事情)，有些则不是，还有一些人是混合优势。但由于他们是例外，只占人口的5%，他们可以不列入目前的讨论。

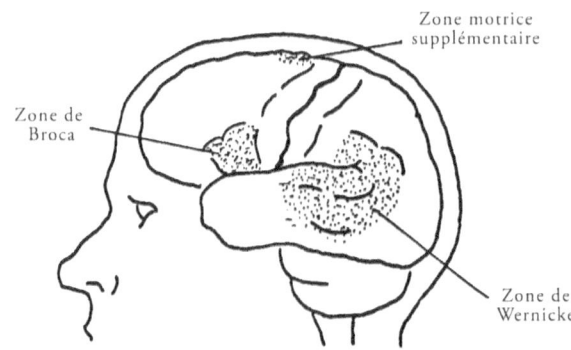

左脑的三个语言区有不同的功能和价值。辅助运动区主要参与发音;布洛卡区参与发音、词汇、音调和语法;韦尼克区参与词汇、句法、意义和理解语言。

语言区有三个,绝大多数人都在左脑。[1] 它们是 (1) 辅助运动皮质,位于左额叶的顶端,通过手术切除后会产生失语,几周后就会好转;(2) 布洛卡区,位于左额叶后部下方,切除后会产生失语,有时是永久性的,有时不是;(3) 韦尼克区,主要是左颞叶的后部和部分顶叶区,在一定年龄后对其进行任何大规模破坏都会导致永久丧失有意义的语音。

因此,韦尼克区对正常语言来说是最不可缺少的。正如我们预计的那样,韦尼克区的皮层相当厚,细胞间距大,表明有相当多的内部和外部联系。虽然对其确切边界存在一些分歧,[2] 但对其对有意义的交流的重要性却没有分歧。

当然,将一种心理现象的概念分析与相应的大脑结构同构化是极其危险的思维;但这是我们无法避免的。在左脑的这三个区域中,甚至在它们更微妙的相互关系中,很难想象某些语言功能的复制会达到我的二分心智理论所要求的和范围和分离程度。

---

1. 我在这里遵循已故的Wilder Penfield和Lamar Roberts的《语言和大脑机制》(普林斯顿: Princeton University Press, 1959),这是传统的权威,尽管在目前这一领域的知识爆炸中,其中一些内容已经过时了。
2. Joseph Bogen以其一贯的热心肠,花时间向我指出了关于哪些区域应包括在韦尼克区的证据的不确定性。我还要感谢我以前的学生Stevan Hamad,他对其中许多问题进行了宝贵的讨论。

让我们坐下来讨论一下这个问题。语言区都在左边。为什么？长期以来，有一个耐人寻味的难题让我和其他考虑过这一切演变的人着迷，那就是为什么语言功能只在一个半脑上体现？而大多数其他重要的功能都是由两侧代表的。这种在其他方面的冗余对动物来说是一种生物上的优势，因为如果一侧受伤，另一侧就可以弥补。那么，为什么语言不是呢？语言，这个最紧迫和最重要的技能，这个社会行动的先发制人和迫切的基础，这个在后冰河时代的千年里生命本身必须经常依赖的最后一道交流线！为什么人类文化中这种不可或缺的东西没有在两个半脑都体现出来？

当我们想起语言所需的神经结构既存在于右脑，也存在于左脑时，这个问题就会变得更加神秘了。在儿童时期，如果左脑的韦尼克区或连接其与脑干的下丘脑发生重大病变，整个语言机制就会转移到右脑。极少数的双手通用的灵巧的人确实在两个半脑都有语言功能。因此，通常无言的右脑在某些条件下可以像左脑一样成为一个语言半脑。

更进一步的问题是，当语言的倾向性结构在左脑进化时，右脑到底发生了什么？只要考虑一下右脑中与左脑的语言区域相对应的那些区域：它们的功能是什么？或者，更具体地说，它们的重要功能是什么，因为它必须是这样的，以排除其发展为辅助语言区域？如果我们今天刺激右脑的这类区域，就不会出现通常的"失语停顿"（仅仅是停止正在进行的说话），而这种情况在刺激左脑的正常语言区域时就会出现。由于这种明显的功能缺失，人们常常得出结论，认为右脑的大部分是根本不需要的。事实上，大量的右脑组织，包括对应韦尼克区的组织，甚至在某些情况下整个半脑，都由于疾病或受伤而在人类患者中被切除，但病患的心理功能却几乎没有缺失。

那么，情况就是右脑与语言区相对应的区域似乎没有容易观察到的主要功能。为什么大脑中会有这个相对不那么重要的部分？会不会是右脑这些沉默的"语言"区域在人类历史的早期阶段有一些现在没有的功能？

答案是清楚的，尽管是不确定的。能够产生如此巨大影响的进化的选择压力是那些二分心智文明的压力。人类的语言只涉及一个半脑，以便为神的语言留下另一个自由空间。

如果是这样的话，我们可以预期，在右侧非优势颞叶和左侧颞叶之间必须有某些神经束使得二分的声音产生联系。两个半脑之间的主要联系当然是由200多万根纤维组成的巨大胼胝体（corpus callosum）。但人类颞叶有其自身的私人胼胝体，可以说是小得多的前连合（anterior commissures）。在大鼠和狗身上，前连合连接着大脑的嗅觉部分。但在人类中，正如我相当不精确的草图所示，这条横向的纤维带从大部分颞叶皮层中、特别是包括在韦尼克区的颞叶中回收集，然后穿过下丘脑顶部的杏仁核，插进另一个颞叶，挤压成一条直径仅略大于八分之一英寸的纤维带。基于此，我认为，这里是一座小桥，穿越它就有了建立文明和宗教的方向，在那里，神对人说话，并被服从，因为他们是人类的意志。³

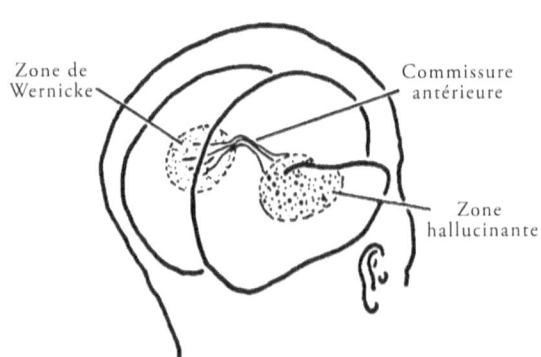

在古代，右脑对应韦尼克区的区域可能组织了训诫性的经验，并将其编码为"声音"，然后由左脑或优势半脑通过前连合"听到"。

---

3. 我的意思并不是说，两个颞叶之间的传递是前连合的唯一功能。这个连合会将两个颞叶的大部分连接起来，包括颞下回的后部的很大一部分。这个区域由从枕叶向下扫过一个强大纤维系统喂养，对视觉认知功能具有核心意义。见E.G.Ettlinger，《胼胝体的功能》(波士顿: Little, Brown, 1965)。

有两种形式可以具体说明这一假说。较强的形式，也是我喜欢的形式，因为它更简单、更具体(因此更容易被经验观察所证实或否定)，即神的言语直接组织在右半脑相当于韦尼克区的地方，并通过前连合向左颞叶的听觉区"说"或"听"。(请注意，我只能用比喻的方式来表达，把右颞叶说成是一个人在说话，或把左颞叶说成是一个人在听，两者是平等的、实际上都是虚假的)。我倾向于这种更强的形式的另一个原因是它在将处理过的信息或思想从大脑的一侧传到另一侧方面的合理性。考虑一下进化问题：数十亿的神经细胞在一侧处理复杂的经验，并需要通过小得多的结合处将结果传送到另一侧。必须使用一些代码，将非常复杂的处理过程减少到可以通过较少的神经元、尤其是前连合的神经元传输的形式。在动物神经系统的进化过程中，还有什么比人类语言更好的代码出现吗？因此，在我们的模型的较强形式中，幻听以语言的形式存在，因为那是将复杂的皮质处理从大脑的一侧传送到另一侧的最有效方法。

这种假设的弱模式更为模糊。它指出，幻觉的发音特征与人自己的讲话一样，来自左脑，但它的感觉和方向以及与人的不同关系是由于右颞叶的活动通过前连合和压部(胼胝体的后部)将刺激发送到左脑的语言区，并从那里被"听到"。

目前，我们采取哪种形式的假说并不重要。两者的核心特征是，告诫性经验的整合是右脑的功能，是右脑对应于韦尼克区的兴奋导致了神的声音的出现。

支持这一假说的证据可以归纳为五个方面。(1) 两个半脑都能理解语言，而通常只有左脑能说话；(2)右脑对应于韦尼克区的区域有一些残存的功能，类似于神的声音；(3)在某些条件下，两个半脑几乎能够作为独立的人行事，它们的关系相当于二分心智时代的人--神关系；(4)当代两个半脑在认知功能上的差异，至少呼应了在二分心智时期的文献中所看到的人与神之间的功能差异；(5)大脑比我们迄今所认为的更能被环境所组织,因此可能经历了从二分心智人到有意识的人的变化,主要基于学习和文化的基础。

本章的其余部分将专门讨论这五个观察点。

1. 两个半脑都能理解语言

我曾带着一些推测说,神灵是训诫性经验的混合体,由给予个人的任何命令的融合组成。因此,虽然神域将不必参与语言,但他们必须参与听觉和理解语言。即使在今天也是如此。事实上,我们确实用两个半脑来理解语言。左侧大脑皮层出血的中风患者不能说话,但仍能理解。[4] 如果将阿米妥钠注入通往左半脑的颈动脉(Wada试验),整个半脑被麻醉,只剩下右脑在工作;但受试者仍能听从指示。[5] 对接受连合部切开术病人进行的测试(我稍后会更全面地描述)表明,右半脑的理解力相当强。[6] 命名的物体通常可以由左手取回,口头命令也由左手服从。即使患有胶质瘤的病人被切除了整个左脑、即语言半脑,手术后剩余的右脑似乎也能理解外科医生的问题,尽管无法回答。[7]

2. 右脑存在类似上帝的功能的痕迹

如果前面的模型是正确的,可能会有一些右脑的古代神性功能残留的迹象,即使很小。在这里,我们确实可以更具体一些。当然,由于诸神的声音并不需要发音,我们可以在一定程度上排除对应于布洛卡区和辅助运动区的东西,而把注意力集中在对应于韦尼克

---

4. 这是一个普遍的看法——在我亲自采访过的案例中是如此。
5. 目前,在蒙特利尔神经研究所,瓦达测试是脑部手术前程序的一部分。见 J. Wada 和 T. Rasmussen:《颈内注射阿米妥钠用于大脑语言优势的侧向化》,见《神经外科杂志》,1960, 17: 266-282。
6. M. S. Gazzaniga, J. E. Bogen, R. W. Sperry:《人脑连合除术后躯体觉偏侧向效应》,见《神经心理学》,1: 209 - 215。另见 Stuart Dimond《双脑》(爱丁堡与伦敦: Churchill Livingstone, 1972), p. 84。
7. Aaron Smith:《左(优势)脑切除术后的语言和其他功能》,见《神经病学神经外科精神病学杂志》,29:467- 471。

区、或右侧（非优势侧）颞叶后部的东西上。如果我们在这个位置刺激它，我们会不会像往昔那样听到神的声音？或者它们的一些残余？会令我们认为三千年前它的功能是对人类事务的神圣指导的东西。

我们可能记得，这确实是几年前怀尔德·彭菲尔德（Wilder Penfield）在一系列著名的研究中所刺激的领域。[8] 让我详细地描述一下这些研究。

这些观察是在大约 70 名被诊断为由颞叶某处病变引起的癫痫患者身上进行的。作为通过手术切除受损脑组织的初步措施，用温和的电流刺激颞叶表面的各个点。刺激的强度大约是通过刺激适当的运动区来激发拇指刺痛所需的最小电流。如果有人反对说，这种刺激所产生的现象被一些在这类患者身上常见的，如神经胶质瘤、硬化症、或脑膜--脑瘢痕的病灶所破坏，我认为这种反对意见将通过回顾原始报告而被消除。当这些异常现象被发现时，它们的位置是有限的，并且不会以任何方式影响受试者在受到刺激时的反应。[9] 因此，我们可以有把握地认为，这些研究的结果代表了在正常人身上的情况。

在这些案件中，绝大多数都是刺激右颞叶，特别是颞叶后部朝向其上回旋处，即右侧的韦尼克区。从病人那里得到了一系列显著的反应。重复一下，在这一点上，我们可能期待再次听到古代神灵对我们的呼唤，就像从我们二分心灵的另一部分发出的一样。这些病人会听到古代神灵的一些残余吗？

以下是一些有代表性的数据。

当在这个区域受到刺激时，案例 7，一个 20 岁的大学生，哭着说："我又听到了声音，我有点与现实失去联系。我的耳朵里有嗡嗡声，还有一种像警告的小感觉。"而当再次受到刺激时，"声音，和

---

8. Wilder Penfield 和 Phanor Perot：《大脑对听觉和视觉经验的记录:最后的总结和讨论》，见《大脑》，1963, 86: 595-702。
9. 尽管据推测，癫痫的特殊先兆是由皮层兴奋从病变处扩散到这些相同的区域而引起的。

以前一样。我只是再次与现实失去了联系。"当被问及时，他回答说他无法理解这些声音在说什么。他们听起来很模糊。

在大多数情况下，这些声音也同样是模糊的。案例 8，一位 26 岁的家庭主妇，在大约相同的区域受到刺激，说似乎有一个声音在远处，有很大距离。"听起来像是有声音在说话，但很模糊，我听不清楚。"案例 12，一名 24 岁女性，在后颞叶上回的连续点上受到刺激，她说："我可以听到有人在说话，咕哝或什么。"然后进一步说："有说话声或杂音，但我听不懂。"然后沿着脑回刺激了大约四分之三英寸，她起初沉默不语，然后发出一声大叫。"我听到了声音，然后我尖叫起来。我全身都有感觉。"然后朝着第一次刺激的方向又往回刺激了一下，她开始抽泣起来。"又是那个男人的声音!我唯一知道的是，我父亲让我很害怕。"她没有认出这个声音是她父亲的，它只是让她想起了父亲。

一些病人听到了音乐，不为人知的旋律，可以哼唱给外科医生听(病例4和5)。其他人则听到了亲属的声音，特别是他们的母亲。病例 32，一个22岁的女人，听到她的母亲和父亲说话和唱歌，然后在另一个点上受到刺激，她的母亲"只是大叫"。

许多病人听到的声音是来自陌生的、未知的地方。病例 36，一位 26 岁的女性，在右颞叶上回的前部受到刺激，她说："是的，我听到河边某个地方有声音——一个男人的声音和一个女人的声音，在呼唤。"当问及她如何判断是在河边时，她说："我想我看到了河。"当问及什么河时，她说："我不知道，似乎是我小时候去过的一条河。"而在其他的刺激点，她听到了人们从某处的建筑物之间呼喊的声音。在相邻的一个点，她听到一个女人在伐木场呼叫的声音，尽管她坚持说她"从未去过任何伐木场"。

当声音被定位为来自一侧或另一侧时(很少发生)，它来自对侧。案例 29，一个 25 岁的男人，在右颞回中间受到刺激，说："有人在我的左耳告诉我, Sylvere, Sylvere! 这可能是我的兄弟。"

声音和音乐，不管是混乱的还是可辨别的，都被体验为真实听到的，而视觉幻觉则被体验为真实看到，就像阿喀琉斯体验到忒提斯，或者摩西从燃烧的灌木丛中听到耶和华。案例 29，同上，当再次受到刺激时，也看到"有人对另一个人说话，他提到了名字，但我不明白。"当被问及他是否看到那个人时，他回答说："那就像一个梦"。当进一步问及此人是否在那里时，他说："是的，先生，大约在那个戴眼镜的护士坐在那里的地方。"

在一些年龄稍大的病人中，只有探索性的刺激产生了幻觉。一位34岁的法裔加拿大人，病例 24，在以前的刺激没有产生任何效果后，在刺激右颞叶中回的后部时，忽然说："等一下，我看到了一个人！"然后再高一寸左右，说："哦，啦，啦，啦!。是他，他来了，那个傻瓜!"然后再刺激得更高一些，虽然仍在右侧相当于韦尼克区的范围内，"那里，那里，我听到了（法文J'entend）!只是有人想跟我说话，他在说:快、快、快（vite, vite, vite）！"

但在较小的年龄段，有一个明确的迹象表明，刺激右颞叶所引起的幻觉更醒目、更生动、更有告诫性。一个 14 岁的男孩(病例 34)看到两个人坐在扶手椅上对他唱歌。一个14岁的女孩(病例 15)在刺激右颞叶后上回时，喊道："哦，每个人都在对我喊叫，让他们停下来！"刺激时间为 2 秒，声音持续了11秒。她说："他们在骂我做错了事，每个人都在喊叫。"在沿着右半脑颞叶后部的所有刺激点，她都听到了吼叫声。即使在距离第一点后方一英寸半处受到刺激时，她也喊道："他们来了，对我大喊大叫;阻止他们！"仅仅一次刺激所产生的声音就持续了 21 秒。

我不应该给人这样的印象:这一切都很简单。我已经选择了这些病例。在一些病人中，根本就没有反应。偶尔，这种经验涉及到自视性幻觉（autoscopic illusions），如我们在第一篇第二章中提到的。另一个复杂情况是，刺激左脑或通常占优势的半脑上的相应点也可能导致类似的幻觉。换句话说，这种现象并不局限于右颞叶。但对左边的刺激有反应的例子要少得多，而且发生的强度也小。

几乎所有这些刺激引起的体验的重要之处在于它们的他者性（otherness），它们与自我的对立，而不是自我自己的行为或自己的言语。除了少数例外，病人从未经历过吃饭、说话、做爱、跑步或玩耍。几乎在所有情况下，被试者都是被动的，被人操纵着，就像一个二分心智的人被他的声音操纵着。

被什么所左右呢？彭菲尔德和佩罗认为这仅仅是过去的经验，是对早先日子的重现。他们试图把如此一致地观察到的识别失败解释为仅仅是健忘。他们假设这些是实际的具体记忆，如果在操作期间有更多的时间，这些记忆就可以被推进到完全识别。事实上，他们在刺激过程中向病人提出的问题就是以这种假设为指导的。有时，病人的回答确实变得很具体。但更能代表整个数据的是病人在被询问时坚持认为这些经历不能被称为记忆。

正因为如此，也因为普遍缺乏个人活动图像，而这些图像是我们通常拥有的那种记忆，我认为彭菲尔德和佩罗的结论是不正确的。颞叶的这些区域不是"大脑对听觉和视觉经验的记录"，也不是其检索，而是这种经验的某些方面的组合和混合。我认为，这些证据并不能证明这些区域"在成年人对过去经验的潜意识回忆中发挥了一些作用，使其可用于现在的解释"。相反，这些数据偏离了这一点，导致了提炼出特别是训诫经验的幻觉，也许在那些被询问时报告了这些经验的病人身上体现出来或合理化为实际经验。

3. 两个半脑可以独立行动

在我们的二分大脑模型中，假设神的部分和人的部分在某种程度上独立行动和思维。如果现在说，这种古代心态的二元性体现在大脑半球的二元性上，这难道不是毫无根据地将大脑的部分人格化吗？是否可以把大脑的两个半球几乎看作是两个人，其中只有一个人可以公开说话，而两个人都可以听，都可以理解？

证明这一点的合理证据来自另一组癫痫患者。这些人是十几位接受过完全的连合部切开术（Commissurotomy）手术的神经外科病人，即切断两个半脑之间所有互连的中线。[10] 这种所谓的分脑手术(其实不是——大脑的深层部分仍然是相连的)通常通过防止异常的神经兴奋扩散到整个大脑皮层来治愈本来无法治疗的癫痫。手术后，有些病人会立即失去语言能力长达两个月，而其他病人则没有任何问题——没有人知道原因。也许我们每个人的半脑之间的关系略有不同。恢复是渐进的，所有病人都表现出短期记忆障碍(也许是由于切割了小海马接合处的缘故)，一些定向问题，以及精神疲劳。

　　现在令人吃惊的是，这些病人经过一年左右的恢复后，并没有感觉到与手术前有任何不同。他们感觉不到任何问题。目前，他们正在看电视或读报纸，没有抱怨任何异样的东西。观察者也没有注意到他们有什么不同。

　　但在对感觉输入的严格控制下，迷人而重要的缺陷被揭示出来。

　　当你看任何东西时，比如说，这行字的中间部分，左边的所有字都只被右半脑看到，而右边的所有字都只被左半脑看到。由于两个半脑之间的联系完好无损，在协调两者之间的关系方面没有特别大的问题，尽管我们能够阅读真的很令人吃惊。但如果你的大脑半球连接被切断，情况就会大不相同。从这条线的中间开始，你右边的所有印刷字体都会像以前一样被看到，你几乎可以像往常一样阅读。但是，你左边所有的印刷字体和页面将是一片空白。其实不是空白，而是空无，绝对的空无，比你能想象的任何空无都要多。如此之多的无，以至于你甚至不会意识到那里没有什么，尽管看起来很奇怪。就像在盲点现象中，"无"以某种方式被"填充"，"缝合"，好像没有什么错。然而，实际上，所有的无都是在你的另一个半脑，它将看到"你"所没有的一切，所有的印刷字体都在左边，而且看得非常清楚。但由于它

---

10. 关于 Joseph E. Bogen 的这些病人的文献仍在扩大。我推荐他的经典论文，特别是《大脑的另一面, II:同位思维》，见《洛杉矶神经学会通报》，1969 年, 34(3): 135-162。半球研究的先驱之一 R.W. Sperry 的讨论：《半球的分离和意识的统一》，见《美国心理学家》，1968, 23:723-733。还有一个人的可读性描述，他独创性地设计了测试这些病人的方法，请阅读 Michael Gazzaniga 的《被分割的大脑》(纽约:Appleton-Century-Crofts, 1970)。

不能发音,它不能说它看到了什么。就好像"你"——不管那是什么意思——"在"你的左半脑,现在由于连合被切断,就不可能知道或意识到一个完全不同的人曾经也是"你",在另一个半脑看到或想到了什么。一个脑袋里有两个人。

　　这是测试这些连合切除病人的方法之一。患者注视一个半透明屏幕的中央;因此, 投射在屏幕左侧的物体的照片幻灯片只被右半脑看到, 不能口头报告,尽管患者可以用他的左手(由右脑控制)指向匹配的图片或在其他物体中寻找,尽管在口头上坚称他没有看到它。[11] 这种仅由右侧非优势半脑所看到的刺激被禁锢在那里,由于连合被切断,无法告诉语言区域所在的左脑。我们知道右脑拥有这些信息的唯一方法是要求右脑用左手指出这些信息——它可以很容易地做到。

　　如果两个不同的数字同时闪现在左右视野中,例如,左边是一个美元符号, 右边是一个问号,受试者被要求用左手在屏幕下看不见的地方画出他所看到的东西, 他画的是美元符号。但问他刚才在视线外画了什么,他坚持说是问号。换句话说,一个半脑不知道另一个半脑一直在做什么。

　　同样,如果某些物体的名称,如"橡皮"一词, 在左边的视野中闪现, 则受试者就能只用左手从屏幕后面的一系列物体中搜寻出一块橡皮。如果在正确选择后询问受试者屏幕后面是什么, 左脑的"他"无法说出右脑的哑巴"他"左手拿着什么。同样地, 如果说了"橡皮"这个词,左手也可以做到这一点,但会说话的半脑不知道左手何时找到了这个物体。当然, 这表明了我前面说过的,两个半脑都能理解语言,但以前从来没有可能发现右半脑的语言理解程度。

　　此外,我们发现,右脑能够理解复杂的定义。将"剃须工具"闪到左边的视野中,然后进入右半脑,左手就会指向刮胡刀,或者看到"去污剂"指向肥皂,看到"插入自动售货机"指向25分钱的硬币。[12]

---

11. M.S. Gazzaniga, J.E. Bogen 与 R.W. Sperry: 《人类大脑半球断开后的视觉感知观察》,见《大脑》, 8: 221-236, 1965。
12. M. S. Gazzaniga 和 R. W. Sperry: 《大脑连合切开后的语言》,见《大脑》, 1967, 90.131-148。

此外，这些病人的右脑可以在左边说话的半脑不知道是怎么回事的情况下做出情感反应。如果在一系列中性几何图形中，随机地闪现到左右视野，也就是分别进入左右半脑，然后在左侧突然闪出一张裸体女孩的照片，进入右半脑,病人(实际上是病人的左半脑)说,它什么也没看到，或者只是一道闪光。但在接下来的一分钟里，患者的笑脸、脸红和傻笑与语言半脑刚才所说的相悖。当被问及笑是为了什么时，左脑或语言半脑回答说它不知道。[13] 顺便说一下，这些面部表情和脸红并不局限于面部的一侧，而是通过脑干的深层相互联系进行调节。情感的表达不是大脑皮层的问题。

其他感觉模式也是如此。在这些病人中，呈现在右鼻孔和右脑的气味(嗅觉纤维不交叉)不能被语言半脑所命名,尽管后者可以很好地说出气味是令人愉快还是不愉快。病人甚至会哼哼唧唧，做出厌恶反应，或对臭味发出感叹"唷!"，但不能用语言说出是大蒜、奶酪还是腐烂物。[14] 呈现在左鼻孔的相同气味则可以被很好地命名和描述出来。这意味着厌恶的情绪通过完整的边缘系统和脑干传递到说话的半脑，而由大脑皮层处理的更具体的信息却没有。

事实上，有一些迹象表明，通常是右脑触发了边缘系统和脑干的不悦的情绪反应。在测试情况下，如果让沉默的右脑知道正确答案，然后听到左脑的主导者犯了明显的言语错误，病人可能会皱眉、龇牙咧嘴或摇头。说右脑对另一半脑的错误言语反应感到恼火，这并不是简单的说话方式。因此,，帕拉斯·雅典娜（Pallas Athene）的恼怒也许是她抓住阿喀琉斯的黄发，把他从谋杀他的国王那里扭走(《伊利亚特》，1.-197)。或者耶和华因他的人民的邪恶行为而烦恼。

当然，这是有区别的。二分心智人的所有大脑结合处都是完整的。但我将在后面提出，大脑有可能因环境变化而重组，以至于我在这里的比较推论并不完全是愚蠢的。无论如何，对这些连合切开术

---

13. R. W. Sperry：《脑半球分离》。
14. H. W. Gordon 和 R. W. Sperry：《人类大脑半球手术断开后的嗅觉》，见《实验心理学会论文集》1968。

患者的研究确凿地表明，两个半脑的功能可以像两个独立的人一样，我认为在二分心智时期，这两个人就是个人和他的神。

4. 认知功能的半脑差异呼应了神与人的差异

如果这种二分心智的大脑模型是正确的，它将预测两个半脑之间认知功能的决定性差异。具体来说，我们会预期这些对人来说必要的功能会在左脑或主导半脑，而那些对神来说必要的功能会在右脑得到更多强调。此外，我们没有理由不认为这些不同功能的残余至少部分存在于当代人的大脑组织中。

神的功能主要是在新情况下指导和规划行动。诸神根据一个持续的模式或目的来衡量问题和组织行动，从而形成复杂的二分心智文明，将所有不同的部分组合在一起，种植时间、收获时间、商品的分类、所有庞大的事物组合在一个宏伟的设计中，并在左半脑的言语分析圣地向神经系统的人发出指示。我们因此可以预测，今天右脑的一个剩余功能将是一个组织功能，即整理一个文明的经验，并将它们组合成一个模式，可以"告诉"个人该做什么。仔细阅读《伊利亚特》、《旧约》或其他古代文学作品中的各种神的讲话，情况与此是一致的。过去的和未来的不同事件都被整理、归类，综合成一个新的画面，往往是以隐喻的方式进行最终综合。因此，这些功能应该是右脑的特征。

临床观察与这一假说一致。从前面几页的连合切开术病人身上，我们知道右脑和它的左手在整理和归类形状、大小和材质方面非常出色。从脑损伤的病人身上，我们知道右脑的损伤会干扰空间关系和完形、综合任务。[15] 迷宫是在学习中必须将空间模式的各种元素组织起来的问题。右颞叶被切除的病人发现学习视觉和触觉迷

---

15. H. Hecaen：《左右半球病变的临床症状》，见《半球间关系与大脑主导地位》，V. B. Mountcastle 编 (Baltimore: Johns Hopkins Press, 1962)。

宫的路径几乎是不可能的，而左颞叶有同等程度的损伤的病人则没有什么困难。[16]

另一项涉及将部件组织成空间模式的任务、立方体组合测试（Koh's Block Test）被许多智力测试采用。给受试者看一个简单的几何图案，并要求他们用画有其元素的积木来复制它。大多数人都能轻易做到。但右脑病变的病人发现这非常困难，以至于该测试被用来诊断右脑的损伤。在前面提到的连合切开术患者中，右手往往根本不能成功地将设计图与积木放在一起。而左手，从某种意义上说是上帝之手，却没有任何问题。在一些连合切开的病人中，左手甚至不得不被观察者阻止，因为它试图帮助笨拙地摸索着完成这项简单任务的右手。[17] 因此，从这些和其他研究中得出的推论是，右脑更多的参与综合和空间结构性任务，而左脑更多的是分析性和语言性的。右脑，也许像神一样，认为部分只有在上下文中才有意义；它着眼于整体。而左脑或主导半脑，就像二分心智的人的一面，看的是部分本身。

这些临床结果在正常人身上得到了证实，这有望成为未来许多研究中的第一项。[18] E-E-G电极被放置在正常人的两侧颞叶和顶叶上，然后对他们进行各种测试。当被要求写各种涉及语言和分析能力的字母时，脑电图记录显示左脑有低电压的快波，表示左脑在做工作，而右脑有缓慢的阿尔法 α 波(在闭眼休息的受试者的两个半脑上都能看到)，表示它没有在做工作。当对这些受试者进行空间综合测试时，如上述临床研究中使用的Koh's Block测试，就会发现情况相反。现在是右脑在做工作。

---

16. Brenda Milner，《人类视觉引导下的迷宫学习:大脑两半球的、额部和单侧大脑损伤的影响》，《神经心理学》，1965, 3:317-338。
17. R. W. Sperry, 1971年2月在普林斯顿放映的电影。
18. David Galin 和 R.E. Ornstein：《认知模式的侧向专业化:脑电图研究》，见《心理生理学》，1972, 9:412-418。

通过考虑在特定情况下，二元思维的神灵之声必须做什么，可以进一步推断出哪些特定功能可能残留在右脑。为了梳理和综合经验，使之成为行动指令，诸神必须进行某些类型的识别。纵观古代文献中的神明言论，这种识别是常见的。我指的不是对个人的认识，而是对人的类型、分类以及个人的更普遍的认识。对任何世纪的人来说，一个重要的判断是对面部表情的识别，特别是对友好或不友好的意图的识别。如果一个二分心智的人看到一个不认识的人向他走来，对于他心理的神的一面来说，决定这个人是友好的还是不友好的意图将具有相当大的生存价值。

　　下页的图是我大约十年前基于这种假设做的一个实验，这两张脸是彼此的镜像。到目前为止，我已经问了近千人哪张脸看起来更快乐。相当一致的是，大约80%的右撇子选择了底部的脸，微笑在他们的左边。因此，他们是用右脑来判断这张脸，当然，假设他们是在看脸的中心。这一结果可以通过视速仪展示来加强。当焦点在中心并以十分之一秒的速度闪现时，下面的脸对右撇子来说总是看起来更高兴。

　　当然，另一个假设是，这种通过左侧视野判断面部表情的倾向是一种从左到右阅读的延续。而我们的文化当然会促进这种效果。但左撇子的结果表明，大脑半球的解释是最重要的。55%的左撇子选择了上一张脸，认为它更快乐，这表明是左脑在做判断。而这无法用阅读方向的假设去解释。另外，在完全的、各方面都是左撇子的人中，看到上面的脸更高兴的可能性似乎要高得多。

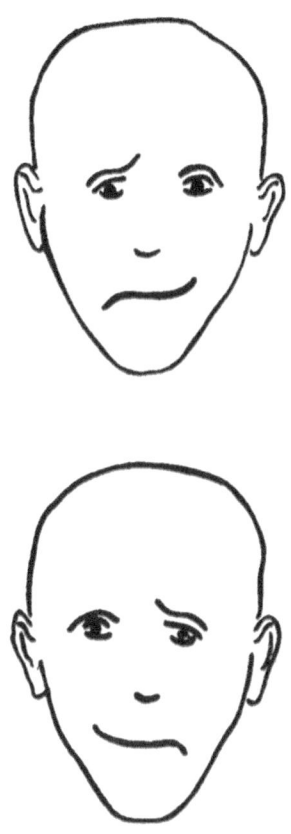

这两张脸是彼此的镜像,盯着每个人的鼻子看。哪张脸更高兴?

最近,我们使用一个演员表达悲伤、快乐、厌恶和惊讶的照片,也得出了类似的结论。[19] 我们的受试者、经过仔细筛选的右撇子,首先凝视着视速仪中的固定点,然后在中央位置用一张照片闪烁几毫秒,然后在右侧或左侧视野用另一张照片闪烁同样的时间。受试者被要求说出这些照片是相同还是不同,并记录做出这一决定所需的时间。当脸孔呈现在左视野,即右脑时,大多数受试者都能更正确地匹配面部表情,而且时间更短。在对照条件下,相同面部表情的打乱

---

19. 这些实验是由 Jack Shannon 完成的。我们都很感谢 Stevan Harnad 的批评和建议。

图片(实际上是无意义的模式)在左侧呈现时也能更快、更正确地匹配,但远不如面部表情本身那么好。

最近的临床证据清楚地表明了这一点。未能识别人脸,而不仅仅是面部表情,与左脑的损伤相比,更经常与右脑损伤有关。在临床测试中,患者被要求在不同的照明条件下,将一张脸的额头部位视图与同一张脸的四分之三视图相匹配。与正常人或左脑有病变的病人相比,右脑有病变的病人发现这一点非常困难。[20] 因此,对人脸和面部表情的识别主要是右脑的功能。

在新情况下区分朋友和非朋友是神的功能之一。

5. 对大脑的新看法

也许有人会说,像这样一个系统,一个构造成我所说的二分心智的大脑,这个几千年来人类文明的基础,涉及到我们在模型中提到的这些位点,它的功能怎么能在这么短的时间内发生变化,以至于不再听到告诫的声音,而我们有了一个叫做意识的新结构?虽然在这些变化期间,世界上发生的种族灭绝的数量足以允许一些自然选择和进化,但我绝不希望以此为基础。在意识发展的这些时期所发生的这种自然选择当然有助于意识的形成,但不能说是将意识从二分心智中进化出来,就像海豹的鳍状肢从祖先的爪子中进化出来一样。

要真正理解这种情况,需要对大脑有一个不同于几十年前常见的看法。它的重点是大脑的可塑性,它在一个专门的中心或区域内对心理能力的冗余表征,由几个中心对心理能力进行多重控制,这些中心要么是双侧配对的,要么是休林斯·杰克逊(Hughlings Jackson)认为的位于神经系统中连续较高和发育较晚的层次的功能的"表征"(representations)。[21] 以这种方式组织哺乳动物的大脑,可以使那些实验现象在"功能恢复"的标题下汇集在一起。它所强

---

20. H. Hecaen 和 R. Angelergues:《脸盲症》,见《神经学档案》:92-100, 1962; A. L. Benton 和 M. W. Allen:《脑部疾病患者的面部识别障碍》,见《大脑皮质》, 1968, 4:345-358。
21. Hughlings Jackson,《神经系统的进化和解体》,见《约翰·休林斯·杰克逊文选》, J. Taylor 编辑. (伦敦: Staples Press, 1958), 2: 45-75。

调的是，大脑的可塑性比通常情况下要强得多，神经元大量过剩，例如，猫的 98% 的视束可以被切断，而亮度和图案辨别力仍会保留。[22] 大脑中充斥着多余的中心，每个中心都可能对最终的共同通路产生直接影响，或调节其他中心的运作，或两者兼而有之，它们的排列能够在各组成中心之间呈现多种形式和程度的耦合作用。

所有这些在多重控制中的冗余表征给了我们一个比早期神经学家描述的更易变化的大脑的概念。一个特定的行为或一组行为涉及到一个给定的中心的大量类似神经元，并可能调用几个不同的中心，以各种抑制和促进的模式排列，这取决于它们的进化状态。各个中枢之间耦合的紧密程度因功能不同而有很大的差异。[23] 换言之，皮层功能位点可承受的可变性在不同功能中是不同的，但这种可变性是高等哺乳动物大脑的一个明显特征，这一点正变得越来越明显。这种冗余表征和多重控制及其产生的可塑性的生物学目的或选择优势是双重的：它保护生物体免受大脑损伤的影响，而且，也许更重要的是，它提供了一个对不断变化的环境挑战具有更强适应性的有机体。我在这里想到的挑战是作为灵长类人类存在的连续冰川期的特征，当然，还有那个更大的挑战，即人类用意识来适应的二分心智的瓦解。

但这并不意味着成年人的行为没有他的祖先那么僵硬，尽管这当然是真的。更重要的是，它提供了一个有机体，在这个有机体中，个人的早期发展史可以对大脑的组织方式产生巨大影响。几年前，这样的想法似乎确实非常牵强。但日益澎湃的研究浪潮已经侵蚀了任何僵化的大脑概念，并强调了大脑可以补偿任何因受伤或先天畸形而缺失的结构的显著程度。许多研究表明，动物在婴儿期的脑损伤可能对成年后的行为没有什么影响，而对成年人的类似损伤可能

---

22. R. Galambos, T. T. Norton 与 G. P. Fromer：《猫视束损伤可保留图案视觉》，见《实验神经学》，1967, 18: 18-25。
23. 我是在转述 Burton Rosner 最近对这个问题的极好评论：《大脑功能》，见《心理学年度评论》，1970, 21:555-594。

会产生深刻的变化。我们已经注意到，左脑的早期损伤通常会导致整个语言机制转换到右脑。

在证明大脑的这种弹性的案例中，最令人吃惊的是一个死于腹部恶性肿瘤的三十五岁男子。尸检发现，他有先天性的海马伞、穹窿、透明隔和中间丘脑的缺失，海马体异常地小，海马和齿状回也异常地小。尽管有这些显著的异常，但患者一直表现出"随和"的性格，甚至在学校里也是班级的佼佼者。[24]

因此，成长中的神经系统通过遵循其他不太理想的发育途径，利用完整的组织来补偿遗传或环境的损害。在成人中，随着发育的完成，这就不再可能了。通常首选的神经组织模式已经实现。只有在早期发育中，才能对多种控制系统进行这种重组。这对本讨论如此重要的两个半脑之间的关系来说，绝对是正确的。

以此为背景，我认为不难得出这样的结论：在二分心智时代，右侧非优势半脑对应于韦尼克区的区域有其严格的二分心智功能，而经过一千年的心理学重组，在早期发展中出现的这种二元性被阻碍了，这一区域以不同的方式发挥作用。同样，如果认为无论现代的意识神经学是什么，它都是永恒不变的，那就错了。我们讨论的案例表明，脑组织的功能并不是惯常的，在不同的发育过程中，可能会有不同的组织。

---

24. P.W. Nathan 和 M.C. Smith：《与发育不良的嗅脑有关的正常心态》，见《神经学、神经外科和精神病学杂志》，1950, 13:191-197, 引自 Rosner。

第六章

文明的起源

但为什么会有二分心智这种东西?为什么会有神灵?神圣事物的起源是什么?如果大脑结构在二分心智时代像我在前一章中所建议的,那么人类进化中的选择压力会是什么,能带来如此巨大的结果?

我将在本章中试图解释的推测性论点——-它是非常推测性的——仅仅是前述内容的一个明显推论。二分心智是一种社会控制模式,使得人类从小型狩猎--采集群体发展到大型农业社会。具有控制性的神灵的二分心智是在语言进化的最后阶段出现的。而这一发展过程伴随着文明的起源。首先看看我们所说的社会控制是什么意思。

群体的演变

哺乳动物一般表现为各种各样的社会群体,从某些捕食肉动物的单独性到其他非常密切的群体凝聚力。后一种动物更容易被捕食,而社群本身就是抵御猎食者的一种遗传适应。有蹄类动物的群落结构相对简单,利用精确的为群体保护而进化的遗传身体结构和行为信号。灵长类动物也有类似的脆弱性,出于同样的原因,它们进化为与他人联系紧密地生活在一起。在茂密的掩护性森林中,社群可能小到六人，如长臂猿，而在更无遮蔽的地形上，群体可能多达八十人，如开普敦狒狒。[1] 在特殊的生态系统中，群体规模可能更大。

那么，进化的就是群体了。当占优势的个体发出警告性的叫声或逃跑时，群体中的其他人就会不顾一切地逃离，而不去寻找危险的来源。因此，一个个体的经验及其支配地位对整个群体来说都是一种优势。除了在群体活动的整体模式中，个体一般不会对基本的生理需求作出反应。例如，一只口渴的狒狒不会离开群体去找水；要么整个群体移动，或不动。饥渴只有在群体的活动模式中才能得到满足。其他需求和情况也是如此。

对我们来说，重要的是这种社会结构取决于个体之间的交流。因此，灵长类动物已经进化出了种类繁多的复杂信号。触觉上的交流，从攀爬、梳毛到各种拥抱、摩擦和抚摸；声音上的交流，从各种咕哝声、吠叫、尖叫和唠叨，相互分级；非声音信号，如磨牙或敲打树枝。[2] 各种面部表情的视觉信号，威胁性的、直接眼对眼的凝视，狒狒的眼皮跳动，其中眉毛上扬，眼皮下垂，在面部较深的背景下露出苍白的颜色，伴随着打哈欠、呲牙咧嘴；各种姿势信号，如猛冲、摇头、用手伴装，以及所有这些不同的组合。[3]

这种巨量的冗余复杂信号主要是为了满足群体的需要，将其组织成统治和从属的模式，维持和平，繁衍和照顾幼崽。除了表示潜在的群体危险外，灵长类动物的信号很少适用于群体以外的事件，如食物或水的存在。[4] 它们完全是关于群体内的事务，并不像人类语言那样进化为提供环境信息。

现在这就是我们的出发点。在一个特定的生态环境中，对于大多数物种来说，正是这种交流系统限制了群体的大小。狒狒能够实现高达 80人以上的群体，因为它们在开阔的平原上移动时有严格的

---

1. Irven DeVore和K.R.L. Hall：《狒狒生态学》，见《灵长类动物行为学》第2章，I.DeVore编(纽约: Holt, Rinehart and Winston, 1965), pp.20-52。
2. K. R. L. Hall：《野生查克马狒狒（Pafio ursinus）的性行为、争斗行为和衍生的社会行为模式》，见《动物学会论文集》，伦敦, 1962, 139: 283-327。
3. Peter Marler：《猴子和猿猴的交流》，见《灵长类动物行为学》第16章。
4. 在一些鸟类中也是如此。M.Konishi：《听觉反馈在家禽发声行为中的作用》，见《动物心理学杂志》, 963, 20: 349-367。

地理结构，在群体的每个圈子里都保持着主导的等级制度。但一般来说，灵长类动物群体不超过 30 或 40 人，这个限制是由统治等级制度发挥作用所必需的交流决定的。

以大猩猩为例，占主导地位的通常是最大的银背雄性，连同所有的雌性和幼崽，占据了每个20人左右的群体的核心，其他雄性往往处于外围。群体的直径在任何时候都很少超过 200 英尺，因为在茂密的森林环境中，每只动物都会注意其他成员的行动。[5] 当占主导地位的雄性动物站在那里一动不动、分开双腿，面向某个方向时，群体就会移动。队伍中的其他成员挤在他周围，然后开始了一天中约三分之一英里的悠闲旅程。这里重要的是，在统治层的顶端和所有其他成员之间，复杂的沟通渠道是开放的。

没有理由认为从 200 万年前智人属开始的早期人类的生活方式有什么不同。已获得的考古证据表明，一个群体的规模约为 30 人。[6] 我认为，这个数字受到社会控制问题和个人之间交流渠道的开放程度的限制。[7] 而神灵可能正是为了解决这种群体规模的限制问题而进入进化史的。

但首先我们必须考虑到语言的演变是存在神灵的必要条件。

语言的演变

语言是何时演变的？

人们普遍认为，语言是人类结构中固有的一部分，它必须以某种方式通过人类的部落祖先追溯到智人属的起源，即近 200 万年的历史。我所认识的大多数当代语言学家都试图说服我这是真的。但是，对于这种观点，我希望完全和重点地反对。如果早期人类在这两百万

---

5. G. Schaller：《山地大猩猩：生态和行为》(芝加哥: University of Chicago Press, 1963)。
6. Glynn L. Isaac：《更新世猎手的痕迹：一个东非的例子》，见《猎人》，Richard B. Lee和Irven DeVore编(芝加哥: Aldine Press, 1968)。
7. 现代部落猎人在游牧的时候，这个群体规模也大致相同。但情况并不一样。Joseph B. Birdsell：《关于一般狩猎采集人群的人口结构》，见《进化》，1958, 12: 189-205。

年里，实际上有一种原始的语言，为什么连简单的文化或技术的证据都几乎没有呢？从考古学上看，除了最简陋的石器外，公元前4万年前的考古资料少得可怜。

　　有时，对于否认早期人类有语言的质疑是：否则人类是如何运作或交流的?答案非常简单:就像所有其他灵长类动物一样，有大量的视觉和声音信号，这些信号与我们今天使用的句法语言相去甚远。当我甚至将这种无言的情形一直延续到人类发展出各种原始的卵石砍刀和手斧的更新世（Pleistocene）时，语言学家朋友们再次感叹我的傲慢无知，并发誓说，为了把这种最基本的技能从一代传到另一代，必须要有语言。但是，考虑到几乎不可能用语言来描述将火石削成砍刀，这种技艺完全是通过模仿来传承的，与黑猩猩传递将树枝插入蚂蚁山以捕捉蚂蚁的技巧的方式完全相同。这和骑自行车的教授是一样的问题;语言到底有没有帮助？

　　因为语言必然使人对事物和人的关注发生巨大的变化，因为它允许大范围的信息传递，所以它一定是在考古学上表明发生了这种变化的时期内发展起来的。这就是晚更新世,大约从公元前 70000 年到公元前 8000 年。这一时期的气候特点是温度的巨大变化，与冰川条件的进退相对应，在生物方面，这些天气变化引起了动物和人类的大量迁移。原始人口从非洲中心地带爆炸性地进入欧亚次北极地区，然后进入美洲和澳大利亚。地中海周围的人口达到了一个新的高度，并率先进行文化创新，将人类的文化和生物重点从热带地区转移到中纬度地区。[8] 他的火、洞穴和毛皮为人类创造了一种可运输的小气候，使这些迁徙得以发生。

　　我们习惯于把这些人称为晚期尼安德特人（Neanderthalers）。他们一度被认为是一个独立的人种，在公元前35000年左右被克鲁马努人（Cro-Magnon）取代。但最近的观点是，他们是一般人类的一部分，有很大的变异，这种变化使得进化的速度大幅加速，因为人类带着他的人工气候，扩散到新的生态环境中。定居的真正模式需要做更

---

8. J.D.Clark:《撒哈拉以南非洲更新世及以后时期的人类生态学》，见《当代人类学》，1960,1:307-324。

多的工作来确定，但最近的重点似乎是它的变化，一些群体不断地移动，另一些进行季节性的迁移，还有一些全年都呆在一个地方。[9]

我强调最后这个冰川时代的气候变化，因为我相信这些变化是语言发展的几个阶段背后的选择压力的基础。

呼叫、修饰语和命令

语言的第一阶段和必要条件是在偶然的呼唤中发展出有意的呼唤，或那些倾向于重复的呼唤，除非被接受者的行为改变而停止。以前在灵长类动物的进化过程中，只有姿势或视觉信号，如威胁的姿势，才是故意的。它们演变为听觉信号是由于人类迁徙到北方的气候所必须的，那里的环境和人类居住的黑暗洞穴中的光线都比较少，而视觉信号不像在明亮的非洲稀树草原上那样容易看到。这种演变可能早在第三次冰川期就开始了，甚至可能更早。但是，只有当我们接近北方气候第四次冰川期的日益寒冷和黑暗时，这种发声的意向性信号的存在才给拥有它们的人带来明显的选择优势。

这里总结了一个语言进化的理论，我在其他地方已经更充分、更谨慎地发展了这个理论。[10] 它的目的并不是对进化过程中所发生的事情的明确陈述，而是作为一个粗略的工作假设来接近它。此外，我将描述的语言发展的阶段并不一定是分散的。它们在不同地方的顺序也不尽相同。我重申，这一观点的核心主张是：每一个新的词汇阶段确实都会产生新的感知和关注，而这种新的感知和关注导致了重要的文化变革，这些变化反映在考古记录中。

语音的第一个真正要素是根据强度区分的有意呼叫的尾音。例如，对立即出现的危险的呼唤会更强烈地喊出，改变结尾的音素。迫在眉睫的老虎可能会导致 wahee!，而远处的老虎可能会导致强度较小的呼喊，因此发展出不同的语尾，如 wahoo。那么，正是这些结尾成

---

9. 参见Karl W. Butzer：《环境与考古学:更新世地理概论》（芝加哥: Aldine Press, 1964), p. 378。
10. Julian Jaynes：《晚更新世的语言演变》，见《纽约科学院年鉴》第280卷，1976年，正在出版。

为第一批修饰语，意味着"近"和"远"。而下一步是当这些尾音，hee 和 hoo 可以从产生它们的特定叫声中分离出来，并附加到一些其他叫声上,表示相同的指示。

这里最关键的是，发声后置修饰语的分化必须先于它们所修饰的名词的发明，而不是相反。更重要的是，这个阶段的语音必须保持很长一段时间，直到这些修饰词变得稳定。这种缓慢的发展也是必要的，这样才能使呼唤系统的基本储备保持完整，发挥其有意的功能。这个修饰语的时代也许一直持续到公元前 40000 年, 在那里考古学上发现了修整过的手斧和针。

下一个阶段可能是一个命令的时代,这时，修饰词与他们所修饰的呼叫分离，现在可以自己修饰人的行动。特别是当人们在寒冷的气候中越来越依赖打猎时，这样一群由声音命令控制的猎人的选择压力肯定是巨大的。我们可以想象，发明一个意思是"更锋利"修饰词作为命令指令,可以明显地推动用燧石和骨头制作工具,导致从公元前 40000 年到公元前 25000 年新型工具的爆发。

名词

一旦一个部落有了修饰语和命令的语库，就可以首次放松保持旧的原始呼叫系统的完整性的必要性，以便表明修饰语或命令的所指。如果 wahee! 曾经意味着迫在眉睫的危险，有了更多的强度区分，我们可能会有"wak ee!"表示靠近的老虎，或者"wab ee!"表示靠近的熊。这将是第一批带有名词主语和谓语修饰语的句子，它们可能发生在公元前 25000 年到 15000 年之间。

这些都不是任意的猜测。从修饰语到命令，以及只有当这些变得稳定时才到名词的序列,不是任意的接续。时间上也不是完全任意的。正如修饰语的时代与更高级的工具的制造相吻合一样，动物名词的时代也与开始在洞穴的墙壁上或角制工具上画动物相吻合。

下一个阶段是事物名词的发展，实际上是对前一个阶段的继承。就像生命名词开启动物图画一样，事物名词也会产生新的事物。我认为，这一时期与陶器、吊坠、装饰品、有倒钩鱼叉和矛头的发明相对应，后两者对于将人类物种传播到更严峻的气候环境中具有极大的重要性。从化石证据中我们知道，大脑，特别是中央沟前面的额叶，正在以一种仍然让现代进化论者感到惊讶的速度增长。而到了这个时候，也许与马格德林（Magdalenian）文化相对应的是，我们所知道的大脑的语言区域已经发展起来了。

幻听的起源

在这一点上，让我们考虑神的起源中的另一个问题，即幻听的起源。这里有一个问题，它们在当代世界的存在是毋庸置疑的，但它们在二分心智时期的存在则是一种推断。最合理的假设是，言语幻觉是语言理解的一个副作用，它作为一种行为控制的方法被自然选择所进化。

让我们考虑一个人被他自己或他的首领命令在营地上游很远的地方修建一个鱼梁。如果他没有意识，因此不能叙述这种情况，从而将他的模拟"我"保持在一个空间化的时间里，并充分想象其后果，那么他如何完成任务呢？我想，只有语言才能让他在从事这件耗时整个下午的工作。一个中更新世的人将忘记他在做什么。但有语言的人将以语言来提醒他，要么由他自己重复，这将需要一种我认为他当时不具备的意志力，要么，似乎更有可能的是，由一个重复的"内部"的语言幻觉来告诉他该怎么做。

对于没有完全理解前几章的人来说，这类建议听起来非常怪异且牵强。但是，如果人们直接而认真地面对追踪人类心智发展的问题，这样的建议是必要且重要的，尽管我们目前无法想到如何证实它们。更接近于倾向性结构的行为(或者，用一个更古老的术语来说，更加"本能")不需要时间启动。但没有完成的封闭的学习活动确实需要由自身以外的东西来维持。这就是言语幻觉所能提供的。

同样，在制造工具的过程中，"更锋利"的幻觉言语命令使无意识的早期人类能够独自坚持完成他的任务。或者说，一个意思是"更精细"的幻觉术语对一个在手推石磨上把种子磨成面粉的人而言。的确，在人类历史的这一点上，我相信在持久任务的选择压力下，清晰的语言开始在大脑中变成单侧的，以便为这些能够维持这种行为的幻觉声音留出另一侧。

名字的时代

以上是对语言进化过程中必须涉及的内容的一个非常简短的概述。但在出现神之前，还必须采取进一步的措施，即发明最重要的社会现象——名字。

意识到名字是一种特殊的发明，必须在一个特定的时间进入人类的发展，这在某种程度上令人吃惊。什么时候？这可能给人类文化带来什么变化？我认为，在中石器时代，即大约公元前10000年到公元前8000年，名字首次出现。这是人类适应冰川期后较温暖环境的时期。巨大的冰层已经退到了哥本哈根的纬度，人类开始适应特定的环境状况，在草原上狩猎，在森林中生活，采集贝类，或者在陆地上狩猎的同时开发海洋资源。这种生活的特点是人口的稳定性更强，而不像之前的狩猎群体的必要流动性，后者的死亡率很高。有了这些比较固定的人口，有了比较固定的关系与比较长的寿命，群体中也有了更多需要区分的人数，就不难看出将名词带入个人名字中的必要性和可能性了。

现在，一旦一个部落成员有了一个合适的名字，在某种意义上，他可以在他不在场的时候被重新创造出来。"他"可以被思考，这里的"思考"是指符合语言结构的特殊的非意识意义。虽然早期也有某种坟墓，偶尔也有一些精心设计的坟墓，但这是我们发现仪式性坟墓作为一种普遍实践的第一个时代。如果你想到你身边的人已经去世，然后假设他或她没有名字，你的悲痛会包括什么？它能持续多长时间？此前，人类和其他灵长类动物一样，可能会把死者留在原地，或者用石头把他们藏起来，或者在某些情况下把他们烤熟吃掉。[11] 但是，就像动物的名词使这种关系更加紧密一样，人的名字也是如此。当一个人死后，这个名字仍然继续存在，因此这种关系几乎与生前一样，也因此有了埋葬的习俗和哀悼。例如，莫尔比昂(Morbihan)的中石器时代居住者用骨针固定的皮斗篷埋葬他们的死者，有时用鹿角为他们加冕，用石板保护他们。[12] 这一时期的其他坟墓显示，在精心挖掘的地方，埋葬着小皇冠或各种装饰品，也可能是鲜花，我认为这些都是发明名字的结果。

但在名字上又发生了进一步的变化。到这时为止，幻听可能一直是随意匿名的，在任何意义上都不是意义重大的社会互动。但是，一旦一个特定的幻觉被识别出名字，作为来自一个特定的人的声音，一个明显不同的事情就发生了。这个幻觉现在是一种社会互动，对个人行为有更大的影响。这里的另一个问题是，幻觉的声音是如何被识别的，是谁的，如果有很多，如何分类？在这些问题上的一些启示来自于精神分裂症患者的自传性著作。但这还不足以在这里继续探讨这个问题。我们非常需要在精神分裂症体验这一领域进行具体研究，以帮助我们了解中石器时代的人。

农业的出现

我们现在正处在二分心智时期的门槛上，因为能够将大量人口组织到城市的社会控制机制就在眼前。每个人都同意，通过驯化植物和动物从狩猎和采集经济转变为粮食生产经济是使文明成为可能的重大步骤。但对其原因和产生的途径却有很大分歧。

---

11. 如在中更新世期间的Choukoutien以及后来克罗地亚的Krapina洞穴。见Grahame Clark 和 Stewart Piggott：《史前社会》(伦敦: Hutchinson, 1965), p. 61。
12. Grahame Clark：《石器时代猎人》(纽约: McGraw-Hill, 1967), p. 105。

传统理论强调,当冰川在晚更新世覆盖欧洲大部分地区时,从大西洋沿岸穿过北非和近东到伊朗的扎格罗斯(Zagros)山脉的整个地区享有丰沛的降雨量,确实是一个巨大的物产丰饶的伊甸园,植物的茂盛程度足以支持各种各样的动物,包括旧石器时代的人类。但是,极地冰盖的消退使大西洋雨风向北移动,整个近东地区变得越来越干旱。野生食用植物与人类一度捕食的猎物不再足以让他们以简单的食物采集为生,结果是许多部落移出该地区,进入欧洲,而那些留下来的人——用庞培勒(Pumpelly)的话说,他是这一说法的始创者,从自己的发掘中得出此假设——"集中在绿洲,被迫征服新的维生方式,开始利用本地植物;并从中学会了使用生长在旱地和沙漠上较大溪流口处的沼泽中的不同草的种子。"[13] 这一观点被一系列更近期的作者遵循,包括奇尔德(Childe)[14]和汤因比(Toynbee),[15] 他们称这种所谓的近东环境的干燥是农业文明应对的"物理挑战"。

最近的证据[16] 表明:并没有这种大范围的干燥,而且农业在经济上也不是"被迫"的。在中石器时代的人类文化发展中,我一直把语言放在压倒性的重要地位上,在这里也如此。正如我们在第三章中所看到的,语言使事物的隐喻增加了感知和注意力,从而为具有新重要性的事物赋予了新的名称。我认为,正是这种额外的语言心智,在近东被一群适合驯化的野生小麦和野生大麦的偶然组合所环绕,它们的原生分布与亚洲西南部更广泛的群居动物,如山羊、绵羊、牛和野猪等的栖息地互相重叠,促成了农业的出现。

第一个神

让我们更直接地看一下定义最明确、研究最全面的中石器时代文化——纳图夫人(Natufian),以以色列的瓦迪恩-纳图夫(Wadi

---

13. R. Pumpelly:《突厥斯坦的探索:1904年的远征:阿瑙的史前文明》(华盛顿: Carnegie Institution, 1908), pp. 65-66。
14. V. G. Childe:《最古老的东方》,第四版,(伦敦: Routledge and Kegan Paul, 1954)。
15. A. J. 汤因比:《历史研究》(伦敦: Oxford University Press, 1962) 第一卷,第304-305页。
16. Butzer,第416页。

en-Natuf）命名，那里发现了第一个遗址。公元前一万年，像他们的旧石器时代前辈一样，纳图夫人是猎人，身高约五英尺，经常住在洞穴口，擅长加工骨头和鹿角，以及用燧石削出修饰过的刀片和錾刀，几乎和拉斯科（Lascaux）洞穴画的艺术家画动物画得一样好，并佩戴穿孔贝壳或动物牙齿作为装饰品。

到了公元前9000年，他们将死者埋葬在仪式性的坟墓中，并采取了更加定居的生活方式。后者表现为结构性建筑的最初迹象，如用大量石膏铺设平台和墙壁，以及有时大到足以容纳87个墓穴的墓地，这种规模在以前任何时代都闻所未闻。正如我所建议的那样，这就是名字的时代，以及它所意味着的一切。

最能显示这种变化的是艾南（Eynan）的露天纳图夫人定居点。[17] 这个经过大量考察的遗址发现于 1959 年，位于加利利海以北约十几英里处的一个天然台地上，俯瞰着胡莱湖（Huleh）的沼泽和水池。始于公元前 9000 年的三个连续的固定的城镇已经被仔细挖掘出来。每个城镇由大约 50 座芦苇屋顶的圆形石屋组成，直径达 23 英尺。这些房屋围绕着一个开放的中心区域，在那里挖了许多钟形坑，并涂上灰泥，用于储存食物。有时这些坑被重新用于埋葬。

现在，人类事务发生了一个非常重大的变化。我们有一个至少有 200 人的城镇，而不是大约 20 个生活在山洞口的猎人组成的游牧部落。正是农业的出现，如大量的镰刀、捣具和杵、石磨，以及在每间房子的地板上凹进去的、用于收割和准备谷物和豆类的石臼，使这种持久性和人口成为可能。这时的农业是非常原始的，只是对各种动物的补充——野山羊、瞪羚、野猪、狐狸、野兔、啮齿动物、鸟类、鱼、乌龟、甲壳类动物、贻贝和蜗牛——正如经过碳测定的遗骸所显示的，它们是饮食的重要部分。

---

17. 见J.Perrot：《艾南的发掘，1959年的季节》，见《以色列勘探杂志》，1961, 10；James Mellaart：《近东最早的文明》(纽约:McGraw-Hill, 1965), Ch. 2; Clark and Piggott, p. 15 以下。

致幻之王

一个镇子!当然,一个首领可以支配几百人也不是不可能的。但是,如果这种统治必须通过每隔一段时间与每个人进行面对面的接触,就像在那些保持严格等级制度的灵长类动物群体中发生的那样,这将是一项消耗巨大的任务。

在我们试图描绘艾南的社会生活时,我请读者记住,这些纳图夫人是没有意识的。他们不能叙述,也没有模拟自我来"看"自己与他人的关系。他们就是我们所说的"信号约束"(signal-bound),也就是说,每分钟都以刺激-反应的方式对线索作出反应,并受这些线索控制。

那么这么大的社会组织的线索是什么呢?对其两三百名居民的社会控制是什么信号?

我曾提出,幻听可能是作为语言的副作用而演化出来的,并使个人在部落生活的长期任务中坚持下去。这种幻觉始于个人听到来自他自己或他的酋长的命令。因此,在这种情况和更复杂的幻听之间存在着非常简单的连续性,我认为这些幻觉是艾南地区社会控制的线索,它起源于国王的命令和讲话。

现在我们决不能在这里犯错误,认为这些幻听就像国王命令的录音。也许它们一开始就是这样。但经过一段时间后,我们没有理由不认为这种声音可以"思考"并解决问题,当然,是无意识的。当代精神分裂症患者所听到的"声音"与他们的"思考"一样多,而且往往更多。因此,我认为纳图夫人听到的"声音",随着时间的推移,可以即兴发挥,"说出"国王本人从未说过的事情。然而,我们可以假设,所有这些新奇的幻觉都与国王本人严格一致。这与我们自己没有什么不同,当我们本来就知道一个朋友可能会说什么。因此,每个工人在采集贝类或诱捕小猎物时,或在与对手争吵时,或在以前收获过野生谷物的地方播种时,他的内心都有王的声音,以协助保持他的劳动的连续性和对群体的效用。

神王

我们已经确定，产生幻觉的原因是压力，就像我们同时代的人一样。如果推理是正确的，可以肯定，一个人的死亡所造成的压力远远超过了引发他的幻觉的声音。也许这就是为什么在如此多的早期文化中，死者的头常常被从身体上割下来，或者死者的腿被打断或绑起来，为什么食物常常出现在坟墓里，或者为什么常常有证据表明同一具尸体被两次埋葬，第二次是在声音停止后被埋在一个普通的坟墓里。

如果对一个普通人来说是这样，对一个王来说更是如此，他的声音甚至在活着的时候就被幻觉所支配。因此，我们可以期待对这个静止的人的房子给予非常特别的关注，他的声音仍然是整个团体的凝聚力。

在艾南，仍然可以追溯到公元前 9000年左右，国王的坟墓——迄今为止发现的第一个这样的坟墓——是一件相当了不起的事情。坟墓本身像所有的房子一样，是圆形的，直径约16英尺。在里面，两具完整的骨架躺在中心位置，呈仰卧状，死后双腿分离，弯曲错位。其中一个戴着齿状贝壳的头饰，被认为是国王的妻子。另一个是成年男性，估计是国王，部分被石头覆盖，部分被石头支撑，他直立的头被更多的石头托着，面对着30英里外赫蒙山（Mount Hermon）的雪峰。

在后来的某个时候，我们不知道是不久之后还是几年之后，整个坟墓被一堵赭红色的墙或矮护栏所包围。然后，在不打扰这两个静止不动的居民的情况下，在上面铺上大块平石，把他们盖住。然后，在屋顶上建造了一个炉灶。后来又在屋顶的炉灶周围建了一堵低矮的圆形石墙，上面有更多的铺路石，中间有三块大石头，周围有小石头。

我的意思是，死去的国王就这样支撑在他的石头枕头上，依旧在他的人民的幻觉中发出他的命令，而红漆护栏及其顶层炉灶是对尸体腐败的反应。而且，至少在一段时间内，这个地方，甚至其圣火的烟雾，从周围数英里的地方升起，成为可见的，就像爱琴海的灰色薄雾对阿喀琉斯一样，是幻觉和控制艾南的中石器时代世界的命令的来源。

这是未来八千年所要发生的事情的一个范本。死去的国王是一个活着的神。国王的坟墓就是神的房子，是我们将在下一章看到的神屋或神庙的开始。甚至其结构的两层形式也预示着多层次的、建在神庙上的神庙(如埃里杜Eridu)或尼罗河畔的巨大金字塔，这些都将在几千年后以其威严的方式展现出来。

我们在离开艾南的时候，至少应该提到继承这个困难的问题。当然，在艾南几乎没有任何线索可循。但是，王室墓中有为死去的国王和他的妻子推到一边的旧墓葬这一事实表明，它以前的居住者可能是更早的国王。还有一个事实是，在支撑起来的国王上方第二层的灶台旁还有一个头骨，这表明它可能属于第一个国王的继任者，而且老国王的幻觉声音逐渐与新国王的幻听融合在一起。作为埃及雄伟王朝背后力量的奥西里斯（Osiris）神话也许已经开始。

国王的坟墓作为神的居所，是许多文明的一个特征，延续了几千年，特别是在埃及。更常见的是，王墓部分的称谓会逐渐消失。一旦国王的继任者在其统治期间继续听到其前任的幻觉，并指定自己为死去的国王的牧师或仆人，这种情况就会发生，这种模式在整个美索不达米亚都被遵循。取代坟墓的只是一座神庙。而代替尸体的是一尊雕像，因为它不会腐烂，所以享有更多的服务和敬意。我们将在接下来的两章中更全面地讨论这些偶像，或国王尸体的替代物。它们很重要。就像白蚁巢穴或蜂巢中的蚁后一样，二分心智世界的偶像是精心照料的社会控制中心，用听觉幻觉代替蚁群的信息素（pheromones）。

文明的起源

第一个神:大约在公元前9000年，死去的艾南国王被支撑在一个石头枕头上，1959年的发掘结果表明了这一点。

文明的成功

这就是文明的开始。相当突然地，公元前 9000 年左右，在黎凡特（Levant）和伊拉克的其他几个遗址中或多或少地同时出现了农业的考古证据，如艾南的镰刀片和捣磨石，这表明农业很早就在近东高地传播了。起初，和艾南的情况一样，是在一个占主导地位的食物采集经济中进行的初期农业和后来的动物驯化的阶段。[18]

但到了公元前 7000 年，农业已成为在黎凡特、扎格罗斯地区和安纳托利亚（Anatolia）西南部的各种遗址中发现的农耕定居

---

18. 见 R. J. Braidwood：《史前的标准：一个考虑证据的模型》，见《在达尔文之后的进化》，S. Tax 编 (芝加哥: University of Chicago Press, 1960), Vol. 2, pp.143-151。

点的主要生存方式。农作物包括单粒小麦（Einkorn）、二粒小麦（Emmer）和大麦，驯养的动物则是绵羊、山羊，有时还有猪。到公元前6000年，农耕社区遍布近东大部分地区。而到了公元前5000年，底格里斯-幼发拉底河和尼罗河冲积谷地的农业定植迅速蔓延，人口膨胀为一个密集的文化景观。[19] 像尼罗河三角洲西部边缘的梅林德（Merinde）那样拥有一万居民的城市并不罕见。[20] 乌尔（Ur）和埃及的伟大王朝开始对历史产生巨大的影响。从公元前5000年或再早五百年，即地质学家所称的全新世大暖期（Holocene Thermal Maximum）开始，大约持续到公元前3000年。在这个时期，世界的气候、特别是花粉研究显示，比今天温暖湿润得多，使得农业进一步扩散到欧洲和非洲北部，近东农业生产也更有成效。在这一极其复杂的人类文明进程中，我认为证据表明，这一切的独特运作方式是二分心智。

我们现在要讨论的正是这一证据。

---

19. Butzer, p. 464.
20. 见 K.W. Butzer：《古埃及的考古学和地质学》，见《科学》，1960, 132:1617-1624。

第二篇

历史的见证

第一章

神、坟墓和偶像

文明是生活在如此大的、人们互不相识的城镇的艺术。也许这不是一个非常激动人心的定义,但却是真实的定义。我们假设,正是二分心智所提供的社会组织使之成为可能。在这一章和下一章中,我试图在不过度具体化的情况下整合世界范围内的证据,证明无论文明开始于何时何地,这种心智确实存在。

虽然这个问题目前有很多争论,但我采用的观点是:如上一章所述,文明是在近东的不同地点独立开始的,然后沿着底格里斯河和幼发拉底河流域传播,进入安纳托利亚和尼罗河流域;接着进入塞浦路斯、塞萨利和克里特岛;稍后扩散到印度河流域及其他地区,并到达乌克兰和中亚;继而,部分通过扩散、部分自发地方式,在长江沿岸传播;然后,在中美洲独立存在;再次,部分通过传播、部分独立地在安第斯高原发展。在这些地区的每一个地方,都有一连串的王国,它们都具有类似的特征,我将有些不成熟地称之为二分心智。虽然在世界历史上肯定还有其他的二分心智王国,也许是沿着孟加拉湾或马来半岛的边缘,在欧洲,当然还有从埃及扩散到非洲中部的王国,也可能是在所谓的密西西比时期的美国印第安人王国。但这些文明被复原得太少了,对验证主要假设没有帮助。

鉴于我概述的理论，我认为古代文明有几个突出的考古学特征，只有在此基础上才能理解。这些无声的特征是本章的主题，美索不达米亚和埃及的文字文明将保留到下一章。

神的居所

让我们想象一下自己作为陌生人来到一片未知的土地，发现那里的居民点都按照类似规划组织起来：普通的房屋和建筑物围绕着一座更大、更宏伟的住宅。我们会立即假定，那座大型的宏伟住宅是统治此地的王的房子。这可能是对的。但在更古老的文明中，如果我们认为这样的统治者是一个像当代国王一样的人，就不对了。相反，他是一个幻觉的存在，或者，在更普遍的情况下，是一尊雕像，通常在他居所的一端，在他前面有一张桌子，普通人可以把供品放在上面。

现在，当我们遇到这样的城镇规划——中央有一座较大的建筑，但不是住宅，也没有其他实际用途，如粮仓或谷仓，特别是如果该建筑包含某种人类的雕像——我们可以把它作为二分心智文化或由其衍生的文化的证据。这个标准可能看起来很肤浅，只因为它是今天许多城镇的规划。我们已经习惯了由较小的房屋和商店包围的教堂的城市设计，所以认为没有什么不寻常的。但我认为，当代的宗教和城市建筑在一定程度上是我们过去二分心智的遗产。教堂、寺庙或清真寺仍然被称为"神的房子"。在其中，我们仍然对神说话，仍然把供品放在神或他的标志前的桌子或祭坛上。我以这种客观的方式说话的目的是使这整个模式陌生化，以便站在后面看到文明人与整个灵长类进化的对比，可以看到这样的城镇结构模式是不寻常的，不能从尼安德特人的起源中预期。

从耶利哥（Jericho）到乌尔（Ur）

除了少数例外，从中石器时代末期到相对较近的时代，人类群体的居住计划是一个由民居环绕的神庙。在最早的聚落中，[1] 如公元前九千年的出土层，这样的规划并不完全清楚，也许还可以商榷。但是，位于约公元前七千年的出土层的耶利哥较大的神庙，为一些较小的住宅环绕，可能有柱状门廊通向一个有壁龛和曲线形附件建筑的房间，其目的不容置疑。它不再是一个尸体被石头支撑的死去的国王的坟墓。壁龛里摆放着几乎是真人大小的雕像，头部是用泥土自然塑造的，放在藤条或芦苇束上，并涂以红色。在同一地点发现的10个人类头骨也具有类似的幻觉功能，这些头骨可能属于逝去的国王，石膏逼真地塑造了容貌，并插入白色的玛瑙贝壳作眼睛。公元前7000年安纳托利亚的哈西拉（Hacilar）文化也将人的头骨摆放在地板上，表明类似的二分心智控制将该文化的成员聚集在一起进行食物生产和防护工作。

近东地区最大的新石器时代遗址是占地32英亩的加泰土丘（Çatal Hüyük），其中只有一到两英亩被挖掘出来。这里的安排略有不同。从发掘的始于公元前6000年地层显示，几乎每座房子都有一系列的四到五个房间，依偎围绕着一个神的房间。在这些神的房间里发现了许多石制或陶土制的雕像群。

五个世纪后，在埃里杜（Eridu），神庙被设置在泥砖平台上，这就是古代亚述及巴比伦金字形神塔（ziggurats）的起源。在一个长长的中央房间里，神像在一端的神台上，看着另一端的供桌。正是这一连串的埃里杜圣地直到伊拉克南部的乌拜德（Ubaid）文化，在公元前4300年左右扩展到整个美索不达米亚，为苏美尔文明及其巴比伦的继承者奠定了基础，我将在下一章讨论这一点。随着数以千计的城市的建立，巨大的纪念性神庙也随之出

---

1. 这里参考的一般资料包括Grahame Clark和Stuart Piggott《史前社会》（伦敦：Hutchinson, 1965); James Mellaart《近东最早的文明》（纽约：McGraw-Hill, 1965); 和Grahame Clark《世界史前史：新纲要》（剑桥：Cambridge University Press, 1969)。

Çatal Hüyük 的 VI B 层建筑平面图,约公元前 6000 年。请注意,几乎每个家庭都有一个由 S 表示的神龛。

现,这些神庙从那时起就成为城市的特征和主宰,也许对周围几英里的人来说是致幻的辅助工具。即使在今天,站在乌尔像这样的山形金字塔下,它仍然耸立在曾经的二分心智文明的发掘废墟上,其楼梯坡道只上升到旧时的一半高度,想象它顶部的三层庙宇升入太阳,就能领略到这样的建筑能对人的精神产生的独特震慑与控制。

赫梯人的一个变化

赫梯人(Hittites)在其首都哈图萨斯(Hattusas,现在土耳其中部的波格斯凯 Boghazkoy)的中心,[2] 有四座巨大的神庙,它们拥有宏伟的花岗岩圣殿,伸出石灰岩主墙面的外立面之外,为一些巨大的神像获得侧面的照明。

但是,也许取代金字形神塔的地方,即在任何耕作之所都可以看到的高地,是城市上方美丽的户外圣地亚齐利卡亚(Yazilikaya)墙壁上流动着神灵的浮雕。[3] 山对赫梯人来说本身就是一种幻觉,这一

---

2. 赫梯人可能是一群向他们的邻居学习二分心智文明的游牧部落的例子。在公元前2100年左右的考古记录中,Cappadocian高原的抛光素色陶器中突然闯入了装饰鲜艳的多色陶器,这被认为是他们到来的标志,可能来自俄罗斯南部的大草原。

3. 关于Yazilikaya的好照片可以在Seton Lloyd《安纳托利亚早期高地民族》(纽约: McGraw-Hill, 1967) 的第三章中看到。Ekron Akurgal的《土耳其的古代文明和遗址》(Istanbul, 1969)中可以找

点可以从圣所内岩石上仍然清晰可见的浮雕中看出，这些浮雕显示了通常的刻板山峰画法，上面有神的头像和头饰。正如诗篇作者所唱的，"我要举目望向山丘，我的帮助从那里来。"

在这座山神庙的一个面上，刻着长袍国王的侧面轮廓。在他身后的石头浮雕塔上中，耸立着一位头戴更高的王冠的神；神的右臂伸出，为国王指路，而神的左臂则搂着国王的脖子，紧紧抓住国王的右手腕。它是二分心智的一个象征证明。

用长长的行列来描绘神灵，我想这是赫梯人的独特之处。为赫梯研究中的一个老问题提出了解决方案。这是对 pankush 这个重要词汇的翻译。学者们最初将其解释为表示整个人类共同体，也许

Yazilikaya 的岩石浮雕，约公元前 1250 年，Sharruma 神把他的代理国王Tudhaliys 抱在怀里。像椒盐卷饼一样的神的象形文字，既作为左上方神的表意文字的头部，也重复出现在神冠上。它也出现在右上方国王的表意文字中，我认为这表明国王也在其臣民的幻觉中被听到。

到解释性的讨论。

是某种国家集会。但其他文本迫使人们将其修改为某种精英。我认为，还有一种可能性是，它表示许多神的整个共同体，特别是所有二分心智的声音一致的选择--决定。在赫梯人统治的最后一个世纪左右，即公元前1300年左右开始，任何文本中都没有提 *pankush*，这一事实可能表明他们的集体沉默以及向主体性动荡的转变的开始。

奥尔梅克（Olmec）和玛雅

美洲最早的二分心智王国也以这些巨大而无用的中心建筑为特征：公元前 500 年左右位于拉文塔（La Venta）的形状怪异的笨拙的奥尔梅克金字塔，其过道上的小土丘掩盖着神秘的美洲虎脸马赛克；或者公元前200年左右建造的大量神庙金字塔。[4] 其中最大的是特奥蒂瓦坎（Teotihuacan）的太阳金字塔(字面意思是"众神之地")，其体积比埃及的任何一个都大，每边长八分之一英里，比二十层楼还要高。[5] 山顶的一个神室通过陡峭的楼梯系统到达。传统的说法是，在神室的顶部有一个巨大的太阳雕像。一条由其他金字塔组成的列队通道通向它；在墨西哥高原上的数英里范围内，人们仍然可以看到一个大城市的遗迹、祭司的房屋、许多庭院和较小的建筑，所有这些都是一层的，因此从城市的任何地方都可以看到巨大的金字塔式神庙。[6]

尤卡坦（Yucatan）半岛[7] 的许多玛雅城市开始得较晚，但与特奥蒂瓦坎同时出现，显示了同样的二分心智建筑，每个城市都以陡峭的金字塔为中心，顶部是神殿，装饰着丰富的奥尔梅克式美洲虎面具和其他壁画及雕刻，其中有无穷无尽的人面龙在错综复杂的石头装饰中凶猛地爬行。特别有趣的是，一些金字塔像埃及一样包含了墓

---

4. 在这方面，见C.A.Burland：《墨西哥诸神》(伦敦: Eyre and Spottiswoode, 1967) ;以及G.H.S. Bushnell：《第一批美洲人：前哥伦布文明》(纽约: McGraw-Hill, 1968)。
5. 它是由近300万吨的粘土土坯建造的，因此需要大量的工时。关于对这种手工劳动的理解(中美洲没有车轮)，见本书第三篇第五章讨论"精神分裂症的优势"的内容。
6. 见 S. Linne：《墨西哥特奥蒂瓦坎的考古研究》(Stockholm: Ethnographic Museum of Sweden, 1934);以及 Miguel Covarrubias： 《墨西哥和中美洲的印第安艺术》(纽约: Knopf, 1957)。
7. 见 Victor W. von Hagen：《玛雅世界》(纽约: New American Library, 1960)。

葬，也许表明在一个阶段：国王是一个神。在这些玛雅金字塔的前面，通常有雕刻着神像的石碑和尚未被完全理解的字形铭文。由于这种文字总是与宗教图像相联系，因此，二分心智的假设可能有助于揭开它们的神秘面纱。

我还认为，对于玛雅人的城市往往建在奇怪的不宜居的地点，以及它们的突然出现和消失，最好的解释是：这种地点和动作是由幻觉指挥的，在某些时期，幻觉不仅是非理性的，甚至是彻头彻尾的惩罚——正如耶和华有时对他的人民，或阿波罗（通过德尔斐神谕）对他的人民，与希腊的侵略者站在一起一样。

偶尔也有对二分心智行为的实际描述。在危地马拉太平洋山坡上的一个非玛雅遗址——圣卢西亚·科特兹·乌马豪帕（Santa Lucia Cotzumalhaupa）的两块石雕上，情况非常明显。一个男人匍匐在草地上，两个神像对他说话，一个是半人半鹿，另一个是死亡的形象。从现代人对该地区所谓的 *chilans* 或预言家的观察可以看出，这是一个真实的二分心智场景。即使在今天，他们在以这种相同的姿势面朝下时也会产生幻觉，尽管有人认为这种暂时性的幻觉是在吃了仙人掌之后才产生的。[8]

安第斯文明

在印加人之前的安第斯山脉的半打左右文明更是在时间的长河中消失了。[9] 最早的是克托什（Kotosh），追溯到公元前1800年以前，中心是一个长方形的神庙，建在一个大土丘上25英尺高的台阶上，周围有其他建筑的遗迹。它的内壁有几个高大的长方形壁龛，其中一

---

[8]. J. Erik S. Thompson：《玛雅历史与宗教》(Norman: University of Oklahoma Press, 1970), p. 186。顺便说一下，在中美洲印第安人的二分性正在瓦解时，大多数中美洲印第安人都使用仙人掌。玛雅人是个例外，他们是唯一拥有文字的人。对玛雅人来说，"阅读"或从石刻上产生幻觉的功能，是否有可能像对其他人的致幻仙人掌一样？

[9]. 这部分是由于一个地区的新的二分心智文明往往会抹去其前身的遗迹。二分心智的神是嫉妒的神。

个壁龛里有一对用石膏做的交叉的双手，也许是一个早已灰飞烟灭更大的神像的一部分。这与五千年前的耶利哥是多么相似啊!

虽然科托什可能是来自墨西哥的移民所为，但下一个文明，即约始于公元前1200年的查文（Chavin），显示出明显的奥尔梅克特征：玉米的种植，一些陶器的特色，以及宗教雕塑中的美洲虎主题。在北部高地的查文，一个巨大的平台状寺庙，有蜂窝状的通道，供奉着一尊令人印象深刻的神像，它是一个花岗岩棱形柱，以低浮雕的形式呈现一个长着美洲虎头的人。[10] 继他们之后，从公元400年到1000年统治秘鲁北部沙漠的被我们如此称谓的莫奇卡人（Mochicas）[11] 也为他们的神建造了巨大的金字塔，耸立在可能包含城市的围墙前面，今天在特鲁希略（Trujillo）附近的奇卡马山谷（Chicama valley）就可以看到。[12]

然后，从公元1000年到1300年，在的的喀喀湖（Titicaca）附近的荒凉高地 出现了蒂亚瓦纳科（Tiahuanaco）大帝国，有一个更大的石面金字塔，周围有巨大的柱状神，用秃鹰头和蛇头哭泣(为何?)。[13]

然后是规模甚至更大的奇穆族 Chimu。其首都 ChanChan 占地11 平方英里，被墙隔成 10 个大院，每个院子都是一个微型城市，有自己的金字塔，有自己的宫殿式结构，灌溉区，蓄水池和墓地。根据二分心智假说，这些相邻的隔离墙院究竟意味着什么，是一个引人入胜的研究问题。

---

[10]. 下一个文化，即帕拉卡斯（Paracas）文化，从大约公元前 400 年到公元 400 年，是一个神秘的反常现象。没有留下建筑遗址，只在帕拉卡斯半岛的地下深洞中留下了 400 多具衣着鲜艳的木乃伊。

[11]. 被我们如此称谓的，正如所有这些早期文明一样，我们不知道他们如何称呼自己。

[12]. 他们的城市的鸟瞰图看起来与美索不达米亚在二分心智时期的城市非常相似。其他文化，如 Ica Nazca，也在同一时期存在于南方。然而，除了有些在 Nazca 的干燥山谷中绵延达数英里的神秘线条、数字和面积达数英亩的巨大鸟类或昆虫的轮廓之外，几乎没有留下任何东西，没有人能够作出解释。

[13]. 在公元1300年左右，他们的瓦解是如此彻底和迅速，也许是由于过度扩张(关于二分心智王国不稳定的原因，见第二篇第三章)，以至于 250 年后，在欧洲人入侵后，没有人听说过他们。

印加人的黄金世界

然后是印加人自己，像埃及和亚述的综合体。至少在公元 1200 年左右他们的势力兴起时，他们的王国让人联想到一种神--王式的二分心智王权。但在一个世纪内，印加人已经征服了他们面前的一切，也许因此削弱了他们自己的二分心智，就像亚述在另一个时代和另一个气候下所做的一样。

印加帝国在被皮萨罗征服时，也许处于二分心智和原始主体性的混合状态。这次相遇可能是最接近本文所讨论的两种心智之间冲突的事情。主观方面是庞大的帝国，如果我们假设它是以当今的行政机构所要求的横向和纵向的社会流动性来管理的，[14] 那么，用纯粹的二分心智方式来控制它将是非常困难的。相传，被征服的酋长被允许保留其头衔，他们的儿子被送到库斯科（Cuzco）接受训练，或被扣作人质，这在二分心智世界里是很难想象的概念。被征服的民族似乎保留了自己的语言，尽管所有官员都必须学习宗教语言——克丘亚语（Quechua）。

但在二分心智方面，存在大量在源头上肯定是二分心智的特征，尽管它们可能是通过传统的惯性部分演化出来的，随着亚马逊河上游的小城邦库斯科爆发为这个安第斯山脉的罗马帝国。印加人自己是神王，这种模式与埃及模式如此相似，以至于不太保守的美国古代历史学家认为，一定存在一些文化扩散。但我认为，鉴于在二分心智基础上组织起来的人类、语言和城市特征，历史只能适应某些固定的模式。

王是神圣的，是太阳的后裔，是土地和大地、人民、太阳的汗水（黄金）和月亮的眼泪(白银)的创造神。在他面前，即使是他的最高领主也可能因敬畏而颤抖，以至于把他们从脚下震开，[15] 这种敬畏是现代心理学所无法理解的。他的日常生活深藏在复杂的仪式中。

---

14. J. H. Rowe：《西班牙征服时的印加文化》，见 J. H. Steward《南美印第安人手册》，Vol. 2（华盛顿，D.C., 1946-50）。

15. 征服者的表弟 Pedro Pizarro 的报告，由 V.W. von Hagen 引用，见《印加人的境界》，第113页。

他肩膀上盖着新鲜蝙蝠网的被子，头上绕着红色的流苏，就像眼前的帷幕，以保护他的领主们不至于对他那不可一世的神性有太过生畏的看法。印加人死后，他的妻妾和私人仆从先是喝酒跳舞，然后迫不及待地被勒死，与他一起踏上通往太阳之旅，就像以前在埃及、乌尔和中国发生的那样。印加的尸体被做成木乃伊，放在他的房子里，此后，房子变成了一座神庙。人们为他制作了一个真人大小的黄金雕像，像生前一样坐在他的金凳上，并像近东王国一样每天供奉食物。

虽然十六世纪的印加人和他的世袭贵族有可能是在一个更早的真正的二分王国建立的二分心智角色中行走，甚至可能像日本的神圣太阳神裕仁天皇至今所做的那样，但证据表明，远不止这些。一个人越是接近印加人，他的心态似乎越是二分心智的。甚至包括印加人在内的等级制度的最高层在耳朵里佩戴的黄金和珠宝线轴，有时上面有太阳的图像，可能表明这些耳朵也在听到太阳的声音。

但也许最能说明问题的是这个庞大帝国被征服的方式。[16] 长期以来，投降者毫无猜疑的温顺一直是欧洲人入侵美洲时最吸引人的问题。它发生的事实是清楚的，但关于其原因的记录却充满了臆测，甚至在后来记录它的迷信的征服者那里也是如此。一个拥有战胜了半个大陆的文明的军队的帝国，怎么会在1532年11月16日的傍晚被一小队150名西班牙人俘虏？

这可能是主观意识和二分心智之间为数不多的对抗之一，对于印加帝国皇帝阿塔瓦尔帕（Atahualpa）所面对的陌生事物——这些粗暴的、牛奶色皮肤的人，头发从下巴而不是从头皮流下，所以他们的头看起来是颠倒的，穿着金属衣服，带着令人厌恶的眼神，骑着奇怪的羊驼似的银色蹄子动物，神祇般骑乘着像莫奇卡神庙一样层叠、巨大的驼峰，从对印加人来说无法航行的海上抵达——对于这一切，没有来自太阳或来自库斯科的金色雕像在其耀眼的塔楼中的二分心智的声音。由于没有主观意识，无法欺骗或叙述他人的欺骗

---

16. 最近的详细可读叙述，见John Hemming：《印加人的征服》（纽约：Harcourt Brace Jovanovich, 1970）。

行为，[17] 印加和他的领主们就像无助的机器人一样被俘。在人民机械地注视下，这一船主观的人剥去了圣城的黄金外壳，熔化了它的金像和黄金围墙内的所有宝物，它的金黄色玉米田，茎叶都被巧妙地锻造成黄金，谋杀了它的活神和王子，强奸了毫无抵抗的妇女，并展望了他们的西班牙未来，带着黄色金属驶向他们来时的主观意识价值体系。

这离艾南有很长一段距离。

活着的死人

埋葬重要的死者，就像他们仍然活着一样，这几乎是所有这些古代文化的共同特点，我们刚刚看了他们的建筑。这种做法没有明确的解释，除了他们的声音仍然被活着的人听到，而且也许要求这种安排。正如我在第一篇第六章艾南处所提出的，这些被支撑在石头上的死去的国王，他们的声音被活人幻听到，他们是第一批神。

随着这些早期文化发展成为二分心智王国，其重要人物的坟墓中越来越多地被武器、家具、装饰品，特别是食物容器所填满。公元前7000年后，欧洲和亚洲的第一批墓室都是如此，随着二分心智王国在规模和复杂程度上的发展，这种情况达到了非凡的程度。埃及法老在一连串错综复杂的金字塔中的宏伟墓葬为人所知(见下一章)。但在其他地方也有类似的场所，尽管没有那么令人敬畏。在公元前3000年的前半期，乌尔国王被埋葬时，他们的全部随从陪葬，有时是活埋，以蹲下的姿势围绕着国王，以提供服务。已经发现了18座这样的坟墓，其拱形的地下房间里有食物和饮料、衣服、珠宝、武器、牛头琴，甚至还有被拴在华丽战车上牺牲的负重动物。[18] 在基什（Kish）和阿舒尔（Ashur）还发现了其他一些可能稍晚的坟墓。在安纳托利亚，在 Alaca Hliyiik，皇室的坟墓上顶着整头烤牛的尸体，以满足那些行动不便的居民在墓穴中的胃口。

---

17. 在 Cuzco 没有小偷，也没有门:在敞开的门口横放一根棍子，就表示主人不在，没有人会进来。
18. 见 C.L. Woolley： 《乌尔发掘》Vol. 2 (伦敦和费城，1934)。

在许多文化中，即使是普通的死人，也被当做活人对待。最古老的关于葬礼主题的铭文是美索不达米亚人的清单，列出每月给普通死者的面包和啤酒配给。大约在公元前 2500 年，在拉加什（Lagash），一个死者被埋葬时有7罐啤酒、420条未发酵的面包、2量谷物、1件衣服、1个头枕和1张床。[19] 一些古希腊的坟墓不仅有各种生活用品，还有实际的喂食导管，似乎表明古希腊人将肉汤和汤倒入腐烂尸体的咽喉。[20] 纽约大都会博物馆陈列着有一个彩绘的搅拌碗（编号14.130.15），年代约为公元前 850 年;展示了一个男孩似乎在用一只手撕扯自己的头发，另一只手将食物塞进一具可能是他母亲的尸体的嘴里。这很难理解，除非喂食者当时产生了来自死者的幻觉。

印度河文明[21] 的证据更加零碎，因为连续的冲积层覆盖，所有的贝叶上的文字都腐烂了，而且考古调查也不完整。但迄今为止发掘的印度河流域遗址往往在高地城堡旁边有墓地，每个死者配备 15 或 20 个食物罐，这与他们被埋葬时仍被认为是活着的假设相一致。除了肯定在公元前 2000 年中期之前，确切日期全不可考的中国仰韶文化新石器时代墓葬[22] 同样显示了在木板衬砌的坟墓中，食物罐和石器陪伴着尸体。到了公元前 1200 年，商朝的王室墓葬里有被杀的随从和动物，与一千年前美索不达米亚和埃及的墓葬非常相似，以至于一些学者相信，文明是从西方传播到中国的。[23]

同样，在中美洲，从公元前 800 年到公元前300年的奥尔梅克人的墓葬中都有丰富的食物罐。在玛雅王国，贵族死者被埋葬在神庙

---

19. 这一信息是由拉加什国王乌鲁卡吉纳（Urukagina）在一个圆锥体上提供的，他接着在一定程度上减少了这些数量。见 Alexander Heidel：《吉尔伽美什史诗与旧约对照》(芝加哥: University of Chicago Press, 1949), p. 151。
20. E. R. Dodds：《希腊人与非理性》
21. Mortimer Wheeler 爵士：《印度河流域及其他地区的文明》(纽约: McGraw-Hill, 1966)，以及更广泛的，他的《印度河文明》第二版，《剑桥印度史》的补充卷 (剑桥: Cambridge University Press, 1960)。
22. 见William Watson：《中国早期文明》(纽约: McGraw-Hill, 1966)，以及张光直：《古代中国考古学》(New Haven: Yale University Press, 1963)。
23. 公元前 11 世纪的商朝末期，与被宰杀的马匹和战车手一起埋葬的战车葬变得更加频繁，并持续到公元前8世纪的周朝时才停止。为什么会这样?除非人们认为死去的国王仍然活着，需要他们的战车和仆人，因为他们的说话声仍然可以听到?

的广场上，栩栩如生。最近在帕伦克（Palenque）的一座寺庙下发现的一座酋长墓,华丽程度不亚于在旧世界发现的任何东西。[24] 在公元500 年的 Kaminal-juyu 遗址，一个酋长以坐姿被埋葬，还有两个青少年、一个孩子和一条狗陪伴。普通人下葬时，嘴里含着磨碎的玉米，埋在他们房子的硬泥地板上，还有他们的工具和武器，以及装满饮料和食物的罐子，就像在世界另一端的早期文明中一样。我还应该提到尤卡坦（Yucatan）的肖像雕像，保存着已故酋长的骨灰，玛雅潘（Mayapan）的重塑头骨，以及安第斯平民的小型地下墓穴，这些人以坐姿被捆绑在 *chicha* 酒碗与他们生前使用的工具和物品中间。[25] 死者当时被称为 *huaca* 或"似神"（godlike），我认为这表明他们是产生幻觉的声音的来源。而当征服者报告说这些人宣称只有在死后很长时间，个人才会"死亡"时，我认为正确的解释是需要这段时间来使幻听最终消逝。

死者是神的起源，这一点也可以在那些形成文字的二分心智文明著作中找到。在亚述的双语咒文中，死者被直接称为 *Ilani* 或神（god）。[26] 而在三千年后的世界另一端，中美洲最早的记者之一萨哈贡（Sahagun）报告说，阿兹特克人（Aztecs）"把这个地方叫做特奥蒂瓦坎，是国王的埋葬地;古人说:死了的人成了神;或者当有人说——他成了神,意思是说——他已经死了。"[27]

即使在有意识的时期，也有这样的传统，即神是前一个时代的人，他们已经死亡。赫西俄德（Hesiod）谈到，在他这一代人之前，有一个黄金种族的人成为"地球上的圣魔，仁慈的、避免疾病的、凡人的守护者。"[28] 类似的说法可以在四个世纪之后找到，如柏拉图提到英雄死后成为告诉人们该怎么做的魔鬼。[29]

---

24. Von Hagen：《玛雅人的世界》，第109页。
25. Von Hagen：《印加人的境界》，第121页。
26. Heidel：《吉尔伽美什史诗》，第 153、196页。
27. 由 Covarrubias 引用，第 123 页。
28. Hesiod：《劳作与时日》，120f。
29. 《理想国》，469A; 及《克拉底鲁篇》，398。

我不想给人留下这样的印象，即这些文明的坟墓中出现的一盆盆食物和饮料在所有这些时代都是普遍的；这是一般情况。但这里的例外往往证明了规则。例如，当 Leonard Woolley 爵士第一次开始挖掘美索不达米亚拉撒（Larsa）的个人坟墓时(约公元前 1900 年)，对其内容的贫乏感到既惊讶又失望。即使是建造得最精致的墓穴，除了墓门处可能有几个陶罐外，没有任何其他地方的坟墓中发现的那种家具。当他意识到这些坟墓总是在特定的房屋下面时，解释就来了，拉撒时代的死者不需要坟墓的家具或大量的食物，因为房屋里的一切仍由他支配。墓门口的食物和饮料可能是一种应急措施，所以当死者与家人"混合"，他就会以一种友好的态度出现。

因此，从美索不达米亚到秘鲁，伟大的文明至少经历了一个阶段，其特点是一种埋葬方式，好像个人仍然活着。而在有文字记载的历史中，死者往往被称为神。至少，这与他们的声音仍能在幻觉中被听到的假说是一致的。

但这是一种必要的关系吗?悲伤本身难道不能促进这种做法吗?拒绝接受所爱之人或受人尊敬的领袖的死亡，把死者称为神、作为一种爱慕?有可能。然而,这种解释并不足以解释整个证据的模式，在世界不同地区普遍提到死者为神，一些事业的规模庞大，如大金字塔，甚至在当代的传说和文学中还存在着鬼魂从坟墓中回来给活人带来信息的遗迹。

说话的偶像

我认为作为二分心智标志的、原始文明的第三个特点是各种大量的人像以及它们在古代生活中的明显中心地位。历史上最早的人像当然是酋长被支撑起来的尸体，或者我们前面提到的重塑的头骨。但此后，它们有了惊人的发展。除了假设它们是产生幻听的辅助工具之外，很难理解它们对与之相关的文化的明显重要性。但这远不是一个简单的问题，在完整的解释中可能交织着相当不同的原则。

塑像

这些雕像中最小的是小雕像，几乎在所有的古代王国中都有发现，首先始于人类的第一个固定定居点。在公元前七千年和六千年期间，它们是极其原始的雕刻着脸孔的小石头或怪诞的泥塑。土耳其西南部Hacilar的发掘工作提供了它们在公元前5600年文化中的重要性的证据。在每间房子里都发现了用烘烤过的粘土或石头制成的扁平的女性雕像，上面刻有眼睛、鼻子、头发和下巴，[30] 我认为，它们是居住者的幻觉控制。公元前3600年左右，埃及的阿马特里亚（Amatrian）和格泽（Gerzean）文化有雕刻了有胡须的脑袋的象牙，以黑色的"靶子"作眼睛，每根长大约6到8英寸，适合拿在手里使用。[31] 这些东西是如此重要，以至于当它们的主人死后，它们被竖立在坟墓里。

在拉加什（Lagash）、乌鲁克（Uruk）、尼普尔（Nippur）和苏萨（Susa）等大多数美索不达米亚文化中都出土了大量的雕像。[32] 在乌尔，用黑色和红色描绘的泥塑被发现在烧过的砖头盒子里，盒子放在靠墙的地板下，但一端打开，朝向房间的中心。

然而，所有这些小雕像的功能与考古学中的任何东西一样神秘。最流行的观点可以追溯到民族学盲目的狂热，追随弗雷泽（Frazer），希望在一块雕刻的卵石上找到生育崇拜。但如果这种小雕像表明了弗雷泽主义的生殖力，就不应该在生殖力没有问题的地方找到它们。但我们确实找到了。在墨西哥最肥沃地区的奥尔梅克文

---

30. Mellaart, p106; 另见 Clark 和 Piggott, p. 204。
31. 见Flinders Petrie: 《史前埃及》（伦敦: British School of Archaeology in Egypt, 1920), pp. 27, 36。即使是神，有时也会用手持的神像来表现。一个安纳托利亚的例子可以在Seton Lloyd: 《安纳托利亚早期高地民族》（纽约: McGraw-Hill, 1967)第51页中找到; 在 A. P. Maudslay: 《中美洲生物考古学》（纽约: Arte Primitivo, 1975)Vol. II, 插图 36 中可以看到 Stela F 北面的一个玛雅例子。
32. 关于后来赋予他们超自然力量的仪式, 见 H. W. F. Saggs: 《巴比伦的伟大》（纽约: Mentor Books, 1962), pp. 301-303。

明中，小雕像的种类惊人，常常张着嘴和夸张的耳朵，如果他们被塑造成可以与之对话的声音的化身，这也是可以预期的。[33]

然而，这种解释并不简单。像它们所代表的文化一样，雕像似乎经历了一个演变过程。同一个例子，早期的奥尔梅克小雕像，在其第一个阶段发展出一种夸张的下颌前凸，以至于看起来几乎像动物。然后，在特奥蒂瓦坎时期，它们变得更加精致和细腻，戴着巨大的帽子和披风，身上涂着模糊的红、黄、白颜料，看起来很像奥尔梅克祭司。第三个时期的奥尔梅克小雕像的造型更加细致和真实，有些胳膊和腿是有关节的，有些躯干部分是空心的匣子，用一个小方盖盖着，里面还有其他的小雕像，也许这表示在伟大的奥尔梅克文明崩溃之前，发生了二分心智的混乱。因为正是在这一时期末期，有大量小雕像以及巨大的新的半成品开口雕像，伟大的特奥蒂瓦坎城被蓄意破坏，庙宇被烧毁，城墙夷为平地，在公元700年左右，城市被废弃。是声音停止了，导致了肖像制作的增加？还是他们的数量增加到了混乱的程度？

鉴于它们的大小和数量，大多数小雕像是否引起了幻听是令人怀疑的。有些确实可能是帮助记忆的装置，提醒不能主动检索劝诫经验的没有意识的人，也许像印加人的 quipu 或结绳文学或我们自己文化中的念珠的功能。例如，美索不达米亚埋在新建筑角落和门槛下的青铜地基俑有三种：一个跪着的神把木桩打入地下，一个背着篮子的人，以及一头横卧的牛。目前关于它们的理论，是为了压制建筑物下面的邪灵，是不充分的。相反，它们可能是半幻觉性的记忆辅助工具，用于帮助没有意识的人们将柱子摆正，搬运材料，或用牛将大件物料拉到工地。

但我们可以相信，这些小东西中的一些能够帮助产生二分心智的声音。考虑一下黑白雪花石膏的眼睛神像，薄脆饼干一样的身体，上面有曾经用孔雀石颜料染过的眼睛，这些神像已经被发现了数千件，特别是在幼发拉底河上游分支之一的布拉克，其年代大约是公元

---

33. 见 Burland：《墨西哥诸神》，第 22 页以下；Bushnell：《第一批美洲人》，第 37 页以下。

前 3000 年。就像早期的埃及阿马特里亚和格泽的象牙神像一样，它们适合拿在手里。大多数有一对眼睛，但有些有两对；有些戴着皇冠，有些有明显表示神的标记。在其他遗址，乌尔、马里（Mari）和拉加什发现了较大的赤陶土眼球神像；由于眼睛是张开的环形，被称为眼镜神像（spectacle-idols）。还有一些是用石头做的，放在讲台和祭坛上，[34] 就像两个圆柱形的甜甜圈，位于一个可能是嘴巴的方形平台上方一定距离处。

偶像的理论

现在需要更多的心理学分析。在灵长类动物中，眼对眼的交流是极其重要的。在人类以下，它表明了动物的等级地位，在许多灵长类动物中，顺从的动物转过身咧嘴笑。但在人类中，也许是因为幼年时期要长得多，眼神交流已经演变成一种非常重要的社会互动。当它的母亲对它说话时，一个婴儿会看着母亲的眼睛，而不是她的嘴唇。这种反应是自发和普遍的。这种眼神接触发展到权力关系和爱情关系，是一个极其重要的轨迹，尚有待追踪。在此，我们只需指出，当你直视上司的眼睛时，你更有可能感受到其权威。这里有一种压力，一种关于经验的尚未解决的问题，还有一些意识的减弱，因此，如果在雕像中模仿这样的关系，将增强对神的幻听。

---

34. 见 M. E. L. Mallowan：《早期美索不达米亚和伊朗》(纽约: McGraw-Hill) 1965, Ch. 2。

数以千计的可以拿在手里的雪花石膏"眼镜神像"中的一个。 在幼发拉底河上游支流的布拉克（Brak）出土，约公元前 3300 年。 这只鹿是 Ninhursag女神的象征。

因此，眼睛成为整个二分心智时期大多数神庙雕像的一个突出特征。人眼的直径约为头部高度的 10%，这个比例就是我所说的神像的眼睛指数。在 Tell Asmar[35] 的 Abu 神庙的 Favissa 发现的 12 座著名的雕像，其底座上雕刻的符号表明他们是神，他们的眼睛指数高达 18%——巨大的球状眼睛催眠般地盯着 5000 年前未被记录的过去，充满了傲视一切的权威。

---

35. 许多一般文本中都有说明，包括 Mallowan, 第 43、45 页。

神、坟墓和偶像

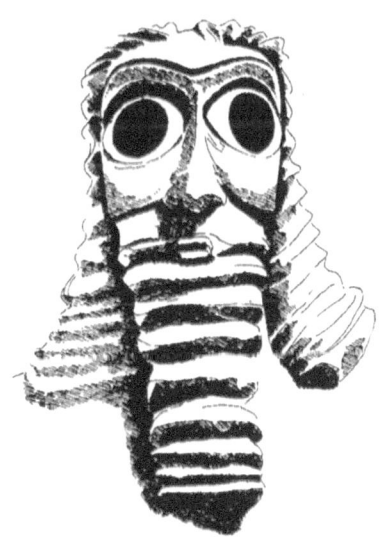

阿布（Abu）神，与一个未知女神。这两件东西都是在今天巴格达附近的 Tell Asmar 的一座寺庙发现的，现在收藏在巴格达的博物馆里。约始于公元前 2600 年。

其他遗址的神像也显示了同样的情况。乌鲁克[36]的一个特别美丽和名符其实的白色大理石头像的眼睛指数超过 20%，雕塑显示眼睛和眉毛曾经镶有耀眼的宝石，脸部被着色，头发被染上颜色，头部是一个真人大小的木制雕像的一部分，现已化为灰烬。大约在公元前 2700 年，在幼发拉底河中游名为马里的璀璨文明中，蓬头垢面的神、统治者和祭司的石膏和方解石雕像比比皆是，他们的眼睛高达头部高度的18%，并以大量黑漆勾勒浓重的轮廓。在马里的主神庙里，统治着著名的花瓶女神，她巨大的空眼眶里曾经装着催眠的宝石，她的双手拿着一个倾斜的球形罐。一根来自内部水箱的管子使球形罐溢出水，顺着神像的长袍流下，给她的下半身披上了一层半透明的液体薄纱，并发出咝咝的声音，适合塑造成幻觉的语言。然后是著名的拉加什统治者古迪亚 (Gudea) 的系列雕像，大约在公元前 2100 年，用最坚硬的石头雕刻，眼睛指数大约为 17 或 18%。

埃及法老的神庙和墓葬雕塑的眼睛指数有时高达20%。埃及保留下来的少数木制雕像表明，它们放大的眼睛曾经是由镶嵌在铜圈中的石英和水晶制成的。从其神王式的神权政体(见下一章)来看，埃及的偶像似乎并没有像美索不达米亚那样起到如此突出的作用。

印度河流域石雕的例子很少，但这些为数不多的石雕显示出明显超过20%的眼球指数。[37] 目前尚未发现中国的二分心智时期的神像。但是，当公元前 900 年左右中美洲的文明再次开始时，我们仿佛又回到了几千年前的近东，尽管有某些独特的前景:用坚硬的玄武岩雕刻出来的巨大头颅，普遍有8英尺高，通常有帽子，有时还有像橄榄球头盔一样的大耳垫，没有身体(其中一些现在被移到维拉赫莫萨 (Villahermosa) 的奥尔梅克公园)地停留在拉文塔 (La Venta) 和特雷斯萨波尔特斯 (Tres Zapoltes) 附近的地面上。这些头部的眼睛指数从正常的 11% 到超过 19% 不等。通常情况下，嘴巴是半开的，就像在说话一样。还有许多奥尔梅克陶瓷神像是一个奇怪的无性别儿童，总是坐着，双腿张开，好像要暴露他的无性别，身体前倾，通过宽大

---

36. 见Mallowan：《早期美索不达米亚和伊朗》，第 55 页。
37. 例如，见 Wheeler《印度河文明》中的插图。

的眼睛缝隙仔细地盯着，丰满的嘴唇像说话一样半张。在我检查过的几个中，如果眼睛是睁开的，眼睛指数平均为 17%。奥尔梅克文化中的雕像有时是半人大小，眼睛指数甚至更大，它们经常在墓葬中被发现，如在墨西哥城附近受奥尔梅克影响的特拉蒂尔科（Tlatilco）遗址，大约公元前 500 年，仿佛死者与自己的个人偶像一起下葬，而这个偶像仍然可以告诉他该怎么做。

玛雅人的神像通常不显示这种异常的眼睛指数。但在尤卡坦的大城市里，人们为已故的首领制作肖像雕像，我想这也是出于致幻的目的。头部的背面被挖空，死者的骨灰被放在里面。据兰达(Landa)说，他在十六世纪目睹了这种做法，"他们以极大的敬意保存这些雕像"。[38]

公元 1200 年左右，曾经统治过玛雅潘的科科姆人(Cocoms)重复了 9000 年前杰里科的纳图夫文化的做法。他们把死者的头砍下来，"然后在煮熟头颅后，清理掉肉，然后在后面锯掉一半的头冠，留下带有下颚和牙齿的整个前部。然后他们用一种沥青[和石膏]代替肉...，使它们具有栩栩如生的外观。...他们把这些东西放在家里的祈祷室里，在节日向他们提供食物...他们相信他们的灵魂重新安住在其中，这些礼物对他们有用。"[39] 这里没有任何不一致之处，这种准备好的头颅被如此对待，是因为他们"包含"前主人的声音。

玛雅人还使用许多其他种类的偶像，而且数量之多，以至于在 1565 年，一位西班牙市长下令在他的城市中废除偶像崇拜，当"在我面前，有超过一百万的偶像被带来时"，他感到非常震惊。[40] 玛雅人的另一种偶像是由雪松制成的，称为库切 kuchc 或圣木。"他们称此为神"。他们由被称为"查克"（chaks）的斋戒祭司雕刻，在巨大的恐惧和颤抖中，被关在一个小草屋里，用香火和祈祷来保佑他们，神匠们"经常割掉他们的耳朵，用血涂抹神灵，向他们烧香"。完成后，这些神被精心打扮，放在小建筑的菊花上，其中一些位于较隐蔽

---

38. 正如 von Hagen 所引，《玛雅的世界》，第 109 页。
39. Landa 转引自 von Hagen 的《玛雅的世界》，第 110 页。
40. von Hagen：《玛雅的世界》，第 32 页。

的地方,躲过了基督教或时间的摧残,现在仍在被发现。据一位十六世纪的观察家说,"不幸的受骗者相信神像会对他们说话,因此向它献上鸟、狗、自己的血,甚至是人。" 41,42

玛雅神,一座高约12英尺的石碑,来自洪都拉斯的科潘。它是在公元700年左右雕刻的。

---

41. 这里所有的引文都来自于Landa,他是一个西班牙人,他描述了他在十六世纪的见闻,由J. Eric S. Thompson引用,《玛雅历史和宗教》,第189-91页。
42. 印加人也有各种各样的偶像,他们称之为神,有些是真人大小,用金子或银子铸成的,有些是石头做的,戴着皇冠,穿着长袍,所有这些都是西班牙人在印加帝国的外围寺庙里发现的。见von Hagen,《印加人的境界》,第134,152页。

偶像的言论

我们怎么能知道这种神像在二分心智意义上"说话"呢?我试图表明,雕像和塑像的存在本身就需要一个解释,而这种解释是以前所没有认识到的。二分心智的假设提供了这样一种解释。在宗教场所设置这种偶像,在每一个文明早期阶段的夸张的眼睛,在一些文明中将各种绚丽的宝石插入眼窝,在两个最重要的早期文明中为新的雕像举行精心设计的开口仪式(我们将在下一章看到),所有这些至少呈现出一种证据模式。

楔形文字文献经常提到神像说话。迟至公元前一千年早期,一封皇室信件写道:

> 我已记下这预兆…我让他们在沙马什(Shamash)面前依次诵读…阿卡德(Akkad)的王像[雕像]在我面前出现了异象,并喊叫着。"你在王像中容忍了什么恶毒的预兆?" 它又说话了:"对园丁说…"[这里的楔形文字变得不可读,但又继续说]…它询问了Ningal-Iddina、Shamash-Ibni和Na'id-Marduk的情况。 关于该地的叛乱,它说"把城墙一个接一个地拆毁,使受诅咒的人不能站在园丁面前。"[43]

《旧约》还指出,其中提到的一种类型的偶像,特拉普(Terap),可以说话。《以西结书》(Ezekiel21: 21)记载了巴比伦国王向他们中的几个人咨询。进一步的直接证据来自于美洲。被征服的阿兹特克人告诉西班牙侵略者他们的历史是如何开始的,当时一个属于之前文化的庙宇废墟中的雕像对他们的首领说话。它命令他们从所在的地方越过湖泊,无论走到哪里,都要带着它的雕像,指挥他们四处走动,就像无形的二分心智的声音引导摩西曲折走出西奈沙漠。[44]

最后是来自秘鲁的显著证据。所有关于由宗教裁判所教导的西班牙人征服秘鲁的第一份报告都一致认为印加王国是由魔鬼统治的。他们的证据是,魔鬼本人确实从雕像的嘴里对印加人说话。对于

---

43. R. H. Pfeiffer:《亚述国书》(New Haven: American Oriental Society,1935), p. 174。
44. C. A. Burland:《墨西哥诸神》,第47页。

这些来自西班牙最无知的地区之一的粗俗的教条主义基督徒来说,这并没有引起什么惊奇。回到欧洲的第一份报告说,"在[帕查卡马克](Pachacamac)神庙里有一个魔鬼,他经常在一个非常黑暗的房间里对印第安人说话,这个房间和他本人一样脏。"[45] 而后来的一篇报道称:

> ...在印度群岛,魔鬼在这些假的圣殿里说话和回答问题是非常普遍和认可的事情,...他们通常在夜里从后方进入他们的偶像,以丑陋的方式弯曲他们的身体和头部,然后,他们向他咨询。他的回答通常像可怕的嘶嘶声,或使他们害怕的咬牙切齿的声音;他所宣传或命令他们的,不过是通往灭亡和毁灭的道路。[46]

---

45. 佚名:《秘鲁的征服》,附 J. H. Sinclair 的译文和注释 (纽约: New York Public Library, 1929), p. 37f。
46. Joseph De Acosta 神父:《印度群岛的自然与道德史》(伦敦: Hakluyt Society, 1880), 2:325f。

第二章

文字的二分心智神权政体

什么是文字？文字从视觉事件的图片发展到语音事件的符号。这是一个令人惊讶的转变！后一种类型的文字，如本页所述，意在告诉读者一些他不知道的事情。但是，越是接近于前者的文字，就越主要是一种帮助记忆的方法，来发布读者已经知道的信息。乌鲁克的原始文字象形图画、早期的神灵描述中的图像学、玛雅人的雕像，阿兹特克人的手绘古卷，以及我们自己的纹章学都是这种类型。它们想要向观看他们的人传递的信息可能会永远湮没，因此这些文字永远无法翻译。

介于这两种形式之间的两种半图画、半符号文字，是本章的基础。它们是埃及的象形文字，具有简略的草书形式，是僧侣用的，意为"诸神的文字"；以及更广泛使用、后世学者根据其形状命名的楔形文字。

后者对我们来说是最重要的，并且我们所拥有的遗迹要广泛得多。数以千计的石板有待翻译，还有更多的石板有待发掘。它至少被用于四种语言，苏美尔语(Sumerian)、阿卡德语(Akkadian)、胡里安语(Hurrian)、以及后来的赫梯语(Hittite)。它不是像我们有26个字母的字母表，也不是像阿拉米语 (Aramaic, 除宗教文本外, 它在公元前200年左右取代了楔形文字)那样有22个字母的字母表，而是一个笨拙的、由600多个符号组成的含糊不清的交流系统。其中许多是表意的，同一个符号根据它所属的类别可以是一个音节、一个观点、一个名字或一个具有多个含义的词，这个类别不规则地由一个特殊标记来表明。只有通过上下文，我们才能解开它是什么。例如，符号 ꑀ 意味着九种不同的事物，读作samsu时，表示太阳；读作 ū mu 时，表示白天；读作pisu时指白色；此外，它还代表着音节ud、tu、-tam、pir、lah和his。在这样一个混乱的语境中，要做到清清楚楚，在当时，困难已经够大了。因此，当我们与该语言所描述的文化相距4000年时，翻译就更成了一个巨大而迷人的问题。一般来说，象形文字和僧侣文字的情况也是如此。

当这些术语是具体的（它们通常是），由于大多数楔形文字文献都是收据、清单或给神灵的供品，翻译的正确性几乎没有疑问。但当术语趋于抽象时，特别是当心理学解释成为可能时，我们就会发现善意的译者将现代范畴强加于人，使他们的译文能够符合现代人的胃口。流行的甚至是学术性的文学作品中充满了这种加了料的修正和美化的注解，使古代人看起来像我们，或者至少像钦定版《圣经》那样说话。译者翻译出来的往往比文本本身更多。许多看起来是关于决策的文本或所谓的谚语、史诗，或教义，如果我们要相信它们是人类心理考古学的数据，就应该用具体的行为精确度来重新解释。我警告读者，本章的效果与关于这个问题的流行书籍不一致。

考虑到这些注意事项，让我们继续。

在公元前3000年，当文字像剧院的幕布一样在这些令人眼花缭乱的文明上拉开时，让我们直接盯着它们看，尽管并不完美，但很明显，在一段时间内有两种主要的神权形式：(1) 管家式国王神权制（steward-king theocracy），其中首领或国王是诸神的第一副手，或者，更多的是某一城市的神，是其土地的管理者和看守者。这是二分心智王国中最重要和最广泛的神权形式。它是美索不达米亚许多二分心智城邦的模式，正如在第一篇第三章中看到的迈锡尼，而且据我们所知，在印度、中国，可能也包括中美洲。(2)神王神权制（god-king theocracy），其中国王本人就是一个神。这种形式最明显的例子存在于埃及和至少安第斯山脉的一些王国，可能还有最早的日本王国。我曾在第一篇第六章提出，这两种类型都是从更原始的二分心智中发展出来的，在这种情况下，新王通过服从死去的王的幻觉来统治。

我将在两个最伟大的文明古国中依次讨论这些问题。

美索不达米亚：神作为主人

在整个美索不达米亚，从最早的苏美尔和阿卡德时代开端，所有的土地都归神所有，人是他们的奴隶。对于这一点，楔形文字没有留下任何疑问。[1] 每个城邦都有自己的主神，在我们掌握的最早的书面文件中，国王被描述为"神的佃农"。

神本身是一尊雕像。这座雕像不是神的雕像(如我们所说)，而是神本身。他有自己的房子，苏美尔人称之为"大房子"。它形成了一个复杂的神庙建筑群的中心，大小根据神的重要性和城市的财富而不同。神可能是用木头做的，足够轻，可以由祭司扛着走。他的脸上镶嵌着贵金属和珠宝。他身穿耀眼的衣服，通常置放在他的房子中央的一个神龛的基座上。较大和较重要的神殿配有较小的院落，周围有供管家国王和辅助祭司使用的房屋。

在美索不达米亚发掘的大多数大城市遗址中，主神的房屋是金字形神塔，一座巨大的矩形塔，通过逐级递减的阶梯上升到一个辉煌的顶峰，上面有一个小礼拜堂。在金字塔的中心是gigunu，有一个大房间，大多数学者认为里面住着土神的雕像，但也有人认为它只用于仪式目的。这种金字塔或类似的高耸的寺庙结构在某个时期的大多数二分心智王国中都很常见。

---

1. 这些材料大部分都是众所周知的，可以在一些优秀的作品中找到，包括H.W.F.Saggs：《巴比伦的伟大》(纽约：Mentor Books,1962)；《剑桥古代史》Vols.1-3 (剑桥：Cambridge University Press); George Roux：《古代伊拉克》(Baltimore: Penguin Books,1966)；以及 A. L. Oppenheim：《古代美索不达米亚：一个死亡文明的肖像》(芝加哥：University of Chicago Press,1964)。

由于神像是土地的主人，而人民是他的佃户，所以管家王（steward-king）的首要职责不仅是管理神的财产，而且在更多的个人方面为神服务。据楔形文字记载，神喜欢吃喝，喜欢音乐和舞蹈；他们需要睡在床上，并在不时地拜访配偶时与其他神像享受性爱；他们必须被清洗和打扮，并以愉悦的香氛来安抚；他们必须在国家场合被带出去兜风；而且随着时间的推移，所有这些事情都要以越来越繁冗的仪式和典礼来完成。

　　神庙的日常仪式包括对雕像的清洗、穿衣和喂食。清洗可能通过随行祭司洒下纯净的水来完成，这也许就是我们洗礼和涂油仪式的起源。穿衣是通过各种方式为雕像穿衣。神的前面有桌子，这就是我们祭坛的起源。其中一张桌子上摆放着鲜花，另一张则是供神充饥的食物和饮料。这些食物包括面包和蛋糕，公牛、绵羊、山羊、鹿、鱼和家禽的肉。根据对楔形文字的一些解释，食物被送来后，神像就被留在那里独自享用。然后，在一段适当的时间后，管家国王从一个侧门进入神龛室，吃下神像留下的东西。

　　神像也必须保持良好的脾气。这被称为"安抚神的肝脏"，包括在桌上放置黄油、肥肉、蜂蜜、甜食等供品，就像普通食物一样。想必，如果一个人的二分心智的声音是谴责和愤怒的，他就会带着这样的祭品来到神的家里。

　　除非我们假设人类听到雕像对他们说话，就像《伊利亚特》中的英雄听到他们的神或圣女贞德听到她的神一样，否则这一切怎么可能以某种形式持续数千年，并成为生活的核心？而且确实必须听到他们说话，才能知道该怎么做。

　　我们可以直接从文本中读到这一点。伟大的古迪亚圆柱 B（约公元前 2100 年）描述了在为他的神宁吉尔苏（Ningirsu）建造的新庙里，女祭司们如何放置了：

> ...Zazaru, Impae, Urentaea, Khegirnunna, Kheshagga, Guurmu, Zaarmu 女神，她们是宁吉尔苏神所生的Bau族七子，在宁吉尔苏大人的身边说出（*utter*）有利的决定。²

这里要说出的具体决定关乎农业的各个方面，使谷物可以"覆盖圣地的两岸"和"拉加什所有丰富的谷物，使之溢出"。还有一个大约公元前1700年拉撒王朝的泥锥体称赞Ninegal女神为：

> ...谋士，极聪明的指挥官，所有大神的公主，尊贵的演讲者，她的话语是无与伦比的。³

在这些文本中，到处都是神灵的言论，他们决定要做什么。一个来自拉加什的锥体上写着：

> 基什（Kish）国王梅西林（Mesilin）听从他的神灵卡迪（Kadi）的命令，在那片土地上建立了一块石碑。Ush，Umma的统治者（patesi），形成了夺取它的咒语;那块石碑被他打成碎片;他进入了拉加什平原。恩利尔（Enlil）的英雄宁吉尔苏，在他正义的命令下，对乌玛发动了战争。在恩利尔的指挥下，他的大网陷入困境。那地方的平原上竖起了他们的坟冢。⁴

统治者不是人类，而是卡迪、宁吉尔苏和恩利尔等幻听的诸神的声音。请注意，这段话是关于石碑或石柱的，它用楔形文字刻上了神的话语，并设置在田地里，告诉人们该如何耕种田地。这种石碑本身是辉煌的，这一点从它们被攻击和防御、被砸碎或运走的方式可以看出。在其他文本中，它们是幻听的来源。来自不同的背景的一个特别相关的段落描述了在夜间阅读石碑的情况：

> 它侧面的光洁表面，他的听觉会知道;其上镌刻的文字，他的听觉会知道;火把的光会帮助他的听觉?⁵

---

2. Column 11, lines 4-14, 见 George A. Barton：《苏美尔和阿卡德的皇家铭文》(New Haven: American Oriental Society, 1929)。斜体字是我标注的，下面的引文一样。
3. 同上, 第327页。
4. 同上, 第61页。Inim-ma在这里被译为"咒语"。
5. 同上, 第47页。

因此,公元前三千年的阅读可能是一个听到楔形文字的问题,也就是说,通过观察其图片符号而产生幻觉,而不是我们意义上的音节的视觉阅读。

这里的"听觉"一词是苏美尔语符号,字译为 GIŠ-TUG-PI。许多其他王室碑文都说明国王或其他人如何被某个神赋予了这种听觉,使他能做大事。甚至迟至公元前1825年,拉撒国王瓦拉德·辛(Warad-Sin)在一个泥锥上的铭文中声称,他通过 GIŠ-TUG-PI DAGAL 或"到处听到"他的神 Enki,重建了这个城市。[6]

洗口礼仪式

在其他仪式中也发现了进一步的证据,证明这种雕像是对幻听的辅助,这些仪式都在楔形文字石板上有精确和具体的描述。这些神像是在比特·穆穆(bit-mummu),一个特殊的神匠之家制作的。甚至工匠们的工作也是由工匠之神 Mummuy指导的,他口述如何制作雕像。在装入神龛之前,雕像要经过 mis-pi,即洗口,以及 pit-pi 或"开口"仪式。

不仅是在制作雕像之时,而且定期地,特别是在二分心智时代晚期,当幻听声音可能变得不那么频繁时,一个精心设计的洗口仪式可以更新神的讲话。脸上镶嵌着珠宝的神伴随着流光溢彩的火炬被抬到河边,在那里,在仪式和咒语的熏陶下,他的木嘴被洗了好几次,随着神朝向东、西、北,然后是南。用来洗嘴的圣水是由多种奇特成分组成的溶液:怪柳、各种芦苇、硫磺、各种树胶、盐、油、椰枣蜜,还有各种宝石。在更多的咒语之后,神被"用手牵着"回到了街上,祭司念咒道:前进的脚,前进的脚...在神庙门口,又举行了一个仪式。然后祭司拉着神的"手",把他领到神龛里的宝座上,在那里搭起一个金色的华盖,并再次清洗神像的嘴。[7]

---

6. 同上,第320页。
7. 见Sidney Smith在《皇家亚洲学会杂志》中对这段文字的翻译, 1925 年 1 月,由S.H. Hooke 引用,见《巴比伦和亚述宗教》(Norman: University of Oklahoma Press,1963), pp. 118-121。

不应认为二分心智王国到处都是一样的，也不应认为它们没有经历过相当长的发展过程。上述信息来自大约公元前3000年末的文本，因此，它们可能代表了二分心智的后期发展，在这种情况下，文化的复杂性可能已经使幻觉的声音变得不那么清晰和频繁，因此产生了这种净化仪式，以期恢复神的声音。

人格神

但不能认为普通民众直接听到了拥有城市的大神们的声音；这种幻觉的多样性会削弱政治结构。民众为神主服务，在他们的庄园里工作，参加他们的节日活动。但只在一些重大危机中才会向他们求助，而且是通过中间人。这一点在无数的圆筒印章上都有所体现。很大一部分存货类型的楔形文字石板背面都有这类印章轧制的印记；通常，它们显示一个坐着的神和另一个小神，通常是一个女神，右手引导石板的主人来到神的面前。

这种中介就是人格神。每个人，无论是国王还是农奴，都有自己的人格神，他听到的是他的声音并服从。[8] 几乎在每座出土的房屋中，都有一个神龛室，里面可能有作为居民个人神灵的偶像或小雕像。一些晚期楔形文字描述了为他们举行的仪式，类似于为大神举行的洗口仪式。[9]

这些人格神可以被要求去拜访神的等级制度中更高的其他神，以获得一些特殊的恩惠。或者，在另一个看来很奇怪方向：当主人神选择了一个王子做管家王时，城市神（city-god）首先通知被任命者的人格神这一决定，然后才是个人自己。根据我在第一篇第五章中的讨论。所有这些分层都是在右脑进行的，我很清楚这种选择的可

---

8. Thorkild Jacobsen 认为，个人神"作为一个人的运气和成功的化身出现"。我坚持认为这是一种毫无根据的现代强加的说法。见他的《美索不达米亚》，载于《古代人的智力冒险》，H. Frankfort, 等编(芝加哥: University of Chicago Press, 1946), p. 203。
9. Saggs, p. 301f.

靠性和群体接受的问题。与古代其他地方一样，对国王所做的事情负责的是人格神，对平民也是如此。

其他楔形文字指出，一个人生活在他的人格神——他的 Ili 的阴影下。一个人和他的人格神是如此密不可分地联系在一起，以至于他的名字通常包括人格神的名字，从而使该人的二分心智性质变得明显。当国王的名字被表示为个人神时，就很有意思了。Rim-Sin-Ili，意思是"Rim-Sin是我的神"，而Rim-Sin是拉撒的一个国王，或者更简单地说，Sharru-Ili，"国王是我的神。"[10] 这些例子表明，管家国王本人有时也会被幻觉到。

当国王变成了神

这种可能性表明，我在管家式神权和神王式神权之间所作的区分并不是绝对的。此外，在一些楔形文字泥板上，一些早期美索不达米亚国王的名字旁边有一个八角星，是表示神的决定性标志。在一个早期的文本中，乌尔和伊辛（Isin）的众多国王中有11位被赋予了这种或另一种神性的标志符号。关于这意味着什么，人们提出了许多理论，但没有一个是非常扣人心弦的。

我认为要看的线索是，这些国王往往只在统治的后期才被赋予神性的决定性标记，并且只限于在他们的某些城市。这可能意味着，一个特别强大的国王的声音可能是在幻觉中听到的，但只由一定比例的人民，在他统治了一段时间后，只在某些地方听到。

然而，即使在这些情况下，在整个美索不达米亚，这种神王和真神之间似乎有一个重要而持续的区别。[11] 但我们接下来要谈的埃及却完全不是这样。

---

10. Frankfort 等人，第 306 页。
11. Saggs, p. 343f.

埃及：国王作为神

幼发拉底河和底格里斯河的大盆地逐渐失去其特征，进入阿拉伯的无边沙漠以及波斯、亚美尼亚山脉的绵延山麓。但是，埃及，除了南部，是由双边对称的不可改变的边界清晰地界定的。一个法老在尼罗河流域扩张其权力，很快就会达到他可能袭击但从未征服的地方。因此，无论从空间还是时间看，埃及在地理和人种上总是比较统一。对遗留的头骨的研究也表明，历代埃及人的体质非常相似。[12] 我认为，正是这种受保护的同质性，使得这种更古老的神权政治形式——神王——得以延续。

孟菲斯神学（Memphite Theology）

让我们从著名的"孟菲斯神学"开始。[13] 这是一块公元前8世纪的花岗岩，上面复制了以前的作品(估计是公元前 3000 年左右的腐烂皮革卷)。它从提到"创世神"普塔（Ptah）开始，通过荷鲁斯（Horus）和塞特神（Seth）的争吵以及盖布（Geb）对他们的仲裁，描述了在孟菲斯建造皇家神殿的情况，然后在著名的最后一节中指出：各种神是普塔的声音或"舌头"的变化。

现在，当"舌头"在这里被翻译成"他心智中的客观概念"之类的东西时，就像它经常被翻译的那样（译者注：语言），肯定是把现代范畴强加给文本。[14] 诸如心灵的对象化概念，甚至某种精神存在的概念等观念，都是后世的发展。人们普遍认为，古埃及语言和苏美尔语一样，从头到尾都是有形的。在我看来，坚持认为它是在表达抽象的思想，似乎是现代人长久以来的观念的一种入侵。此外，当孟菲斯神学说到舌头或声音是创造万物的源泉时，我怀疑"创造"这个词

---

12. G.M. Morant：《从史前到罗马时代的埃及颅骨学研究》，见《生物统计学》，1925, 17: 1-52。
13. 除了以其他方式引用的文本外，我在本章的这一部分使用了 John A. Wilson：《古埃及文化》(芝加哥: University of Chicago Press, 1951); Cyril Aldred：《埃及至古王朝末期》(纽约: McGraw-Hill, 1965); W. W. Hallo 和 W. K. Simpson：《古代近东: 历史》(纽约: Harcourt Brace Jovanovich, 1971)。
14. Henri Frankfort：《王权与神祇》(芝加哥: University of Chicago Press, 1948), p. 28。

也可能是现代人强加的,而更恰当的翻译可能是"命令"。那么,这个神学本质上是一个关于语言的神话,而普塔真正命令的是那些开始、控制和指导埃及文明的二分心智声音。

奥西里斯（Osiris）：死亡国王的声音

人们对神话和现实如此混杂感到惊讶,以至于荷鲁斯和塞特的天国之争是在真实的土地上进行的,最后一节中奥西里斯的形象在孟菲斯有一个真实的坟墓,而且每个国王死后都会变成奥西里斯,就像每个国王在生前都是荷鲁斯一样。如果假定所有这些人物都是国王和他们的下级听到的特殊声音幻觉,而且国王的声音在他死后可以继续存在,并"成为"下一等级的指导性声音,那么,关于各种争论和与其他神的关系的神话是冲突的训诫性权威声音与现实社会的权威结构相混合的尝试性合理化,至少我们得到了一个看待这个问题的新方法。

奥西里斯,直接进入其中重要的部分,不是一个"垂死的神",不是"被死亡的魔咒所困的生命",也不是现代解释者所说的"一个冥王"。他是一个死去的国王的幻觉,他的告诫仍然举足轻重。既然他的声音仍然可以被听到,那么声音曾经发出的身体应该被制成木乃伊的事实就没有什么矛盾了,墓穴中的所有设备都提供了生活所需:食物、饮料、奴隶、女人,等等。没有任何神秘的力量从他身上散发出来;只有记忆中他的声音,出现在那些认识他的人的幻觉中,它可以告诫或暗示,甚至像他停止运动和呼吸之前那样。各种自然现象,如海浪的低语,可以作为这种幻觉的线索,这说明人们相信奥西里斯、或者说身体已经停止活动并在木乃伊布中的国王,继续控制尼罗河的洪水。此外,荷鲁斯和奥西里斯之间的关系永远"体现"在每个新国王和他死去的父亲之间,只能被理解为将幻觉中的建议声音同化为国王自己的声音,然后在下一代中重复。

声音的大厦

一个神王的声音和权力在他的身体停止运动和呼吸后仍然存在，这当然可以从其埋葬方式表明。然而，埋葬这个词是错误的。这样的神王不是被沉痛地埋葬，而是被愉快地安置。公元前3000年后不久，一旦掌握了用石头建造的艺术，曾经的阶梯式石室坟墓跃升为那些我们称之为金字塔的不朽生命中的二分心智声音的游戏厅；这座由节日庭院和长廊组成的建筑群充满了神圣的图画和文字，周围通常有数英亩的神的仆从的坟墓，并以神的金字塔本身为主导，像一座闪亮的房屋一样向阳耸立，外表几乎过于自信，而且建造时不惜使用最坚硬的石头，如抛光的玄武岩、花岗岩和闪长岩，以及雪花石和石灰石。

这一切的心理学还有待揭开。证据已经被各种级别的罪恶的收藏家严重摧毁，以至于整个问题可能永远被包裹在谜团之中。因为一动不动的神王木乃伊往往被放在一个奇怪的朴素的石棺里，而为他制作的华美的雕像则被一种不同的尊崇所包围——也许因为幻觉似乎就是从它们身上产生的。像美索不达米亚的神像一样，它们是真人大小或更大的，有时还精心绘制，通常用珠宝做眼睛，但早已被有意识的非幻觉的劫匪从眼眶里砍了出来。但与他们的东方表亲不同的是，他们不需要被移动，所以是用石灰石、板岩、闪长岩或其他石头精雕细琢而成的，只有在某些年代才用木头雕刻。通常情况下，他们被永久地安置在壁龛中，有的坐着，有的自由站立，有的以神王的倍数站立或坐着排成一排，有的则被围在称为 Serdabs 的小礼拜堂中，在宝石眼的前面有两个小眼孔，这样神就可以看到他面前的房间，那里有供奉的食物和财宝，我们不知道还有什么东西，这些坟墓也被劫掠了。偶尔，从已故的神王那里传来的真实声音被写下来，如"阿梅内梅特（Amenemhet）一世国王陛下在梦中向他的儿子发出的指示"。

平民的埋葬方式也像他仍然活着一样。自古以来，农民在下葬时都会带着一盆食物、工具，以及为其继续生活而提供的祭品。那些社会等级较高的人被给予葬礼盛宴，尸体本身也以某种方式参与其中。死者在自己的葬桌上吃饭的场景被雕刻在石板上，并被镶嵌在墓冢或墓穴的壁龛中。后来的坟墓将这一做法发展为石室，里面有彩绘浮雕和带有雕像和祭品的礼拜堂，就像金字塔本身一样。

通常情况下，"真实的声音"（true-of-voice）是加在一个死者名字上的一个尊号。除了目前的理论，这很难理解。"真实的声音"最初适用于奥西里斯和荷鲁斯，指的是他们对对手的胜利。

信件也是写给死者的，仿佛他们仍然活着。可能只有在一段时间后，当被称呼的人不再能在幻觉中被"听到"时，才会出现这种情况。一个人给他死去的母亲写信，要求她在他和他死去的兄弟之间进行仲裁。这怎么可能呢，除非活着的兄弟在幻觉中听到了死去的兄弟的声音？或者一个死去的人被恳求唤醒他的祖先来帮助他的寡妇和孩子。这些信件是处理日常事务的私人文件，没有官方教义或虚构的内容。

卡（ka）的新理论

如果我们可以说古埃及有一种心理学，那么我们就不得不说它的基本概念是卡，于是问题就变成了卡是什么。我们在埃及的碑文中不断发现这个特别令人苦恼的概念，纠结于这个问题的学者们并将其翻译成各种方式，如精神、鬼魂、双重、生命力、自然、运气、命运，等等。它被比作闪米特人和希腊人的生命精神，以及罗马人的天赋。但显然，这些后来的概念都是二分心智传下来的。也不能通过假设埃及人的心理来解释卡的含义模棱两可的多样性，在这种心理下，词语被以多种方式用于同一个神秘的实体；或者假设"埃及思想的特殊性，它允许一个对象不是通过单一和一致的定义来理解，而是通过各种不相关的方法来理解"。[15] 这一切都不能令人满意。

来自僧侣体的证据是混乱的。每个人都有自己的"卡"，并像我们谈论自己的意志力一样谈论它。然而，当一个人死后，就会去找

---

15. 同上，第61页。

他的卡。在公元前 2200 年左右著名的金字塔文本中，死者被称为"他们的卡的主人"。在象形文字中，"卡"的象征是一种告诫:两只手臂抬起，双手平伸，整体放在一个支架上，在象形文字中，这个支架只用来支撑神的象征。

从前面几章可以看出，"卡"需要被重新解释为一种二分心智的声音。我相信，这就是美索不达米亚的ili或个人神 (personal god) 的含义。一个人的ka是他的发音，他在内心听到的声音，也许是父母或权威的口音，但当被他的朋友或亲戚听到时，甚至在他自己死后，当然会被幻化为他自己的声音。

如果我们能在这里放松对这些人的无意识的坚持，并且暂时想象他们和我们一样，我们可以想象一个在田野里的工人突然听到卡或宰相维齐尔(vizier)在他头上发出的幻觉的声音，以某种方式告诫他。如果，他回到城市里，告诉宰相他听到了宰相的卡(实际上他没有理由这样做)，宰相，如果他像我们一样有意识，就会认为那是他自己听到的、指导他生活的同一个声音。实际上，对田里的工人来说，宰相的卡就像宰相自己的声音。而对宰相本人来说，他的卡会以更高级的权威的声音说话，或者是他们的一些混合体。当然，这种差异永远不会被发现。

与这种解释相一致的是卡的其他几个方面。埃及人对卡的态度是完全被动的。就像希腊神的情况一样，听到它就等于服从它。它赋予了它的命令。臣子们在一些提到国王的碑文中说:"我做了他的卡喜欢的事"或"我做了他的卡支持的事"，[16] 这可能解释为朝臣听到了国王认可他的工作的幻觉的声音。

在一些文本中说，国王制作了一个人的卡，一些学者在这个意义上将卡翻译为财富。[17] 同样，这也是现代人的强加。诸如财富或成功这样的概念在埃及的二分心智文化中是不可能的。根据我的解读，这里的意思是，这个人获得了一个训诫性的幻听，然后可以指导他的工作。卡经常出现在埃及官员的名字中，就像美索不达米亚官员的

---

16. 同上，第 68 页。
17. 见 Alan H. Gardiner:《埃及语法》(Oxford, 1957), p. 172, 注释 12。

ili一样。Kaininesut,"我的卡属于国王,"或Kainesut,"国王是我的卡。"[18] 在开罗博物馆,编号20538的石碑说,"国王给他的仆人们卡（的）,并喂养那些忠心的人"。

神王的卡是特别有意义的。它被听到,我建议,由神王用他自己父亲的口吻来表达。但在朝臣们的幻觉中听到的是王自己的声音,这才是真正重要的事情。 文献中说,当王坐在餐桌前吃饭时,他的卡也坐在那里和他一起吃。金字塔里有很多假门, 有时只是简单地画在石灰石墙上, 已故神王的卡可以通过这些假门进入世界并被听到。只有王的卡被画在纪念碑上,有时是作为旗手,拿着国王的头杖和羽毛,或作为一只鸟栖息在国王的头后面。但最重要的是,在出生场景中, 国王的卡作为他的孪生兄弟被表现出来。在其中一个场景中,Khnum 神在他的陶轮上形成了国王和他的卡。他们是一样小的人像,只是卡的左手指向他的嘴,显然表明他是我们可以描述为一个说话的角色。[19]

也许, 从第十八王朝或公元前1500年开始的几个文本证明这一切越来越复杂,其中偶然提到,国王有十四个卡! 这个非常令人困惑的说法可能表明,管理结构已经变得如此复杂,以至于国王的幻音被听成了十四个不同的声音, 这些声音是国王和直接执行其命令的人之间的中间人的声音。国王有十四个卡的概念是任何其他卡的概念所无法诠释的。那么每个国王都是荷鲁斯, 他的父亲死后变成了奥西里斯,并且有他的卡,或者在后来的时代,有几个卡,现在最好翻译成角色声音。理解这一点对了解整个埃及文化至关重要, 因为国王、神和人民的关系是通过卡来确定的。当然, 国王的卡是一个神的卡,作为他的信使运作,对他自己来说是祖先的声音,对他的下属来说是他们听到的告诉他们该怎么做的声音。当一些文本中的主题说:"我的卡来自国王"或"国王制作了我的卡"或"国王是我的卡"时,这应该被解释为这个人的内在指导声音(也许来自于他的父母)与国王的声音或假定的声音同化。

---

18. Frankfort, p. 68; 另请参阅 John A. Wilson：《埃及：生命的价值》第四章,见 Frankfort 等, p. 97。
19. 在 Frankfort 的图 23 中说明了这一点。

在古埃及人的思维中，另一个相关的概念是"巴"（ba）。但至少在旧王国，"巴"与"卡"并不在同一层次上。ba更像我们常见的鬼（幽灵），是听觉上的卡的视觉表现。在葬礼场景中，巴通常被描绘成一只小的人形鸟，可能是因为视觉上的幻觉经常有飞翔和鸟类的动作。它通常被画在真正的尸体上，或与之有关的雕像上。在国王占主导地位的旧王国灭亡后，巴承担了一些卡的二分心智功能，这表现在它的象形文字从一只小鸟变成了一盏灯旁的小鸟(用来引路)，以及它在著名的柏林3024号纸莎草(Papyrus Berlin)中的幻听作用，年代约为公元前1900年。对这一令人震惊的文本的所有翻译都充满了现代精神的强加，包括最近的翻译，[20] 又一项迷人的学术苦差事。没有评论家敢于从表面上看这篇"一个人与他的巴的争论"，认为它是与一个幻听的对话,很像当代精神分裂症患者的对话。

Khnum神在陶轮上用右手塑造未来的国王，用左手塑造国王的卡。请注意，卡用左手指着它的嘴，表明它的语言功能。整个画面的侧偏侧性符合第一篇第五章中预设的神经学模型。

---

20. Hans Goedicke：《关于一名男子与他的Ba的争执的报告：柏林纸莎草书3024》(Baltimore: Johns Hopkins Press, 1970)。

神权国家的时间变化

在上一章中,我强调了二分心智王国之间的统一性,人型的中央拜神场所,事死如生,以及偶像的存在。但是,在古代文明这些较粗略的方面之外,还有许多微妙之处,篇幅上不允许我提及。我们知道,文化和文明可以有惊人的差异,所以我们也不能假定,二分心智在任何地方都会导致同样的事情。我认为,人口、生态、祭司、等级制度、偶像、产业的不同,都会导致幻觉控制的权威、频率、普遍性和影响的深刻差异。

另一方面,在这一章中,我一直在强调这两种最伟大的文明之间的差异。但我一直在说它们,好像随着时间的推移是不变的。而这是不真实的。给予二分心智神权政体在时间和空间上静态的稳定性印象,是完全错误的。在本章的最后一节,我想通过提及二分心智王国结构的变化和差异来纠正这种均势。

复杂性

神权政体最明显的事实是它们在生物学意义上的成功。人口不断增加。被称为神的幻觉所带来的社会控制问题随之变得越来越复杂。公元前9000年,在艾南的一个几百人的村庄里,这种控制的结构显然与我们刚才讨论的文明中的神、祭司和官员的等级制度有很大的不同。

事实上,我认为二分心智神权制有一个内在的周期性,幻觉控制的复杂性随着他们的成功而增加,直到国家和文明关系不能再维持,社会就会失效了。正如我在前面指出的,这种情况在美洲哥伦布之前的文明中多次发生,全部人口在没有任何外部原因的情况下,突然抛弃了他们的城市,无政府状态地重回周边地区的部落生活,但在一个世纪左右,他们又回到了他们的城市和神灵身边。

在本章中所关注的几千年里,复杂性显然不断增加。我所描述的许多仪式和做法都是作为减少这种复杂性的方法而发起的。即使在文字中，最早的象形文字也是用来标记、列出和分类的。一些最早的句法文字谈到了人口过剩的问题。我们所熟知的苏美尔史诗《阿特拉哈斯》(Atrahasis)一开始就提到了这个问题：

> 人口变得众多……
>
> 神被他们的骚动弄得很沮丧……
>
> 恩利尔听到了他们的声音
>
> 他对伟大的神明感叹道
>
> 人类的喧闹已成为负担……[21]

仿佛这些声音有困难。这部史诗继续描述了大神如何发送瘟疫、饥荒，乃至最后的大洪水(《圣经》中洪水故事的起源)，以摆脱一些"黑头人"，美索不达米亚的众神轻蔑地称他们的人类奴隶。

神性的组织正变得紧张起来。在二分心智时代早期几千年里，生活一直比较简单，仅限于一個小地区，政治组织比较简单，当时需要的神灵也很少。但当我们接近并持续到公元前3000年末，社会组织的节奏和复杂性要求在任何一周或一个月内，在更多的背景下做出更多的决定。因此，在一个人可能发现自己的任何情况下都可以召唤大量的神。从主要神明的苏美尔和巴比伦的大神殿，到每家每户的个人神，世界上一定有大量的幻觉来源，因此越来越需要祭司将其纳入严格的等级制度。人们可能做的每件事都有神灵。例如，我们可以发现，明显受欢迎的路边神庙的出现，如帕萨格（Pa-Sag）教堂，那里的塑像神帕萨格帮助人们决定穿越沙漠的旅程。[22]

这些近东神权政体对这种日益复杂的情况的反应既不同，又极具启发性。在埃及，古老的神王形式的政府不那么有弹性，不那么发展人类的潜力，不那么允许创新，不允许下属领域的个性。然而，它

---

21. 引自 Saggs：《巴比伦的伟大》，pp. 384-385。
22. 根据 Leonard Woolley 爵士发现的与 Pa-Sag 相当粗糙的石灰岩雕像有关的的楔形文字片。见 C.L. Woolley，《乌尔的发掘：十二年的工作记录》(伦敦: Benn, 1954)，pp. 190-192。

却沿着尼罗河延伸到了很远的地方。不管人们持有什么样的公民凝聚力理论，毫无疑问，在公元前三千年的最后一个世纪，埃及的所有权威都瓦解了。可能有某种地质灾难的触发原因：一些提到公元前2100年的古代文献似乎提到了尼罗河变得干涸，人们徒步穿过它，太阳被遮蔽，农作物减少。无论直接原因是什么，以孟菲斯的神王为首的权威金字塔在大约那个时代简单地倒塌了。文学资料描述了人们逃离城镇，贵族们在田野里觅食，兄弟争斗，男人杀死他们的父母，金字塔和墓穴被洗劫一空。学者们坚持认为，这种权威的完全消失不是由于外部力量，而是由于某种深不可测的内部缺陷。而我认为，这确实是二分心智的弱点，它在面对日益复杂的情况时的脆弱性，以如此绝对的方式崩溃的权威也只能这样理解。当时的埃及有极其重要的分离区，从三角洲延伸到尼罗河上游，本来是可以自给自足的。但是，在这种无政府状态下，没有叛乱，没有这些地区争取独立的历史，我认为，表明了与我们自己的心态非常不同。

在所谓的中间期，二分心智的这种崩溃至少让人想起玛雅文明那些周期性崩溃，当时所有的权威都突然瓦解，人口又融入丛林中的部落生活。就像玛雅人的城市在摧毁后重新有人居住或形成新的城市一样，埃及在经历了不到一个世纪的崩溃后，在第二个千年之初在一个新的神王的领导下统一了自己，开始了所谓的中世纪王国。同样的失落在近东其他地方时有发生，如公元前1700年左右的亚述（Assur），我们将在下一章看到。

法律的理念

但在美索不达米亚南部从未发生过这种程度的事情。当然也有战争。城邦之间为了争夺谁的神，从而争夺哪个管家来统治哪个田地而相互争斗。但从来没有发生过像中美洲和埃及在旧时代结束时那样的权威完全崩溃的情况。我认为，其中一个原因是管家国王式的神权具有更强的弹性。而另一个不无关系的原因是文字的用途。

与埃及不同，美索不达米亚的文字很早就被用于民事用途。到公元前 2100 年，在乌尔，众神通过他们的管家媒介作出的判决开始被记录下来。这就是法律观念的开始。这样的书面判决可以存在于几个地方，并且在时间上是连续的，从而使一个更大的社会具有凝聚力。我们知道在埃及没有类似的东西，直到近一千年之后。

公元前 1792 年，在美索不达米亚历史上最伟大的管家国王、巴比伦的城市之神、马杜克（Marduk）的管家、汉谟拉比时期，以这种文字的民间使用方式开启了一种几乎全新的政府模式。他的长期管理持续到公元前 1750 年，是将美索不达米亚的大部分城邦拉到一起，在他的巴比伦之神马杜克的领导下形成一个霸权。这个征服和影响的过程通过信件和石板以及石碑来表现出来，其数量之多是前所未有的。人们甚至认为他是第一个不需要抄写员的识字国王，因为他所有的楔形文字显然是由同一人在湿泥中刻出来的。书写是一种新的公民指导方法，实际上是开始我们自己的备忘录沟通政府的模式。没有它，美索不达米亚的这种统一就不可能完成。这是一种社会控制的方法，事后我们知道它将很快取代二分心智。

他最著名的遗产是有点被过度解读、也许被错误命名的《汉谟拉比法典》（Code of Hammurabi）。[23] 最初，这是一块八英尺高的黑色玄武岩石碑，在他统治末期竖立在自己的雕像或其圣像旁边。据我们所知，向他人寻求补偿的人将来到管家的雕像前，"听我说"（正如石碑底部所说的那样)，然后移到石碑本身，那里记录了管家的神以前的判决。正如我所说，他的神是马杜克，石碑顶部的雕塑描绘了审判的场景。该神坐在一个凸起的土丘上，在美索不达米亚的图形中象征着一座山。当他说话时，一道火焰的光环从他的肩膀上闪现出来(这让一些学者认为这是太阳神沙马什)。当汉谟拉比站在他下面时，他认真地听着（"under-stands"）。神在他的右手中握着权力的象征物，即这种神的描述中非常常见的棒和环。通过这些符号，神正好接触到他的管家汉谟拉比的左手肘。这一幕的壮丽之

---

23. 我参考了 Robert Francis Harper 的翻译：《巴比伦国王汉谟拉比法典》(芝加哥: University of Chicago Press, 1904)。

处在于，神和管家王都专注地盯着对方，无动于衷，管家王的右手高举在我们这些观察者和交流的平面之间，有一种催眠般的保证。这里没有谦卑，没有在神面前乞求，就像几个世纪后发生的那样。汉谟拉比没有主观的自我来叙述这种关系。只有顺从。而马杜克所支配的是对一系列非常具体的案件的判决。

正如写在这块雕塑浮雕下面的石碑上的那样，马杜克的判决被夹在汉谟拉比本人的介绍和尾声之间。他盛赞自己的功绩、权力和与马杜克的亲密关系，描述了他为马杜克所做的征服，以及设立这块石碑的原因，并以可怕的暗示结束，即任何划掉他名字的人都将 遭受厄运。在自负和天真中，序言和尾声都让我们想到了《伊利亚特》。但在这两者之间是神的282项安静的宣告。它们是关于在不同职业之间分配货物，如何惩罚家奴或小偷或不守规矩的儿子，以眼还眼、以牙还牙的那种补偿，关于礼物和死亡以及收养孩子(这似乎是一种相当重大的做法)的判决，以及关于婚姻、仆人和奴隶的决

汉谟拉比对他的神马杜克(或可能是沙马什)的判决产生了幻觉，他的判决被刻在一块列有这些判决的石碑上面。约公元前1750年

定——所有这些都是冷静的文字经济，与序言和尾声中好战的虚张声势形成对比。

的确，他们听起来像是两个非常不同的"人"，在二分心智的意义上，我认为他们是。他们是汉谟拉比的神经系统两个单独整合的组织，其中一个在左脑写序言和尾声，并站在石碑边上，另一个在右脑写判决书。而他们都没有我们意义上的意识。

虽然石碑本身显然是某种形式的二分心智的证据，但神的话语所涉及的问题确实很复杂。很难想象在没有主观意识计划和设计，欺骗和希望的情况下做这些法律所说的人在公元前18世纪所做的事情。但应该记住，这一切是多么的不成熟，现代语言多么具有误导性。被错误地翻译为"钱"甚至"贷款"的词只是kaspu，意思是银。它不可能是我们意义上的钱，因为从来没有发现过硬币。同样，被翻译为租金的东西实际上是什一税，是一种标记在泥板上的协议，将一块田地的一部分产品归还给它的主人。酒与其说是购买的，不如说是交换的，一计量的酒换一计量的粮食。在一些译本中使用一些现代银行术语是完全不准确的。正如我之前提到的，在许多楔形文字材料的翻译中学者们一直试图将现代的思想范畴强加给这些古代文化，从而使现代读者更感兴趣。

石碑上的这些规则不应该被认为是由警察执行的现代法律，这在当时是未知的。相反，它们是巴比伦本身的惯例清单，是马杜克的声明，除了在石碑上的真实性之外，不需要更多的强制执行。

我认为，他们被写下来的事实，以及更普遍的，广泛使用视觉文字进行交流的事实表明，二分心智的幻听控制的减少。他们共同启动了文化决定因素，几个世纪后，这些因素与其他力量一起，导致了思想结构本身的改变。

让我总结一下。

我在这两章中努力研究了一个巨大的时间跨度的记录，以揭示人类及其早期文明的心理与我们的心理何其不同，事实上，男人和女人不像我们一样有意识，不对他们的行为负责任，因此不能对这几千年里所做的任何事情给予信用或指责。相反，每个人的神经系统都有一部分是神圣的，他像任何奴隶一样受命于这个系统，一个或多个声音确实是我们所说的意志，并赋予他们命令的力量，在一个精心建立的等级制度中与其他人的幻觉声音有关。

我认为，整个模式与这种观点是一致的。当然，这不是结论性的。然而，从埃及到秘鲁，从乌尔到尤卡坦，凡是有文明的地方，都出现了死亡习俗和偶像崇拜、神圣的政府和幻觉的声音，都有惊人的一致，都证明了与我们的心理不同的想法。

但是，正如我试图表明的那样，将二分心智视为静态的东西是一种错误。诚然，它从公元前第九个千年发展到公元前第二个千年，其缓慢程度使任何一个世纪看起来都像金字塔和寺庙一样静止。千年是它的时间单位。但至少在近东地区，当我们到达公元前第二个千年时，发展的速度加快了。阿卡德的神，就像埃及的卡一样，变得更加复杂。随着这种复杂性的发展，第一次出现了不确定性，第一次需要个人神来与更高的神进行交涉，而更高的神似乎正在退到天上，在短短的一千年内他们就会消失。

从艾南的红色护栏下支撑在石头上的王的尸体，到仍然在其臣民的幻觉中统治村庄的纳图夫人，再到引起雷鸣、创造世界并最终消失在天堂的强大生命，神灵同时只是语言进化的一个副作用，也是智人本身发展以来生命进化的最显著特征。我的意思是，这不是简单地作为诗歌。众神在任何意义上都不是"想象中的产物"。他们是人的意志。他们占据了人的神经系统，可能是右脑，并从储存的训诫和教训经验中，将这种经验转化为可表达的语言，然后"告诉"这个人该怎么做。这种内部听到的语言往往需要用酋长的死尸或圣殿中的宝石眼雕像的镀金躯体等道具来激发，对此我真的没有说什么。这也需要一个解释。我绝不敢对此事刨根问底，只希望现有文本的完整和更正确的翻译以及日益加快的考古发掘速度将使我们更真实地了解这些漫长的千年文明。

第三章

意识的起因

一条古老的苏美尔谚语被翻译为:"迅速行动，让你的神高兴。"[1] 如果暂时忘记这些丰富的英语词汇不过是对某些更不可知的苏美尔事物的探索性揣测，我们可以说，这个奇怪的要求拱卫着我们的主观心态，说:"不要思考:让你在听到你的二分心智声音和做它告诉你的事情之间没有时空间隔。"

这在一个稳定的等级组织中是没问题的，声音是这个等级系统中永远正确和重要的部分，神圣的生活秩序被一成不变的仪式所束缚，没有受到重大社会动荡的影响。但公元前第二个千年并没有这样持续下去。战争、灾难、民族迁徙成为中心主题。混乱使无意识世界的圣洁光辉日益暗淡。等级制度崩溃了。在行为和它的神圣来源之间出现了阴影，那是亵渎的停顿，是使众神不悦、互相责备、嫉妒的可怕松动。直到最后，通过在语言的基础上发明一个具有模拟"我"的空间，从而屏蔽了他们的暴政。精巧的二分心智结构已被撼动为意识。

这些是本章的重要主题。

---

1. 谚语 1:145见 Edmund I. Gordon：《苏美尔谚语》(Philadelphia: University Museum,1959), p. 113。

二分心智王国的不稳定性

在当代世界,我们把僵化的专制政府与军国主义和警察镇压联系起来。这种关联不应适用于二分心智时代的专制国家。军国主义、警察、恐怖统治,这些都是用来控制主观意识的民众的绝招,他们因身份危机而焦躁不安,并分裂成了怀有希望和憎恨的众多私人空间。

在二分心智时代,二分心智是社会控制,不是恐惧或压制、甚至法律。没有私人野心,没有私人怨恨,没有私人挫折,没有私人的任何东西,因为二分心智人没有内在的"空间",也没有类似的私密物。所有主动权都在神的声音中。只有在公元前2000年的国家联邦后期,神才需要得到他们神谕的法律性帮助。

因此,在各个二分心智国家内,人们可能比此后的任何文明都更加和平和友好。但在不同的二分心智文明之间,问题是复杂的,而且相当不同。

让我们考虑来自两个不同的二分心智文化的两个人之间的会面。假设他们不懂对方的语言,并且为不同的神所支配。这种会面的方式将取决于个人在成长过程中所受到的训诫、警告和要求的种类。

在和平时期,城市之神沉浸在欣欣向荣中,人类耕作、收获、整理和储存产品,一切顺利进行,毫无阻滞,就像在蚁群中一样,可以预见,他的神圣声音基本上是友好的,事实上,所有人类的声音愿景都倾向于美丽和平,夸大了这种社会控制方法的演变所要维持的和谐。

因此,如果这两个人的二分神权在他们这一代没有受到威胁,他们的指令性神明都会由友好的声音组成。结果是可能增进友谊的手势问候和面部表情的试探性交流,甚至交换礼物。因为我们可以非常肯定,彼此财产的相对稀缺性(来自不同的文化)会促使交换成为彼此的愿望。

这可能是贸易的开始。交换的起源可以追溯到家庭群体中的食物分享,后来发展到同一城市中的商品和物品交换。正如第一个农业定居点收获的谷物必须按照某些神赐的规则来分配，因此，随着劳动变得更加专业化，其他产品，酒、装饰品、衣服和房屋的建造，都必须有其神定的对应物来相互交换。

不同民族之间的贸易只是将这种商品交换延伸到另一个王国。在苏美尔发现的公元前2500年的文本中提到了远至印度河流域的交换。而最近在波斯湾口苏美尔和印度河谷之间的Tepe Yahya发现了一个新的城市遗址，其文物清楚地表明它是美索不达米亚广泛用于制作器皿的滑石或皂石的主要来源，这证明它是这些二分心智王国之间的一个交流中心。[2] 人们发现了两英寸见方的小牌匾，上面有计数标记，可能是简单的汇率。所有这些都发生在公元前三千年中期的和平时代。我将在后面提出：二分心智国家之间广泛的货物交换可能削弱了使文明成为可能的二分结构本身。

现在让我们回到来自不同文化的两个人身上。我们一直在讨论在一个有和平神灵的世界里会发生什么。但如果情况相反呢？如果两人都来自感到威胁的文化，两人都可能会听到类似战争的幻觉，指示杀死对方，随之而来的就是战争。但是，如果只有其中一方来自感到威胁的文化，同样的结果也会发生，使另一方进入防御状态，因为同一个神或另一个神也指挥他参与战斗。

因此，在神权之间的关系中没有中间地带。与国王、大臣、父母等相呼应的训诫声音不可能命令个人做出妥协的行为。即使在今天，我们对崇高的看法在很大程度上是二分权威的残留：抱怨不是高尚的，恳求不是高尚的，妥协也不是高尚的，尽管这些姿态确实是解决分歧的最道德的方式。因此，我认为，二分心智世界的不稳定性，以及二分时代的边界关系更有可能以全面的友谊或全面的敌意结束，而不在这两个极端之间。

这也不是问题的关键所在。一个二分心智王国的顺利运作，必须依靠其专制的等级制度。而一旦神职人员或世俗的等级制度出现争议或被打乱，其影响就会被夸大，而在极权国家则不会出现。正如

---

2. 《纽约时报》，1970年1 2月20日，p.53。

我们已经看到的那样，一旦城市达到一定规模，二分心智的控制必定是摇摇欲坠的。随着二分心智城市规模的扩大，由梳理并识别各种声音的祭司组成的等级体系，一定会成为一个主要关注点。在这种人类和幻觉权威的平衡中，只要有一个撞击，就会像多米诺骨牌一样，全盘崩溃。正如我在前两章中提到的，这种神权政体有时确实会在没有任何已知的外部原因的情况下突然瓦解。

与有意识的国家相比，二分心智国家更容易崩溃。诸神的指令是有限的。如果在这种固有的脆弱性之上，出现了一些真正的新东西，例如两族人民被迫交融，那么神灵将很难以和平的方式解决任何问题。

文字对神权的削弱

公元前二千年，由于文字的成功，神的限制性既得到了缓解，也大大加剧了。一方面，文字可以使汉谟拉比这样的国民结构保持稳定。但是，另一方面，它也在逐渐侵蚀着二分心智的听觉权威。越来越多地，政府的账目和信息被特别放在楔形文字板中。目前仍在发现整整一长串的碑文。官员的信件成为一种普遍现象。到公元前1500年，甚至连西奈半岛高处的矿工也把他们的名字和他们与矿区女神的关系刻在墙上。[3]

二分心智的神性幻觉方面的输入是听觉的。它使用了与大脑听觉部分联系更紧密的皮质区域。一旦神的话语失声，写在哑巴泥板上或刻在无声的石头上，神的命令或国王的指令就可以通过一种幻听永远无法做到的途径来努力实现或避免。神的话语有一个可控的位置，而不是一个要求立即服从的无处不在的权力。这一点极为重要。

---

3. Romain F. Butin，《1930年萨拉比特探险 IV，原始西奈铭文》，见《哈佛神学评论》，1932, 25, pp. 130-204。

诸神的失败

这种神人伙伴关系的松动，也许是通过贸易，当然也通过书写，是所发生的背景。但是，二分心智，神与人之间、幻听与自发行动之间的意识的楔子瓦解的直接和加速的原因是在社会混乱中，神灵不能告诉你该怎么做了。或者，如果他们这样做了，就会导致死亡；或者至少会导致生理上引起幻听的压力剧增，直到声音出现在一个无法沟通的混乱的巴别塔（Babel）。

这一切的历史背景是宏大的。公元前第二个千年，充满了深刻而不可逆转的变化。巨大的地质灾难突发，文明毁灭。全世界一半的人口沦为难民。以前零星的战争，随着这个重要的千年期病态地进入黑暗和血腥的尾声，以加速和猛烈的频次出现。

这是一幅复杂的画面，引发这些变化的变量是多层次的，我们现在所掌握的证据也是不确定的。由于每一代新的考古学家和古代史学家都会发现前人的错误，所以几乎每年都会对其进行修订。作为对这些复杂情况的一个大致了解，让我们看看剧变的两个主要因素。一个是由于塞拉（Thera）火山爆发导致的东地中海一带人民的大规模迁徙和入侵，另一个是亚述的崛起，分为三个大阶段，向西打到埃及，向北打到里海，吞并了整个美索不达米亚，形成了一个与之前所知的任何帝国都截然不同的帝国。

亚述崛起

让我们先看看美索不达米亚北部在公元前第二个千年开端属于阿舒尔神（Ashur）的城市周围的情况。[4] 这座位于平缓的底格里斯河上游的二分心智城市最初是阿卡德的一部分，然后是往南两百英里的旧巴比伦的一部分，到公元前1950年，一直几乎无人问津。在阿舒尔的首席人类仆人普赞·阿舒尔一世（Puzen-Ashur I）的指导下，

---

4. 关于亚述历史的总体轮廓，我依靠各种权威，特别是 H.W.F.Saggs《巴比伦的伟大》(纽约: Mentor Books, 1962)；以及 William F. Albright 的各种文章。

其良性影响和财富开始扩张。与之前的任何国家相比，这种扩张的特点是与其他神权国家的商品交换。大约两百年后，阿舒尔拥有的城市成为亚述（Assyria），在远在700英里的之外的安纳托利亚或今土耳其的东北方设有货物交换点。

  城市之间的货物交换已经进行了一段时间。但这一现象是否像在亚述人那里那样广泛则值得商榷。最近的发掘发现了卡鲁姆（karums），或在较小的城镇，乌巴图姆（ubartums）——几个安纳托利亚城外的交换点——开展贸易。在基尔泰普(Kiiltepe)郊外的卡鲁姆进行了特别有趣的发掘：小楼的墙壁上没有窗户，石头和木头架子上留着尚未翻译的楔形文字片，有时还有罐子，罐子里似乎有计数器。[5] 这些文字确实是古老的亚述语，而且据推测是由商人带到那里的，是安纳托利亚已知的最早文字。

  然而，这种贸易并非真正的市场。没有在供求关系压力下的价格，没有买卖，也没有货币。这是由神的命令建立的等价物意义上的交换。在迄今为止翻译的任何楔形文字片中，完全没有提到商业利润或损失。偶尔会有一些例外，甚至是"通货膨胀"的暗示，也许是在饥荒年，交换变得不同，但它们并没有严重削弱波拉尼（Polanyi）的观点，我在这里也是这样认为。[6]

  让我们考虑一下这些亚述商人的情况。可以推测，他们只是代理人，通过血统和学徒关系维持地位，并像他们的父辈几个世纪以来所做的那样进行交流。但在这一点上，心理历史学家面临着许多问题。这些商人离他们的城市之神的声音来源有七百英里之远，而且每天都在接触可能(但不一定)说的是由不同的神祇统治的二分心智人的语言，他们的二分声音会发生什么变化?是否有可能在这些处于不同文明边界的商人身上产生类似于元主观意识的东西?他们定期返回阿舒尔，是否带回了一种被削弱的二分心智，并可能传播到下一代?因此, 神与人之间的二分心智联系被松动了?

---

5. Nimet Osguc：《安纳托利亚的亚述贸易殖民地》，见《考古学》, 1965, 4: 250-255。
6. Karl Polanyi：《早期帝国的贸易和市场》(Glencoe: Free Press, 1957)。

意识的原因是多方面的，但至少我认为，在这一发展过程中的关键国家也应该是与其他国家进行商品交换最多的国家，这并不是一个巧合。如果诸神的力量，特别是阿舒尔的力量在这一时期被削弱是真的，那就可以解释他的城市在公元前1700年的彻底崩溃，开始了持续了两百年的亚述无政府状态的黑暗时代。对于这一事件，没有任何合理的解释。没有一个历史学家能理解它。而且几乎没有希望达到这一点，因为这个时期的亚述楔形文字铭文甚至没有被发现。

亚述崩溃后的重组不得不等待其他契机。公元前1450年，埃及将米坦尼人（Mitanni）赶出叙利亚，越过幼发拉底河，进入这两条大河之间曾经属于亚述的土地。但一个世纪后，米坦尼人被来自北方的赫梯人征服，从而使亚述帝国在两个世纪的无政府黑暗之后于公元前1380年重建成为可能。

这是一个怎样的帝国啊！从来没有一个国家是如此好战的。与以往任何地方的铭文不同，那些中期的亚述人现在热衷于残暴的运动。这种变化是戏剧性的。但是，当亚述人无情地以野蛮方式统治世界时，他们的成功就像一个棘轮抓住了另一场灾难的漩涡。

爆发，迁移，征服

爱琴海人的大部分土地坍塌在海洋之下，无疑加速了二分心智的崩溃。这是在塞拉岛（又称圣托里尼岛 Santorini）火山爆发或一系列爆发之后发生的，该岛现在是爱琴海的一个旅游景点，位于克里特岛以北仅六十二英里。[7] 它曾是柏拉图[8] 和后来的传说中失落的亚特兰蒂斯（Atlantis）大陆的一部分，与克里特岛一起构成了米诺斯（Minoan）帝国。它的主要部分，也许还有克里特岛的部分，突然被淹没在水下1000英尺。塞拉岛剩下的大部分土地被150英尺厚的火山灰和浮石所覆盖。地质学家推测，喷发造成的黑云使天空变暗了

---

7. 见 Jerome J. Pollit:《亚特兰蒂斯文明与米诺斯文明：考古学联系》；以及 Robert S. Brumbaugh:《柏拉图的亚特兰蒂斯》，都载于《耶鲁校友杂志》, 1970, 33, 20-29。
8. 特别参见 Critias, 108e-119e 各处。

好几天,并连续数年影响大气层。据估计,空气冲击波的威力是氢弹的350倍。浓厚的毒气在蓝色的海面上喷涌而出,绵延数英里。一场海啸或巨大的潮汐接踵而至。高达700英尺,以每小时350英里的速度,砸向爱琴海大陆及其岛屿沿线的二分心智王国脆弱的海岸。内陆两英里以内的一切都被摧毁了。一个文明和它的神灵已经结束。

它到底是什么时候发生的,是一系列的喷发还是在喷发和崩塌之间有一年时间的两级事件,有待更好的科学方法来确定火山灰烬和浮石的年代。有人认为它发生在公元前1470年,[9] 其他人则认为塞拉岛的崩溃发生在公元前1180至1170年之间。整个地中海地区,包括塞浦路斯、尼罗河三角洲和以色列海岸,都遭受了普遍的灾难,其严重程度使得公元前1470年的破坏相形见绌。[10]

不管是什么时候,不管是一次还是一系列的火山爆发,都引发了大规模的移民和入侵,这些移民和入侵摧毁了赫梯和迈锡尼帝国,使世界进入了黑暗时代,在黑暗时代中出现了意识的曙光。只有埃及似乎保留了其文明生活的精髓,尽管以色列人在特洛伊战争期间的大批出走(也许是公元前1230年)足以被视为这一伟大的世界事件的一部分。红海分开的传说可能来自与塞拉火山爆发有关的芦苇海的潮汐变化。

结果是,在一天的时间里,整个人口或他们中幸存的人突然成为难民。就像多米诺骨牌一样,邻居入侵邻居,无政府状态和混乱在受惊吓的土地上蔓延开来。在这些废墟中,诸神能说什么呢?饥饿和死亡比他们更严酷,陌生人盯着陌生人,陌生的语言对着无法理解的耳朵咆哮,诸神能说什么呢?在日常生活的琐碎环境中,二分心智的人被无意识的习惯所支配,而在他自己或他人的行为中遇到任何新的或不寻常事物时,他的声音就会出现。在更大的等级群体中,他被从背景中剥离出来,在那里,无论是习惯还是二分心智的声音都不能帮助和指导他,他注定是一个可怜虫。在一个二分心智国家的和平专

---

9. S. Marinatos:《克里特岛和迈锡尼》(纽约: Abrams, 1960)。
10.《纽约时报》,1966年9月28日,p. 34。

制秩序中获得的训诫经验的储存和提炼，怎么可能说得出当下有用的东西？

巨大的迁徙队伍开始进入艾欧尼亚（Ionia），然后一路向南。黎凡特的沿海地区被来自东欧的民族从陆地和海上入侵，《旧约》中的非利士人（Philistines）就是其中一员。难民的压力在安纳托利亚是如此之大，以至于在公元前1200年，强大的赫梯帝国崩溃了，把赫梯人赶到叙利亚，其他难民也在那里寻找新的土地。亚述处于内陆，受到保护。这些入侵造成的混乱让残酷的亚述军队一路推进到弗里吉亚（Phrygia）、叙利亚、腓尼基（Phoenicia），甚至征服了北部的山地民族和东部的扎格罗斯山地民族。亚述能在严格的二分心智基础上做到这一点吗？

这个中亚述最强大的国王是提格拉特·皮莱泽一世（Tiglath-Pileser I, 公元前1115-1077年）。请注意，他不再把他的神的名字和他的名字连在一起。众所周知他的功绩从一个巨大的泥土棱柱上的畸形吹嘘中为人所知。他的律法以残酷的碑文集的形式流传下来。学者们称他的政策为"骇人的政策"。[11] 事实也是如此。亚述人像屠夫一样扑向无害的村民，奴役他们所能奴役的，并屠杀了成千上万的人。浅浮雕显示，似乎整个城市的居民都被活生生地插在从腹股沟到肩部的木桩上。他的法律规定了世界历史上最血腥的惩罚，即使对轻微的不端行为。它们与六个世纪前巴比伦的神向二分心智的汉谟拉比发出的较公正的训诫形成了鲜明的对比。

为什么如此严厉？而且是文明史上的第一次？除非以前的社会控制方法绝对崩溃了。而这种社会控制的形式就是二分心智的思想。我认为，一种试图通过恐惧进行统治的残暴做法正处于主观意识的边缘。

混乱广泛而且持续。在希腊，它被阴郁地称为多里安（Dorian）入侵。公元前13世纪末，雅典卫城（Acropolis）陷入火海。公元前12世纪末，迈锡尼已不复存在，它已被磨灭为传说和奇迹。而我们可以

---

11. H. W. F. Saggs:《巴比伦的伟大》(纽约: Mentor Books, 1962), p. 101。

想象，第一个仍然是二分心智的吟游诗人在废墟上的难民营之间徘徊，通过他的白唇唱出明亮的女神，唱出阿喀琉斯在最后的黄金时代的愤怒。

甚至从黑海附近的某个地方，一些被称为Mushku(在旧约中为Meshech)的大群人，向废墟中的赫梯王国推进。然后他们中的两万多人进一步向南漂移，入侵亚述的库穆赫省（Kummuh）。成群结队的阿拉米人（Aramaeans）不断从西部沙漠向亚述人逼近，一直持续到公元前1000年。

在南方，更多的这些难民在象形文字中被称为"海族"，在公元前 11 世纪初试图从尼罗河三角洲入侵埃及。他们被拉美西斯三世（Rameses III）打败的情景至今仍可以在底比斯（Thebes）西部梅迪内哈布(Medinet Habu)神庙北墙上看到。[12] 入侵者乘坐船只、战车和步行，带着家人和牛车的财物，以难民的方式流经这些壁画。如果入侵成功，埃及有可能为人类智力做了希腊在下一个千年所要做的事。就这样，"海之民"被向东压回亚述军国主义的控制中。

最后，所有这些压力变得太大，甚至残忍如亚述人都无法承受。公元前十世纪，亚述自己也无法控制局势，在底格里斯河后方萎缩至贫穷。但这只是为了喘息。因为就在下一个世纪，亚述人开始以前所未有的虐待狂式的凶残重新征服了世界，以屠杀和恐吓的方式回到昔日的帝国，然后超越，直到埃及，沿着肥沃的尼罗河到神圣的太阳神本人，就像两千五百年后皮萨罗（Pizarro）在地球的另一端俘虏了神圣的印加。而到了这个时候，人类的心智发生了巨大的突变。人们已经意识到了自己和自己的世界。

---

12. 有关这些的说明，见 William Stevenson Smith：《古代近东的相互联系》(New Haven: Yale University Press, 1965), pp. 220-221。

意识如何开始

到目前为止，我们所有的分析都是关于二分心智如何以及为何崩溃的。在这一点上确实可以问，为什么人类没有简单地回到以前的状态。有时，他确实这样做了。但是，更复杂的文化的惯性阻止了对部落生活的回归。人类被困在自己的文明中。巨大的城市就在那里，即使他们的神圣控制失效了，沉闷的工作习惯一直在继续。语言也是社会变革的一个阻碍。二分心智是语言习得的一个分支，而此时的语言已经有了一个词汇表，要求对文明的环境给予相当的关注，使其几乎不能恢复到至少在5000年前的某种程度。

在接下来的两章中我将试图阐述从二分心智过渡到主观意识心智的事实。但这里要考虑的是它是如何发生的，而这需要大量的研究。我们需要的是意识的古生物学，在其中可以逐层辨别我们称之为主观意识的这个隐喻世界是如何建立起来的，以及在何种特定的社会压力下建立的。我在这里所能提出的只是一些建议。

我还想提醒读者两件事。首先，我在这里谈论的不是第一篇第三章中讨论的意识产生的隐喻机制。在这里，我关心的是它们在历史上的起源，为什么这些特征会在一个特定的时间由隐喻产生。其次，我们只是在谈论近东地区。一旦意识建立起来，就有相当不同的原因使得它如此成功，以及它为什么会传播到其余的二分心智民族，这些问题我们将在以后的章节中讨论。

对差异的观察可能是意识的模拟空间的起源。在权威和诸神崩溃之后，几乎无法想象在我们所描述的混乱时期，人类行为会面临怎样的恐慌和犹豫。我们应该记住，在二分心智时代，属于同一城市神的人或多或少都有类似的意见和行动。但是，在来自不同国家的国民、不同神灵的被迫的暴力混杂的情况下，观察到陌生人，即使看起来外表相似，但说话方式各异、意见相左、行为也不同，这可能导致假设他们内心有什么东西是不同的。事实上，这后一种观点在哲学传统中传给了我们，即思想、观点和妄想是人体内的主观现象，因为在"真实"、"客观"的世界中没有它们的空间。因此，有一种可能性是，在一个人拥有内部自我之前，他不自觉地首先在其他人，特别是矛盾的陌生人身上假设了一个自我，作为导致令人困惑的差异行为的原因。换句话说，哲学中把问题表述为从一个人的心灵中推断出其他心灵的逻辑的传统，把它搞错了。我们可能首先不自觉地假设其他意识，然后通过归纳推断我们自己的意识。

史诗中叙事的起源

　　说到神明的学习，听起来很奇怪。但是，占据了右颞顶区的很大一部分区域(如果说第一篇第五章的模型是正确的)，它们也像左颞顶区一样，甚至可能更多，会学习新的能力，储存新的经验，以新的方式重塑它们的训诫功能，以满足新的需求。

　　叙事是一个关于一套极其复杂的模式化能力的词，我认为它有多重起源。但是，在其更大的模式化中的东西，如生命、历史、过去和未来，可能是由占主导地位的左脑从右脑的一种新的运作方式中学到的。这种新的功能即是叙事，我认为它已经被众神在某个历史时期学会了。

　　这可能是什么时候的事呢？是否能有一个确定的答案是值得怀疑的，部分原因在于刚刚发生的事件和史诗的关系之间没有明确的界限。另外，我们对过去的探索总是与书写的发展相混淆。但有趣的是，大约在公元前三千年中期或之前，美索不达米亚南部的文明似乎出现了一个新的特点。发掘结果表明，在所谓的早期王朝第二期（Early Dynastic II）之前，该地区的城镇或城市没有设防，没有防御工事。但此后，在城市发展的主要地区，出现了有墙的城市，彼此之间的距离相当稳定，居民们在中间的田地上耕种，偶尔也会为控制田地互相争斗。大约在同一时期，出现了我们所知道的第一批史诗，如关于乌鲁克的建设者埃默卡尔（Emmerkar）以及他与邻近的阿拉塔（Aratta）城邦的关系的几部史诗，主题正是这种邻国之间的关系。

我的主张是，叙事的出现是对过去事件报告的编纂。到目前为止，书写——自其发明以来只有几个世纪——主要是一种盘货手段，一种记录神的财产的储存和交换的方式。现在，它变成了一种记录神所命令的事件的方式，事后的背诵成为了史诗的叙述。正如我在前一章中所建议的那样，由于阅读可能是楔形文字产生的幻觉，因此可能是右颞叶的功能。由于这些都是过去的记录，所以至少是右脑成为神记忆的暂时领地。

我们应该顺便注意到，在美索不达米亚从稳定的楔形文字板上读出的内容，与希腊由一连串吟游诗人对史诗进行的口头重组有多大不同：希腊的口头传统有可能是一种巨大的好处，它要求右脑的"阿波罗"或"缪斯"成为记忆的来源，学会如何叙事，以便将阿喀琉斯的记忆集中在史诗模式中。然后，在突变到意识的混乱中，人类既同化了这种记忆能力，也同化了将记忆叙述成模式的能力。

欺骗中的模拟"我"的起源

欺骗也可能是意识的一个起因。但在开始讨论这个问题时，必须区分工具性的或短期的欺骗和长期的欺骗，后者最好被表述为背叛。前者的几个例子已经在黑猩猩身上得到了描述。雌性黑猩猩会以性姿态出现在雄性黑猩猩面前，在后者的用餐兴趣被分散时，把他的香蕉迅速抢走。在另一个例子中，一只黑猩猩会把在嘴里灌满水，把不喜欢的饲养员哄到笼子栏杆边上，然后把水吐到他脸上。在这两个例子中，所涉及的欺骗是一个工具性学习的案例，这种行为模式紧接着就会出现一些奖励性的状况。它不需要进一步解释。

但作为背叛的那种欺骗则是另一回事。这对动物或二分心智人来说是不可能的。长期的欺骗需要发明一个模拟的自我，这个自我可以"做"或"是"一些与他的同伙所看到的他的实际行为或身份完全不同的东西。很容易想象在这几个世纪里，这种能力对生存是很重要的。被一些入侵者占领，看到自己的妻子被强奸，一个听从自己声音的人当然会立即出手,从而可能被杀死。但是,如果一个人内外不一,可以把仇恨和报复藏在接受不可避免的结果的面具后面,他就会活下来。或者,在更常见的情况下,也许是用一种陌生的语言被入侵的陌生人命令,这个人可以在表面上服从,但在"内心"有另一个与他的不忠行为相反的"想法",他可以厌恶他微笑的对象,将更成功地在新千年中延续存自己和他的家庭。

自然选择

我的最后一句话提出了一种可能性,即自然选择可能在意识的开始中发挥了作用。但在提出这个问题时,我希望非常清楚表明,意识主要是一种文化的引入,在语言的基础上学习并传授给他人,而不是任何生物的需要。但它曾经并仍然具有生存价值,这表明向意识的转变可能得到了某种程度的自然选择的帮助。

我们不可能计算出在公元前第二千年末的这几个可怕的世纪中,文明世界的死亡比例是多少,我猜想它是巨大的。而对那些冲动地按照无意识的习惯生活的人,或者那些无法抵制他们的神发出的击溃任何干扰他们的陌生人的诫命的人,死亡会来得最快。因此,最顽固的、最服从于他们熟悉的神灵的个人有可能灭亡,留下不那么急躁的、不那么二分心智的人的基因来赋予后代人。我们还可以像在讨论语言时那样,再次求助于鲍德温式(Baldwinian)的进化原则。意识必须由每一代新人学习,而那些在生物学上最有能力学习它的人将是最有可能生存的人。正如我们将在未来的一章中看到的那样,甚至还有《圣经》中的证据,即顽固不化的儿童被简单地杀死。[13]

---

13. 《撒迦利亚书》,13:3-4。

小结

本章不能被理解为提出关于意识起源的任何证据。那是接下来几章的任务。我在本章中的目的是描述性的和理论性的，描绘出一幅可信的图画，说明在公元前二千年末，人类心智的巨大变化是如何以及为何发生的。

综上所述，我已经勾勒出了在从二分心智到意识的伟大过渡中起作用的几个因素：

(1) 书写的出现削弱了听觉；
(2) 幻觉控制的内在脆弱性；
(3) 在历史动荡的混乱中，神的无能为力；
(4) 在观察他人的差异的过程中假设内部原因；
(5) 从史诗中获得叙事的能力；
(6) 欺骗的生存价值；
(7) 适度的自然选择。

最后，我想提出这一切的严格性问题。意识真的是在这个时候才重新出现在这个世界上的吗？难道没有可能，至少某些人在更早的时候就有了意识？可能是的。就像今天个人的心智也有所不同一样，在过去的时代，可能有一个人，或者更有可能是一个宗教组织或小团体，开始发展一个带有模拟自我的隐喻空间。但我认为在一个二分心智的神权结构中，这种反常的心智将是短暂的，几乎不是我们今天所说的意识。

我们在这里关注的是文化规范，这种文化规范发生了巨大变化的证据是以下各章的实质内容。世界上最容易观察到这种过渡性的三个地方是美索不达米亚、希腊和二分心智难民中。我们将依次讨论这些问题。

第四章

美索不达米亚的心智变化

公元前 1230 年，亚述暴君图库尔蒂·尼努塔尔（Tukulti-Ninurta）一世制作了一个前所未见的石坛。在其正面的雕刻中，图库尔蒂被展示了两次，首先是他接近他的神的宝座，然后是他跪在它面前。这个双重形象相当洪亮地喊出了在历史上闻所未闻的国王下跪姿态。当我们的视线从站立的王下降到跪在他面前的国王时，它就像一部电影一样强调，这本身就是一项相当了不起的艺术发现。但更值得注意的是，这位残酷的亚述征服者中的第一人所跪拜的宝座空空如也。

历史上没有过一个国王被描绘为跪着。也没有一个场景显示过一个不存在的神。二分心智已经崩溃了。

正如我们在第二篇第二章中所看到的，汉谟拉比总是被雕刻成站在那里，聆听一位在场的神。那个时期的无数滚筒印章显示了其他人物四目相对地听，或被呈现在人形神生动的形象面前。图库尔蒂的亚述祭坛与以前所有关于神与人关系的描述形成了惊人的对比。这也不仅仅是一些艺术上的特质。图库尔蒂的其他祭坛场景也同样没有神的身影。图库尔蒂时期的滚筒印章也显示国王接近其他不存在的神灵，有时用一个符号表示。这种对照强烈说明美索不达米亚的二分心智崩溃的时间是在汉谟拉比和图库尔蒂之间的某个时间。

现藏于柏林博物馆的Tukulti祭坛正面的雕刻。Tukulti站着,然后跪在他的神的空宝座前。请注意食指的指向所强调的内容。

这一假设在图库尔蒂及其时期的楔形文字遗迹中得到了证实。《图库尔蒂·尼努塔尔史诗》[1] 是继汉谟拉比之后又一部年代明确、保存完好的楔形文字文献。毫无疑问,在后者的时代,众神在人类中的存在是永恒的,指导着人类的活动。但在图库尔蒂这部有点宣传性质的史诗开头,巴比伦城市的诸神因巴比伦国王对他们的漠不关心而感到愤怒。因此,他们放弃了他们的城市,令居民们没有了神的指引,这样就保证了图库尔蒂亚述军队的胜利。这种神抛弃其人类奴隶的概念在任何情况下的汉谟拉比的巴比伦都是不可能的。它是世界上的新事物。

此外,在现存的公元前二千年最后三个世纪的所有文献中都可以看到类似情形:

---

[1] 这一部分讨论的这一文本和其他文本的译文可在 W.G. Lambert:《巴比伦智慧文学》(牛津: Clarendon Press, 1960) 中找到。

> 一个没有神的人，当他在街上行走时，
> 头痛像一件衣服一样笼罩着他。

大约在图库尔蒂统治时期的一块楔形文字板这样写。

如果像我们前面猜想的那样，二分心智的崩溃涉及到右脑颞叶区域的不自主抑制，那么这句话就更有意义了。

大约在同一时期，还出现了著名的三块泥板和存疑的第四块泥板，它的名字是 *Ludlul bēl nēmeqi*，通常被翻译为"我要赞美智慧之主"。这里的"智慧"是一种毫无根据的现代强加的说法。转译应该更接近于"技能"或"控制不幸的能力"，这里的主是马杜克，巴比伦的最高神。损坏的第一块泥板中完全可读的第一行是：

> 我的神已经抛弃了我，消失不见。
> 我的女神辜负了我，拒我于千里之外。
> 陪伴我左右的好天使已经离去。

这事实上是二分心智的崩溃。说话者是一个叫 Shubshi-Meshre-Shakkan 的人(我们在第三块泥板中被告知)，可能是图库尔蒂手下的一个封建领主。他继续描述，随着他的神的离开，他的国王如何对他产生了不可调和的愤怒，他的封建统治地位如何被剥夺，他如何因此成为社会的弃儿。第二块泥板描述了在这种无神状态下，他如何成为所有疾病和不幸的目标。为什么众神都离开了他？他记录了那些没有把神请回来的跪拜、祈祷和祭祀。他咨询了祭司和预言家，但仍然：

> 我的神没有伸出援手来拯救我，我的女神也没有走到我身边怜悯我。

在第三块泥板中，他意识到在他身上发生的一切背后是全能的马杜克。在梦中，马杜克的天使以二分心智的方式出现在他面前，并说出马杜克本人的安慰信息和繁荣的承诺。在这一保证下，Shubshi

被从他的苦难和疾病中解救出来，并前往马杜克神庙感谢这位"让风带走我的罪行"的大神。

世界上各种宗教的宏大主题在这里第一次响起。众神为什么离开了我们？就像离开我们的朋友一样，他们一定是感到冒犯了。我们的不幸是对我们的冒犯的惩罚。我们跪下来乞求宽恕。然后在某个神的话语回应中找到救赎。当今宗教的这些方面，在这一时期的二分心智及其崩溃的理论中找到了解释。

这个世界早就知道规则和报应。它们是神所规定的，也是人类所服从的。但是对与错的观念，一个好人，以及从罪孽中得到救赎和神圣的宽恕等想法，只是从这个不安的问题开始的，即为什么不再能听到幻觉的指引。

在被称为"巴比伦神义论"（Babylonian Theodicy）的石板上有同样的主导主题，失落之神向我们呼喊。[2] 这段受难者和劝解他的朋友之间的对话显然是晚些时候的事，也许是公元前900年，但却发出了同样的哀嚎。为什么众神离开了我们？既然他们控制着一切，为什么要把不幸洒向我们？这首诗还闪耀着一种新的个人意识，或我们称之为模拟自我，表示一种新的意识。它以回荡在后世所有历史中的呼声结束：

愿抛下我的神来帮忙,愿遗弃我的女神怜悯我。

从这里到《旧约》中的诗篇并不是一个伟大的旅程。在我这里描述的文本之前的任何文献中都没有这种关注的痕迹。

幻听从人类心智中消失的后果是深刻而广泛的，并发生在许多不同的层面。其中之一是权威自身的紊乱。什么是权威？没有神灵指导的统治者是不稳定的，不确切的。他们转向预兆和占卜，我们很

---

2. 一个有趣的问题是，为什么这时对神的称呼变成了复数，即使它采用的是单数动词。这发生在之前的文献中意味着它是个人神的上下文语境中。这种情况出现在 Ludlul, II:12, 25, 33；以及通过巴比伦神义论与后来在 Eloist 对《旧约》的贡献中出现了复数 elohim。在这里，我们应该记住希腊人的缪斯，可能还有赫梯石板的 pankush。幻觉听起来像唱诗班，因为它们的可靠性被神经系统削弱了吗？

快就会讨论这个问题。正如我前面提到的，在没有幻听的情况下，残忍和压迫成为统治者将其统治强加给臣民的方式。在没有神灵的情况下，甚至连国王自己的权威也变得值得怀疑。现代意义上的叛乱成为可能的。

事实上，这种新的叛乱就是发生在图库尔蒂自己身上的事情。他在底格里斯河对岸为亚述建立了一个全新的首都，以自己的名字命名—— Kar-Tukultininurta，毫无神性。但是，在他自己的儿子和继任者的领导下，比较保守的贵族们把他囚禁在他的新城市里，将其付之一炬，烧成灰烬，他的惨烈死亡使他的统治成为传奇。他在《旧约》模糊的历史中以宁罗德（Nimrod）[3] [Genesis:10] 的身份出现，在希腊神话则中以尼诺斯±（Ninos）[4] 的身份出现。混乱和社会动荡当然以前也曾发生过。但这种有预谋的叛变和弑君行为在二分心智时代服从神的等级制度中是不可能想象的。

但更重要的是一些新的文化主题的开始，这些主题是对二分心智思想及其神圣权威崩溃的回应。历史不是通过跳跃式的发展进入无关紧要的新事物，而是有选择地强调它自己刚刚过去的各个方面。人类历史中对神圣权威的丧失作出反应的这些新的方面，都是二分心智时代的发展和强调。

祈祷

在古典的二分心智中，也就是公元前 2500 年左右它被文字削弱之前，我认为在幻觉的声音中没有犹豫，也没有祈祷的机会。出现一个新情况或压力，便会有一个声音告诉你该怎么做。当然，在当代有幻觉的精神分裂症患者身上也是如此。他们并不乞求听到自己的声音;这没有必要。少数确实发生这种情况的病人，是在不再以同样频率听到幻听的康复期间。但在公元前三千年末，随着文明及其相互

---

3. E. A. Speiser：《寻找宁录》，见《东方和圣经研究：E. A. Speiser 文集》, E. A. Speiser, J. J. Finkelstein 与 Mosh Greenberg 编 (Philadelphia: University of Pennsylvania Press, 1967), pp. 41-52。
4. H. Lewy, "Nitokoris-Naqi'a"，《近东研究杂志》, 1952, 11, 264- 286。

关系变得更加复杂，神灵偶尔会被要求回应各种请求。然而，通常情况下，这种请求不是我们所认为的祈祷。它们由几句格式化的诅咒组成，例如雕像铭文中常见的结尾：

> 凡玷污此像者，愿恩利尔毁灭其姓名，折断其武器！[5]

或者是在拉加什的滚筒铭文中，古迪亚对他的神明的那种赞美。然而，一个明显的例外是铭文A中古迪亚向他神圣的母亲进行了非常真实的祈祷，请求她解释一个梦的含义。但是，就像神秘的古迪亚的许多其他事情一样，这也是不同寻常的。只有在诸神不再与人"面对面"交谈(如《申命记》34:10所述)之后，祈祷才作为神圣崇拜的核心重要行为而凸显。公元前一千年，图库尔蒂时代的新事物变成了日常的，我认为这都是二分心智瓦解的结果。一个典型的祷告开始了：

> 哦，主人，强大的人，著名的人，全知的人，辉煌的人，自我更新的人，完美的人，马杜克的长子…

诸如此类的称号和属性还有很多行：

> 坚守信仰中心的人，把所有的信徒聚集在自己身边的人…

也许表明当他们不能再被听到时，神灵等级制度的混乱：

> 你看顾众人，你接受他们的祈求…

然后祈祷者介绍自己和他的请求：

> 我，巴拉苏，他的神的儿子，他的神是纳布（Nabu），他的女神是塔什米特（Tashmeturn）…我是一个疲惫、不安、身体羸弱的人，我向你鞠躬…主啊，诸神中的智者，你口中的命令裨益我；纳布啊，诸神中的智者，通过你的口，我可以活过来。[6]

---

5. George A. Barton：《苏美尔和阿卡德的皇家铭文》(New Haven: Yale University Press, 1924), p. 113.
6. 由 H.W.F. Saggs 在他的《巴比伦的伟大》（纽约: Mentor Books, 1962）第 312 页中翻译。

祈祷的一般形式以对神的强烈的赞美开始，以个人祈愿结束，自美索不达米亚时代以来没有真正改变。对神的推崇，以及事实上对神的崇拜这一概念，与一千年前神与人之间讲求实际的日常关系形成了鲜明对比。

天使的起源

在所谓的新苏美尔时期，即公元前三千年末，图形，特别是滚筒印章，充满了"引见"场景：一个通常是女性的小神，向一个大概是印章主人的人介绍一个大神。这与我们所提出的在一个二分心智王国中可能出现的情况完全一致，即每个人都有自己的个人神，似乎代表个人与更高的神进行交涉。而这种类型的引见或代祷场景一直持续到公元前二千年。

但随后发生了戏剧性的变化。首先，大神们从这种场景中消失，甚至从图库尔蒂的祭坛上消失。然后出现了一个时期，个人的个人神只向大神的象征引见他。然后，在公元前二千年末，开始有了人与动物的混合体，作为已消失的神和他们绝望的追随者之间的中间人和信使。这种信使总是半鸟半人，有时像一个长着两副翅膀的大胡子，戴着像神一样的头冠，经常拿着一种据说装有净化仪式材料的袋子。这些假定的天庭人员在亚述的圆筒印章和雕刻中越来越频繁地出现。在早期例子中，这种天使或精灵，正如亚述学者更经常称呼他们的那样，被视为将个人介绍给神的象征，就像在古老的引见场景中一样。但很快这一点也被放弃了。到了公元前一千年初，我们发现这种天使出现在无数种不同的场景中，有时与人类在一起，有时与其他混合生物进行各种斗争。有时他们有鸟的头。或者是长着翅膀的公牛或长着人头的狮子，作为公元前九世纪宁录（Nimrud）的宫殿或前八世纪霍尔萨巴德（Khorsabad）的大门守卫者。或者，鹰头阔翼的他们被发现跟在国王身后，手里拿着一个在小桶里浸过的圆锥体，如公元前九世纪阿苏纳西尔帕（Assurnasirpal）的壁雕一样，场景类似洗礼受膏。在这些描绘中，没有一个天使似乎在说话，也没有一个人在听。这是一个无声的视觉场景，在这个场景中，早先的二分心智行为中的听觉真实性正在成为一种假定和假设的无声关系。它变成了我们称之为神话的东西。

恶魔

但天使并不足以填补神明退去后留下的主动权真空。此外，作为来自大神的信使，他们通常与国王和他的领主有关。对于普通人来说，他们的个人神不再帮助他们，现在，一种非常不同的半神性存在给日常生活带来了可怕的阴影。

为什么恶毒的魔鬼会在这个特殊时期进入人类历史?说话，即使是费解的，也是人类问候他人的主要方式。而如果不回应主动的问候，那么对方的敌意会随之而来。因为个人神是沉默的，人们一定是愤怒和敌对的。这样的逻辑是邪恶观念的起源，它在人类历史上首次出现在二分心智的崩溃期间。既然众神按照自己的意愿统治我们是毫无疑问的，那么我们能做些什么来平息他们伤害我们的意图，并使他们再次接纳友谊?因此，出现了本章前面提到的祈祷和祭祀，以及在神灵面前的谦卑美德。

当众神退居到被称为先知或圣人的特殊人群中，或者沦落到在天使和占卜中与人暗中交流时，这种力量真空就会涌现出一种对恶魔的信仰。美索不达米亚的空气因它们而变得黑暗。自然现象具有敌视人类的特征，沙暴中的恶魔横扫荒漠，火的恶魔、蝎子人住山外守卫着初升的太阳，可怕的风魔帕祖祖（Pazuzu），邪恶的克劳奇（Croucher），瘟疫恶魔，以及可以用狗来抵挡的可怕的阿萨普尔（Asapper）恶魔。它们随时准备在偏僻的地方，在睡觉、吃饭或喝酒时，特别是在分娩时，抓住男人或女人。它们像人类的所有疾病一样依附于人。即使是神也会受到恶魔的攻击，这有时也解释了他们为什么不在人类事务的控制范围内。

对这些邪恶神灵的防卫——这在二分心智是很难想象的——有许多形式。从公元前一千年开始，就有成千上万的防御护身符被戴在脖子或手腕上。它们通常描绘了要抑制其力量的特定恶魔，或许由打着手势的祭司来驱赶恶魔，并经常用咒语来召唤伟大的神灵来对抗胁迫性的恐怖，如：

> 咒语。那位走近房子的人把我从床上吓到，使我分裂，看到梦魇。献给冥界的守门人宾恩神（Bine），愿他们根据尼努尔塔（Ninurta）的命令任命他为阴间的王子。奉住在巴比伦埃萨吉利亚（Esagilia）的马杜克的命令。让门和门闩知道，我在两位大人的保护之下。咒语。[7]

在整个公元前一千年中，美索不达米亚各地都有无数的仪式被虔诚地念诵和模仿，以对抗这些邪恶的力量。人们祈求更高一级的神灵出手相助。所有的疾病、疼痛都被归咎于邪恶的魔鬼，直到医疗变成驱魔。我们对这些驱魔做法及其范围的大部分了解来自于公元前630年左右亚述巴尼帕（Ashurbanipal）在尼尼微（Nineveh）所做的大量收集。该图书馆现存的数千块石板描述了这种驱魔仪式，还有数千块石板列出了一个又一个预兆，描绘了一个被恶魔所侵蚀的腐朽文明，就像一块腐烂的肉上有苍蝇一样。

一个新的天堂

正如我们在前面的章节中所看到的，神通常都有自己的位置，尽管其声音无处不在地被仆人们听到。这些地点通常是居住地，如金字塔或家庭神龛。虽然有些神可能与天体有关，如太阳、月亮或星星，而且最伟大的神，如阿努（Anu），生活在天空中，但大多数神与人类一起居住在地上。

进入公元前一千年，一切都发生了变化，正如我们所提议的，诸神的声音不再被听到。由于地球被留给了天使和魔鬼，所以人们似

---

7. Saggs 翻译，见其《巴比伦的伟大》第 291 页。

乎接受了现已不在的诸神的居所是与阿努同在天空。这就是为什么天使的形态总是带着翅膀:他们是来自天庭的信使,神就住在那里。[8] 在亚述文学中,将天空或天堂这个词与诸神结合起来使用的情况越来越普遍。公元前七世纪,当大洪水的故事(《圣经》故事的起源)被添加到吉尔伽美什的故事中时,它被用来作为众神离开地球的合理解释。

> 即使是众神也对这场大洪水感到恐惧。他们逃离并升入阿努的天堂。[9]

金字塔建造过程中的一个重要变化证实了曾经在地上的神的这种天神化。正如我们在第二篇第二章中所看到的,美索不达米亚历史上最初的金字塔是围绕着一个叫做吉古努(gigunu)的中央大殿建造的,在那里,神的雕像在他的人类奴隶的仪式中"生活"。但到了公元前二千年末,整个金字塔的概念似乎已经发生了变化。它现在没有任何中央房间,主要神灵的雕像也日渐不是精心设计的仪式的中心。因为金字塔的圣塔现在是一个登陆台,以方便已经消失的众神从天而降。这一点从公元前一千年的文本中可以确定,其中甚至提到了"天堂之舟"。这一变化发生的确切日期是一个困难的问题,因为现存的金字塔已被严重损坏,更糟糕的是,有时还被"修复"。但我认为,亚述人从图库尔蒂·尼努尔塔统治时期开始建造的许多金字塔都是这种类型的,是供诸神从天上返回的巨大基座,而不是像以前那样为地上的神灵建造的房屋。

根据最近的发掘,萨尔贡(Sargon)在公元前八世纪为其巨大的新城市霍尔萨巴德(Khorsabad)建造的金字塔分七级上升,高出周围城市 140 英尺,其顶峰闪耀着一座供奉阿舒尔的神庙,阿舒尔仍

---

8. 如果后来众所周知的 Enuma Elish (新巴比伦人创造史诗的名称)的后期副本按其表面价值来看,这种主要神灵的天体化 (celestialization) 早在公元前二千年的后半叶就开始了。见 E.A.Speiser 在《与旧约有关的近东文献》中的译文,J. B. Pritchard 编(普林斯顿: Princeton University Press, 1950)。它的标题是它的前两个词,意思是"当在高处…"。就像其他很多东西一样,它是在公元前七世纪亚述巴尼帕大图书馆中发现的,它是一个副本,原件可能可以追溯到公元前二千年。
9. 《吉尔伽美什》, Tablet II, lines 113-114, 见 Alexander Heidel:《吉尔伽美什史诗与旧约对比》,第二版 (芝加哥: University of Chicago Press, 1949)。

然是亚述的自有之神，如果不被听到的话。在霍尔萨巴德没有其他供奉阿舒尔的神庙。从神庙下来的不是像以前的金字塔那样的普通阶梯，而是一条长长的螺旋形坡道，绕着塔的核心部分蜿蜒而下，阿舒尔可以从这里走下去，如果他曾经着陆并返回城市的话。

同样，新巴比伦的金字塔，即《圣经》中的巴别塔，也不是真正二分心智时代的神明之家，而是现在天国之神的降落点。建于公元前七世纪和六世纪，它高 300 英尺，同样有七个层次，顶峰是辉煌的蓝色釉面马杜克神庙。它的名字就表明了这种用途：E-temen-an-ki，寺庙 (E)——天 (an) 地 (ki) 之间的接收平台 (tamen)。[10]《创世纪》(11:2-9) 的本来毫无意义的一段话肯定是改写了一些新巴比伦的传说，即耶和华在其他神的陪伴下"下来看城和塔"，然后"混淆了他们的语言，使他们不能理解彼此的语言"。后者可能是对他们在衰落过程中出现胡言乱语的叙述。

公元前五世纪，好奇心极强的希罗多德沿着埃特曼南基（Etemenanki）的陡峭台阶和螺旋形坡道艰难跋涉，想看看上面是否有神或偶像:和图库尔蒂的祭坛面一样，那里除了一个空荡荡的宝座，一无所有。[11]

预测

到目前为止，我们只是看了二分心智崩溃的证据。我觉得，这些证据是相当可观的。浅浮雕和滚筒印章中神的缺席，无声的楔形文字中发出的对失却的神的呼喊，对祈祷的重视，引入新型的沉默的神灵、天使和魔鬼，天堂的新观念，都强烈地表明，被称为神的幻音不再是人类的指导了。

---

10. 关于我对 tamen 的翻译和可能的替代方案，见 James B. Nies 的注解：《乌尔王朝石板》(Leipzig: Hinrichs, 1920)，第 171 页。
11. 希罗多德：《历史》，1: 181。大英博物馆的 91027 号石碑上显示了另一个空荡荡的王座场景, Esarhaddon 的姿势与图库尔蒂的姿势相似。

然后是什么接管了它们的功能?行动是如何开始的?如果幻觉的声音不再足以应对不断升级的复杂行为,那么如何才能做出决定?

主观意识是在语言隐喻的基础上发展出一个操作空间,其中,一个"我"可以叙述出替代行动的后果,这当然是这一困境的伟大结果。但是,一个更原始的解决方案,一个比意识更早的、也是在历史上与之平行的解决方案,就是被称为占卜的一系列复杂行为。

这些对现在沉默的诸神的言语进行占卜的尝试开展出惊人的多样性和复杂性。但我认为,这种多样性最好被理解为四种主要类型,按其历史的开端排序,可以被解释为走向意识的连续之路。这四种类型是预兆（omens）、抽签（sortilege）、占卜（augury）和随机占卜（spontaneous divination）。

预兆和预兆文本

最原始、笨拙、但持久的发现沉默的神的意志的方法是简单地记录不寻常或重要事件的序列。与所有其他类型的占卜相比,它是完全被动的,只是所有哺乳动物的神经系统所共有的东西的一种延伸,即如果一个生物在A事件之后经历了B事件,那么他就会倾向于在下一次A事件发生时预期B事件的发生。由于预兆实际上是用语言表达的一个特殊例子,我们可以说,预兆的起源只在动物的本性中,而不在文明文化本身。

在整个二分心智时代,预兆、或可能重复发生的事件序列也许以一种微不足道的方式存在。但它们并不重要。也没有必要研究这样的序列,因为在新的情况下,神的幻觉声音会做出所有的决定。例如,没有任何苏美尔人的预兆文本。虽然在闪族的阿卡德人（Semitic Akkadians）中出现了最早的预兆痕迹,但实际上直到公元前二千年末失去了二分心智之后,这种预兆文本才到处泛滥,并扩展到几乎可以想象的生活的各个方面。到了公元前一千年,大量的预兆文本被收集起来。在公元前650年左右尼尼微的亚述巴尼帕国王的图书馆中，两万到三万块石板中至少有 30%属于预兆文献。在这些乏味的非理性文集中，每个条目都由一个 if 从句（条件从句）跟着一个 then 子句（归结子句）组成。而且分为很多类预兆，涉及日常生活的尘世间的事务：

> 如果一个城镇建在山上，它就不会对该镇内的居民有好处。
>
> 如果在已经打好的地基上看到黑蚂蚁，那房子就会建成；房子的主人会活到老。
>
> 如果一匹马进入一个人的房子，并咬了驴或人，房子的主人将死亡，他的家人将被驱散。
>
> 如果一只狐狸跑到公共广场上，那个镇子就会被毁掉。
>
> 如果一个人无意中踩死了一只蜥蜴，他将战胜他的对手。[12]

诸如此类，无穷无尽，涉及到生活的所有方面，而这些方面在前一个时代都在神的指导之下。它们可以被理解为叙述的第一种方法，用语言公式做意识以更复杂的方式做的事情。我们很少能看到预测与预兆之间的任何逻辑关系，这种联系往往只是简单的词语关联或内涵。

还有一些畸形的预兆，从"如果一个胎儿，等等"开始，涉及到人类和动物的异常出生。[13] 医学科学实际上建立在医学预兆的基础上，这是一系列的文本，开始是"当咒术祭司来到一个病人的家里"，然后是与各种症状相关的或多或少合理的预言。[14] 还有基于客户或他遇到的人的面部和身体特征的预兆，顺便说一下，这些预兆给了我们关于这些人长相的最好描述。[15] 还有时间方面的预兆:说明哪些月份对特定的事业有利或不利的宗教月历 menologies，以及与每个月的吉日或不吉日有关的预言。还有作为气象学和天文学开端的预兆，整个系列的碑文都是关于太阳、行星、星星和月亮的现象，它们消失的时间和情况，日食，与光环有关的预兆，奇怪的云层，雷雨、冰雹和地震的神圣意义，预示着和平与战争、收获与洪水，或者行星、特

---

12. 这些插图都来自 Saggs, 第 308-309 页。
13. Erie Leichty：《畸形预兆》，见《古代美索不达米亚及邻近地区的占卜》，pp. 131-139。
14. J. V. Kinnier Wilson：《宁录的两个医学文本》，见《伊拉克》，1956, 18: 130-46。
15. J. V. Kinnier Wilson：《宁录医学和生理学奥米纳目录》，见《伊拉克》，1962, 24: 52-62。

别是金星在恒星中的运动。到了公元前五世纪，这种利用星星来获得现在生活在其中的无声之神的意图的做法已经成为我们熟悉的占星术，其中出生时星星的结合导致对孩子的未来和个性的预测。历史也从预兆文本中开始，尽管很含糊，一些早期文本中的归结子句（或 then子句）也许以一种独特的、具有美索不达米亚特征的历史编纂学而保留了一些模糊的历史信息。[16] 被剥夺了神灵的人类，就像一个与母亲分离的孩子，不得不学习在恐惧和颤栗中了解他的世界。

梦兆成为(现在仍然是)占卜的一个主要来源。[17] 特别是在公元前一千年的亚述后期，梦中的预兆被收集到诸如 Ziqiqu 这样的梦书中，其中梦的事件和它的预兆之间的关联原则是明显的，例如，梦见自己的滚筒印章丢失预示着儿子的死亡。但无论何种类型的预兆都只能决定这么多。人们必须等待预兆的发生。新情况则是不会等待的。

抽签

抽签与预兆不同，它是主动的，旨在激发神灵对新情况下特定问题的回答。它包括将有标记的棍子、石头、骨头或豆子扔在地上，或从盛在碗里的一组中挑出一个，或在长袍的下摆上抖动这些标记，直到掉出其中一个。有时是回答是或不是，有时是在一群人、地块或备选方案中选择一个。但这种简单性——对我们来说甚至是微不足道的——不应该使我们看不到其中所涉及的深刻的心理问题，或者理解其显著的历史重要性。我们已经习惯了各种各样的机会游戏，投掷骰子、轮盘等等，所有这些都是这种古代抽签占卜做法的遗迹，以至于我们发现很难真正理解这种做法在历史上的意义。在这里，认识到直到近代才有运气（机会）的概念对我们来说是一种帮助。因此，通过在地上扔棍子或豆子来决定一个问题的发现(将其视

---

16. J.J. Finkelstein：《美索不达米亚的历史学》，见《美国哲学学会会刊》，1963, pp. 461-472。
17. 见 A. Leo Oppenheim：《古代近东的占卜梦》，见 G.E. von Grunbaum 和 Roger Caillois 编的《梦与人类社会》(伯克利: University of California Press, 1966), pp. 341-350。

为发现多么奇怪！)对人类的未来极其重要。因为，由于没有运气，结果必须是由神灵造成的,而神灵的意图正在被预言。

　　至于抽签的心理学,我想请大家注意两点。首先,这种做法是在文化中非常特别地发明的,以补充右脑的功能,这种功能随着二分心智的瓦解，不再像作为在神的声音中编码的语言时那样容易理解。我们从实验室研究中得知，右脑主要处理空间和图像信息。它更善于将事物的各个部分装入图案中,如在 Koh's Block 测试中,它更善于感知图案中的点或声音的模式、如旋律的位置和数量。[18] 现在,抽签试图解决的问题也是类似的问题,即对图案的各个部分进行排序,选择谁来做什么,或者哪块土地归谁所有。我认为,最初,在更简单的社会中,这样的决定很容易由被称为神的幻觉的声音做出,主要涉及右脑。而当神灵不再完成这一功能时，也许因为这类决策越来越复杂,抽签作为这种右脑功能的替代出现在历史上。

　　第二点心理学上的兴趣是,抽签,就像意识本身一样,以隐喻作为其基础。在第一篇第二章的语言中,众神未表达的命令构成了将被扩大词汇范围的被喻（metaphrand），而喻媒（metaphier）是一对或一组签，无论是棍子、豆子还是石头。副喻媒（paraphiers）是签上的区别标志或文字,然后作为被召唤的特定神的命令投射回被喻中。在这里,重要的是要理解像抽签这样的被激起的占卜行为涉及到与发展意识相同的生成过程,但却是以一种外在于心理的非主体方式。

　　与预兆文本一样,抽签的根源可以追溯到二分心智时代。最早提到的抽签似乎是在公元前二千年中期的法律碑文中，但只是在其末期，这种做法才在重要的决定中变得普遍:在儿子们之间分配财产份额(如在苏萨Susa)，或将圣殿收入的份额分配给圣地的某些官员,为各种目的在地位平等的人之间建立一个序列。这并不是简单地为了实用,就像我们一样,而是为了找出神的命令。在公元前 833 年左右，亚述的新年总是以某个高级官员的名字命名。被授予这种荣誉的官员是通过一个泥模来选择的，泥模的表面刻有各种高级官员的

---

18. D. Kimura：《双耳分听的大脑功能不对称》，见《大脑皮质》，1967, 3: 163。《实验心理学季刊》，1971, 23: 46。

名字，立方体的各个面都刻有对阿舒尔的祈祷，以使该面呈现。[19] 虽然从这一时期开始，许多亚述人的文本都提到了各种类型的抽签，但很难估算这种做法在决策中的普及程度，以及它是否被普通人用在更多的世俗决定中。我们知道它在赫梯人中变得很普遍，它在《旧约》中的出现将在后面的章节中提到。

预言

第三种占卜方式，也是更接近意识结构的一种占卜方式，我称之为定性占卜。抽签是有顺序的，按等级排列一组给定的可能性。但许多定性占卜的方法是为了从无声的神灵那里占卜出更多的信息。这就是数字计算机和模拟计算机之间的区别。它的第一种形式，如三个可追溯到公元前二千年中期的楔形文字文本所描述的那样，包括将油倒入放在大腿面上的水碗中，油相对于水面或碗沿的运动预示着神灵关于和平或繁荣、健康或疾病的启示。这里被喻是神的意图乃至行动，而不是像抽签中那样仅仅是其话语。喻媒是在水面上移动的油，神的动作和命令与之相似。副喻媒是油的具体形状和接近程度，其副被喻是神的决定和行动的轮廓。

在美索不达米亚，定性占卜始终具有崇拜的地位。它由一个被称为"巴鲁"（*baru*）的特殊祭司执行，围绕着仪式，并在之前向神明祈祷，希望他通过油或其他媒介揭示自己的意图。[20] 当我们进入公元前一千年时，巴鲁的方法和技术涌现出作为诸神的喻媒的惊人的多样性：不仅是油，还有从占卜者膝上的香炉中升起的烟雾的移动，[21] 或热蜡滴入水中的形态，或任意形成的点状图形，或灰烬的形状和图案，然后是牺牲的动物。

---

19. 这方面的说明可以在 W.W. Hallo 和 W.K. Simpson：《古代近东》(纽约: Harcourt Brace Jovanovich, 1971), p.150 中找到；另见 Oppenheim, p. 100。
20. 见 Oppenheim, 第 208, 212 页。
21. 后来的楔形文字片中没有提到水浸油，说明这种做法很早就被淘汰了。一个例外是 Joseph 在《创世记-44:5》中提到他用来喝酒和私下占卜的贵重银杯，其日期约为公元前 600 年。见本书第二篇第六章注释 4。

脏卜（Extispicy），从被献祭的动物的外皮中占卜，则成为公元前一千年期间最重要的感应模拟占卜类型。当然，正如我们在本篇第二章中所看到的那样，献祭的想法本身起源于对致幻神像的喂养。随着二分心智的瓦解，神像失去了致幻的特性，变成了单纯的雕像，但现在对不在的神灵的喂食礼仪仍然作为祭祀存在于各种仪式中。因此，动物而不是油、蜡、烟等，成为与神灵交流的更重要的媒介，也就不奇怪了。

脏卜与其他方法的不同之处在于，被喻明显然不是神的言语或行动，而是他们的书写。巴鲁首先向沙马什神（Shamash）和阿达德神（Adad）提出请求，希望他们把自己的信息"写"在动物的内脏上，[22] 或者偶尔在动物被杀之前对其耳语一下这个请求。然后，他按照传统的顺序检查动物的器官——气管、肺、肝脏、胆囊、肠子的线圈如何排列——寻找偏离正常状态、形状和颜色的情况。任何萎缩、肥大、移位、特殊标记或其他异常，特别是肝脏的异常情况，都是与神的行动有关的隐喻的神谕。涉及到脏卜的文本数量超过了所有其他类型的占卜文本，值得更仔细地研究。从最早的、非常粗略的提及，到公元前250年左右塞琉古（Seleucid）时期的广泛收集，作为一种外在于心理学思想的手段，脏卜的历史和地方发展是一个有待于正确研究的领域。特别有趣的是，在晚期，标记和变色是用一种类似于中世纪炼金术士之间发生的神秘技术术语来描述的。[23] 被献祭动物的外皮的部分被称为"宫殿之门"、"道路"、"轭门（yoke）"和"堤坝"，并象征着这些地点和物体，创造了一个隐喻世界，从中读出该做什么。一些晚期的石板甚至有肠子的线圈图和它们的含义。在不同的遗址中出土了肝脏和肺部的粘土和青铜模型，有时很精致，有时很粗糙；有些可能是用于教学目的。但是，由于

---

22. 见J. Nougayrol：《巴比伦的Tharuspicine的医学预兆》，Semittca, 1956, 6, 5-14。
23. 见 Mary I. Hussey：《阿卡德预言占卜中的解剖学命名法》，《楔形文字研究杂志》，1948, 2: 21-32, Oppenheim 在第216页提到。

原始器官本身有时会被送到国王那里作为特定神谕的证明,这种模型也可能是报告实际观察结果的一种不那么刺鼻的方式。[24]

请记住所有这些活动的隐喻性,因为这里的实际功能与意识的内部运作相似,虽然处于不同的层次。在一个超简单的层面上,肝脏或其他器官的大小和形状是神的意图的大小和形状的一个喻媒,类似于我们在意识中所做的使隐喻空间包含隐喻对象和行动。

随机占卜

随机占卜与前面三种类型的区别仅仅在于它不受约束,不受任何特定媒介的影响。它实际上是对所有类型的一种概括。如前所述,神的命令、意图或目的是被喻,而喻媒则是任何可能在现场看到的、与占卜者关注的问题有关的东西。因此,行为的结果或神的意图可以从占卜者碰巧看到或听到的任何物体中读出来。

读者可以自己尝试一下。以一种模糊的方式思考一些问题或关切。然后突然向窗外看,或者在你所在的地方看,把你眼睛看到的第一个东西拿出来,并尝试从它身上"读"出一些关于你的问题。有时什么也不会发生。但在其他时候,信息会简单地闪入你的脑海。在我写作的时候,我刚刚这样做了,从我的北窗看到一个电视天线,映衬着黄昏的天空。我可能会认为这意味着我太过投机,从脆弱的空气中捕捉到转瞬即逝的讯息——如果我要面对这些事情,这是一个不幸的事实。我又隐约想到了我所关心的问题,走着走着,突然把目光投向隔壁房间的地板,那里有一个助手正在修建一个仪器,我看到一根磨损的电线,末端有几根线。我推断,我在这一章中的问题是把几根不同的线和松散的证据绑在一起。等等。

我没有在美索不达米亚的文本中看到这种类型的占卜。但我确信这一定是一种常见的做法,这仅仅是因为随机占卜在《旧约》中既

---

24. Robert H. Pfeiffer:《亚述国书》(New Haven: American Oriental Society, 1935), Letter 335。

常见又重要，我们将在未来的章节中看到这一点。而且直到中世纪，它仍然是许多类型的预言家的常用方法。[25]

这就是占卜的四种主要类型，即预兆、抽签、定性占卜和随机占卜。我想提请你们注意，它们可以被视为思想或决策的外在精神方法，而且它们与意识结构的关系越来越密切。所有这些方法的根源都可以追溯到二分心智时期，但这并不影响这样的概括：它们只是在本章第一部分所述的二分心智崩溃后才成为重要的决策媒介。

主体性的边缘

到目前为止，在这个异质性的章节中，我们一直在处理美索不达米亚的二分心智的崩溃，以及人类心智对这种改变的反应，即当在幻觉中不再听到声音时，努力通过其他手段找出该做什么。进一步找出该做什么的途径是意识，在这个星球的历史上，它于公元前二千年末首次出现在美索不达米亚，这是一个更困难的命题。其原因主要在于我们无法像翻译希腊语或希伯来语那样准确地翻译楔形文字，也无法进行我将在下一章中尝试的那种分析。楔形文字中那些可能与追踪意识和心灵空间的隐喻性积累有关的词，正是那些极难精确翻译的词语。让我明确地指出，真正对美索不达米亚人的心智在公元前二千年的变化的准确研究将不得不冀望于楔形文字研究另一层次的学术成果。这样的任务将包括追踪那些后来用来描述我们称之为意识的事件的词语在所指和频率上的变化。例如，阿卡德语中的一个词Sha(也被转写为Shah或Shag)，其基本含义似乎是"在"或"内部"。作为一个城市名字的前缀，它的意思是"在城市里"。在一个人的名字前，它的意思是"在这个人身上"，这可能是归属权内部化的开始。

---

25. 例如，自发的占卜在公元1000年前后被贝都因人的预言家们普遍使用。见Alfred Guillaume：《希伯来人和其他闪族人的预言和占卜》(纽约：Harper, 1938), p. 127。它确实是日常思维过程的一个组成部分，也是智力发现中的突出表现。

美索不达米亚的心智变化

我希望大家原谅我非常陈腐地说，这些问题和其他许多问题必须留待进一步研究。新的遗址被迅速发现，新的文本被迅速翻译，甚至在十年后，我们将有一个更清晰的画面，特别是如果从本章的角度来看这些数据。我觉得目前我在这里能建立的最多的是一些文学类的比较，这些比较表明像意识这样的心理变化确实发生了。这些比较将在信件、建筑铭文和《吉尔伽美什》的不同版本之间进行。

亚述人和古巴比伦人信件的比较

我建议这种从二分心智到主体性的转变的第一个比较发生在公元前七世纪亚述的楔形文字板信件和一千年前古巴比伦国王的信件之间。汉谟拉比和他的时代的信件是事实的、具体的、行动主义的、形式主义的、命令式的，而且没有问候语。它们不是写给收信人的，而是写给石板本身的，总是这样开始:对 A 说, B 这样说, 然后是 B 要对 A 说的话。在这里应该记住我在其他地方提出的建议, 即阅读, 从对偶像的幻觉发展到对象形文字的幻觉, 在二分心智时代晚期已经变成了倾听楔形文字的问题。因此,石板的收件人也是如此。

古巴比伦信件的主题始终是客观的。例如, 汉谟拉比的信件(可能都是汉谟拉比本人所写, 因为它们是由同一人切割的)是写给他领导下的诸侯王和官员的, 内容是向他派遣这样的人, 或指示向巴比伦提供如此多的木材, 在一个例子中明确指出, "他们只应砍伐有活力的树干", 或规定用玉米交换牛的交易, 或应将工人送到哪里。很少给出理由。目的从来没有。

> 对 Sin-idinnam 说:汉谟拉比这样说。我写信给你, 让你把伊努比·马杜克送到我这里来。那么, 为什么没有送他来? 当你看到这块石板时, 请派马杜克到我面前。让他日夜兼程,速速抵达。[26]

而这些信在"思想"或关系的复杂性方面很少超出这个范围。

---

26. 由 L.W. King 转写和翻译的《汉谟拉比的信件和铭文》(伦敦: Luzac, 1900), Vol. 3, Letter 46, p. 94f.。

一封更有趣的信是一个命令，要把几个被征服的偶像带到巴比伦：

> 对 Sin-idinnam 说:汉谟拉比这样说。我现在派官员Zikir-ilisu和Dugab 官员 Hammarabi-bani 去带 Emutbalum 的女神们带来。当女神们来到巴比伦时，让她们像在神殿中一样乘坐游行的小船。庙里的女人要跟在她们后面。你要为女神们提供羊作为食物…他们不要耽延，要快快地到巴比伦。[27]

这封信很有意思，它显示了古巴比伦神与人关系的日常性，以及神灵在旅行中以某种方式进食的事实。

从汉谟拉比的书信到公元前七世纪亚述的国家书信，就像离开了一个没有思想的乏味的不可违抗的指令，进入了一个丰富的、敏感的、恐惧的、贪婪的、顽固的意识世界，与我们自己的世界没有什么区别。这些信是写给人的，而不是写给石板的，很可能没有被听到，而不得不被大声朗读。在一千年里，所讨论的主题已经发展到更广泛的人类活动。但它们也被嵌入了欺骗和占卜的纹理中，谈到了警察调查、对失效仪式的抱怨、偏执的恐惧、贿赂和被监禁官员的可怜的恳求，所有这些在汉谟拉比的世界中都是未知的、未提及的和不可能的。甚至讽刺，如在公元前670年，一位亚述国王给他在被征服的巴比伦的不安的被同化的副手的信：

> 王对伪巴比伦人说的话。我很好…你们，上天保佑，已经把自己变成了巴比伦人!你们还不断对我的仆人提出指控——虚假的指控——你和你的主人捏造的…你们寄给我的这份文件(不过是胡言乱语和恳求!)，我把它换成印章后还给你们。当然，你们会说:"他送回给我们的是什么?"我的仆人和朋友从巴比伦人那里给我写信：当我打开阅读时，请看，神龛的美好，罪恶的鸟儿…[28]

然后石板就被打坏了。

另一个有趣的区别是他们对一位亚述国王的描写。公元前第二个千年早期的巴比伦国王是自信和无畏的，可能不需要太多军事

---

27. 同上, Vol. 3, Letter 2, p. 6f。
28. Pfeiffer, Letter 80。

化。残酷的亚述国王，他们的宫殿充满阳刚之气，描绘了猎狮和与爪兽搏斗的场景，但他们在书信中却是优柔寡断的受惊动物，呼吁他们的占星师和占卜师与神灵联系，告诉他们该做什么，何时做。这些国王被他们的占卜师告知，他们是乞丐，或者他们的罪孽让神灵生气；他们被告知穿什么，吃什么，或者在进一步通知之前不要吃。[29]"天空中正在发生一些事情，你注意到了吗？就我而言，我的眼睛是固定的。我说：'什么现象我没有看见，或者没有向王报告？难道我没有观察到与他的签无关的东西吗？'⋯⋯至于国王所说的那个日食并没有发生。27日，我将再次查看并发送报告。我的国王陛下担心谁会带来不幸？我没有任何信息。"[30]

比较这些相隔千年的信件，是否表明了我们在这里所关注的心智的改变？当然，这样的问题可以有大量的讨论。研究：内容分析，句法比较，代词、疑问句和未来时态的使用，以及在亚述字母中似乎表示主观性而在旧巴比伦语中没有的具体词汇。但目前我们对楔形文字的了解还不够深入，还不可能进行彻底的分析。即使是我所使用的译本，也是为了迎合流畅的英语和熟悉的句法，所以不能完全信任。只有印象派的比较是可能的，而我认为结果是明确的：公元前七世纪的书信与我们自己的意识的相似度远远高于一千年前汉谟拉比的书信。

时间的序列化

第二个文学上的比较可以通过关于建筑铭文中显示的时间感来进行。在第一篇第二章中，我提出，意识的基本属性之一是将时间隐喻为一个可以被区域化的空间，使事件和人物可以被定位在其中，给人以过去、现在和未来的感觉，在这种情况下，叙事是可能的。

---

29. Pfeiffer, Letter 265, 439 和 553。
30. Pfeiffer, Letter 315。

这种意识特征的开始时间至少可以确定为公元前 1300 年左右。我们刚刚看到预兆和占卜的发展如何推断出这一点。但更确切的证据是在建筑物的铭文中发现的。在这个日期之前的典型铭文中，国王给出了他的名字和头衔，对他的某个或某些神进行了赞美，简要地提到了开始建造的季节和情况，然后描述了建筑运作本身的情况。公元前 1300 年后，不仅提到了建筑前的事件，而且还总结了国王过去所有的军事行动。在接下来的几个世纪里，这些信息根据每年的战役被系统地排列起来，并最终形成了详尽的年表，这在公元前一千年的亚述统治者的记录中几乎是普遍存在的。这样的年表除了对原始事实的叙述外，还继续扩大到对动机的陈述、对行动方针的批评、对性格的评价。然后进一步包括政治变化、竞选策略、对特定地区的历史记录——我坚持认为，这些都是意识发明的证据。这些特征在早期的铭文中都看不到。

当然，这也是历史的发明，正是从这些皇家铭文的发展中开始的。[31] 想到历史必须被发明的想法是多么奇怪啊! 通常被誉为"历史之父"的希罗多德在公元前五世纪访问美索不达米亚后才写下他的历史，他可能是从这些亚述人的资料中获得了历史的概念。在这种猜测中我感兴趣的是，随着意识的发展，它可以以稍微不同的方式发展，希罗多德的写作对后来希腊意识的发展的重要性将是一个有趣的项目。然而，我在这里的基本观点是，如果没有意识所特有的时间的空间化，历史是不可能的。

吉尔伽美什

最后，从这个最著名的亚述文学的例子中进行比较。《吉尔伽美什史诗》本身是在尼尼微的纳布神庙图书馆和亚述国王亚述巴尼帕的宫殿图书馆的废墟中发现的一系列12块有编号的石板。它是在公元前 650年左右根据以前的故事为国王写的，其英雄是一位

---

[31]. 见 Saggs, p. 472f。

半神——吉尔伽美什，他的父亲埃萨尔哈顿（Esarhaddon）曾崇拜过他。显然，吉尔伽美什这个名字可以追溯到美索不达米亚的历史中。另外，还发现了许多与他和这个系列有某种联系的石碑。

其中最突出的是三块明显较早的石板，它们与一些亚述石板相似。它们是在哪里被发现的，其考古背景不得而知。它们不是由考古学家发现的，而是由私人买家从巴格达一个经销商那里买来的。因此，年代和出处是一个值得怀疑的问题。从内部证据来看，我认为它们与一些关于吉尔伽美什的赫梯人和胡里安人（Hurrian）的碎片处于同一时期，也许是公元前 1200 年。更常见的日期是公元前 1700 年。但无论它们的日期如何，肯定没有理由像一些史诗的普及者那样，认为公元前 7 世纪的吉尔伽美什故事的描述可以追溯到古巴比伦时代。

我们感兴趣的是几块旧石板与公元前 650 年的亚述版本之间的变化。[32] 最有趣的比较是在 Tablet X 中。在旧版本中(因其现在的位置而被称为耶鲁石板)，神圣的吉尔伽美什在哀悼他的凡人朋友恩基杜（Enkidu）的死亡时，与沙马什神进行了对话，然后又与女神西杜里（Siduri）对话。后者被称为神圣的女仆，她告诉吉尔伽美什，凡人的死亡是不可避免的。这些对话是非主观的。但在后来的亚述版本中，与沙马什的对话甚至没有包括在内，而且酒吧女郎被描述为非常人性化的世俗用语，甚至自觉地戴着面纱。在我们的意识中，这个故事已经变得人性化了。在后来的亚述石碑中，酒吧女看到吉尔伽美什走来。她被描述为向远方眺望，并对自己的内心说话，对自己说："这个人肯定是个杀人犯!他被绑在哪里?他要到哪里去?"这就是主观思维。而这一点在旧石板中根本没有。

亚述人的碑文以极大的篇幅(以及美感)表现了吉尔伽美什在失去朋友后内心的主观悲伤。这里的文学手段之一(至少在译者恢复了受损的部分)是反复提问，以反问的方式描述吉尔伽美什的外在举止，询问他的外表和行为为何如此这般，这样读者就会不断想象英雄的内部空间和模拟"我"（I）。

---

32. 这里提到的都是 Alexander Heidel 的译本。

为什么你的心如此悲伤,为什么你的五官如此扭曲?
为什么你的心中有悲戚?
为什么你的脸色像走了远路的人?

这种类似于诗篇的关注在旧版本的 Tablet X 中没有出现。另一个人物是远方之神乌特纳皮斯提姆 (Utnapishtim),他在旧版本的 Tablet X 中只被简短地提到,但是,在公元前 650 年的版本中,他正看着远方,对他的听众说着话,向它提问并得出自己的结论。

小结

我们刚才研究的证据在某些方面很强,在另一些方面很弱。关于失落之神的文献是美索不达米亚历史上一个显著的变化,与之前的任何变化都不同。它的确是现代信仰态度的诞生,我们可以在从图库尔蒂时代到公元前一千年的文献中发现对信仰确定性的渴望,像《诗篇》一样。

各种占卜的突然兴起及其在政治和私人生活中的巨大重要性也是一个不容置疑的历史事实。虽然这些做法可以追溯到更早的时候,也许甚至表明,随着文明在公元前三千年末变得更加复杂,二分心智的神需要一些辅助的决策方法,但他们只是在二分心智诸神崩溃后才在文明生活中取得主导和普遍地位。

同样毋庸置疑的是,在这些时代,神的本质被改变了,相信世界被敌对的恶魔所笼罩、造成了疾病和不幸,只能被理解为一种失去了二分心智的幻觉决定之后的深刻的、不可逆转的不确定感的表达。

在我们的调查中,最薄弱的其实是意识本身的证据。在我对不同时代的楔形文字石板的存疑的翻译进行的跳跃式比较中,有一些不能令人满意的地方。我们所希望的是看到一些连续的文献,可以更仔细地观察主观心智空间的展开以及它在启动决策方面的操作功能。这确实是几个世纪后在希腊发生的事情,我们现在要讨论的正是这种分析。

第五章

希腊的理智意识

人们把它称为多利安人（Dorian）入侵。古典学者会告诉你，他们的确可以把它称为任何东西或一切，知识是摸索前行的，而过去的特殊奥义如此深沉。但是，从一个考古遗址到另一个考古遗址陶器设计的连续性确实为这份广袤而寂静的黑暗点亮了几根蜡烛，它们揭示了从公元前1200年到1000年复杂而持续的迁徙的巨大锯齿状轮廓，[1] 尽管是以闪烁的方式。这就是事实。

剩下的就是推论了。甚至连所谓的多利安人是谁也不甚清楚。在前面的章节中，我曾提出，所有这些混乱的开端可能是塞拉火山爆发及其影响。正如修昔底德在口述传统的最后边缘所描述的那样，"迁徙频仍，几个部落在人口众多的压力下轻易地放弃了他们的家园。"曾经效忠于阿伽门农及其诸神的宫殿和村庄被其他二分心智者劫掠和焚毁，这些人遵循自己的训诫性声音，可能无法与当地人沟通，也无法对他们产生怜悯。幸存者成为奴隶或难民，难民则被征服或死亡。我们最大的确定性是负面的。因为迈锡尼世界生产的所有东西都是如此惊人的一致——神明下令的宫殿和巨大石头建筑的防御工事，精致清晰的起伏壁画，内容精巧的井墓，房屋的中央大厅设

---

1. V. R. d'A. Desborough：《最后的迈锡尼人及其继承者：一份考古调查，约公元前1200年--公元前1000年》(牛津，Clarendon Press, 1964)。

计,赤土陶制神像和雕像,打金的死亡面具,青铜、象牙作品和独特的陶器——所有这些都戛然而止了,并且在此后从未被发现。

这片废墟是希腊主观意识成长的苦涩土壤。这里与庞大的亚述城市出于自身动力而跌跌撞撞陷入恶魔缠身的意识的区别很关键。相比之下,迈锡尼是一个松散的、由神指挥的规模较小的城市系统。二分心智的瓦解导致所有社会的瓦解,从而造成了更大的分散。

甚至可以说,所有这些政治浩劫正是伟大史诗所要应对的挑战,而吟游诗人从一个难民营到另一个难民营的长篇叙事吟唱, 对一个新的游牧民族来说,是一种与过去凝聚力的热切统一,以找回失去的确定性。诗歌是淹没在思想贫乏中的人紧紧抓住的木筏。这种独特的因素,即诗歌在毁灭性的社会混乱中的重要性,是希腊人的意识发出灿烂的智慧之光的原因,仍然照亮着今天的世界。

我在这一章中要做的是带领大家浏览所有现存的希腊早期文献。遗憾的是,这只是一份简短的文本清单。从《伊利亚特》开始,我们将连续考察《奥德赛》和归于赫西俄德的皮奥夏 Boeotian 诗歌,然后进入公元前七世纪及以后的抒情诗和挽歌诗人的片段。在这样做的时候, 我不会对我们所经过的风景进行任何叙述。关于早期希腊诗歌的几部优秀历史著作比我做得更好。相反, 我将引导你们注意我们所经过的、从我们的意识理论角度来看特别有意义的一些东西。但在这之前,必须做一些初步的探索,特别是对《伊利亚特》中类似心灵的术语进行更彻底的分析。

由《伊利亚特》展望未来

在前面的章节中,我曾说过,《伊利亚特》是我们观察直接的二分心智过去的窗口。在这里,我建议我们站在这扇窗的另一边,凝望遥远的有意识的未来,这首伟大而神秘的愤怒颂歌,与其说是之前的语言传统的终点,不如说是即将到来的新心智的开端。

在第一篇第三章中，我们看到，在后来的希腊语中表示意识功能方面的词在《伊利亚特》中具有更具体和身体的含义。但是，这些词后来具有心理含义这一事实表明，它们可能是理解希腊人意识发展方式的某种关键。

我们在这里要看的是七个词：*thumos*、*phrenes*、*noos* 和 *psyche*，它们都有不同的译法，被译为心灵（mind）、精神（spirit）或灵魂（soul）；还有 *kradie*、*ker* 和 *etor*，经常被译为心脏，有时被译为心灵或精神。把这七个词中的任何一个翻译成心灵（mind）或类似的东西都是完全错误的，在《伊利亚特》中没有任何依据。简单地说，毫不含糊地，它们应被视为环境或身体的客观部分。我们将在稍后充分讨论这些术语。

现在要问的第一个问题是为什么这些实体会出现在本诗中。我在前面已经强调了这里的主要行动刺激是在神的声音中，而不是在 thumo、phrenes、etor 等。后者是完全多余的。事实上，它们似乎常常妨碍神与人之间简单的命令--服从关系，就像二分心智的两方面之间的一个楔子。那么它们为什么会在那里呢？

让我们更仔细地审视一下，在二分心智崩溃之初会发生什么。在第一篇第四章中，我们发现，无论是在二分心智人还是在当代精神分裂症患者中，幻听的生理线索是某种决定或冲突的压力。现在，随着神的声音在这种社会混乱中变得更加不充分和被压制，可以假设，引起幻听所需的那种压力的量会不断提升。

那么，很有可能的是，随着二分心智的组织开始弱化，在新情况下的决策压力会比以前大得多，而且压力的程度和持续时间都必须在产生神的幻觉之前逐渐变得更加强烈。这种压力的增加将附带着各种生理上的伴随物，血管变化导致的灼烧感，呼吸骤变，心脏的跳动或振动，等等，这些反应在《伊利亚特》中被称为 *thumos*、*phrenes* 和 *kradie*。这就是这些词的意思，而不是心灵或类似的东西。随着幻听到的神灵的声音越来越少，这些内部反应--刺激的压力越来越大，与人的后续行动联系在一起，无论这些行动是什么，甚至开始具有神的功能，似乎是自己发起了行动。

在《伊利亚特》中，我们可以找到这些假设的正确证据。在一开始，阿伽门农，人的国王、神的奴隶，被他的声音告知要把脸蛋漂亮的布里塞伊斯（Briseis）从抓住她的阿喀琉斯那里带走。当他这样做的时候，阿喀琉斯的反应开始于他的 *etor*，或者我认为是他的内脏抽筋，在那里他自相矛盾或被分成两部分（*mermerizo*），关于是否要服从他的 *thumos*——愤怒的直接内在感受，并杀死这个先发制人的国王。当阿喀琉斯拔出他那把强大的剑时，腹部的感觉越来越强烈，血脉喷张，在这种摇摆不定的间隔之后，压力才足以让阿喀琉斯产生幻觉，出现了可怖的闪闪发光的雅典娜女神，然后她接管了行动的控制权(1:188ff.)，告诉阿喀琉斯该怎么做。

我在这里的意思是，这些内部感觉的程度和范围在真正的二分心智时期既不那么明显，也不那么有名。如果我们可以提出有一部乌尔的《伊利亚特》，或者说有一部口头史诗，从最初的几代吟游诗人嘴里说出来的，那么我们可以预期，它没有这样的间隔，在神的声音之前没有 *etor* 或 *thumos*；正如我们将看到的，以这种方式越来越多地使用这些词，反映了心智的改变，神和人之间的楔子产生了意识。

前意识的实体

我们可以把这些后来意味着类似意识功能的心智词称为前意识的实体（preconscious hypostases）。后者在希腊语中的意思是指在某一事物之下被引发的东西。在其他原因不再明显的情况下，前意识实体是行动的原因。在任何新的情况下，没有神的时候，不是人在行动，而是某一个前意识实体导致他行动。因此，它们是在从二分心智到主观意识的过渡时期反应和责任的发生地。我们将看到，从公元前850年到公元前600年，这些术语的频率和含义逐渐发生变化，而在公元前6世纪,它们的所指如何在我们称之为主观意识的心灵中结合起来。[2]

在这里,我想把我刚才说的话表述为更清楚的说法,建议把前意识实体的这种时间性发展大致分为四个阶段:

第一阶段:客观的:发生在二分心智时代,当时这些术语指的是简单的外部观察;

第二阶段:内部的:这些术语已经意味着身体内部的东西,特别是某些内部感觉;

第三阶段:主观的:这些术语指的是我们称之为精神的过程;它们已经从据说会引起行动的内部刺激转移到可能发生隐喻(metaphored)行为的内部空间;

第四阶段:综合的:在这个阶段,各种实体结合成一个有意识的自我,能够进行反省。

我之所以也许是自以为是地把这些作为四个独立的阶段,是为了让你注意到这些阶段之间过渡时期重要的心理差异。

从第一阶段到第二阶段的过渡发生在崩溃期的开始。它来自神及其幻觉指示的缺失或不适当。由于缺乏足够的神明决定,压力的累积增加了压力的心理伴随物,直到它们被贴上以前只适用于外部感知的术语的标签。

从第二阶段到第三阶段的过渡是一个更复杂的问题,而且更为有趣。这要归功于第一篇第二章中描述的隐喻的副被喻产生者。在那一章中,我概述了隐喻的四部分过程,即如何从一个不太知名的被称为被喻的术语开始,,然后对它应用一个更知名的、在某种程度上与它相似的喻媒。通常有一些关于喻媒的简单联想,我称之为副喻媒,然后副喻媒又投射为原始被喻的联想,这些新的联想被称为副被喻。在某种意义上,这样的副被喻是生成性的,因为它们在与被喻的

---

[2]. A. D. H. Adkins 教授将这种各种心智文字的拼装作为他的《从多到一》(Ithaca: Cornell University Press, 1970)一书的主题。

关联中是新的。这就是我们如何能够生成我们所内省的那种"空间",它是意识的必要基础。这其实很简单,我们很快就会看到。

最后,将独立的实体(hypostases)合成为第四阶段的统一意识也是一个不同的过程。我建议,当 thumos、phrenes 等作为第三个主观的阶段的意义建立起来后,它们在不同的内部感觉中的原始解剖学基础就会逐渐消失,变得混乱,并在共同喻媒的基础上结合在一起,例如,作为"容器"或"人"。但是,这种意识的合成统一可能得益于公元前七世纪所谓的注意力凡俗化(laicization of attention)以及随之而来的对个体差异的承认,这一过程导致了一种全新的自我概念。

在研究这些问题的证据之前,首先让我们更详细地研究这些阶段中的前意识实体及其在《伊利亚特》中的含义。按照它们在《伊利亚特》中的重要性的一般顺序,它们是:

Thumos

这是迄今为止整首诗中最常见和最重要的实体的词。它的出现频率是其他几个的三倍。我认为,在第一个阶段,它仅仅意味着外部感知的活动;而没有任何内在的东西。这种迈锡尼的用法在《伊利亚特》中经常出现,特别是在战斗场面中,一个战士将矛头对准正确的地方,导致另一个人的 thumos 或活动停止了。

第二阶段,正如我们看到,阿喀琉斯之怒是在二分心智崩溃期的新的压力下发生的,当时幻听的压力阈值更高。Thumos 然后指的是对环境危机的反应的大量内部感觉。我认为,这是一种现代生理学所熟悉的刺激模式,即所谓的交感神经系统的应激或应急反应,以及它从肾上腺的肾上腺素和去甲肾上腺素的释放。这包括横纹肌和心脏血管的扩张,横纹肌震颤增加,血压升高,腹部内脏和皮肤血管收缩,平滑肌放松,以及从肝脏释放到血液中的糖分能量突然增加,还有随着瞳孔放大可能出现的知觉变化。那么,这种情结就是在危急情况下特别激烈的活动之前的内部感觉模式。通过反复这样做，感觉模式开始具有了活动本身的术语。此后，是 *thumos* 给了战斗中的战士力量，等等。《伊利亚特》中所有关于 *thumos* 作为一种内部感觉的提法都与这种解释一致。

现在，向第三阶段的重要过渡甚至在《伊利亚特》中就已经开始了，尽管不是以一种非常明显的方式。我们从 *thumos* 像容器一样的无声隐喻中看到:在几个段落中，*menos* 或活力被"放在"某人的 thumos 中 (16:5-8;17:451;22:312)。*Thumos* 也被含蓄地比作一个人:不是阿贾克斯（Ajax）热衷于战斗，而是他的 *thumos* (13:73);也不是埃涅阿斯（Aeneas）欢喜，而是他的 *thumos* (13:494;14:156)。如果不是神，那就是 *thumos* 最经常敦促个人采取行动。就像另一个人一样，一个人可以对他的 *thumos* 说话 (u:403)，可以从它那里听到他要说的话 (7:68)，或者让它像神一样回答他(9:702)。

所有这些隐喻都是极其重要的。说大血液循环和肌肉变化的内部感觉是一种可以投入力量的东西，是为了产生一个想象的空间，这总是位于胸部，这是当代意识的心灵空间的先驱。而将这种感觉的功能与另一个人或甚至是不太常见的神灵的功能相提并论，就是开始那些以后将成为"模拟"（analog）的隐喻过程。

Phrenes

在《伊利亚特》中，第二个最常见实体是 *phrenes*。其第一个阶段的起源颇值得怀疑。但它几乎总是复数的事实可能表明，*phrenes* 客观上指的是肺部，也许与 *phrasis* 或讲话有关。

在内部阶段，*phrenes* 成为与呼吸变化有关的感觉的时间模式。这些感觉来自横膈膜、胸腔的肋间肌和支气管周围的平滑肌，它们调节支气管的孔径，从而调节它们对空气通过的阻力，这一机制由交感神经系统控制。应该记住，我们的呼吸对各种环境刺激的反应是多么灵敏。一个突然的刺激，我们就会喘气。抽泣和大笑有明显的来自横膈膜和肋间肌的内部刺激。在强烈的活动或兴奋中，呼吸的速度和深度都会增加，从而产生内部刺激。无论是愉快还是不愉快，通常都显示出呼吸的增加。瞬间注意力与部分或完全抑制呼吸明显相关。一个惊讶，我们的呼吸速率就会增加，变得不规则。

除了速率之外，在一个呼吸周期中，吸气和呼气所占时间的比例也有独特的变化。衡量这一点的最好方法是确定吸气所占呼吸周期的百分比。这在说话时约占 16%，在笑声中占 23%，在专注的脑力劳动中占30%，在休息时占 43%，在兴奋时占 60%或更多，在想象一个奇妙或令人惊讶的情况时占71%，在突然受惊时占 75%。[3]

我在这里想说的是，我们的 *phrenes* 或呼吸器官几乎可以被看作是以相当不同和可区分的方式记录我们所做的每一件事。至少有可能，这个行为的内部镜子在前意识的总刺激世界中比在我们自己身上显现得多。当然，它不断变化的内部刺激模式使我们理解了为什么在向意识过渡的过程中，*phrenes* 是如此重要，以及为什么在本章所研究的诗歌中，这个词在功能上有如此多的不同用法。

在《伊利亚特》中，它通常可以简单地翻译为肺。阿伽门农的黑色 *phrenes* 充满了愤怒 (1:103)，我们可以想象出国王在愤怒的时候的深呼吸。奥梅登（Automedon）用英勇和力量填满他的黑色 *phrenes*，或进行深呼吸 (17:499)。受惊的小鹿在奔跑之后，它们的 *phrenes* 没有力量，它们已经上气不接下气 (4:245)。在哭泣时，悲伤会降临到 phrenes (1:362 ;8:124)，或者呼吸系统的 *phrenes* 可以容纳恐惧 (10:10) 或喜悦 (9:186)。即使是这些说法也有部分是隐喻，因此在phrenes中联想到一种容器空间。

极少数例子更明显地体现了第三阶段内部心灵空间的意义。这些例子是说 *phrenes* 是"容纳"和可能"保留"信息的地方。有时这些信息来自于神 (1:55)，有时来自于另一个人(1:297)。

实验室研究表明，即使是对一个物体的简单感官体验，对它的识别，以及对与之相关的名称的回忆，都可以在同时进行的呼吸记录中

---

3. 我这里所说的吸气是指从开始吸气到开始呼气。因此，这个措施包括屏住呼吸。这些测定结果收集自各种来源。见Robert S. Woodworth：《实验心理学》(New York: Holt, 1938), p. 264。

观察到。⁴ 因此，当某些内部感觉首次与识别和回忆等功能相联系时，它位于 *phrenes* 就不足为奇了。一旦说 *phrenes* 能识别事件(22:296)，就等于把 *phrenes* 比喻成一个有"生命"的东西。"人"的副被喻，也就是说，能在一个空间里行动的东西又投射到phrenes,使之成为隐喻性的空间，能够进行隐喻性的其他人类活动。 同样，我们发现，像一个人一样，一个人的 *phrenes* 偶尔可以被另一个人说服 (7:120)，甚至被一个神 (4:104) 说服。*Phrenes* 甚至可以像神一样"说话"，就像阿伽门农说他听从了他可恶的 *phrenes* (9:119)。这些例子在《伊利亚特》中相当罕见，但它们确实指向了未来两个世纪将发展为意识的东西。

Kradie

这个词后来被拼成 *kardia*, 并产生了我们熟悉的形容词心脏的 cardiac, 但它并不像其他实体那么重要或神秘。它指的是心脏。事实上，它是目前仍在使用的最常见的实体。当我们在二十世纪希望变得真诚时，仍然从我们的心出发，而不是从意识出发。正是在我们的心中，有我们最深刻的思想，珍惜我们最亲密的信仰。而且我们用心去爱。令人好奇的是，肺部或 *phrenes* 从来没有像 *kradie* 那样，保持过它们的实体作用。

我认为，它最初只是指颤抖，来自动词 *kroteo*, 即打。*Kradie*甚至在早期希腊语的一些段落中意味着颤抖的树枝。然后， 在多利安入侵期间进行的第二阶段的内化中， 外在用眼睛看到的、用手感觉到的颤动变成了对外部情况作出反应的心跳的内部感觉的名称。除了少数例外， 这是它在《伊利亚特》中的指代。目前还没有人相信他心中的任何东西 。

---

4. Mario Ponzo: 《通过呼吸图谱测量心理过程》，见《意大利心理学档案》，1920-21, 1: 214.-238。

我想再次提醒你，关于心脏对我们如何感知世界的反应能力的大量现代文献。像呼吸或交感神经系统的作用一样，心脏系统对环境的特定方面极为敏感。至少最近有一位评论家提出了心脏思维的概念，称心脏是焦虑的特定感觉器官，就像眼睛是视觉的感觉器官一样。[5] 在这种观点中，焦虑不是我们在意识中可能用来描述它的任何诗意的同义词。相反，它是心脏组织的感觉神经末梢的一种内在触觉，读取环境中潜在的焦虑因素。

虽然这个概念在目前看来是值得怀疑的，但它是好的荷马史诗心理学。在《伊利亚特》中，懦夫并不是害怕的人，而是指其kradie跳得厉害的人（13:282）。唯一的补救办法是由雅典娜将力量放入 Kradie (2:452)，或由阿波罗将胆量注入 Kradie (21:547)。这里的容器的喻媒是在心里建立一个空间，后来的人可以在其中相信、感受和深入思考问题。

Etor

语文学家通常将 kradie 和 etor 都译为心脏。当然，一个词可以有同义词。但在指定感觉和行动力的特定位置这样重要的前提下，我会以先验的理由提出异议，并坚持认为对古希腊人来说，这些术语必须代表不同的位置和感觉。有时它们在文本中甚至有明显的区别（20:169）。因此，我斗胆提出，第一阶段的 etor 来自名词 etron ——腹部，而在第二阶段，它被内化为胃肠道的感觉，特别是胃。事实上，《伊利亚特》中甚至有这方面的证据，其中确切地指出，吃喝是为了满足 etor (19:307)。[6] 在其他情况下，这种翻译也比较贴切，如战士在战斗的前线因被去除内脏而失去了 etor 或胆量 (5:215)。

但更重要的是它为精神功能提供的刺激场。我们知道，胃肠道对人类处境有广泛的反应。每个人都知道收到坏消息时的下沉感，

---

5. Ludwig Braun：《热情与愤怒》(Vienna: Deuticke, 1932), p. 38。
6. 另见赫西俄德:《劳作与时日》, 593。

或在差点发生车祸前的上腹痉挛。肠道对程度较轻的情绪刺激也有同样的反应，这些反应在荧光屏幕上可以很容易看到。[7] 胃的收缩和蠕动在不愉快的刺激下会停止，如果不愉快的刺激增加，甚至可能会逆转。胃的分泌活动也极易受情绪体验的影响。胃确实是身体中反应最灵敏的器官之一，它的痉挛、排空、收缩和分泌活动几乎对每一种情绪和感觉都有反应。这就是为什么胃肠系统的疾病最先被认为是身心失调。

因此，这种胃肠道感觉的范围有可能是etor所指的，是有道理的。当安德洛玛克（Andromache）听到赫库巴（Hecuba）的呻吟，她的 *etor* 翻腾到喉咙，几乎要呕吐出来 (22:452)。[8] 当利卡翁（Lycaon）求生的请求被阿喀琉斯嘲笑时，利卡翁的etor和他的膝盖都"松动"了，变得软弱无力 (21:114)。我们可以说他的胃里有一种沉甸甸的感觉。而当众神加入战斗时，宙斯的 etor 欢快地笑了，或者我们称之为"捧腹大笑" (21:389)。

容器的隐喻并没有像其他实体那样被使用，可能是因为胃里已经有了食物。正是由于这个原因，我们将看到，在接下来的文献中，它并没有发展成为任何有意识的心态的重要部分。

我想，对医学读者来说，我们在前意识实体的主题下讨论的这些问题对任何心身疾病的理论都有很大的影响。在 *thumos*、*phrenes*、*kradie* 和 *etor* 中，我们已经涵盖了此类疾病的四个主要目标系统。它们构成了意识的基础，是一种原始的意识类型，对医学理论有重要影响。

我将只顺便指出 *Ker*，部分原因是它在这个关于意识的故事中发挥的作用越来越小，但也因为它的起源和意义有些模糊。虽然它有可能来自 cheir，然后变成躯体化的颤抖的手和四肢，但它更可能来自不同方言中的 *kardia* 的同一个词根。当然，《奥德赛》中的一段话指出，一个战士受伤时，*phrenes* 或肺部紧贴着跳动的 Ker

---

7. Howard E. Ruggles：《情绪对胃肠道的影响》，见《加州与西方医学》1928, 29: 221-223。
8. 就像胃像心脏一样跳动一样，所以它们有时也会变得混乱，就像在受伤的狮子的kradie内，他英勇的etor呻吟 (20:169)。

(16:481),这一点没有什么疑问。它几乎总是被称为悲伤的器官,其重要性有限。

但最重要的是下一个实体。应该立即说明,这是《伊利亚特》中一个不常见的术语——不常见到以至于让我们怀疑它可能是由后世的吟游诗人添加的。但从《伊利亚特》中这样一个小的开端开始,它很快就进入了我们话题的中心。这是——

Noos

到目前为止,我们一直在处理大型的、明确的内部感觉,这些感觉只有在动荡和危机的时候才需要被命名,然后从客观的外部感知中获得其名称。*Noos*,源于 *noeo*(看),是感知本身。在来到它面前时,我们在思想之旅中处于一个更强大的领域。

因为,正如我们在前一章看到的,我们用来描述有意识的生活的绝大多数术语都是视觉的。我们用心灵的"眼睛"看到的解决方案是辉煌的或晦涩的,诸如此类。视觉是我们远超卓越的距离感受器。它是我们对空间的感觉,其方式是其他任何方式都无法企及的。而且,正如我们所看到的,正是这种空间质量是意识的基础和结构。

顺便说一句,值得注意的是,听觉没有像视觉那样的"实体"。即使在今天,我们也不会用心灵的耳朵去听,而是用心灵的眼睛去看。我们把聪敏的心智称为明亮的,而非响亮的。这可能是因为听觉是二分心智的核心要素,因此与我在第一篇第四章中讨论的视觉有区别。意识的出现在某种模糊的意义上可以被理解为从听觉思维到视觉思维的转变。

这种转变首先断断续续地出现在《伊利亚特》中。该词的迈锡尼客观来源存在于关于视觉的客观陈述中,或作为一种视觉或显示的 *noos*。在敦促他的部下投入战斗时,战士可能会说没有比与敌人

交手更好的 *noos* 了 (15:510)。宙斯让赫克托尔一直在他的 *noos* 中 (151461)。

但在《伊利亚特》中，*noos* 第二个内在化阶段也很明显。它位于胸部 (3:63)。对我们来说，它没有被放在眼睛里是多么的奇怪啊! 也许这是因为在它的新角色中，它正与 *thumos* 融为一体。事实上, *noos* 采用了更适合 *thumos* 的形容词，如无畏 (3:63) *noos* 和强壮 (16:688)。奥德修斯 (Odysseus) 劝阻希腊人不要把船开到海上，告诉他们, 他们还不知道阿伽门农有什么样的 *noos* (2:192)。最现代的例子之一发生在第一节，当忒提斯安慰哭泣的阿喀琉斯时，问他："为什么悲伤降临到你的 *phrenes*? 说吧，不要藏在 *noos* 里，让我们都能知道。"(1:363)[9] 除此以外，《伊利亚特》中没有其他的主观化。没有人在他的 *noos* 里做任何决定。思考乃至记忆并不在 *noos* 中进行。这些仍在被称为神的右颞叶的那些组织的声音中。

这种将视觉内化为可以"容纳"所见的容器的确切原因，需要比我们在这里进行的更仔细的研究。也许这只是内化的泛化，我认为这在那些与大的内部感觉相关的内化中早就已经发生了。或者像在本篇第三章中提到的那样，可能是对难民混杂的外部差异的观察，要求对这种视觉本质的假设，它在不同的人身上可能是不同的，使他们看到不同的东西。

Psyché

最后是赋予心理学名称的这个词。它可能来自 *psychein*（呼吸）一词，它在《伊利亚特》中的主要用法已经内化为生命物质。大多数时候, *psyche* 似乎只是以我们使用生命 (life) 一词的方式来使用。但这可能会产生很大的误导。因为生命对我们来说意味着一段时期，在出生和死亡之间，充满了某种特征的事件和发展。在《伊

---

9. 我所说的另一个例外可以在赫拉的迅速与一个人的 nous 希望在他的 phrenes 中出现在他曾经访问过的遥远地方的迅速的比较中找到 (15 : 80f.) 关于荷马这种表达方式的特殊性，见 Walter Leaf,《伊利亚特指南》(伦敦: Macmillan, 1892), p. 257. 这显然是一种后期的侵入。

利亚特》中完全没有这种内容。当长矛刺中战士的心脏，他的 *psyche* 就会溶解 (5:296)，被摧毁 (22:325)，或者干脆离开他 (16:453)，或者从嘴里咳出来 (9:409)，或者从伤口流血出来 (14:518;16:505)，没有任何关于时间或关于任何事件的结束。在第23卷的一个部分中，有一个不同的psyche的含义，关于它的讨论将推迟到本章结束。但一般来说，它只是一种可以被剥夺的属性，类似于在相同条件下对 *thumos* 或活动的剥夺，*psyche* 这个词经常与之结合。

在试图理解这些术语时，我们必须避免在历史上发生这种情况之前就在其中建立空间的无意识习惯。从某种意义上说，psyche是这些前意识的实体中最原始的；它只是被称为人或动物的实物中的呼吸或出血或其他的属性，这种属性可以像奖品一样被瞄准位置的长矛夺走 (22:161)。一般来说，也就是说，除了我在本章末尾讨论的例外情况，《伊利亚特》中对 *psyche* 的主要使用并没有超出这个范围。没有人以任何方式看到、决定、思考、知道、害怕或记住他 *psyche* 的任何东西。

这些就是身体内的假设实体，通过文学隐喻，比作容器和人，具有了空间和行为的特质，在后来的文学中发展成统一的心灵空间及其类似的东西，我们称之为意识。但在指出《伊利亚特》的这些开端时，让我提醒你，这首诗的主要行动的轮廓是神授意的，是无意识的，正如我在第一篇第三章中坚持的那样。这些前意识的实体并没有进入任何主要的决定中。但它们肯定是在那里扮演一个辅助角色。实际上，就好像后世的统一意识心灵在《伊利亚特》中开始时是七个不同的实体，每个实体都有略微不同的功能，并与其他实体有区别，这对我们今天来说几乎是无法理解的。

《奥德赛》的诡计

在《伊利亚特》之后是《奥德赛》。任何一个人在阅读这些诗歌的时候，都会发现这是一个多么巨大的心智上的跳跃！当然，有一些学者仍然倾向于认为这两部宏大的史诗是由一个叫荷马的人写下来、甚至是由他创作的, 第一部写在他年轻时, 第二部则在他成熟时。我认为更合理的观点是, 《奥德赛》比《伊利亚特》晚了至少一个世纪或更多, 而且和它的前辈一样, 是一连串吟游诗人的作品, 而不是任何一个人。

但是, 与它的前辈不同, 《奥德赛》不是一部史诗, 而是一系列史诗。原作可能是关于不同的英雄, 在后来的时期围绕着奥德修斯汇集在一起。为什么会发生这种情况并不难理解。奥德修斯, 至少在希腊的某些地方, 已经成为一种崇拜的中心, 使被征服的人民得以生存。他变成了"狡猾的奥德修斯", 后来的吟游诗人也许在《伊利亚特》中插入了这个绰号, 以提醒他们的听众注意奥德修斯。考古学证据表明了在公元前九百年后、肯定是在公元前八百年前某个时间, 为奥德修斯所作的重要奉献。[10] 这些东西有时是与崇拜有关的奇怪的青铜鼎炉。它们是昔日给神的献礼。至少从公元前九世纪开始, 在伊萨卡 Ithaca 举行过崇拜他的比赛。甚至在该岛即将被来自科林斯（Corinth）的新入侵者所占领的时候。一句话, 办法众多的奥德修斯是新的心智的英雄, 即如何与一个崩坏的、神力减弱的世界相处。

《奥德赛》在其第五个词中就宣布了这一点, polutropon =多转弯。它是一次曲折的旅程。它是对狡诈的发现, 发明和庆祝。它唱的是迂回、伪装和诡计、转变和识别、毒品和遗忘、异乡人、故事中的故事、人中的人。

与《伊利亚特》的对比是惊人的。无论是在语言、行为还是性格上, 《奥德赛》都描述了由新的、不同的人居住的世界。《伊利亚特》中的二分心智神在穿梭到《奥德赛》时, 已经变得防卫和软弱。他们更多地伪装自己, 甚至沉迷于魔杖。二分心智定义般的指导的行动要少得多。诸神的工作较少, 就像消逝的幽灵一样, 更多的是相互交谈——而且是如此乏味的交谈!主动权从他们手中移开, 甚

---

10. S. Benton, 转引自 T. B. L. Webster: 《从迈锡尼到荷马》(伦敦: Methuen, 1958), p. 138。

至反对他们,转向更有意识的人类角色的工作,尽管在失去绝对权力的宙斯的监督下,他对正义获得了李尔(Lear)般的兴趣。预言家和预兆,这些二分心智瓦解的标志,是比较常见的。半神、去人性化的女巫、独眼巨人和海妖,让人想起几个世纪前我们在亚述浮雕中看到的标志着二分心智瓦解的精灵,这些都是心理发生深刻变化的证据。而《奥德赛》中关于无家可归的流浪、绑架和奴役、隐藏的东西和重新获得的东西的巨大主题,肯定是对多利安入侵后社会崩溃的回声,主观意识在希腊首次出现。

  从技术上讲,首先要注意的是使用前意识实体的频率的变化。这些数据可以很容易地从《伊利亚特》和《奥德赛》的对照表中总结出来,结果是戏剧性的,显示 *phrenes*、*noos* 和 *psyche* 的使用频率显著上升,而 *thumos* 这个词的使用则明显下降。当然,我们可以说 *thumos* 从《伊利亚特》到《奥德赛》的减少是由于诗的内容所致。但这是在乞求问题。因为主题的变化确实是人的本质的整个转变的一部分。其他实体是被动的。*thumos*,交感神经系统对新情况的肾上腺素产生的应激反应,是任何被动事物的对立面。围绕这一突然涌现的能量的被喻建立起来的隐喻,不是更有利于解决问题的被动视觉隐喻。

  相比之下,在这一时期,*phrenes* 的频率增加了一倍,而 *noos* 和 *psyche* 的频率增加了两倍。同样,我们可以指出,这些词使用的增加只是对主题变化的一种回应。而这也正是问题的关键所在。诗歌,从对外部事件的客观描述,变成了个人意识表达的主体化诗歌。

  但我们感兴趣的不仅仅是它们的频率。这也是它们内在含义和用于它们的被喻的变化。随着诸神对人类事务的指导减少,前意识的实体接管了它们的一些神性功能,使它们更接近意识。*Thumos* 虽然减少了,但仍然是最常见的实体词之一。而它的功能是不同的。它已经达到了主观阶段,就像另一个人。正是猪倌的 *thumos* "命令"他回到忒勒马科斯（Telemachus）身边(16:466)。在《伊利亚特》中，这应该是一个神在说话。在早期的史诗中，神可以将假死法（Menos）或活力（vigor）放入 thumos 的容器中;但在《奥德赛》中，可以将整个认识"放入"其中。欧律克勒亚（Eurycleia）通过奥德修斯的伤疤认出了他的伪装，因为一位神将这种认识放在她的 thumos 中 (19:485)。——(注意：她有认识，但没有回忆)珀涅罗珀（Penelope）的仆人在他们的 thumos 中知道她儿子的离开 (4:730)。

Phrenes 也获得了第三阶段的空间特质。即使是对未来可能发生的事件的描述也可以放在 phrenes 中，如忒勒马科斯作为剥夺求婚者武器的借口，被要求声称一个大魔王 (在《伊利亚特》中至少应该是一个神)把对他们之间争吵的恐惧放在他的 phrenes 中 (19:10)。《伊利亚特》中没有秘密。但《奥德赛》有许多秘密，而且它们被"保存"在 phrenes 中 (16:459)。在《伊利亚特》中，前意识的实体几乎总是被明确定位，而在《奥德赛》中，它们越来越多的隐喻性使它们的身体结构上的区别变得模糊。甚至 thumos 也一度被放在了肺部或 phrenes (22:38)。

但 phrenes 还有另一个更重要的用途，这个词最初指的是肺，然后是呼吸中的复杂感觉。这是在道德的最初开始。在《伊利亚特》中被神控制的傀儡中，没有人是道德的。善与恶并不存在。但在《奥德赛》中，泰涅斯特拉（Clytaemnestra）能够抵抗埃奎斯托斯（Aegisthus），因为她的 phrenes 是神圣的（agathai），这可能来自其词根，使其意味着"非常像神"。在另一个地方，尤迈斯(Eumaeus) 的神圣的或良好的 phrenes，使他记得向众神献祭 (14:421)。同样，是神圣或良好的 phrenes 负责珀涅罗珀的贞洁和对失踪的奥德修斯的忠诚(12:194)。珀涅罗珀还不是神圣的，只是她的肺部的隐喻空间是。

与其他前意识实体类似。当奥德修斯失事并被抛入汹涌的大海时，从他的 kradie 或跳动的心脏中"听到"毁灭的警告 (5:389)。而正是他的 ker，也就是他那颗颤抖的心，或许是他那双颤抖的手，败落了求婚者们的计划。在《伊利亚特》中，这些都是神明在说话。Noos

虽然更频繁地被提及，有些时候是没有变化的。但更多地，它也处于主体化的第三阶段。有一次，奥德修斯在欺骗雅典娜(在《伊利亚特》中是不可想象的!)，看着她一直在他巨大而狡猾的 noos 的思想中旋转 (13:255)。或者 noos 可以像一个高兴的人 (8:78)或残忍的人 (18:381)，不被愚弄(10:329) 或了解 (1:3)。*Psyche* 也通常是指生命，但也许更有时间跨度的意义。这方面的一些非常重要的例外将在后面提到。

在《奥德赛》中，主观意识的增长不仅体现在对前意识实体的日益使用和空间上的内在化和拟人化上，而且在其事件和社会相互关系上也表现得更为明显。这些包括我已经提到的对欺骗和诡诈的强调。在《伊利亚特》中，如果说有的话，时间是被草率地、不准确地提及的。但在《奥德赛》中，时间词的使用增加了空间感，如开始、犹豫、迅速、忍耐等，而且更频繁地提到了未来。抽象词和具体词的比例也在增加，特别是在英语中以 ness 结尾的名词。而且，正如可以预料的那样，直喻（similes）也明显减少：需求减少了。奥德修斯提到自己的频率和方式都与《伊利亚特》中的自我指涉的例子完全不同。所有这些都与一种新的心智的成长有关。

让我通过提醒您注意一个谜来结束关于这部非常重要的史诗的简短讨论。这就是，故事本身的总体轮廓是我们所关注的问题的一个谜。这是一个关于身份的故事，是一段在二分心智的崩溃中创造自我的旅程。我在这里并不是假装要回答一个深刻的问题，即为什么会这样？为什么缪斯女神，那些通过吟游诗人唱出这部史诗的右颞叶模式，应该叙述其自身的堕落，在主观思想中渐行渐远，并庆祝一种新心智的崛起，这将压倒他们唱歌的行为本身。因为这似乎就是正在发生的事情。

我在说——而且我发现相信这是可行的——所有这些高度模式化的传说，如此明显地可以被视为走向意识的巨大过渡的隐喻，并不是由意识到自己在做什么的诗人创作、计划和组合的。这就好比是，二分心智人的神的一面比人的一面更接近意识,右半球比左半球更接近意识。如果信仰确实坚持在这里,我们倾向于嘲讽和修辞地反问,一部本身可能是一种走向意识的驱动力的史诗,怎么可能是由没有意识的人创作的?我们也可以用同样的反问,它怎么可能是由有意识的人创作的?然后是同样的沉默。我们不知道这两个问题的答案。

但事实就是如此。这一系列的故事从迷失的英雄在二分心智奴役的异国海岸上啜泣,到对他美丽的女神卡吕普索(Calypso)动情,在半神、测试和欺骗的世界中蜿蜒前行,再到他在对手的家中发出挑衅的战争呼号。从恍惚到伪装再到识别,从海洋到陆地,从东到西,从失败到王权,整首长歌是一场走向主观身份的华丽冒险,是对昔日幻觉奴役的胜利的认证。从一个没有意志的神性舞男到自己炉灶上血肉模糊的狮子,奥德修斯终于成为了"奥德修斯"。

愚蠢的珀耳塞斯

一些按时间顺序排列的下一组诗歌,我将只是略过。其中有所谓的《荷马诗颂》(Homeric Hymns),大部分已被证明是更晚的作品。还有公元前八世纪起源于雅典东北部的波欧提亚的诗歌,其中许多曾被归于一个名叫赫西俄德的偶像。遗憾的是,它们现存的文本往往是由明显不同来源的诗歌部分组成的混合物,并经过了大幅的修改,大多数对我们目前的关注没有什么贡献。《神谱》(Theogony)中对诸神关系的冗长叙述通常在《奥德赛》之后不久,但它的实体词较少,没有发展。它的主要兴趣在于,它对众神私密生活的关注也许是他们沉默的结果,是对多利安入侵前的黄金时代的怀念的另一种表达。

但更令人感兴趣的是被归于赫西俄德的《劳作与时日》(Works and Days)所提出的有趣问题。[11] 它显然是各种事物的大杂烩,是一个波欧提斯农民的牧羊人日历,而且是一个非常穷困和肮

---

11. 我在整个过程中使用了Loeb版的《赫西俄德》((伦敦: Heinemann, 1936)。

脏的农民。它的世界与伟大的荷马史诗的世界有着天壤之别。我们看到的不是一个英雄通过宏大叙事、在神的命令下工作；而是对乡下人的指示，他在工作方式、幸运日等问题上，可能服从也可能不服从他的神，有非常有趣的新正义感。

从表面上看，这篇混合了农场生活的邋遢细节和对不复存在的黄金时代的缅怀的文章似乎是由一个农民写的，学者们认为他是赫西俄德。据称，他对他的兄弟珀耳塞斯（Perses）就分割他们父亲农场的判决的不公平进行了抨击，他好奇地在从道德到婚姻，从如何对待奴隶到种植和污水处理的问题上都给珀耳塞斯提出了建议。它充满了这样的内容：

> 愚蠢的珀耳塞斯!把神为人规定的工作做好, 免得你和你的妻子儿女在 *thumos* 痛苦的忧虑中向邻居寻求生计。(397 ff.)

至少大多数学者认为这首诗是这样的。但另一种解释也许是可能的。这就是, 诗中较早的部分可能实际上不是由赫西俄德写的, 诗中从未提及赫西俄德, 而是由愚蠢的珀耳塞斯本人写的, 而诗中的这些主要部分是他二分心智的神圣告诫，建议他怎么做。如果这颠覆了你的可能性意识，我想提醒你, 那些精神分裂症患者可能整天听到类似的权威性的紧要声音, 不断在类似情况下告诫他们。

也许我不应该说是写的。更有可能的是，这首诗是口述给抄写员的，就像与珀耳塞斯同时代的以色列牧民阿摩司（Amos）的二分心智告诫一样。我还应该说，主诗之前有一个重新修订的版本，关键的第 37-39 行中提出的抗议是后来加上去的(即使自普鲁塔克以来所有人都同意 654-662 是这样)。也有可能这些句子最初是指某种二分心智的斗争，以控制珀耳塞斯过于主观，因此(在这个时候)无益的行为。《劳作与时日》中的前意识实体出现的频率与《奥德赛》中大致相同。*Thumos* 是最常见的, 在其出现的 18 次中, 约有一半是对某些活动或快乐或悲伤场所的简单的第二阶段内部冲动。但在其余时间, 它是第三阶段的空间, 其中信息 (27)、建议 (297, 491)、风景 (296) 或恶作剧 (499) 可以被"放置"、"保存"或"保持"。*Phrenes* 也像一个橱柜，诗中不断给出的建议 (107, 274)要放在那里，而愚蠢的珀耳塞斯要在那里仔细"察看"它 (688)。*Kradie* 具有比容器更多的人的被喻，它可以是亲切的 (340), 烦恼的 (451), 或者可以喜欢和不喜欢什么东西 (681)。但 *psyche* (686)和 *etor* (360, 593) 是未开发的，只分别指生命和肚子。

《劳作与时日》中的 *noos* 很有趣，在所有四个例子中，它就像一个与道德行为有关的人。在两个例子中 (67, 714), 它有羞耻心或没有，在另一个例子中，它是 *adikon*, 没有好的方向 (260)。对这个问题的适当研究会详细指出公正 (*dike*) 这个词的特殊发展。它的原意是指路(digit的原意来自于手指)，在《伊利亚特》中，它最合理的翻译是"方向"， 即指出该做什么。萨耳珀冬 (Sarpedon) 用他的 *dike* 守护着利西亚 (Lycia) (《伊利亚特》16:542)。但在《劳作与日子》中，它的意思是神赐予的正确方向或正义，也许是作为神的声音的替代。[12] 这是一个沉默的宙斯，一个现在空间化的时间之子，在这里第一次分配 *dike* 或正义，或多或少是我们在后来的希腊文学中所知道的。(例如 267ff.)。与《伊利亚特》中的非道德世界绝对不同的是，整个城市可以为一个邪恶的人而受苦 (240)！

我们的正义感取决于我们的时间感。正义是一种只有意识的现象， 因为时间在空间上的连续传播是其本质。而这只有在时间的空间隐喻中才有可能。这种增强的空间化的例子很常见。在某一时刻实施暴力，就会在之后某一时刻受到惩罚 (245 f.)。通往善良的道路是漫长而陡峭的 (290)。一个好的人是看到之后会更好的人 (294)。积少成多，必成大器 (362)。以工补工，获得财富 (382)。这些概念是不可能的， 除非时间的前后被比喻成一个连续的空间。这种意识的基本成分始于公元前 1300 年的亚述建筑铭文(见前一章), 确实已经走过了漫长的道路。

---

12. 但这种新的天赐的正义感的起源可能是来自宙斯的幻觉使者, 据说dike在人们受贿和作恶的时候会呻吟和哭泣 (220f)。我在这里对dike的引申并不常见。

在这里，重要的是要理解这种新的时间和正义感是如何与可称为"注意力的世俗化"紧密结合的。我指的是将注意力转移到谋生的日常问题上，这与之前强大的神灵设计的史诗完全不同。无论这首诗本身是神的启示，还是像大多数学者认为的那样，是珀耳塞斯的兄弟赫西俄德愠怒的劝告，它都是人类关注方向上的一个戏剧性的转折点。没有宏大的非个人化叙事，而是详细的个人表达。我们没有永恒的过去，而是生动地表达了一个夹在过去和未来之间的现在。这是一个残酷的现在，描述了多利安之后的乡村现实，充满了琐碎的争斗和从土地上夺取生计的挣扎，而在它的边缘则盘旋着对迈锡尼二分心智的强大黄金世界的乡愁，其人民是一个种族：

> ……更合法、更正义的，一个被称为半神的神一样的英雄的种族，
> 在我们的种族之前，遍布无边无际的地球。(158ff.)

公元前 700-600 年的抒情诗与哀歌

我想写的是，希腊意识在《劳作与时日》中接近完成。但这是一个非常具有误导性的隐喻，即意识是被建立、形成、塑造为一个具有完整性的东西。没有完整的意识这种东西。

我本来要表明的是：时间空间化、作为精神空间中的人的内在实体的基本隐喻，已经开始成为日常生活的向导和守护者。

在这种发展的背景下，按时间顺序排列的公元前七世纪的希腊诗歌就显得有些虎头蛇尾了。但这是因为这些挽歌和抒情诗人很少能逃过时间的急切蹂躏。如果我们只考虑那些至少现存有一打诗句的诗人，那么只有七个诗人可以考虑。

关于他们的第一件事是，他们不只是我们现在所说的诗人。作为一个群体，他们与同时代的以色列先知有些相似，是人的神圣导师，被国王召唤来解决争端和领导军队，在某些功能上类似于当代部落文化中的萨满。在本世纪初，他们可能还与神圣的舞蹈有关。但渐

渐地，舞蹈和它的宗教光环在随着竖琴或长笛声吟唱的世俗中消失了。然而，这些艺术上的变化只是与一种更重要的变化相吻合。

《劳作与时日》表现了当下。新的诗歌表达了那个时代的人，那特定的个体，以及他与其他人的不同之处，并赞美这种差异。当它这样做的时候，我们可以追踪到早期的前意识实体逐步被填充和延伸至意识的心灵空间中。

在该世纪的第一部分是特潘德（Terpander），根据品达（Pindar）的说法，他是酒歌的发明者，其现存的13句话中有一句在几个世纪中回荡：

> 远方的主啊，来为我歌唱吧，哦，Phrenes。[13]

这很有意思。这里的主是阿波罗。但要注意的是，虽然这首诗本身要成为一首怀念失落之神的诗，但它并不是一个神或一个缪斯被召唤来创作的。在《奥德赛》中，一位神把歌曲放进 *phrenes*，然后由吟游诗人唱出来，就像他在读音乐一样（22:347）。但对特潘德来说，他没有听到神的声音，是他自己的 *phrenes* 被乞求谱写歌曲，就像他们是神一样。我认为，这种隐含的比较，以及与之相关的空间的副被喻，似神的 *phrenes* 在其中存在，是在创造具有意识的模拟"我"的心灵空间的道路上。

前七世纪的这一转变不仅体现在这些词语的使用上，也体现在主题上。因为在《劳作与时日》中开始的内容的世俗化和个人化在本世纪中叶在帕罗斯（Paros）的流浪士兵诗人阿基洛库斯（Archilochus）愤怒的抑扬格诗（iambics）中爆发。根据墓志铭，是他"首先用蛇毒浸泡痛苦的缪斯，用鲜血染红温柔的赫利孔（Helicon）"，这指的是他可以用抑扬顿挫的辱骂挑起自杀的故事。[14]

---

13. Loeb版的残片 2，《希腊抒情诗》，由 J. M. Edmonds 编辑（伦敦：Heinemann, 1928）。本节中所有引用均指此卷或 Loeb 版的相应卷，《挽歌和抑扬格》第一、二卷，也由 J. M. Edmonds 编辑（伦敦：Heinemann, 1931）。
14. 根据大约在公元920年从以前的资料中收集的《帕拉丁文集》，见Edmonds：《挽歌和抑扬格》, 2:97。

即使以这种方式使用诗歌，掺入个人恩怨，陈述个人喜好，对世界来说也是一件新鲜事。而其中一些片段是如此接近现代的反思意识，以至于阿基洛库斯的大部分作品的丢失成为了古代文学史上最大的空白之一。

尽管阿基洛库斯从未听过诸神的声音，但神仍控制着世界。"胜利的终点在诸神之中"（片段 55）。前意识实体仍然存在。饮酒（片段77）或年老（片段94）的坏影响发生在 *phrenes* 上；当他遇到麻烦时，他的 *thumos* 像一个软弱的战士一样被扔下，并被告知"抬起头来抵御你的敌人"（片段 66）。阿基洛库斯对他的 *thumos* 说话，就像对另一个人说话一样，这种隐含的比较及其对空间和自我观察、自我的副被喻是向下一个世纪的意识迈出的又一步。

按时间顺序，接下来是另外两位士兵诗人，泰尔泰斯（Tyrtaeus）和卡利努斯（Callinus），他们遗存的片段没有什么意义。最常见的实体是 *thumos*，他们除了敦促我们在战斗中保持坚定的 *thumos* 之外，没有做更多事情。

然后，大约在公元前630年，出现了两位不同类型的诗人，阿尔克曼（Alcman）和米尼姆斯（Mimnermus）。他们什么也不敦促，而是以一种前所未有的方式赞美自己的主观感受。前者问道："谁可以报告别人的 *noos*？"（片段 55)，将 *noos* 比喻为一种明显的副被喻的结果。而 Mimnermus 则抱怨那些磨损他的 *phrenes* 的不良烦恼（片段1）和"在 *thumos* 中升起的忧伤"（片段2）。这与《荷马史诗》中简单的实体有很大的距离。

在这个预言的世纪末尾，出现了阿尔凯斯（Alcaeus）的诗歌，特别是阳刚的萨福空虚的激情，柏拉图称她为第十位缪斯。这两位莱斯博斯（Lesbos）的诗人都说了一些关于他们的 *thumos* 和 *phrenes* 的平常事，他们对两者的使用是一样的。萨福甚至唱到了她的 *thumos* 的 *theloi* 或安排，成为我们的欲望和情绪（片段36:3）。她几乎发明了现代浪漫意义上的爱情。爱让她的 *thumos* 因剧痛而扭动(片段43),并像飓风摇动橡树一样摇动她的 *phrenes* (片段54)。

但更重要的是 *noema* 一词的发展。到七世纪末,很明显,其含义已经意味着我们所说的思想、愿望、意图等的综合,并与 *thumos* 的 theloi 结合起来。阿尔凯斯说:"如果宙斯将完成什么,是我们的 *noema*"(片段 43)。他描述一个演讲者根本没有"闪烁其词(或借口)他的 *noema*"(片段144)。在萨福的那些碎片中这个词被使用了三次:对她所爱的人,"我的 *noema* 永远不会改变"(片段 14);她的 *noema* 对一个孩子的愤怒不那么温柔(片段35);在她的抱怨中,"我不知道该怎么做;我的 *noemata* 分成两部分 …。"(片段 52)。这将重点放在想象中的内部隐喻——被假想成一种思想的东西。是爱在教人类反省。在萨福的作品中甚至还有另一个词, *sunoiday*,其词根表明它的意思是共同认识,在拉丁化时,它"成为"意识一词(片段15)。

那么, 在七世纪的这七位诗人身上, 我们发现了一个显著的发展,那就是,当主题从军事的劝诫变为个人的爱的表达时,精神实体的使用方式及其语境变得更像我们认为的主观意识。

这些都是模糊的历史水域,我们可以肯定,这七位诗人,以及他们在公元前七世纪的现存表面上晃动的吉光片羽, 只是当时可能存在并帮助发展我们称之为意识的新心智的众多诗人中的一些迹象。

梭伦的心智

我尤其觉得这七个人不能代表当时的情况,因为从时间上看,我们知道的下一个诗人与他们中的任何一个都有很大的不同。他是希腊智识界的晨星,据我们所知,只有他真正完成了人类正义的理念。这就是雅典的梭伦(Solon),他站在伟大的公元前六世纪的起点,即泰勒斯、阿那克西曼德和毕达哥拉斯的世纪。在这个世纪,我们第一次得以在与我们的思维方式有些相似的人中间感到精神上的共鸣。

希腊文化这些伟大之处展开的速度之快,令人瞠目。如果没有其他原因,梭伦站在这一切的开端,因为他使用了 noos 这个新奇的词。这个词在我们之前看过的诗人中很少见。在流传下来的仅有的 280 行(大约)中,梭伦使用了 8 次 noos。这是一个极高的频率,每 10,000 个单词中出现 44 次。这指示了第四阶段,在这一阶段中,几个前意识实体被合而为一。Thumos 只用了两次,phrenes 和 etor 各一次。

也正是他谈到 noos 的方式,第一次真正陈述了主观意识。他谈到了那些 noos 不是 artios 的人,artios 意味着完整的或整体的(片段 6)。对一个人的认识来说,这是不可能的! 在一个糟糕的领导者身上,错的是 noos (片段4)。荷马史诗中 noos 的含义不具备道德上的属性。大约在四十二岁时,"一个人的 noos 在所有事情上都得到了训练"。当然,这不是他的视觉感知。 而在五十岁时,他在 noos 和舌头方面处于最佳状态(片段 27)。 另一个片断描述了个人责任的真正开始,他警告雅典同胞不要将不幸归咎于神灵,而是归咎于自己。在这里与《伊利亚特》的思想多么相悖啊!然后又说:

> 你们每一个人走路都像狐狸一样 ;你们所有人的 noos 都是 chaunos [多孔的, 海绵状的, 或像木头一样松散的]:因为你们只看一个人的舌头和天花乱坠的语言,而不看他做的事。(片段10)

无论是阿喀琉斯还是狡猾的奥德修斯,甚至是愚蠢的珀耳塞斯(或他的兄弟)都不可能"理解"这一告诫。

意识和道德是单一的发展。因为如果没有神,基于对行动后果的意识的道德必须告诉人们该怎么做。《劳作与时日》中 dike 或正义在梭伦身上得到了进一步发展。现在, 道德权利必须与政府的权力相结合(片段 36),它是法律和合法行动的基础。

有时归功于梭伦的还有其他一些禁令, 如他对"凡事有节制"的劝告。但与本主题更相关的是著名的"认识你自己", 这句话经常被归于他, 但可能来自他同时代的某个人。这对荷马史诗中的英雄们来说也是不可想象的事情。一个人怎么能认识自己呢?通过自己启动对自己的行为和感受的记忆, 用一个模拟的"我"来看待它们，将它们概念化，将它们分类为特征，并进行叙述，以便知道自己可能会做什么。一个人必须把自己看成在一个想象的空间里，实际上就是我们在前面章节中所说的自视镜幻觉。

那么，突然间，我们就进入了现代的主观时代。我们只能遗憾地看到，公元前七世纪的文学作品是如此支离破碎，以至于如果我们把梭伦仅仅看作是希腊传统的一部分，那么他这种几乎全面的主观意识的出现几乎是不可信的。但关于梭伦的传说很多。其中有几个坚持认为他游历广阔，在回到雅典生活并写下大部分诗歌之前，曾遍访过小亚细亚各国。因此，这无疑是一种暗示，他对 *noos* 这个词的特别使用，以及他将这个词还原为意识的想象心智空间，是受到了这些更发达国家的影响。

在梭伦身上，部分原因是他是其时代的政治领袖，意识的操作者在希腊被牢固地建立起来。他有一个被称为noos的心灵空间，在这个空间里，他自己的类似物可以叙述出什么是公正或正确的，让他的人民去做。一旦建立起来，一旦一个人能够"认识自己"，就像梭伦建议的一样，可以把"时间"放在并排的心灵空间里，可以用他的"眼睛"来"看"他自己和他的世界，神的声音就没有必要了，至少对日常生活来说是这样。神已经被推到了被称为寺庙的特殊场所或被称为神谕的特殊人物。而新的统一的 *nous*（正如它后来被拼写的那样），吸收了其他实体的功能，是成功的，这一点可以从随后的所有文献以及行为和社会的重组中得到证明。

但我们的故事有些超前了。因为在这个重要的公元前六世纪还有一个发展，而且是对未来的巨大的复杂化。这是一个古老的术语，psyche，以一种不可预知的新方式使用。随着时间的推移，它开始与 *nous* 平行，然后变得可以互换，同时它产生了在第一篇开始被认为是虚假的意识的意识。此外，我将建议，这个新概念几乎是希腊和埃及文化之间会面的人工结果。

灵魂(soul)的发明

Psyche 是这些词中最后一个有内部空间的词。我认为这出于这样一个事实，即时间的有意识的空间化发展到一个人在时间跨度的意义上拥有生命，而不仅仅是在呼吸和血液的意义上，*psyche* 或活力才适合一个容器式的隐喻。但心理学朝向 *psyche* 概念的进展并不那么清晰。

因为，比起其他实体，*psyche* 有时被用得很混乱，表面看似乎不符合时间顺序。它的主要用途始终是生命，正如我所说。在荷马史诗之后，例如提尔泰奥斯（Tyrtaeus）在这一意义上使用 psyche (片段10和11)，阿尔凯斯(片段77B)也是如此。甚至到了公元前五世纪，欧里庇得斯也使用了"喜欢自己的心灵（*psyche*）"这一短语是指对生命的依恋（Iphigenia at Aulis, 1385）。亚里士多德学派的一些著作也把 *psyche* 当作生命，这种用法甚至延伸到《新约》的大部分内容。"我是好牧人，好牧人为他的羊献上他的心灵"（《约翰福音》10:11）。耶稣并不是指他的思想 mind 或灵魂 soul。

但在《伊利亚特》第 23 卷开头的阿喀琉斯的梦中，死去的帕特洛克罗斯（Patroclus）的 *psyche* 拜访了他，当他想把它抱在怀里时，它却语无伦次地沉入了大地。《奥德赛》第11卷和第24卷中哈迪斯（Hades）的灰暗场景也以类似的方式使用了"psyche"。这个词在这些例子中的意义与它在《伊利亚特》和《奥德赛》其他部分的意义几乎相反。不是生命，而是生命停止之后存在的东西。不是在战斗中从血管里流出来的东西，而是去往哈迪斯的灵魂或鬼魂，这个概念在希腊文学中是闻所未闻的，直到公元前 500 年左右的品达。在我们一直关注的公元前八世纪和七世纪的所有作家中，*psyche* 从来不是鬼魂，而总是有其原始的生命或生活的含义。

现在，无论如何扭曲语义的起源，都无法调和 *psyche* 这两个截然不同的含义，一个与生命有关，另一个与死亡有关。这里明显的提议是，荷马中这些外来的不协调现象是比诗歌的表面时期晚得多的插入。事实上，这也是大多数学者确信的，其理由比我们在这里所能讨论的要充分得多。由于 *psyche* 的这一含义直到品达才出现，可以相当有把握地认为，这些关于哈迪斯和在其阴影中居住的死者灵魂的段落是在品达之前不久，即公元前六世纪的某个时候添加到荷马史诗中的。

那么问题来了，这种截然不同的心理概念是如何以及为什么会出现？让我们在此明确，我们所讨论的唯一事情是将古老的表示生命的词应用于死后存活的东西，以及它与身体的分离性。实际的生存，正如我们在前面看到的那样，是没有疑问的。根据二分心智的理论，某个权威人士的幻觉可以在死后作为日常事务继续存在。因此，几乎普遍存在着死后喂养尸体，并将其与生命的附属品一起埋葬的习俗。

我无法提出一个真正令人满意的解决方案。但其中肯定有一部分是受古代那个充满传奇色彩的高大人物毕达哥拉斯的影响。他在公元前六世纪中期左右非常活跃。据称他和梭伦一样，曾到过小亚细亚的几个国家，特别是埃及。然后他回来在意大利南部的克罗托纳（Crotona）建立了一种神秘的秘密社团。他们奉行数学、素食主义和坚定的文盲主义——把东西写下来是错误的根源。我们至少从后来的作家那里得到了第三手资料，在这些教义中提到灵魂转生的学说。那就是人死后，灵魂会进入一个新生婴儿或动物的身体，从而获得另一次生命。

希罗多德说毕达哥拉斯是在埃及学到的，因此受到了蔑视。但是，如果人们同意二分心智的理论，灵魂转生在埃及思想中的起源就不难追溯。我认为这是希腊人对 *ba* 的功能的误解，正如我们在第二篇第2章中所看到的，*ba* 往往是ka的貌似实体的体现，或者是死后的幻觉声音。ba往往具有鸟的形态。然而，希腊语没有ka（除了神——显然是不合适的）或 *ba* 的词，实际上也没有可以从一个物质身体转移到另一个物质身体的"生命"的词。因此，*psyche* 被推到了这项服务中。所有毕达哥拉斯学说的参考文献都是在这个新的意义上使用 psyche，作为一个明显可分离的灵魂，它可以从一个身体迁移到另一个身体，就像埃及的一个幻觉声音一样。

这并没有真正解决我们的问题。因为这里没有任何死气沉沉的无力的灵魂在阴间哀嚎，豪饮热血来焕发力量——这是《奥德赛》中加入的鲁克（Rooku）的生动场景。但这里的 *psyche* 有点相同，是一个人在死亡时离开身体的东西。哈迪斯的心理学观点可能是毕达哥拉斯学说与古代希腊埋葬死者的古老观点的结合。

公元前六世纪所有这些奇怪的发展对心理学来说是非常重要的。因为随着 *psyche* = life 向 *psyche* = soul 的转变，还出现了其他的变化来平衡它，就像词汇中巨大的内在张力一样。索玛（Soma）这个词曾意味着尸体或死气，与作为生命力的 *psyche* 相反。而现在，由于 *psyche* 变成了灵魂，所以索玛仍然是它的反面，变成了身体。二元论，即灵魂和身体的分离，已经开始。

但事情并没有到此为止。在公元前 500 年左右的品达、赫拉克利特和其他人那里，*psyche* 和 *nous* 开始结合在一起。现在是有意识的主观心智空间和它的自我与物质的身体相对立。围绕着这一新的、令人惊奇的精神和肉体之间的划分，信仰勃兴。它既让人兴奋，又似乎能解释新的意识体验，从而强化了其存在。有意识的 *psyche* 被禁锢在身体的坟墓里。它成了一个惊讶的争论对象。它在哪里？在体内或体外的位置各不相同。它是由什么构成的？水(泰勒斯)、血液、空气（Anaximenes）、呼吸(塞诺芬尼 Xenophanes)、火(赫拉克利特)，等等，因为这一切的科学是在伪问题的泥潭中开始的。

因此，二元论，这个意识问题中的核心难题，开启了它在历史上的巨大困扰，被柏拉图牢牢地定格在思想的苍穹中，通过诺斯替教（Gnosticism）进入伟大的宗教，通过笛卡尔傲慢的保证，成为现代心理学的一个伟大的虚假难题。

这是一个漫长而技术性的章节，可以用一个比喻来简要概括。在开始时，我们注意到，考古学家通过刷掉多利安入侵时期的陶器碎片周围的岁月尘埃，可以揭示不同遗址之间的连续性和变化，从而证明一系列复杂的迁徙活动曾经发生。在某种意义上，本章一直在用语言做同样的事情。我们罗列了一些断断续续的词汇，那些用来指代某种心理功能的词汇，并通过它们在不同文本中的语境，试图说明多利安入侵希腊后这些晦涩难懂的时期里人类心智上一系列巨大而复杂的变化。

请不要以为这些只是文字上的变化。文字的变化是概念的变化，而概念的变化是行为的变化。整个宗教和政治的历史，甚至科学的历史，都是这一点的有力见证。如果没有像灵魂、自由或真理这样的词汇，这个人类境遇的盛会将充满不同的角色、不同的高潮。因此，我们所指定的作为前意识实体的词语，通过这几个世纪的隐喻生成过程，结合成了意识的操作者。

我现在已经完成了我打算讲述的希腊意识的故事的部分。还有更多的故事可以讲，这两个非刺激性约束的实体是如何盖过其他实体的，*nous* 和 *psyche* 是如何在后来的作家中几乎可以互换的，比如巴门尼德和德谟克利特，甚至随着逻格斯（*logos*）和真理、德行和美感的形式的发明而具有了新的隐喻深度的。

但这是另一项任务。希腊的主观意识思维，除了其灵魂的所谓结构之外，还诞生于歌曲和诗歌。从这里，它进入自己的历史，进入苏格拉底的叙述性内省和亚里士多德的空间化分类和分析，并从那里进入希伯来、亚历山大和罗马思想。然后进入世界历史，因为它的存在，这个世界将不再是相同的了。

第六章

卡比鲁的道德意识

　　我们可以研究意识发展的第三大领域无疑是最有趣和最有意义的。在公元前二千年末的整个中东地区，有一大群形迹无定的半游牧民族，他们没有固定的 *dira* 或放牧地带。其中一些是来自塞拉（Thera）毁灭和随后可怕的多利安入侵的难民。一块楔形文字板特别提到了通过黎巴嫩涌入的移民。另一些可能是亚述入侵的难民，当该帝国遭遇来自北方的进一步侵略时，赫梯难民加入了他们的行列。还有一些可能是城市中反抗的二分心智人，他们不能轻易让神灵安静下来，如果不被杀死，就会逐渐被筛选流放到沙漠荒野中。

　　于是，这些人动荡地混杂在一起一段时间，然后又分开，有些人死亡，有些人组织成涣散的部落；有些人掠夺更多的定居地，或为争夺水坑而战；有时，也许像筋疲力尽的动物一样被抓住，被迫按照逮捕者的意愿行事；或者，在饥饿的绝望中，以生命为代价换取面包和种子，正如在努兹（Nuzi）出土的一些公元前15世纪的石板以及《创世纪》47:18-26 所述。有些人也许还在努力追随日渐匮乏的二分心智声音，或者紧紧守在定居地的边缘，惧怕开始新事业，成为绵羊和骆驼饲养员；而另一些人，在与更多定居者挣扎着融合未果后，被推到只有无情之人才能生存下来空旷沙漠中，也许是为了追寻一些飘忽的幻觉，一些神的背面部分，某个新的城市或应许之地。

对已建立的城邦来说，这些难民是荒漠中的放逐者。城里人把他们统统当成强盗和流浪汉。他们经常是这样，要么单打独斗，作为悲惨的无家可归的可怜虫，在夜间偷窃葡萄种植者不屑于采摘的葡萄，要么作为整个部落掠夺城市周边的牛和财物，甚至像今天游牧的贝都因人偶尔为之那样。在巴比伦的语言阿卡德语中，表示流浪者的词语是卡比鲁（*khabiru*），这些沙漠难民在楔形文字板上这样被提及。[1] 而 *khabiru* 在沙漠的空气中被软化,成为希伯来。

后来的卡比鲁人或希伯来人的故事或想象中的故事在作为《旧约》流传下来的内容中讲述。我们将在本章中关注的论点是，这部由历史、演说、歌曲、布道和故事组成的宏伟文集在其宏大的整体轮廓中描述了公元前一千年以来二分心智思想的丧失及其被主体性的取代。

然而，我们立即面临着一个巨大的正统问题。因为《旧约》的大部分内容，特别是对我们的论题如此重要的第一部书，众所周知是公元前七、六、五世纪的伪造品，是由分散的地点和时期收集的色彩鲜艳的绳索编织而成的辉煌作品。[2] 例如，在《创世纪》中，第一和第二章讲述的是不同的创世故事；洪水的故事是对古老的苏美尔铭文的一神论改写；[3] 雅各布的故事很可能是在公元前 1000 年之前，但接下来几页中他的儿子约瑟夫的故事却至少是在 500 年之后。[4] 这一切都始于公元前 621 年约西亚国王（Josiah）在耶路撒冷发现的《申命记》（Deuteronomy）手稿，在他下令对神庙进行清理并清除其剩余的二分心智仪式后。而卡比鲁的历史，犹如一群流浪汉踉踉跄

---

1. 这些信息大部分可以在阿尔弗雷德·纪尧姆（Alfred Guillaume）的班普顿（Bampton）讲座中找到，《希伯来人和其他闪族人的预言和占卜》（New York: Harper, 1938）。本章特别要感谢纪尧姆对这些问题的丰富讨论。
2. 在此处和本章其他地方关于《旧约》的年代、作者和其他注释性材料的问题上，我依靠了几个权威，但主要是《大英百科全书》中的相关文章。
3. Alexander Heidel：《吉尔伽美什史诗与旧约对照》第二版(芝加哥: University of Chicago Press, 1949), p. 224。
4. Donald B. Redford：《圣经中约瑟的故事研究,创世纪37-50章》（Leiden: Brill, 1970）。原文可能是美索不达米亚的一个关于占卜艺术的世俗故事。

跄地闯入一份巨大的遗产,穿上了这些丰富的衣服,有些不是它自己的,用一些富有想象力的祖先把它全部系在一起。因此,使用这种五花八门的材料作为任何心灵理论的证据是否合理,是一个问题。

《阿摩司书》与《传道书》比较

首先让我谈谈这些怀疑者。正如我所说的,《旧约》中的大部分书籍都是由不同世纪的各种资料汇编而成的。但有些书被认为是纯粹的、因其不是编撰而成,而是一个整体,大部分可以附上一个精准的日期。如果我们暂时把注意力集中于这些书,并比较其中最古老与最晚近的,就会有一个相当真实的发现,它会给我们提供各种证据。在这些纯粹的书中,最古老的是可追溯到公元前八世纪的《阿摩司书》(Amos),最近的是可追溯到公元前二世纪的《传道书》(Ecclesiastes)。它们篇幅都很短,我希望你们在继续阅读之前翻开它们,以便可以真实地感受到几乎是二分心智的人和主观意识的人之间的这种差异。

在《阿摩司书》中,没有心智、思想、感觉、理解或任何类似的字眼。阿摩司从不在心里思考任何事情;他不能这样做;他不会知道这意味着什么。在为数不多的几次提到自己的时候,他是突兀的,毫无保留地提供信息;他不是先知,而只是一个"收集无花果的人";他在说话之前不会有意识地思考;事实上,他根本没有像我们那样思考:他的思考已经为他完成。他觉得自己的二分声音要说话了,就用一句"耶和华如此说!"(Thus speaks the Lord!)把周围的人吓了一跳,紧接着就是他自己可能也不明白的铿锵有力的话。

《传道书》在所有这些方面都是相反的。传道者尽可能地深思内心深处的副被喻。除非一个非常主观的人,谁能说:"虚空的虚空,一切都是虚空"(1:2),或者说他看到"智慧胜过愚昧"(2:13)。人必须有一个模拟的"我"来观察一个心灵空间,所以看到这一点。而著名的第三章,"天下万物都有定期,凡事都有定时"正是时间的空间化，它在心智空间中的铺展，正如我们在第一篇第二章中看到的意识的特点。《传道书》思考、考虑，不断地比较一件事和另一件事，并在这样做的过程中做出精彩的比喻。阿摩司求助于外部占卜，传道者从未如此。阿摩司是激烈的正义，绝对的保证，高贵的粗鲁，用阿喀琉斯或汉谟拉比的无意识修辞宣告着神汹涌的话语。传道者会是一个很好的炉边朋友，温和、亲切、关心、犹豫不决，以阿摩司不可能做到的方式审视所有的生活。

这些就是《旧约》中的极端情况。可以与其他早期和晚期书籍，或同一本书的早期和晚期部分作类似的比较，所有比较都揭示了相同的模式，若非以二分心智的理论，很难解释这一切。

对《摩西五经》（Pentateuch）的一些看法

我们对这前五本书的精彩故事如此习以为常，以至于几乎不可能重新看待它们的本质。事实上，无论宗教背景如何，在试图这样做的时候，我们即使不觉得是亵渎，至少也感觉是对他人最深刻的意义的不尊重。这种不敬当然不是我的本意，但只有通过对这些有力的篇章进行冷静的非宗教性阅读，才能体会到二分心智崩溃后的精神斗争的巨大力量。

为什么要把这些书放在一起？首先要认识到的是，当时围绕《申命记》的创作动机是具有主观意识的人对所失去的二分心智的怀旧之情。这就是宗教的本质。而且，这是在耶和华的声音没有被清晰或频繁听到的情况下进行的。无论其来源如何，这些故事本身，正如它们被安排的那样，反映了从公元前九世纪到五世纪的人类心理，在这一时期，二分心智逐渐削弱。

埃洛希姆（*Elohim*）。我想另外提醒注意的是关于支配整个《创世纪》第一章的那个非常重要的词——埃洛希姆。它通常被错误地翻译为单数的上帝（God）一词。Elohim 是复数形式；它可以作为集体使用一个单数动词，也可以作为普通复数使用一个复数动词。

它来自"强大"（to be powerful）的词根，Elohim 更好的翻译可能是伟大的人、杰出的人、威严的人、法官、强大的人等等。

从目前的理论来看，*elohim* 显然只是一个一般的术语，指的是二分心智的声音幻象（voice-visions）。因此，《创世记》第一章的创世故事是对主观性边缘的二分心智声音的一种合理化。"起初，声音创造了天和地"。如此看来，它成了一个更普遍的神话，可能是所有古代二分心智文明的固有神话。

在我们拼凑《摩西五经》所记载的故事的特定历史时期，与之前可能存在的大量埃洛希姆相比，只剩下少数几个埃洛希姆。其中最重要的是公认的耶和华（Yahweh），在几种可能性中，Yahweh最常被翻译成"神"（He-who-is）。[5] 显然，在预言性的主观时代来临之际，卡比鲁中的一个特殊群体只听从"神"的声音，并以更温暖、更人性化的方式改写了埃洛希姆的创世故事，使"神"成为唯一真正的 elohah。这就成了《创世纪》2:4 及其后的创世故事。然后这两个故事与其他来源的元素交织在一起，形成了《圣经》最初的五部经典。

在《旧约》的古早篇章中，偶尔也会提到其他的埃洛希姆。其中最重要的是巴力（Ba'al），通常翻译为"主"（Owner）。在当时的迦南（Canaan），有许多主人，每个村庄都有一个，就像今天许多天主教城市有自己的圣母玛利亚一样，但他们都是同一个人。

失乐园。 还可以进一步观察堕落的故事，以及如何把它看成是一个关于二分心智崩溃的神话。希伯来语 *arum* 的意思是狡猾或欺骗，肯定是一个有意识的主观词，在整部《旧约》中只使用了三四次。它在这里被用来描述诱惑的来源。我们记得，"欺骗"能力是意识的特征之一。撒旦许诺说："你们会像埃洛希姆一样，知道善

---

5. 《出埃及记》3:14的引出，即耶和华（Yahweh）的意思是"我是自有永有的"（I AM THAT I AM），被大多数学者认为是民间语源学，就像有人声称曼哈顿（Manhattan）的词源来自岛上一个戴着帽子的人。更严肃的学术研究则将这个名字追溯到一个绰号，例如"降下的人"或"投下的人"（Downcaster）。但大多数人的感觉，包括七十士译本和拉丁文武加大译本，似乎更符合" He-who-is "的意思。参看 William Gesenius：《旧约希伯来语和英语词典》，E. Robinson译，F. Brown, 编 (Oxford: Clarendon Press, 1952), p. 218。我必须请求专业学者原谅我的不一致之处，我在这里竭力使用英语，而在希伯来语中保留其他术语，如 elohim 和 nabi。我的目的是去陌生化，我认为这对我的主要观点至关重要。

恶"（《创世记》3:5），这些特质只有主观意识的人才能拥有。当这些最初的人类吃了智慧树上的果实之后，突然"他们两个人的眼睛都睁开了"，（他们的隐喻心灵空间里的模拟眼睛），接着，"他们知道自己是赤身裸体的"(创世记3:7)，或者有自体的幻觉，正在叙述，看见他们自己就像别人看他们一样。[6] 因此，他们的苦楚"大大增加"（《创世记》3:16），他们被赶出伊甸园，在那里可以像另一个人一样看到神并与他交谈。

作为对二分心智的崩溃和意识的到来的叙述，这个故事应该与上一章讨论的《奥德赛》进行理性的对比。但问题是相似的，即我们应该对其未知成分感到敬畏。

The Nabiim who naba. 希伯来语 *nabi*[7] 被误译为希腊语的先知（prophet），带来了一个非常有趣的难题。现代意义上的先知（prophesy）是指预知未来，但这并不是动词 naba 所表示的，其实践者是nabiim(nabi的复数)。这些术语来自于一组与时间无关、但与流动和变得明亮有关的同源词。因此，我们可以将 *nabi* 视为隐喻地流淌或涌现出言语和视觉的人。他们是过渡性的人，部分是主观的，部分是二分心智的。一旦光明的激流被宣泄，召唤来临，先知（nabi）必须传达他的二分心智信息，无论多么出乎意料（《阿摩司书》7:14-15），无论先知感觉如何不值得(《出埃及记》3:113，《以赛亚书》6;《耶利米书》1:6)，无论有时对自己的听觉如何不信任（《耶利米书》20:7-10）。作为一个先知，在他的二分心智时期开端是什么感觉？就像一个人嘴里的红炭(《以赛亚书》6:7) 或闷在骨子里的熊熊烈火，无法遏制(耶利米书20:9)，只有神圣的话语流出来才能冷却。

先知的故事可以用两种方式讲述。一个是外部的，追溯他们的早期角色以及对公元前四世纪左右的大屠杀和全面镇压的领导地位的接受。但作为本书理论的证据，从内部视角看这个问题更具启发性，

---

6. 在这方面，可以阅读 Maimonides：《困惑者的指南》1:2, 很有意思。
7. 从希伯来语翻译成英语总是会产生误导。在这里也许可以用 nbi 或 nvi 更好。《撒母耳记》9:9 似乎表明，即使在当时它的含义也是模糊不清的。另见 John L. McKenzie：《旧约神学》(纽约: Doubleday, 1974), p. 85。

即二分心智经验本身的变化。这些变化是：视觉成分日渐丧失，不同人身上的声音越来越不一致，同一个人身上的不一致也越来越多，直到埃洛希姆的声音从历史上消失。我将逐一讨论这些问题。

视觉成分的缺失

在真正的二分心智时期，幻听通常有一个视觉成分，要么是自身的幻觉，要么是作为听者面前的雕像。视觉成分的质量和频率在不同的文化中肯定是不同的，这可以从一些文化中出现致幻的雕像而另一些文化中没有出现的情况看出。

如果只考虑其来源在历史上是如此的多样化，那么发现《摩西五经》一贯地、连续地描述这种视觉成分的丧失是有些令人吃惊的。起初，神是一个视觉上的物理存在，是他的创造物的复制品。他在天凉的时候走在他的花园里，与他最近的创造物亚当交谈。在该隐和亚伯的献祭中，他是在场的、可见的，亲手关上了诺亚方舟的门，在示剑（Sichem）、伯特利（Bethel）和希伯伦（Hebron）与亚伯拉罕交谈，并像个流氓一样与雅各彻夜摔跤。

但到了摩西的时代，视觉成分就非常不同了。只有一次，摩西与神"面对面，好像人与朋友说话一般"(出埃及记33:11)。还有一次，摩西和七十个长老都在远处看到站在蓝宝石路面上的神时，出现了集体幻觉(出埃及记 24:9-10)。但在所有其他情况下，幻觉中的会面都不那么亲密。在视觉上，神是一丛燃烧的灌木，或一片云，或一个巨大的火柱。随着视觉上的二分心智经验退入浓密的黑暗中，雷电和乌云涌入西奈半岛难以企及的高处，我们正在接近整部《旧约》中最伟大的教导，即，当最后一位埃洛希姆失去了他的幻觉特性，他不再是几个半二分心智人的神经系统中不可触及的声音，而成为写在石板上的东西，他成为法律，成为不变的、所有人都可以接近的东西，与所有人平等相关的东西，成为国王和牧羊人，成为普遍的和超越的。

摩西自己对这种视觉质量下降的反应是:把他的脸从所谓的光辉中隐匿起来。在其他时候，他的二分心智声音本身就将其视觉幻觉成分的丧失合理化了，神对摩西说:"人见我的面不能存活…我的荣耀经过的时候,我必将你放在磐石穴中,用我的手遮掩你,等我过去,然后我将我的手收回,你就得见我的背,却不得见我的面。"(出埃及记 33:20-23)

柜子的概念被称为方舟，用一些书面文字石板替代更常见的致幻图像，如金牛犊，说明了同样的问题。书写在二分心智声音瓦解中的重要性是巨大的。不得不说的东西现在是无声的，被刻在石头上，以便视觉上接受。

在《摩西五经》之后，二分心智的声音进一步退隐了。当《申命记》的作者(34:10)说，没有一个先知像摩西那样"被神面对面地认识"，他是在说明二分心智的丧失。声音被听到的频率和对话的次数都减少了。约书亚更多的被他的声音告诫，而不是与之交谈;而且,在二分性和主观性之间,他必须通过抽签来做出决定。

人与人之间的不一致

在二分心智时期，森严的社会等级制度、地理的固定范围、其金字塔、寺庙和雕像，以及其公民的共同教化，将不同人的二分心智声音组织成一个稳定的等级秩序。谁的二分声音是正确的，立即由这个体系决定，而关于哪个神在说话的识别信号，人人都知悉，并由祭司加强。

但是,随着二分结构的瓦解,特别是当以前的二分心智民族像《出埃及记》那样成为游牧民族时，这些声音开始对不同的人说不同的话，权威问题就变得相当困难了。《民数记》12:1-2中可能提到了这种情况，米利暗（Miriam）、亚伦（Aaron）和摩西都听到了神的声音，但他们不确定哪个是最真实的。

但在后来的书中，这个问题更加尖锐，尤其是在剩余的二分心智声音之间的竞争中。约阿施（Joash）有一个二分的声音，他认为是巴力，并为他修筑了一个祭坛;但他的儿子基甸（Gideon）听到了一个他认为是神的声音，告诉他拆毁父亲为巴力建的祭坛，为自己再筑一个(《士师记》6:25-26)。剩下的埃洛希姆的嫉妒是社会混乱的直接和必然结果。

在这个无组织的崩溃时期，二分心智声音的失调开创了关于哪个声音是有效的标志或神异证据的重要性。因此，摩西不断被要求为他的使命提供神异证明。当然，这种迹象一直持续到第一个千年期，甚至到现在。今天被视为圣徒标准的神迹，恰恰与摩西把他的权杖幻变成蛇又变回来，或把他健康的手变成麻风病的手又恢复原状(出埃及记 4:1-7)的顺序相同。

我们今天对魔术和变戏法的一些乐趣可能是这种对神迹的渴望的遗留物，在这种渴望中，我们自己的某个部分正在享受将魔术师视为是一个可能的二分心智权威的快感。

如果没有神迹，那该怎么办?在公元前七世纪，这尤其是耶利米的问题，这个不识字的人在以色列的不义之墙前哭泣。尽管他有神的手在他身上的记号(《耶利米书》1:9;25:17)，听到神的话语不断地在他骨子里像火一样，并被打发(《耶利米书》23:21，32等)，但他仍然不确定:谁的声音才是正确的?"难道你待我有诡诈?"耶利米不信任地回击他的二分声音(《耶利米书》15:18)。但在这一点上，它的回答是肯定的。它打破了耶利米的理性意识可能具有的权威，并命令他谴责所有其他的声音。第28章是一个特别的例子，哈拿尼雅（Hananiah）和耶利米之间的竞争有点可笑，即谁的二分声音是正确的。而两个月后哈拿尼雅的死亡才是选择哪一个的标志。如果耶利米死了，我们可能会有《哈拿尼雅书》，而不是他的竞争对手的。

个人内部的不一致

在缺乏提供稳定和认可的社会等级制度的情况下，二分心智的声音不仅在人与人之间变得不一致，而且在同一个人内部也不一致。特别是在《摩西五经》中，二分的声音往往像任何人类暴君被质疑时一样小题大做，暴躁跺脚。"我要恩待谁，就恩待谁;我要怜悯谁，就怜悯谁"。(《出埃及记》33:19)。不存在德行或正义的问题。因此，他偏爱亚伯而不是该隐，杀死犹大的长子厄尔（Er），因为不喜欢他；先是告诉亚伯拉罕生一个儿子，后来又命令他杀了这个儿子，正如今天犯罪的精神病患者可能会被指示的那样。同样地，摩西的二分的声音可能无缘无故地突然冲动要杀他(出埃及记 4:24)。

在非以色列人的先知巴兰（Balaam）身上也有这种不一致的情况。他的声音先是告诉他不要和摩押（Moab）的王子一起去(《民数记》22:12)，然后又反转 (22:20)。当巴兰听从时，它就大发雷霆。然后，一个要杀死巴兰的视听幻觉挡住了他的去路，但随之这也改变了命令（《民数记》22:35)。同样属于自责类的还有一个蒙脸先知自我惩罚的声音，他试图让路人打他，因为他的声音命令他这样做(《列王记》上 20:35-38)。还有，那个"来自犹大的神人"，他的声音把他赶出了城市，并试图让他挨饿(《列王纪》上 13：9-17）。所有这些不一致的声音都接近于我们在第一卷第四章指出的精神分裂症患者听到的声音。

诸神占卜

通过投掷目标或抽签决定事情，可能是投掷骰子、骨头或豆子，贯穿了《旧约》的大部分内容。正如我们在第二章第4节中所看到的，这是在制造一个模拟的神。通过隐喻，目标成为决定土地和部落的神的话语，决定做什么或消灭谁，取代了古老的二分心智权威。如前所述，当我们意识到直到进入主观时代才有运气的概念时，有助于我们了解这种做法的权威性。

但更令人感兴趣的是从直接的感觉经验中发生的随机占卜，最终成为主观意识。它在这里的意义在于，它不是从二分心智的人的一面开始，而是从声音本身开始。

那么，当他们也像人一样转向占卜，并需要被准备或煽动时，这是另一种二分的声音显示其不确定性的方式。在公元前九世纪，亚哈Ahab面前的一个 *nabiim* 的声音通过比喻从一对 角上占卜出军队如何被打败(《列王纪》上22:11)。耶利米的声音有几次从他(耶利米)所看的东西中，推测出应该说什么。当他看到一口沸腾的锅从北而倾时，神将其比喻为从北方来的灾祸，像风吹的大火一样吞噬面前的一切(《耶利米书》1:13-15)。当他看到两筐无花果，一筐好的，一筐坏的，他的右脑就有神说到挑选好人和坏人(《耶利米书》24:1-10)。当阿摩司看到一个建筑工人用准绳来判断墙的直度时，他的大脑将这个建筑工人幻化为神，而神又将这一行为比喻为以公义来判断人(《阿摩司书》7:8)。

特别是当神灵随机占卜时神(毕竟他们不能进行其他类型的占卜)，双关语可能成为类比的"种子"。因此，当阿摩司站在一筐夏天的果子前时，他的二分的声音在希伯来语 *qayits* (夏天的水果)上双关到 *gets* (结束)，开始谈论以色列的结局(《阿摩司书》8:1-2)。或者当耶利米看到一个杏树枝 (*shaqed*) 时，他的二分声音说它会留意保守他 (*shaqad*)，因为这两个词的希伯来语是相似的 (《耶利米书》1:11-12)。

《撒母耳记·上》

《撒母耳记·上》（I Samuel）是所有这一切的指示性记录，阅读它让人感觉到在公元前一千年进入意识状态时，这个部分二分心智、部分是主观的世界是什么样子。其引人入胜的章节几乎反映了整个过渡时期的精神面貌，这也许是文学史上第一个书面悲剧。二分特性以相当放纵的形式表现在野蛮的先知帮派中，即我们在本章前面谈到的卡比鲁中被筛选出来的二分心智的谷糠，他们在郊外的山上游荡，说出他们在内心听到、但认为来自外界的声音，用音乐和鼓声来助兴,回应这些声音。

男孩撒母耳是部分地二分心智，他从睡梦中被一个告知是神的声音唤醒，在关键年龄被老祭司以利（Eli）鼓励并训练成二分心智模式，然后从但河到别是巴（Beersheba）被承认为神的媒介。尽管即使撒母耳有时也必须屈服于占卜，就像他从自己撕破的衣襟上占卜一样（15:27-29）。

接下来是大卫，撒母耳以二分心智的方式从耶西（Jesse）的所有儿子中选择了他，而他的二分性只是为了从神那里获得简短的"上去"。他的主观意识表现在他能够欺骗阿基斯（Achish）（《撒母耳记·上》21:13）。然后是约拿单（Jonathan），主观上能够欺骗他的父亲，但不得不依靠偶尔说出的话（cledonomancy），或通过某人说的第一句话来占卜，以作出军事决策(14:8-13)。在这一时期，偶像是很常见的，这一点从书中随意提到的一定是一个真人大小的"形象"可以看出，在一些山羊毛的帮助下，它被制成类似于床上的大卫（19:13）。在大卫的房子里偶然出现这样一个偶像，可能表明了当时一些常见的致幻做法，但在文本中却被压制了。

最后是主观的扫罗（Saul），这个憔悴迷茫的乡下男孩，在撒母耳的二分声音的非理性要求下被搅入政治，他试图通过加入一个迷狂的先知团体而成为二分心智的，直到他也在鼓声和琴声的悸动中听到了神圣的声音（10:5）。但这些对他的意识来说是如此缺乏说服力，以至于即使有了三个印证，他还是试图躲避他的命运。主观的扫罗在他周围疯狂地寻找该怎么做。一个新的情况，就像不负责任的撒母耳不守约一样，以色列人藏在山洞里缩成一团，非利士人结伴攻击他，而他试图用燔祭强行发出声音（13:12)，却被迟来的撒母耳说成是糊涂的。扫罗为他从未听过的"神"筑了一座坛，徒劳地问它问题（14:37）。为什么神不对他说话?扫罗用抽签的方式占卜了一定是导致神沉默的罪魁祸首，并顺从他的占卜，即使是他自己的儿子，也把他判处死刑。但即便这样做也一定是错的，因为他的人民反叛，拒绝执行死刑——这种行为在二分心智时代是不可能的。而扫罗，对于撒母耳古老的幻觉来说，对他的敌人太有意识地仁慈了。当扫罗对大卫以及他儿子对大卫的爱的嫉妒达到极点时，他终于丧失了意识，成为二分心智的，他脱掉衣服，与山上的二分心智的人一起打猎(19:23-24)。但是，当这样的先知不能告诉他该怎么做的时候，就把他们和其他的二分心智巫师一起赶出了城市（28:3），在梦中或在凝视水晶中寻求一些神圣的确定性(如果可以这样翻译 *urim*）(28:6)。绝望的扫罗在意识的尽头伪装自己，这是只有一个主观的人才能做到的；并在晚上诉诸最后的希望，女巫恩多（Endor）、或者说是占有她的二分声音。当意识混乱的扫罗在她面前卑躬屈膝，哭诉不知道该怎么做时，从这个诡异的女人嘴里听到他认为是死去的撒母耳的话，说他会死，以色列会沦陷(28:19)。然后，当非利士人几乎占领了以色列军队的残部，他的儿子和希望都被杀死时，他做出了最可怕的主观行为，这在历史上是第一次——自杀；紧接着就是第二次，他的盔甲手。

这个故事的年代是公元前11世纪；它的写作年代是公元前6世纪；因此，它的心理学年代也许是公元前8世纪。

卡比鲁的神像

作为二分心智时期的遗留问题，致幻雕像在《旧约》中贯穿始终。正如在这个文明的晚期阶段可以预料的那样，雕像有许多种类。虽然有一些关于偶像的一般术语，如以赛亚对它们的称呼是elily；或matstsebah表示任何设置在柱子或祭坛上的东西，但更令人感兴趣的是那些更具体的词语。

最重要的偶像类型是"铸成的像"（希伯来语Tselem），一种通常用雕刻工具铸造或熔化的雕像，通常是金或银的，由铸造工用熔化的钱(《士师记》17:4)或熔化的珠宝(《出埃及记》32:4)制成，有时还穿着华美的衣服(《以西结书》16:17)。以赛亚嘲笑地描述了公元前700年左右在犹大建造的这些东西(《以赛亚书》44:12)。它们可以是动物的形象，也可以是人的形象。有时，这些Tselem可能只是一个高高放在基座或高坛上的头颅(《历代志·下》14：3)，甚至是尼布甲尼撒二世（Nebuchadnezzar）放在90英尺高的柱子上的巨大金像(《但以理书》3：1)。 更多的时候，它们似乎被放在亚舍拉（希伯来语asherah）中，可能是挂着丰富织物的木制神龛之一，詹姆斯国王的学者将其翻译为"小树林"（groves）。

次重要的似乎是"雕刻的像"或pesel，对其所知甚少。它可能是用木头凿出来的，与摧毁了扫罗的非利士人军队所崇拜的atsab相同。扫罗死后，以色列战败，非利士人先是跑去告诉他们庙里的偶像（阿特萨布，atsabim），然后报信与他们的众民(《撒母耳记·上》31:9，《历代志·上》10:9)。《诗篇》中多次提到它们是涂成金色或银色的，而大卫在向非利士人复仇时用它们点燃了篝火(《撒母耳记·下》5:21)，说明它们是木制的。还有一些形状不详的太阳神像，叫作"日像"（chammanim），它们似乎也被放在基座上，因为《利未记》(26:30)、《以赛亚书》(27:9)和《以西结书》(6:6)都命令砍掉它们。

即使不是最重要的， 也是最常见的致幻神像是家中的神像（Terap）。我们被直接告知，Terap 似乎会说话，因为巴比伦的国王曾与几个Terap进行磋商(《以西结书》21:21)。有时它们可能是小雕像， 因为拉结（Rachel）可以从她愤怒的父亲那里偷出一批珍贵的泰拉弗（terafhim，用希伯来语的复数)并把它们藏起来(《创世纪》31:19)。它们也可以是真人大小的，因为是用 terap来代替睡觉的大卫(《撒母耳记·上》19:13)。正如我们已经看到的，这最后一次提到的非常随意，似乎表明这种泰拉弗在领导人的房子周围很常见。但在山上，这样的偶像一定是罕见的，而且非常珍贵。在《士师记》中，我们被告知弥迦（Micah）建立了一个包含铸成的像、雕刻的像、家中的神像和以弗得（Ephod）的神的家园。后者通常是一件华丽的仪式长袍，也许放在一个支架上，可以做成一个偶像。他称这些为他的神灵， 然后被但人偷走了(《士师记》17、18各处)。如果不是约西亚国王在公元前641年将这些偶像全部销毁，我们今天可能会有更多关于希伯来人的这些致幻偶像的考古证据(《历代志下》34:3-7)。

二分心智时代的另一个遗迹是ob这个词，通常被翻译为"熟悉的灵魂"。《利未记》(20:27)说："男人或女人有交鬼和行巫术的，必被治死。"同样，扫罗将所有交鬼和行巫术的的人从以色列赶出去(《撒母耳记·上》28:3)。尽管灵媒是人们咨询的东西(《申命记》18:11)，但它可能没有实体体现。它总是与巫师或女巫联系在一起，因此可能指的是一些不被《旧约》作者承认为宗教的二分心智声音。这个词让译者很困惑，当他们在《约伯记》32:19中发现这个词时，他们荒诞地把它翻译成"瓶子"，而联系上下文显然是指年轻的受挫者以利胡（Elihu）觉得自己有一个二分的声音，就像一个盛得过满的酒囊一样，即将爆发出不耐烦的言论。

最后的先知（Nabiim）

我们在本章开始时考虑了公元前二千年后期左右近东地区的难民情况，以及被各种灾难连根拔起的流浪部落，其中一些人肯定是二分心智的，无法迈向主观意识。可能在编辑《旧约》的历史书籍，以及在公元前六或五世纪将其拼凑成一个故事的过程中，有很多东西被压抑了。在这些信息中，我们希望有一个明确的说明，即这些最后的二分心智群体发生了什么。在《旧约》中，它们就像在这些时期突然瞥见了一个奇怪的异世界，而历史学家对此关注得太少。

二分心智的团体当然一直存在，直到犹大君主制的垮台，但是否与其他部落或任何组织有联系，以神的形式发出幻听，我们不得而知。他们经常被称为"先知（纳比姆，nabiim）的儿子"，表明这种类型的剩余的二分性可能有很强的遗传基础。我认为，这是同样的遗传特征，作为精神分裂症的病因学的一部分，它仍然伴随着我们。烦躁不安的国王们向他们咨询。公元前 835 年的以色列国王亚哈（Ahab），像牛一样把他们中的400人招聚起来，听他们的叫嚣(《列王记·上》22:6)。后来,他和犹大王穿着所有的袍子,就坐在撒玛利亚城门外的宝座上,将数百名这些可怜的二分心智人赶到他们面前,狂呼乱叫,互相模仿,就像后院的精神分裂症患者一样(《列王纪·上》22:10)。

他们身上发生了什么?他们不时地被猎杀,像不受欢迎的动物一样被消灭。《列王纪·上》18:4似乎提到了公元前九世纪的一次大屠杀,俄巴底亚(Obadiah)从一些未知的、人数更多的人中抽出一百个先知,把他们藏在山洞里,给他们送去面包和水,直到大屠杀结束。几年后,以利亚(Elijah)又组织了一次这样的大屠杀(《列王纪·上》18:40)。

此后,我们再也听不到这些二分心智团体的声音了。几个世纪以来,剩下的是个体的先知,他们的声音不需要其他产生幻觉的人的团体支持,他们可以部分地主观,但仍然听到二分的声音。这些是著名的先知,我们已经有选择地触及了他们的二分心智信息:阿摩司,收集无花果的人;耶利米,在他的枷锁下从一个村庄到另一个村庄踽踽独行;以西结,在异象中看到轮子上崇高的宝座在云层中巡行,这几个先知的宗教痛苦归咎于以赛亚。当然,这些只是代表了那一大批人中的一小部分,他们的二分声音似乎与《申命记》最一致。此后,这些声音通常不再被实际听到。

取而代之的是道德教师深思熟虑的主观思想。人们仍然梦见异象,也许听到黑暗的言语。但《传道书》和以斯拉(Ezra)寻求的是智慧,而不是神。他们研究律法。他们并没有在旷野中漫游,"寻求耶和华"。到公元前 400 年,二分心智的预言已经死亡。"那先知必因他的异象而羞愧。"父母如果发现他们的孩子在说预言(naba-ing)或与二分的声音对话,便要当场刺透他们(《撒迦利亚》13:3-4)。[8] 这是一个严厉的禁令。如果它被执行了,这就是一种进化的选择,帮助人类基因库走向主观性。

---

8. 《撒迦利亚书》的日期约为公元前520年,但学者们一致认为归于他的书的最后几章是后来从其他来源添加的。这条命令的日期可能是公元前四或三世纪。

长期以来，学者们一直在争论预言在犹太教出埃及后衰落的原因。他们认为，先知已经完成了他们的工作，不再被需要了。或者说，有一种危险，那就是它将堕落为一种邪教。还有人说这是巴比伦人对以色列人的腐蚀，此时的巴比伦人从摇篮到坟墓的预言是任何国家都无法比拟的。所有这些都有一部分是真实的，但对我来说，更明显的事实是，预言的衰落是在世界其他地方正在发生的更大的现象的一部分，即二分心智的丧失。

一旦人们从这个角度通读了《旧约》，整个系列的作品就会庄严而奇妙地成为我们主观意识的诞生之痛。其他文献没有如此长的时间及丰满地记录了这一绝对重要的事件。中国文学在孔子的教诲中第一次跳入了主观性。印度文学从二分心智的《吠陀》跃进极端主观的《奥义书》，此二种文学都未如实地反映它们的时代。希腊文学是下一个最好的记录，就像一系列垫脚石，从《伊利亚特》到《奥德赛》，穿过萨福和梭伦的碎片，走向柏拉图，但仍然太不完整。而埃及则相对沉默。尽管《旧约》在准确性方面存在很大的历史问题，但它仍然是我们了解过渡时期情况的最丰富的资料。它本质上是一个关于二分心智丧失的故事，剩余的埃洛希姆缓慢退缩到沉默中，随之而来的混乱和悲惨的暴力，以及在其先知中再次徒劳地找寻，直到在正确的行动中找到一个替代物。

但心灵仍被其无意识的旧模式所困扰，它对失去的权威念念不忘;对神圣的意志和臣服的渴望，那种幽远而空洞的渴望仍与我们同在:

　　神啊,我的心切慕祢,如鹿切慕溪水。
　　我的心渴想神,就是永生神;
　　我几时得朝见神呢？
　　　　　　　　——《诗篇》42

第三篇

二分心智在现代世界的残余

第一章

对授权的追求

现在，我们终于可以回顾过去，第一次以适当的价值来看待人类在这个星球上的历史。把过去三千年的一些主要特征理解为一种旧日心理的残余。在这里，我们对人类历史的看法必须是最宏观的；必须尝试在整个进化背景下看待人类，他的文明，包括我们自己的文明，不过是苍穹之下一个特定范围内的山峰，我们必须强迫自己与之保持理性上的距离，以便能够观摩其轮廓。从这个角度考量，对于从二元心智到意识这样一个根本性的转变而言，一千年的时间是非常短的。

在公元二千年末尾，我们在某种意义上仍然深陷于这种向新心智的过渡之中。周围到处都是过往二分心智的残余。我们有神殿，记录我们的出生，定义我们，为我们主婚，埋葬我们，接受我们的忏悔，并与神明交涉，原谅我们的罪过。我们的法律是以价值观为基础的，如果没有神的垂青，这些价值观将是空洞的、无法执行的。我们的国家箴言和赞美诗通常是对神的召唤。我们的国王、总统、法官和官员在开始任期时，都会对现已沉默的神灵进行宣誓，这些神灵藏在最后听到他们的那些人的著作中。

因此，从以前的心智中延续下来的最明显及最重要的是我们的宗教遗产，包括其所有迷宫般的华美和各种形式。当然，从任何客观的角度来看，宗教在世界总体历史和普通人的历史中都具有压倒性的重要性，尽管科学的人类观在承认这一最明显的事实时总显得异常尴尬。因为尽管自科学革命以来，理性主义的唯物主义科学已经揭示了一切，但人类作为一个整体还没有、也许亦不能放弃对某种人类与一个更大的、完全的他者的关系的迷恋。某种具有超越左脑范畴的威力和智能的神秘力量（mysterium tremendum）、某种模糊不清的东西，要在敬畏、惊奇乃至几近无言的崇拜中，而非清晰的概念中接近和感受。对现代宗教人士来说，这种东西是以感觉的真理来传达的，而非左脑可言说。因此在我们的时代，在最不具名之时，可以更真实地感受到一种自我与神圣他者的模式，在至暗的痛苦中，没有人可以逃脱——正如在三千年前，制定决策的无限温和的压力激发了这种关系。

在这一点上，有很多东西可以说——很多。这里的全面讨论将具体说明耶稣对犹太教的尝试性改造如何被理解为有意识的人而不是二分心智的人的必然的新宗教。现在的行为必须从新的意识中改变，而不是按照摩西律法从外界凿刻。罪恶和忏悔现在是在有意识的欲望和有意识的忏悔之中，而不是在十诫的外部行为、庙宇祭祀和社区惩罚的忏悔之中。要重新获得的神的国度是心理上的、而非身体上的。它是隐喻的而不是字面的。它是"内在的"而不是外在的。

但即使是基督教的历史也没有、也不可能保持对其创始人的绝对忠实。基督教会的发展一次又一次地回到了这种对二分心智权威的渴望，从困难的"基督之爱（agape）"的内部王国到外部等级制度，穿过神迹和教宗无误论的云层，到达广阔天堂里的古老授权。在前几章中，我经常停下来指出古代二分心智与现代宗教实践中的各种相似之处，在此我将不再费力进行这种比较。

同样超出本篇范围的还有对过去三千年来更为世俗的发展与它们从不同心智中产生的方式的全面探讨。我在这里想到的是逻辑和有意识推理的历史，从古希腊的逻格斯发展到现代计算机，以及壮观的哲学历史盛会，试图寻找一个所有存在的隐喻，在其中我们可以找到一些有意识的熟悉感，从而在宇宙中感到自在。我也在想我们对道德体系的努力，试图用理性意识为昔日的神圣意志找到替代物，这些替代物带着至少可以模拟我们以前对幻听的顺从的义务。还有政治的历史周期，我们步履蹒跚地试图以人而不是神来建立政府，用世俗的法律体系来执行曾经把我们捆绑在一起、形成一种秩序、一种稳定和共同利益的神圣功能。

这些大问题是重要的。但在这一章中，我希望通过介绍一些不太重要的古老的话题来引出第三篇的主题，这些话题是早期思维方式精确而清晰的延续。我这样做的原因是，这些历史现象为第一篇和第二篇中的一些黑暗问题提供了必要的、澄澈的光亮。

这种延续的一个显著特征是，我们越接近二分心智的瓦解，它们就越能明显地对抗历史的复杂性。这方面的原因是很清楚的。虽然新意识的普遍特征，如自我指涉、心智空间和叙事，可以在新的语言建构之后迅速发展，但更大的文明轮廓，即发生这种情况的广阔文化景观，只能以地质学的缓慢速度变更。早期文明的物质和技术在未受侵蚀的新时代中幸存下来，并伴随着新心智必须生存于其中的陈旧形式。

但是，生活在这些形式中的也包括对我将称之为古代授权（archaic authorization）的狂热追求。在二分心智崩溃之后，世界在某种意义上仍由可以追溯到二分时代的神灵，刻在石碑上、写在纸莎草纸上或由老人记住的声明、法律和方案所支配。但不和谐的现象是存在的。为什么诸神不再被听到和看到？《诗篇》呼唤着答案。我们需要更多的保证，而不仅仅是历史遗迹或祭司的有偿坚持。我们需要一些可触及的、直接的、切近的东西！一些合理的确信，即我们并不孤单，众神只是沉默，而非死亡，在所有犹豫不决的主观摸索、寻找确定性的迹象背后，有一种确定性可以获得。

因此，随着神圣的声音和临在（presence）缓慢退潮，越来越多人被搁浅在主观不确定的沙滩上，人类试图与失去的权威海洋取得联系的技术种类越来越多。先知、诗人、神谕、占卜者、雕像崇拜、灵媒、占星家、灵应圣人、恶魔附身、塔罗牌、灵应板、教皇和佩奥特掌（peyote），都是二分心智的残留物，随着不确定性的增加而逐渐缩小了范围。在这一章和下一章中，我们将研究这些更古老的二分心智残余。

神谕

二分心智的痕迹最直接的传承就是它在某些人身上的体现，特别是我在第二篇第六章中讨论过的流浪的先知，或者我将在本章描述的那些约定俗成的神谕。虽然有一系列可追溯到公元前七世纪的描述亚述神谕的楔形文字板,[1] 还有更早的埃及底比斯的阿蒙（Amon of Thebes）神谕，但我们对这种制度的了解其实是在希腊。希腊神谕是二分心智瓦解后一千多年来做出重要决定的核心方法。这一事实通常被现代历史学家的激烈的理性主义所遮蔽。神谕是主体性的脐带，一直延伸到持续的非主体性的过去。

德尔斐神谕

与我的比喻不谋而合的是，在最著名的神谕，即德尔斐的阿波罗（Apollo at Delphi）神谕，有一个奇怪的圆锥形石质结构，被称为翁法洛斯（*omphalos*，希腊语）或肚脐。它被认为矗立在地球的中心。在某些时日、或某些世纪里，全年每天都有一位最高级的女祭司在这里主持，有时是两三个人轮流主持工作。据我们所知，这些祭司是在没有特别依据的情况下被选中的(在普鲁塔克的时代，即公元

---

1. 阿尔弗雷德·纪尧姆：《希伯来人和其他闪族人的预言和占卜》（纽约，Harper, 1938), p. 42ff.

前一世纪,她是一个贫穷农民的女儿)。[2] 她首先在圣泉沐浴饮水,然后通过圣树——月桂树与神建立联系,就像有意识的亚述国王被神灵手中的锥形松果涂抹一样。她要么手持月桂树枝,要么如普鲁塔克所说,焚烧月桂树叶呼吸并熏香自己,或是如卢西恩(Lucian)坚称的,咀嚼月桂树叶。

对问题的回答是即时的,没有任何思忖,而且是不间断的。她传布的确切方式仍存争议,[3] 她是坐在被视为阿波罗祭仪宝座的三脚架上,还是仅仅站在一个洞穴的入口处?但从五世纪开始,关于她的古老记载都延续赫拉克利特的说法,即她"从她狂热的嘴里和身体的各种扭曲中"说话。她是热情的(希腊语 *entheos*)、充满神的(*plena deo*)。阿波罗通过他的女祭司讲话,但总是以第一人称回答国王或自由民:指挥新殖民地的选址(就像他为今天的伊斯坦布尔所做的那样),决定哪些国家是朋友,哪些统治者最好,颁布哪些律法,瘟疫或饥荒的原因,最佳贸易路线,哪些新信仰的扩散、音乐、或艺术应该被认为是阿波罗所喜欢的——统统都由这些女孩用她们狂热的嘴决定。

真的,这太让人吃惊了!我们从学校的课文中知道德尔斐神谕太久了,以至于在不应该的时候以耸耸肩的惯性来掩饰它。如何相信简单的农村女孩能被训练至一种心理状态,使她们能立即做出统治世界的决定?

顽固的理性主义者只是简单地嘲笑充满神的人,就像我们这个时代的灵媒总被揭露为骗局一样,这些所谓的神谕实际上是别人为了政治或金钱目的在不识字的农民面前操纵的表演。

但这种现实政治的态度充其量只是一种教条主义。在神谕最后的日子里可能有一些诡计,也许是对预言家、那些解释神谕含义的附属祭司或女祭司们的贿赂。但在更早的时候,通过世界上已知的

---

2. 普鲁塔克:《皮提亚神谕》,22, 405C。
3. 见 E.R. Dodds:《希腊人与非理性》(伯克利: University of California Press, 1968),我将其作为这些问题的手册。

最辉煌的智力文明,将如此大规模的欺诈行为维持了整整一千年,是不可能的,绝对不可能。在罗马时期之前,完全没有对神谕的批评。就连政治上睿智、经常愤世嫉俗的柏拉图也恭敬地称德尔斐为"全人类的宗教解释者"。[4]

另一种类似的解释仍然在流行的、有时在专业文献中经常出现,那就是生物化学。它指出,这些幻觉是真实的,但却是由洞内地板下的铯(casium)产生的某种蒸汽引起的。但 1903 年法国的挖掘工作和最近的挖掘工作都清楚地表明,没有这样的铯存在。[5]

或者,月桂中可能存在一种药物,可以产生这样的阿波罗效应。为了验证这一点,我把月桂叶碾碎,用烟斗抽了很多,感觉有些不舒服,但没有比平时更有灵感。我也咀嚼了一个多小时,非常明显地感觉到越来越多的杰恩斯式(Jaynesian)的东西,唉,并非阿波罗式的。[6] 为这种现象寻求外部解释的欢欣鼓舞,只表明某些人不愿承认这种类型的心理现象存在。相反,我提出一个完全不同的解释。为了这个目的,我将在这里引入一个概念,即——

一般的二分范式(General Bicameral Paradigm)

我所说的这句话,是指一大类意识减弱现象背后的一个假设的结构,我将其解释为早期心智的部分遗留问题。该范式有四个方面:

群体认知需求(collective cognitive imperative),或信仰体系,一种文化上一致的期望或规定,定义了一种现象的特定形式以及在其中要扮演的角色;

感应(引导,induction)或正式的仪式化程序,其功能是通过将注意力集中在小范围内的关注点来缩小意识的范围;

---

4. 柏拉图:《理想国》, 4, 427B。我们还应该记住,苏格拉底从神谕中获得了一些我即将称之为"古老的授权"的东西。见《申辩篇》,20E。
5. A. P. Oppé:《德尔斐的鸿沟》,《历史研究杂志》, 1904, 24: 214f。
6. 我感谢 EveLynn McGuinness 在我的一生中以及在这里所扮演的观察者身份,尽管她的角色因她的参与和某种最低限度的崇敬而受到一定程度的损害。我们的否定结果与 T. K. Oesterreich 一致。见他的《恶魔附身及其他》英译本,1930, p. 319, 注释 3。

出神（trance）本身，是对前面二者的反应，以意识的减弱或丧失、模拟的"我"（I）削弱或减损为特征，导致一个被群体接受、容忍或鼓励的角色；

出神所指向的或与之相关的古老授权（archaic authorization），通常是一个神，但有时是一个被个人和他的文化接受为权威的人，并且在集体认知的需求下，被指定为负责控制出神状态。

我并不是说要将"一般的二分范式"的这四个方面视为必要的时间相续，尽管感应和出神通常是相继发生的。但认知需求和古老的授权贯穿始终。此外，这些元素之间存在着一种平衡或总和，当其中一个元素薄弱时，其他元素必须强大，现象才会出现。因此，随着时间的推移，特别是在意识开始后的一千年里，集体认知需求变得更弱（也就是说，一般人倾向于对古老的授权持怀疑态度），在这种情况下，我们发现对感应程序的强调和复杂程度都在上升，而出神状态本身也变得更加深奥。

我把一般的二分范式称为结构，不仅意味着一个可以分析这些现象的逻辑结构，而且还意味着一些目前尚未明确的神经结构或大脑区域之间的关系，也许就像第一篇第五章中提出的二分心智模型那样。因此，可以预期，第三篇中提到的所有现象在某种程度上都涉及右脑的功能，其方式与普通意识生活不同。甚至有可能在其中一些现象中，我们有部分周期性的右脑优势，可以被认为是九千年来二分心智的选择性神经学残余。

这种一般的二分范式在德尔斐神谕中的应用是显而易见的:精心设计的感应程序，失去意识的出神状态，热衷于追求阿波罗的授权。但我想强调的是集体认知的必要、群体信仰、文化规定或期望(所有这些术语都表明我的意思)。对出神的女祭司的文化需求的巨大性无论怎么强调都不过分。整个希腊世界都相信，而且长达一千年之久。每天有多达三万五千人从地中海世界的各个角落通过海路艰难地到达德尔斐下方依偎着迂回海岸的依提亚（Itea）小港口。他们也要经过感应程序，在卡斯塔利亚（Castalian）的泉水中净化自己，在坚持走完朝圣之路的过程中向阿波罗和其他神灵献上祭品。在神谕的后几个世纪里，超过四千座供奉的雕像挤满了这220码长的帕纳索斯（Parnassus）山的一侧，爬上神谕之庙。我认为，这种巨大的社会规定和期望的汇合，比单纯的信仰更接近定义，可以解释神谕的心理学与答案的即时性。在它面前，任何怀疑主义都是不可能的，诸如我们怀疑收音机的讲话是从一个我们看不到的演播室里发出的那样。而在这一点上现代心理学必须对其心存敬畏。

对于这种因果关系的期待，应该加上一些自然场景本身的内容。神谕开始于某些特定的令人生畏的地方，鬼斧神工的山峰或峡谷，致幻的风或波浪，象征性的闪光和远景，我认为这些都比日常生活的分析层面更有利于引发右脑活动。也许可以说，在公元前一千年的前半部分，二分心智的地理分布正在缩减到仍然可以听到诸神声音的敬畏和美丽的场所。

当然，德尔斐的巨大悬崖包含了这样的暗示，并充分填充了它：一座高耸、翻滚的岩石熔炉，海风在上面呼啸，盐雾萦绕，仿佛梦中的大自然在诡谲的角度扭曲自己，坠入闪闪发光的橄榄树叶和阴郁的不朽大海的蓝色浪花中。

(然而，我们今天很难欣赏这种对风景的敬畏，我们有意识的"内心"世界对景观的纯粹反应以及对沧海桑田的地理变化的经验是如此的模糊。此外，今天的德尔斐已不复当年。五英亩的残垣断柱，欢快的涂鸦，咔嚓咔嚓按动相机的游客，以及白色大理石桩，蚂蚁在上面无视地爬行，都不是神圣灵感之源。)

其他神谕

特别推荐这种对德尔斐的文化解释的事实是，当时整个文明世界都有类似的神谕，即使不那么重要。阿波罗还分布在其他地方：在波欧提亚（Boeotia）的Ptoa、布朗奇达伊（Branchidae）和小亚细亚的帕塔拉（Patara）。在后者，作为引导的一部分，女先知在晚上被锁在神庙里与她的幻觉神交合，以便更好地成为他的媒介。[7] 克拉罗斯（Claros）的大神谕有祭司作为媒介，塔西佗在一世纪曾参访过他们的狂热活动。[8] 牧神潘（Pan）在 Acacesium 有一个神谕所，但它很早就不存在了。[9] 以弗所（Ephesus）的黄金神谕，因其巨大的财富而闻名，有阉人作为女神阿尔忒弥斯（Artemis）的代言人。[10]（顺便说一下，他们的法衣样式至今仍被希腊东正教会使用）。而现代芭蕾舞演员在脚尖上的反常起舞被认为是源于女神祭坛前的舞蹈。[11] 任何与日常相反的东西都可以作为参与一般的二分模式的线索。

多多纳（Dodona）的宙斯之声一定是最古老的神谕之一，因为奥德修斯曾前往拜访，以了解是光明正大还是偷偷摸摸返回伊萨卡。[12] 当时它可能只是一棵神圣的大橡树，奥林匹斯的声音是从树叶之间飒飒作响的风中幻化出来的，这让人好奇在把橡树视为圣物的德鲁伊人（Druids）中是否发生了类似的事情。直到公元前五世纪，人们才不再直接听到宙斯的声音，多多纳有一座神庙和一位女祭司在无意识的恍惚中为他说话，[13] 这又一次符合了二分心智理论所预测的时间顺序。

不仅是神的声音，死去的王的声音也仍然可以以二分的方式被听到，就像我们先前提出的神的起源。安菲阿拉乌斯（Amphiaraus）是阿尔戈斯（Argos）的英雄王子，据说是在愤怒的宙斯怂恿下，坠入波欧提亚的峡谷而死。此后几个世纪，他的声音一直从鸿沟中"传出"，回答着请愿者的问题。但随着几个世纪的过去，"声音"只被住在那里的某些出神的女祭司所幻化。在后来的时间里，她们与其说是回答问题，不如说是为那些咨询该声音的人解梦。[14]

---

7. 希罗多德，1∶182。
8. 塔西佗：《编年史》，2154。
9. Pausanias：《希腊描述》，J.E. Fraser 译 (伦敦: Macmillan, 1898), 37:8。
10. Charles Picard, *Ephese et Claros* (巴黎: de Bocard, 1922)。
11. Louis Sechan：《希腊古典舞蹈》(巴黎: de Bocard, 1930)，以及 Lincoln Kirstein：《舞蹈之书》(Garden City: Garden City Publishing Co., 1942)。
12. 《奥德赛》，14:327; 19:296。
13. Aelius Aristides：《演说集》，45∶n。
14. Pausanias：《希腊描述》，1，34:5。

然而，在某些方面，从二分心智的假设来看，最有趣的是德尔斐以东20英里的莱巴迪亚（Lebadea）的特罗佛尼乌斯（Trophonius）的幻觉声音。因为它是直接声音中持续时间最长的，没有中间的祭司。即使在今天，神谕的圣所仍保留着一些古代的威严，它是三座高耸悬崖的相遇之所，潺潺的泉水从庄严的地缝中汩汩涌出，顺从地流向石质的沟壑。再往上一点，在一条沟壑开始蜿蜒进入山腹的地方，曾经有一个在岩石上雕刻出来的细胞状凹坑，在地下水道上方向下挤压成一个烤箱状的神龛。

当一般二分范式的集体要求较少时，当对这种现象的信仰和信任随着理性主义的发展而减弱时，特别是当它不再仅仅适用于受过训练的女祭司，而是应用于任何祈求者时，感应的时间会更长，更复杂，以作为补偿。这就是在莱巴德亚（Lebadea）发生的事情。罗马旅行家保萨尼亚斯（Pausanias）描述了他公元 150 年[15] 在那里发现的精心设计的感应程序。

他告诉我们，经过几天的等待、净化、占卜和期待，有一天晚上他突然被两个圣洁的男孩带去洗澡和涂油，然后喝了遗忘河（Lethe）的泉水，忘记了他是谁(失去了模拟的"我")，然后被逼着在记忆之泉（Mnemosyne）边啜饮，以便记住以后要揭示的东西(像催眠后的暗示)。之后，他被要求崇拜一个秘密的形象，穿上圣洁的亚麻布，束上神圣的缎带，穿上特殊的靴子，然后，只有在更多预兆的支持下，才从一个冰冷的梯子上下来，进入虔诚的深坑，那里有黑暗的洪流，神圣的信息迅速清晰地表达出来。

六个神谕的术语

随着希腊人从普遍的二分心智走向普遍的有意识，这些二分世界的神谕残余及其权威也发生了变化，越来越不稳定，越来越难以获得。我认为，这一切有一个松散的模式，在其存在的一千年里，神谕

---

15. 同上，9, 39:11。

处于持续的衰落状态,可以用六个术语来理解。这些可以被视为二分心智以降的六个步骤,因为其集体认知需求(collective cognitive imperative)越来越弱了

1. 地方性神谕(The locality oracle)。神谕开始时只是在特定的地点,由于周围环境的一些可畏性,一些重要的事件或一些致幻的声音、波浪、水流或风,任何祈求者仍可直接"听到"一个二分的声音。莱巴德亚仍然停留在这个术语上,可能是因为其显著的感应性。

2. 预言家的神谕(The prophet oracle)。通常情况下,会出现这样的说法:只有某些人、祭司或女祭司能在当地"听到"神的声音。

3. 训练有素的先知神谕(The trained prophet oracle)。这些人、祭司只有在经过长期训练和引导后才能"听到"。在这之前,这个人仍然是自己,并将神的声音转达给其他人。

4. 被附身的神谕(The possessed oracle)。然后,至少从公元前五世纪开始,出现了附体的说法,即经过更多的训练和更精心的引导,出现了狂热的嘴和扭曲的身体。

5. 被解释的被附身的神谕(The interpreted possessed oracle)。随着认知需求的减弱,话语变得杂乱无章,必须由经过感应程序的辅助祭司或女祭司来解释。

6. 不稳定的神谕(The erratic oracle)。然后连这也变得困难了。声音变得飘忽不定,被附身的先知不稳定,解释变得不可能,神谕也随之结束了。

德尔斐的神谕持续的时间最长。这是一个惊人的证据,证明了其对希腊黄金时代的怀念神的主体性的至高无上的重要性,以至于它持续了如此之久,特别是当我们回忆起,在几乎每一次入侵中,它都站在入侵者一边:公元前五世纪初的薛西斯一世(Xerxes I),公元前四世纪的腓力二世(Philip II),甚至在伯罗奔尼撒战争中,它都站在斯巴达一边。在历史的力量中,二分心智现象的力量就是如此。它甚至在圆形剧场里活出了欧里庇得斯的悲伤、滑稽、爱国的嘲讽。

但到了公元一世纪，德尔斐已经走到了第六个时期。二分性已经越来越远地退到了不为人知的过去，怀疑主义已经超越了信仰。神谕的强大文化认知需求日渐衰竭，而且越来越频繁地失效。公元60年，普鲁塔克讲述了德尔斐的一个例子。女预言家很不情愿地尝试了一次出神，因为预兆很可怕。她开始用嘶哑的声音说话，似乎很痛苦，然后显得充满了"愚蠢和邪恶的灵魂"，尖叫着跑向入口，倒了下去。其他所有人，包括她的先知，都落荒而逃。记载还说，他们回来时发现她部分恢复了，但随即在几天内就死了。[16] 由于这可能是由普鲁塔克的一位私人朋友先知观察到的，我们没有理由怀疑其真实性。[17]

然而，即使有这些神经质的失败，德尔斐仍然被渴望传统的怀有希腊情结的罗马人所咨询。最后一个这样做的是我的同名人，朱利安（Julian）皇帝，他追随他的同名人朱利安努斯（Julianus），后者从幻觉中的神灵那里写下了他的迦勒底（Chaldaean）神谕，企图恢复古代的神灵。作为这种个人追求授权的一部分，他试图在公元363年恢复德尔斐，在它被康斯坦丁洗劫三年之后。通过剩下的女祭司，阿波罗预言他将不再预言。而预言成真了。二分心智已经走到了它的众多终点之一。

西比尔斯

神谕时代跨越了二分心智崩溃后的整个千年时间。随着它的慢慢消亡，四处出现了未经训练、没有组织的业余预言家，他们自发地感到自己被神灵附身。当然，可能大多数人只是在说精神分裂的废话。但也有一些人具备某种真实性，足以令人信服。在这些人中，有为数不多但数量不详的怪异而美妙的女子，被称为西比尔斯（Sibyls），来自伊欧里斯语（Aeolic）的sios（神）+boule（建议）。

---

16. 普鲁塔克：《神谕的失败》，51，438C。
17. Dodds：《希腊人与非理性》，p. 72。

在公元前一世纪，瓦罗（Varro）可以数出在地中海世界至少有十个西比尔斯。但在更偏远的地区肯定还有更多。他们离群索居，有时是在为他们建造的受人尊敬的山间神庙，或者是在靠近呜咽的海洋的凝灰质地下洞穴，就像伟大的库迈斯（Cumaean）女巫那样。维吉尔可能在公元前 40 年左右拜访过后者，他在《埃涅伊德》（Aeneid）第六卷中描述了她与附身的阿波罗一起狂热地劳动。

像神谕一样，直到公元三世纪，西比尔斯们还被要求对高低事务做出决定。她们的回答充满了道德热情，甚至连早期基督教教父和希腊化的犹太人都把她们当作与《旧约》中的先知相提并论的预言家来崇拜。特别是早期的基督教会利用她们通常是伪造的预言来支持自己的神圣真实性。甚至一千年后，在梵蒂冈，米开朗基罗将四位西比尔斯画在西斯廷教堂天花板上的高耸的壁龛里。甚至几个世纪后，这些肌肉发达的女士们与她们打开的神谕书的副本，在新英格兰的一元论主日学校里俯视着现场的作家。这就是我们的机构对授权的渴求。

当他们也停止了，当诸神不再以先知和神谕的形式居住在人类身上时，人类就会寻找其他的方式来填补天地之间的空白。于是出现了新的宗教，基督教、诺斯替教和新柏拉图主义。出现了新的行为准则，将被神抛弃的人与现在空间化时间的巨大意识景观联系起来，如斯多葛主义和伊壁鸠鲁主义。占卜的制度化和精细化超越了亚述的一切，占卜被正式纳入政治国家，以对重要事项作出决定。正如希腊文明是通过神谕固定下来的一样，罗马现在也是通过占卜和预言家固定下来的。

偶像的复兴

但即使是这些也不能满足普通人对超越性的需求。神谕和先知的失败之后，仿佛要取代他们的是试图复兴类似于在二分心智时代那些偶像。

正如我们所看到的，伟大的二分心智文明曾使用各种各样的雕像来帮助幻听。但当这些声音在向主观意识的调整中停止时，一切都沉寂了。大多数神像被摧毁。晚期的二分心智王国在其嫉妒的神的授意下，总是砸碎和烧毁对立的神或王的雕像。而当偶像不再被听到和被崇拜时，这种做法就会加速。约西亚国王在公元前七世纪下令销毁其领地内的所有偶像。《旧约》中充满了对偶像的毁灭，以及对那些制造新偶像的人的咒骂。到了公元前一千年中期，偶像崇拜只在偶然出现，不稳定且不重要。

奇怪的是，这时有一种非常小型的崇拜，即从被砍下的头颅产生幻觉。希罗多德 (4:26) 谈到了在不为人知的伊塞多内斯 (Issedones) 的做法，即给头颅镀金并向它献祭。据说，斯巴达的克利奥米尼斯 (Cleomenes) 在蜂蜜中保留了阿考尼德（Archonides）的头颅，并在开展任何工作前咨询它。公元前四世纪埃特鲁里亚（Etruria）的几个花瓶描绘了人们询问神灵头颅的场景。[18] 亚里士多德揶揄地提到了粗野的卡里亚人（Carians）被砍下的头颅，它继续"说话"。[19] 而这就是全部。因此，在主观意识牢固确立之后，对偶像产生幻觉的做法只是零星地出现。

但是，当我们接近基督教时代的开始时，随着神谕被嘲笑至沉默，有一个非常真实的偶像崇拜的复兴。曾经把颓废的希腊和崛起的罗马的山丘和城市染白的神庙现在挤满了越来越多的神像。到了公元一世纪，使徒保罗绝望地发现雅典充满了偶像(《使徒行传》第17章)，而我们几页前在莱巴德亚遇到的保萨尼亚斯则描述说，在他的旅行中，到处都是可以想象的各种类型的偶像:大理石和象牙，镀金和绘画，真人大小或两三层楼高。

这样的偶像是否对其崇拜者"说话"？毫无疑问这种情况时有发生，就像在二分心智时代一样。但总的来说，在主观意识时代，这种情形是否经常自发发生，似乎非常值得怀疑。否则，就不会出现对人工手段、魔法和化学的日益关注，以获得来自石头和象牙神的幻

---

18. 见John Cohen,《人类机器人和计算机艺术》,《今日历史》, 1970 , 8:562。
19.《论动物的部分》, III, 10:9-12。

觉信息。在这里,我们再次看到了一般的二分范式进入历史:集体认知的需求、感应、出神和古老的授权。

在埃及,二元性和主观性之间的断裂点远没有在更动荡的国家那么尖锐,那里有所谓的赫尔墨斯(Hermetic)文学的发展。这是一系列描述各种感应程序的纸莎草,这些程序在二分确定性的边缘出现,并在有意识的世界里传播。其中有一篇名为"阿斯克勒庇俄斯"(Asclepus)的对话(以希腊医神的名字命名),描述了借助草药、宝石和气味将恶魔或天使的灵魂囚禁在雕像中的艺术,这样雕像就能说话和预言。[20] 在其他的纸莎草纸中,还有另外的建造这类雕像和赋予其生命的配方,例如雕像是空心的,以便装入一个刻在金箔上的神奇名字。

到了公元一世纪,这种做法已经传遍了大部分文明世界。在希腊,关于公共崇拜雕像的神奇行为的传说爆发了。在罗马,尼禄褒奖了一尊警告他有阴谋的雕像。[21] 阿普莱厄斯(Apuleius)被指控拥有一尊。[22] 公元二世纪时,产生幻觉的神像是如此普遍,以至于卢西恩在他的《为爱说谎》(*Philopseudes*)中讽刺了对它们的信仰。新柏拉图主义的神学使徒杨布利柯(Iamblichus),如在其《关于雕像》(*Peri agalmaton*)中被称为的,试图证明"偶像是神圣的,充满了神圣的存在",为这种偶像确立了一种风尚,以对抗基督教批评家的狂热谴责。他的弟子们从偶像那里得到了各种不同的预兆。一个产生幻觉的人吹嘘说,他能让赫卡特(Hecate)的雕像笑起来,并使她手中的火把亮起来。另一个人觉得他可以通过雕像给他的感觉来判断它是有生命还是无生命。甚至连迦太基的灰衣主教西普里安(Cyprian)也在第三世纪抱怨"潜伏在雕像和圣像下的精灵"。[23]

---

20. 献给医神阿斯克勒庇俄斯的各个庙宇的记录中,充满了对病人睡觉时的诊断和治疗指令的报道。这些记录由 E.J. 和 L. Edelstein 收集和翻译:《阿斯克勒庇俄斯:证言的搜集与释义》,2 vols., 1945。
21. Suetonius:《尼禄》,56。
22. Apuleius:《申辩》,63。
23. E. R. Dodds《希腊人与非理性》提到了其他的例子。

在神谕和预言失败后整个文明世界都在努力唤起二分心智，在这次偶像崇拜的显著复兴中，充满了各种类型和描述的雕像的显现。

这一切怎么可能是可信的?既然已经进入了主观时代，当人们为自己的理性和常识感到自豪，并且终于知道这样的经验是虚假的幻觉时，他们怎么可能真的相信雕像体现了真正的神灵?而且真的会说话?

让我们回顾一下这几个世纪以来，人们几乎普遍相信心灵和物质分离的绝对二元论。心灵、灵魂、精神或意识(所有这些都被混为一谈)是上天强加在物质身体上的东西，以赋予它生命。这个时代的所有新宗教在这一点上都是一致的。如果灵魂可以被强加在肉体这样脆弱的东西上，强加在一个必须在一端塞入动植物养料、在另一端恶臭地排泄的容易受伤的躯体上，一个被岁月弄皱，被风皲裂，被疾病残酷地折磨的罪恶的容器上，使它活着而且可以通过与戳穿洋葱相同的行为，在瞬间将它与它所拥有的灵魂切开；那么，生命，神圣的生命，是多么有可能被上天赋予一尊美丽的雕像，它有着洁白无暇的大理石或无病的黄金身体。例如，公元四世纪的卡里斯特拉图斯（Callistratus），写到阿斯克勒庇俄斯神（Asclepius）的象牙和黄金雕像：

> 我们是否应该承认神的精神降临人的身体，甚至在那里被激情玷污，但却不相信在没有随之产生邪恶的情况下也会如此?…因为你看，在艺术描绘了神之后，图像是如何进入神本身的！尽管它是物质，却蕴含着神圣的智慧。[24]

而他和世界上大多数人都相信这一点。

如果不是四世纪的君士坦丁像一千年前以色列的约西亚国王一样，派他的基督教皈依者大军拿着大锤穿过曾经的二分心智世界，砸

---

[24]. Callistratus：《描述》, 10 , A. Fairbanks 译 (Loeb Classical Library, 1902)。

碎眼前的所有物理残余，今天这一切的证据就会更加明显。在二分心智崩溃后，每个神都是嫉妒的神。

但是，即使这样的破坏也不能废除偶像崇拜的做法，对我们的行为有某种授权是至关重要的。中世纪的意大利和拜占庭相信被施了魔法的偶像有能力避免灾难。臭名昭著的圣殿骑士团（Knights Templars）至少被指控听命于一个叫巴弗灭（Baphomet）的金头。在中世纪晚期，致幻神像变得如此普遍，以至于教皇约翰二十二世（Pope John XXII）在1326年发布的公告中谴责了那些用魔法将恶魔囚禁在图像或其他物体中、审问他们并获得答案的人。即使到了宗教改革时期，修道院和教堂也争相用创造奇迹的雕像来吸引朝圣者(和他们的供品)。

在某些时代，也许当这种二分经验的认知需要在理性主义的阳光下开始枯萎时，对雕像生命力的信仰偶尔会通过使用欺诈性的手段来维持。[25] 其中一个例子是博克斯利（Boxley）的一个真人大小的中世纪被钉在十字架上的耶稣神像，它对忏悔者翻白眼，流眼泪，口吐白沫，在16世纪被发现有"某些引擎和旧电线，后面有旧的腐烂的棍子"。[26] 但我们不应该在这里过分地嘲讽。虽然这种人造的活力往往是欺骗渴望奇迹的朝圣者的手段，但它也可能是为了引诱神灵以更逼真的雕像来表现自己。正如十四世纪关于这个问题的小册子所解释的那样，"上帝创造奇迹的能力在一个形象中比在另一个形象中更低。"[27] 当代一些部落中的活的偶像被其崇拜者以同样的方式解释。

偶像崇拜仍然是一种社会凝聚力——它的原始功能。我们的公园和公共花园仍然是过去领导人的英雄雕像的花圃。虽然我们中很少有人能幻化出他们的语言，但我们仍然可以在适当的场合给他们

---

25. F. Poulsen：《说话、哭泣和流血的雕塑》，见《艾达考古》，1945, 16：178f。
26. 见Jonathan Sumption的《朝圣：中世纪宗教的写照》（Totawa, N.J.: Rowman and Littlefield, 1975）, p. 56；还有Julia Holloway 即将发表的《朝圣者》。我很感谢她让我注意到这一点。
27. 引自 Sumption 所著的罗拉德派手稿《灯火》，第270页。

送上花圈等礼物，甚至像在乌尔的吉格努斯（gigunus）所送的更大的礼物一样。在世界各地的教堂、寺庙和圣地，宗教雕像仍在被雕刻、绘画和祈祷。天后（Queen of Heaven）的肖像悬挂在美国挡风玻璃的镜面上保平安。我采访过的住在宗教氛围浓厚的修道院的十几岁女孩，经常在夜深人静时偷偷溜到小教堂，向我提到她们能够"听到"圣母玛利亚雕像说话的兴奋，"看到"她的嘴唇在动，或者她的头在低，或者——有时——她的眼睛在流泪。在天主教世界的大部分地区，耶稣、玛丽和圣徒的温和偶像仍在沐浴、穿戴和焚烧、戴鲜花、珠宝，在节庆日从钟声响起的教堂里推出来，光彩照人地在城镇和乡间巡游。在他们面前摆放特殊的食物，或者在他们面前跳舞和鞠躬，仍然会产生神奇的兴奋感。[28] 这种奉献与四千年前美索不达米亚的类似神灵出游的不同，主要在于神像的相对沉默。

---

28. 如福楼拜的美丽故事《简单的心》。

第二章

先知和附体

在前面的神谕理论中，我相信读者已经看到了论证中跳过了的深刻的差距。我把一般的二分范式称为二分心智的残余。然而，至少从第四个神谕期开始，这种意识模糊或丧失的出神状态并不是二分心智的复制。相反，在神谕存在的余下时期里，神的一方完全支配了人和他的语言，这种支配通过人说话，但不允许他记住之后发生的事情。这种现象被称为附体。

它所带来的问题并不局限于遥远的古代神谕。它发生在今天。在历史上也发生过。它有一种否定的形式，似乎是《新约》中加利利最常见的疾病之一。可以说，至少美索不达米亚、以色列、希腊和其他地方的一些流浪先知并不是简单地向听众转述他们在幻觉中听到的东西，神圣的信息直接来自先知的发声器官，在讲话时没有任何对"他"的角色的认知，也没有对它的记忆。如果我们把这称为意识的丧失，我会认为，这样的说法是很有问题的。那么，是否也可以说，这不是意识的丧失，而是被一种新的、不同的意识所取代?但这能意味着什么呢?或者说，从所谓被附体者口中说出的语言组织，在第一篇第二章中描述的在心灵空间中叙事的意义上，根本就没有意识?

这些问题不是通过简单的回答就能解决的。我们可能认为附体的形而上学本质是本体论上的废话，但这一现实不应使我们对考察这种特殊的历史和信仰能带来的心理和历史洞察力视而不见。事实上，任何关于意识及其在时间中的起源的理论都必须面对这些晦涩难懂的东西。而我确实建议，本书中的理论比任何其他理论都更能为时间和心灵的这些黑暗角落提供火把。因为如果我们仍然坚持意识是在低等脊椎动物中某处的纯粹生物进化，那么如何能接近这种现象或开始理解它们在历史和文化上的隔离性质？只有当意识是在集体认知需求的支配下学习的时候，我们才能以任何方式把握住这些问题。

我们理解任何精神现象的第一步必须是划定它在历史时间中的存在。它是什么时候首次出现的？

至少在希腊，答案是非常清楚的。在《伊利亚特》、《奥德赛》或其他早期诗歌中，没有所谓的附体或任何类似的暗示。在真正的二分心智时代，没有"神"通过人的嘴唇说话。然而到了公元前400年，它显然就像我们的教堂一样普遍，无论是散落在希腊的许多神谕中，还是在个人身上。二分心智已经消失了，附体是它的痕迹。

公元前四世纪，柏拉图让苏格拉底在一次政治讨论中随口说："被上帝附身的人说了很多真理，但对他们所说的一无所知"，[1] 仿佛在雅典的街道上每天都能听到先知的声音。而且他对他那个时代的神谕中的意识丧失非常清楚：

> ....因为预言是一种疯狂，德尔斐的女先知和多多纳的女祭司在失去理智的时候给希腊人带来了巨大的好处，无论是在公共生活还是私人生活中，但在理智的时候则很少或没有。[2]

因此，在随后的几个世纪里，所谓的附体是指对普通意识的抹杀。在柏拉图之后四百年，即公元一世纪，斐洛（Philo Judaeus）断然指出：

---

1. 《美诺篇》，99C。另见《蒂迈欧篇》，71E-72A，其中说："没有人在他的智慧中达到预言的真理和灵感"。
2. 《斐德罗篇》，244B。

当他(先知)受到启发时,他变得无意识;思想消失了,离开了灵魂的堡垒;但神圣的精神已经进入那里,并占据了它的住所;后来,这使所有的器官鸣响,这样,人就能清楚地表达出圣灵给他讲的东西。[3]

此后的一个世纪也是如此,如阿里斯蒂德(Aristides)说,多多纳神谕的女祭司们:

...在被神灵抓住之前,不知道自己要说什么,同样,在恢复了自然的感官之后,也不记得自己说过什么,所以除了他们自己,每个人都知道他们说了什么。[4]

三世纪初领先的新柏拉图主义者杨布里科斯(Iamblichus)坚持认为,神圣的附体"参与"了神性,与神有一种"共同的能量",并且"确实包含了我们身上的一切,但却消灭了我们自己的适当意识和行动"。[5] 那么,这样的附体并不是回归到真正意义上的二分心智。因为当阿喀琉斯在一千年前听到雅典娜的声音时,他当然知道对方对他说了什么;这就是二分心智的功能。

这就是问题的核心所在。被附身的先知的言语不是幻觉,不是由有意识的、半有意识的、甚至是无意识的人听到的,就像在二分心智的情况下。它在外部表达,并被其他人听到。它只发生在有正常意识的人身上,并与失去意识同时发生。那么,我们有什么理由说这两种现象,即二分心智的幻觉和被附身者的语言是相关的呢?

我没有一个真正有力的答案。只能谦卑地坚持认为它们是相关的,(1) 因为它们在为相同的社会功能服务,(2) 因为它们产生了类似的授权交流,(3) 因为我们所掌握的关于神谕早期历史的少量证据表明,在某些地方的少数制度化的人身上的附身是由这些地方的任何人

---

3. 斐罗:《论特殊法律》, 4, 343M, Cohn and Wendland编,他在另一个地方说:"真正受到启发并被神充满的人不能用他的智慧理解他所说的话;他只会重复别人向他暗示的内容,就像另一个人提示他一样",222M。
4. 阿里斯蒂德:《歌剧》,213。
5. Iamblichus:《论神秘》, 3:8,或 Thomas Taylor 的英译本 (伦敦: Theosophical Society, 1895), pp. 128-129。

对神的幻觉逐渐发展出来的。因此,至少可以认为,附身是一种特殊的转变,是二分心智的衍生物,在这种情况下,感应仪式、不同的集体认知需要和训练有素的期望导致了二分心智神的一面对特定人的公开的附体。也许可以说,为了找回旧日的心智,发展中的意识越来越多地被抹去,随之抑制了人的一面,让神的一面控制了语言本身。

那么这种心智的神经系统又是怎样的呢?根据我在第一篇第五章中提出的模型,我们必须自然地假设,在附体的情况下,正常的半脑支配关系出现了某种失调,右脑比正常状态下更活跃一些。换句话说,如果我们能把电极放在陷入狂热的德尔斐神谕者的头皮上,会不会发现她右半球的脑电图相对较快(因此活动较多),与她的附体有关?特别是在她的右颞叶上?

我认为,会的。至少有一种可能性,即两个半脑的支配关系将被改变,而且神谕的早期训练确实是使右脑的活动比例高于左脑,作为对感应仪式的复杂刺激的反应。这样的假设也可以解释扭曲的特征、狂热和眼球震颤的表现,作为右脑的不正常干扰或左脑的抑制释放。[6]

这里还可以补充一个关于性别差异的评论。现在大家都知道,从生物学上讲,女性大脑功能比男性的侧向化要小一些。这意味着女性的心理功能并不像男性那样被定位在一个或另一个半脑。女性的心理能力更多的是分散在两个半脑。例如,即使到了六岁,男孩仅凭感觉可以更好地辨认出左手中的物体。在女孩中则两只手都是一样的。这表明,男孩的所谓触觉识别已经主要定位在右脑,而女孩则不然。[7]而且众所周知,左半球中风或出血的老年男性比具有类似诊断的老年女性更容易失语。因此,我们可能期望女性的右脑有

---

6. 很可能不是右运动皮层在控制面部表情,而是右颞叶的异常活动扭曲了基底神经节对面部表情输入的对称性。

7. Sandra F. Witelson:《性别与单一半球》,见《科学》,1976, 193:425-427。关于这个问题的大约30项其他研究的整理,见 Richard A. Harshman 和 Roger Remington:《性别、语言和大脑,第一部分:成人性别偏侧性差异文献综述》,作者预印本,1975;也见 Stevan Harnad:《论语言中的性别差异》,见《当代人类学》,1976, 17:327-328.

更多的语言功能残留,使女性更容易学习成为神谕者。而事实上,至少在欧洲文化中,大多数神谕者和西比尔斯都是女性。

感应附体

正如我们在本篇第一章所看到的那样,在神谕的先知们口中像神一样说出的有组织的无意识话语,到了基督教纪元的前几个世纪,变得飘忽不定,沉默寡言。它陷入了理性主义的围攻,在滑稽戏剧和文学中,被猛烈批评和抨击。这种对一般文化特征的公共(实际上是城镇的)的压制,往往导致将其推向私人实践,推向深奥的教派和秘密信仰,在那里其认知需求受到保护,不受这种批评的影响。感应附身也是如此。随着神谕被嘲笑到沉默,这种对授权的追求促使私人团体广泛尝试将神灵找回,让他们通过几乎任何人说话。

公元二世纪,这种教派的数量日益增多。他们的降神会有时在官方的神殿举行,但越来越多的是在私人圈子里。通常,一个被称为 *felestike* 或操作者的人试图在另一个被称为 katochos 的人(或更特别的是一个 *docheus*,或在同时期的传说中被称为灵媒)身上暂时化身为神。[8] 人们很快发现,如果这种现象要起作用,katochos 应该来自一个简单的背景,这一点贯穿所有关于附身的文献。三世纪初的杨布里科斯、这一切的真正使徒,说,最合适的灵媒是"年轻而单纯的人"。我们也记得,那些没有受过教育的乡下女孩被选为德尔斐神谕的女祭司。其它著作中提到了一些青少年,如男孩埃德修斯(Aedesius),他"只需戴上花环,看着太阳,就能立即以最佳的灵感方式发出可靠的神谕"。据推测,这是由于精心的训练所致。从神谕的训练以及罗得岛的毕达哥拉斯在第三世纪的一段评论中可以看出,这种感应的二分性质的附体是需要习得的,即神灵起初是不情愿来的,当他们形成进入同一个人的习惯后,就比较容易了。

---

8. 在这一部分的讨论中,我得益于 E.R. Dodds《希腊人与非理性》(伯克利: University of California Press, 1968),附录2:"神通术"中的大量信息,在那里可以找到许多其他参考资料。

我认为，所学到的是一种接近二分心智的状态，作为对感应的回应。这很重要。我们通常不会想到学习一种新的无意识状态，也许是我们大脑半球之间的一种全新的关系，就像我们想到学习骑自行车一样。

由于这是学习一种现在很困难的神经系统状态，与日常生活如此不同，因此，感应的线索必须是疯狂而独特的，与日常生活有极端的区别，这一点并不奇怪。

他们当然是与众不同的：任何古怪的东西，任何奇怪的东西，为接受更高层次的存在而准备精神灵魂（anima sfiritalis）：在烟雾或圣水中沐浴，穿上带有魔法的宽大长袍（chitons），戴上奇怪的花环或神秘的符号，像中世纪的魔术师那样站在魔法圈中，或像浮士德那样站在符咒 charakteres）上使梅菲斯特（Mephistoles）产生幻觉，或像埃及人那样用马钱子碱涂抹眼睛以获得幻觉，或用硫磺和海水清洗，这是一种非常古老的方法，始于希腊，如公元二世纪的波菲利（Porphyry）所说。当然，所有这些都没有作用，除非他们被认为有作用——就像我们这个时代没有"自由意志"，除非我们相信我们有。

这种"接受神"，所做的一切，在心理上与我们所研究的其他形式的附身并无不同。Katochos中的意识和正常反应通常处于完全暂停状态，因此有必要让其他人来照顾他。在这样的深度恍惚中，神据说会揭示过去或未来，或回答问题并做出决定，就像在古老的希腊神谕中一样。

当这些神灵不正确时，该如何解释呢？好吧，邪灵、而非真神可能被召唤，或者其他侵入性的灵体可能占据了灵媒。杨布里科斯本人声称在他的灵媒中揭开了一个所谓的阿波罗的面纱，他只是一个角斗士的幽灵。这样的借口在后来的灵媒主义（spiritualism）的颓废文学中回荡着。

当降神会似乎不奏效时，操作者也经常经历净化仪式的引导，使他进入幻觉状态，这样他就能更清楚地"看到"或从无意识的灵媒中"听到"一些也许灵媒根本没有说过的话。这种双重性类似于先知与神谕的关系，也解释了媒体各种关于身体悬浮、拉长或膨胀的报道。[9]

到了三世纪末，基督教突然用自己的授权主张淹没了异教世界，并开始将当时存在的许多异教实践融入自身。附体的观念就是其中之一。但它是以一种超越的方式被吸收的。几乎就在杨布里科斯教授将神灵引导到雕像中，或让年轻的文盲katochoi "参与"神性并与神灵有"共同的能量"的同时，亚历山大的有竞争力的主教亚他那修（Athanasius）开始为不识字的耶稣宣称同样的事情。基督徒弥赛亚此前一直被视为像耶和华一样，也许是一个半神：一半是人，一半是神，反映了他所谓的出身。但亚他那修说服了君士坦丁、他的尼西亚（Nicaea）会议以及此后的大多数基督教，认为耶稣参与了耶和华，是相同的物质，是二分心智的道成肉身（Bicameral Word made Flesh）。我想我们可以说，成长中的教会面临着分裂成不同教派的危险，它把附体的主观现象夸大成客观的神学逻辑教条。这样做是为了宣称对绝对授权的更大主张。对亚他那斯（Athanasian）的基督徒来说，真正的神灵确实已经回到了人间，并将再次回来。

奇怪的是，这个不断扩大的基督教会既没有怀疑德尔斐神谕，也没有怀疑西比尔斯与天上的现实联系。但是，在简单的男孩身上引发神灵附体的这种异教降神会，在神学上似乎很吵闹，是魔鬼和阴暗灵魂的恶作剧。因此，随着教会在中世纪逐渐上升为政治权威，自愿的感应附体至少在公众面前消失了。它深入到巫术和各种地下巫术，只是偶尔闪现在人们的视线中。

它的当代实践我将在稍后讨论。但首先我们应该研究感应附体的一个文化副作用，一个令人不安的现象，我将称之为：

---

9. 可以说，今天的舞台魔术师的许多表演都源于复制这些神圣干预的"证据"。

消极附体（Negatory Possession）

这个强烈的奇怪的二分心智的残余还有另一面。而且它与本章的其他主题不同。因为它不是对为了找回二分心智而进行的感应仪式的反应。它是对压力的反应，是一种疾病。实际上，情绪压力取代了一般二分范式中的感应，就像在古代一样。而当它发生时，授权是一种不同的类型。

这种差异带来了一个迷人的问题。在《新约》中，我们第一次听到这种自发的附身，它在希腊语中被称为 *daemonizomai*，或恶魔化（demonization）。[10] 从那时起到现在，这种现象的实例往往具有这个词条所包含的否定（negatory）性质。目前还不清楚为什么会有这种否定的特点。在第二篇第四章中，我曾试图提出"邪恶"起源于沉默的二分心智声音的意志空虚中。而这种情况发生在美索不达米亚，特别是在公元前六世纪犹太人所流放的巴比伦，可能说明了在这种症候群开始时，该特点在耶稣世界中的普遍性。

但不管什么原因，它们在个人身上一定与精神分裂症的幻觉的主要消极特性背后的起因类似。事实上，这种类型的附身与精神分裂症的关系似乎很明显。

与精神分裂症一样，否定式附身通常以某种幻觉开始。[11] 它通常是一个恶魔 或其他生物的申斥声音，在相当长的压力时期后"听到"。但是，与精神分裂症不同的是，可能由于群体或宗教的强烈集体认知需求，声音发展成一个人格的次要系统，然后，主体失去控制，定期进入意识丧失的出神状态，人格由"恶魔"一面接管。

患者总是没有受过教育，通常是文盲，而且都衷心地相信有鬼魂、恶魔或类似的存在，并生活在一个这样的社会中。发作通常持续

---

10. 此外，这种附体的例子最常出现在最古老和真实的福音书中。《马可福音》1:32, 5:15-18 和《马太福音》(学者们一致认为它是基于《马可福音》以及一些不知名的更早的福音书) 4:24; 8:16;8:28-33; 9 :32; 12 :22。

11. 在这里，我总结了文献中的案例。关于这个话题的更全面的讨论以及其他案例描述（不是很完整），见 Oesterreich：《附体》;以及 J. L. Nevius；《恶魔附身和相关主题》(芝加哥: Revell, 1896)。

几分钟到一两个小时,病人在两次发作之间相对正常,而且对发作的回忆很少。

与恐怖小说的故事相反,否定式附身主要是一种语言现象,而不是实际行为。在我研究过的所有案例中,很少发现有针对其他人的犯罪行为。患病的人不会像恶魔一样乱跑,他只是像恶魔一样说话。

这种发作通常伴随着扭曲和蠕动,就像感应附身一样。声音是扭曲的,往往是刺耳的,充满了哭声、呻吟声和污言秽语,通常是对当时的制度化的神灵进行抱怨。几乎总是伴随着意识的丧失,因为这个人似乎与他或她平时的自我表现相反。他可能将自己命名为神、恶魔、精灵、鬼魂或动物(在东方通常是狐狸),可能要求设立神龛或被敬奉,如果不答应,病人就会陷入抽搐状态。他通常以第三人称描述他的自然自我,作为一个被鄙视的陌生人,就像耶和华有时鄙视他的先知或缪斯讥笑他们的诗人。[12] 而且"他"常常看起来比病人在正常状态下要聪明和警觉得多,就像耶和华和缪斯女神比先知或诗人更聪明和警觉一样。

就像精神分裂症一样,病人可能会执行他人的建议,更奇怪的是,他可能对与观察者签订的合同或条约感兴趣,比如承诺如果做了这样那样的事情,"他"就会离开病人,这些交易被"恶魔"忠实地执行,就像《旧约》中耶和华有时的类似承诺一样。与这种暗示性和合同利益有关的事实是,从新约时代到现在,对压力引起的自发性附身的治疗方法——驱魔,从未改变。它仅仅是通过一个权威人士的命令,通常遵循一个感应仪式,以一个更强大的神的名义说话。驱魔人可以说是符合一般二分范式的授权要素,取代了恶魔。信念系统的认知需求首先决定了疾病的形式,继而决定了其治愈的形式。

这种现象并不取决于年龄,但根据历史时代的不同,性别差异很明显,显示出其文化预期的基础。在《新约》中,被耶稣或他的门徒治愈的被恶魔附身的人绝大多数是男性。然而,在中世纪及其后,

---

12. 我也许不应该进行这些交叉比较。但我至少透露了我的想法。是否有可能右脑对应于韦尼克区的部分总是"俯视"左脑的韦尼克区?参考文献分别是《出埃及记》4:24 和赫西俄德的《神谱》第 26 行。

绝大多数都是女性。它的集体认知需求的证据还包括偶尔的流行疾病，如中世纪在修女的修道院里，十八世纪在马萨诸塞州的塞勒姆（Salem），或十九世纪在阿尔卑斯山的萨沃伊（Savoy）报告的流行病。今天也偶有发生。

现在，同样，对于任何像这样引人注目的心态改变，我们不能逃避神经学问题。到底发生了什么？右侧非优势脑的语言区域是否在自发的附体中被激活，就像我所建议的在神谕的感应附体中发生的那样？扭曲的特征是由于右脑控制的侵入造成的吗？大多数例子(以及大多数神谕者和西比尔斯)都是女性，而女性(目前在我们的文化中)比男性的单侧向性要低，这一事实在某种程度上说明了问题。

至少有些附身的例子是以身体左侧的扭曲开始的，这可能表明这是真的。以下是本世纪初报告的一个案例。病人是一位47岁的未受过教育的日本妇女，她每天会被她所谓的狐狸附身，一天六七次，总是表现出同样的侧身现象。正如当时她的医生所观察到的那样：

> 起初，左边的嘴和胳膊出现轻微的抽动。当这些症状变得更加强烈时，她猛烈地用拳头击打着已经被类似打击打得红肿的左侧，并对我说："啊，先生，他又在我的胸膛里蠢蠢欲动了。"这时，她的嘴里发出了一个奇怪而锋利的声音。"是的，这是真的，我在那里。你以为，蠢鹅，你能阻止我吗？"于是，这个女人对我们说："哦，亲爱的，先生们，原谅我，我忍不住了！"
>
> 继续敲打她的胸部，收缩她的左脸…女人威胁他，劝他不要说话，但过了一会儿，他打断了她，只有他自己在思考和说话。这个女人现在像个机器人一样被动，显然不再理解对她说的话。是那只狐狸在恶意回答。十分钟后，狐狸以一种更混乱的方式说话，女人逐渐恢复了自己，并恢复了正常状态。她记起了前半部分的情况，流着泪求我们原谅那只狐狸的无礼行为。[13]

但这只是一个案例。我没有发现任何其他病人有这种明显的侧向现象的证据。

---

13. E. Balz:《关于入迷》(Leipzig, 1907), Oesterreich 译:《附体》, p. 227.为她看病的医生们惊奇地发现，这只"狐狸"所表现出来的说话技巧、诙谐和讽刺的语言，与病人自己的语言如此不同。

在对消极附体的神经学进行思考时，我认为考虑一下当代被称为吉尔斯-德-拉-图雷特综合症（Gilles de la Tourette's Syndrome）[14]、或者有时称为"秽语症"的疾病，可能会有帮助。这组怪异的症状通常在五岁时开始，有时甚至更早，也许只是重复面部抽搐或不知所云的脏话。然后发展为正常谈话中无法控制地发出成熟的污言秽语、咕哝声、咆哮声、或亵渎，以及各种面部抽搐，伸出舌头等。这些症状常常持续到成年，使病人非常苦恼。这些人最后往往拒绝离开自己的家，因为他们对自己间歇性无法控制的粗俗行为感到惊恐和尴尬。在我最近知道的一个案例中，这个人编造了一个幌子，说他有严重的膀胱问题，需要经常排尿。实际上，每次他在餐馆里冲向男厕所或在家里上厕所时，他都会对着厕所的墙壁大喊大叫，以此来宣泄自己的脏话。[15] 说到亵渎，他内心的语言感受可能与先知耶利米骨中之火雷同(见第二篇第六章)，尽管语义上的产物有些不同(但不完全是)。

这里值得关注的是，图雷特综合症与压力引起的附体的初始阶段如此明显地相似，以至于迫使我们怀疑它们有一个共同的生理学机制。而这可能确实是不完全的半脑优势，在这种情况下，右半脑的语言区(也许是受到基底神经节冲动的刺激)在一些可能在二分心智人身上产生幻觉的条件下周期性地突破为语言。因此，几乎所有的秽语综合症患者都有异常的脑电波模式，有一些中枢神经系统损伤，而且通常是左撇子(在大多数左撇子中存在混合优势)，症状在五岁左右开始出现，这个年龄正在完成语言方面的大脑半球优势的神经学发展，这一点并不令人惊讶。

现在，所有这些都说明了我们的神经系统一些重要但令人不安的事情。因为虽然我相信第一篇第五章中的神经学模型方向正确，

---

14. 关于这个问题的最新研究以及它的历史，见A. K. Shapiro, E. Shapiro, H. L. Wayne, J. Clarkin与 R. D. Bruun：《抽动秽语综合症：34名患者的数据摘要》，载《身心医学》，973，35:419-435。
15. 图雷特（秽语抽动）综合症常常被误诊为一种精神错乱，那也绝对不是。幸运和有趣的是，新的抗精神病镇静剂之一，氟哌啶醇，已被发现可以消除这些症状--在上述案例中，它就是这样做的。我很感谢Shapiro博士对这些观点的讨论。

但我们毕竟离它越来越远了。现代神灵附体是非常不可能的，它到处都在使用右脑的语言中心来表达语言本身。这样的假说与许多临床事实相悖，除非在极不寻常的情况下，否则将其排除在外。

一个更有可能的可能性是，二分心智和现代附体状态之间的神经学差异是，在前者中，幻觉确实是由右脑组织和被听到的；而在附体中，有声语言是我们正常的左脑语言，但受右脑控制和指导。换句话说，右脑对应于韦尼克区的区域正在使用左脑的布洛卡区，引发出神状态及其非人格化。这种交叉控制可能是正常意识丧失的神经学基础。

现代世界中的附体

我现在想谈谈我们这个时代的附体，以有把握地证明它是一种后天习得的现象。我发现的最好的例子是乌班达教（Umbanda），这是迄今为止最庞大的非洲-巴西宗教，今天有超过一半的巴西人口信奉。所有种族背景的人都相信它是一种决定的来源，而且肯定是自三世纪以来最广泛的感应附身现象。

让我们来看看一个典型的 *gira* 或"转身"（turn around），正如乌班达会议被恰当地称为那样。[16] 目前，它可能在一家商店的楼上或一个废弃的车库里进行。也许有十几个或更少的灵媒(70%是女性)，都隆重地穿着白衣，从一个化妆间里走出来，到一个挤满了鲜花、蜡烛、圣徒雕像和照片的白布帷罩着的祭坛前，房间另一边的栏杆外有一百来个观众。鼓手打着鼓，观众唱着歌，这时灵媒们开始摇摆或跳舞。这种摇摆和舞蹈总是以逆时针进行，也就是说，从右脑的运动冲动开始。接下来是一项基督教类型的服务。然后，鼓声再次被猛烈地敲响，每个人都在唱歌，灵媒开始召唤他们的灵魂；有些人像旋转的托钵僧一样向左旋转，再次刺激他们的右脑。这里有一个明确的比喻，即灵媒是一匹 *cavalo* 或马。一个特定的神灵将降临

---

[16]. 关于乌班达的整个章节是基于 Esther Pressel 极其丰富和权威的研究：《巴西圣保罗的乌班达恍惚和附体》，载于 Felicitas Goodman 等人的《恍惚、治疗和幻觉》（纽约: Wiley, 1974）。

到他的马里。当这一切发生时，马的头部和胸部，或灵媒，在相反的方向来回抽动，就像一匹被骑的野马。头发杂乱，面部表情扭曲，就像我所举的古代例子一样。姿态变化为几个附身的神灵中的任何一个的样子。附身完成后，"神灵"可能会跳几分钟的舞，可能会在附身状态下互相问候，可能会做其他适合该类型神灵的动作，然后，当鼓声停止时，他们会去预先指定的地方，奇怪的是，当他们等待观众上前咨询时，他们会不耐烦地打响指，他们的手垂在身体旁边，手掌朝外。在咨询会中，被附身的灵媒可能被要求就任何疾病或个人问题、获得或保持工作、金融商业行为、家庭争吵、爱情事务，甚至在学生中，就学业成绩提出建议，并可能给出决定。

现在，在这些巴西教派中，附身是一种习得心智的证据非常明显。在广场上，人们偶尔会看到孩子们在玩耍时模仿头部和胸部独特的来回抽动，这是用于启动和终止灵魂附体。如果一个孩子想成为一个灵媒，他会被鼓励这样做，并得到特殊的训练，就像那些成为德尔斐和其他地方的神谕的年轻乡村女孩一样。事实上，许多乌班达中心(仅在圣保罗就有 4000个)都会举行定期的培训课程，其中的程序包括各种使新手晕眩的方法，以便教他或她进入恍惚状态，以及类似于催眠技巧。而在恍惚状态下，新手会被教导几个可能的各个神灵的表现。这种附身神灵的区分是很重要的，我想进一步评论它和它在文化中的作用。

二分心智的残余并不存在于任何空洞的心理空间。也就是说，它们不应该被视为一种孤立的现象，只出现在一种文化中，无所事事地游荡，仅仅依靠自己的古董优点。相反，它们总是生活在一种文化或亚文化的核心地带，搬出并填补了未明言的和非理性的地带。它们确实成为文化结构完整性的非理性和不容置疑的支持。反过来，文化又是其个人意识的基础，是隐喻之"我" (me) 被模拟的"我" (I) 所"感知"的基础，是摘录的性质以及对叙述和调和的约束。

我们在这里考虑的这种二分心智的残余也不例外。像乌班达这样的附体宗教对其穷人、未受教育者和有需要者的异类群众起着强大的心理支持作用。它弥漫着一种 *caridade* (即慈善)的感觉，它安慰并将这些政治上无能的杂牌军结合在一起，他们的城市化和种族多样性使他们在大地上无枝可依。再看一下出现的附体的神灵的特殊神经组织模式。它们让我们想起了苏美尔和巴比伦的个人神灵与在他们之上的人交涉。在任何特定的夜晚，每个灵媒都可能被四个主要群体中的任何一个神灵所附身。按频率排列，它们是：

caboclos, 巴西印第安战士的灵魂，他们在需要快速和果断行动的情况下提供建议，如获得或保持工作；

pretos velhos, 非洲裔巴西老奴隶的灵魂，善于处理长期延宕的个人问题；

crianças, 死去的孩子的灵魂，他们的灵媒提出了好玩的建议；

exus (恶魔), 如果是女性，则是 *pombagiras* (变身鸽子)，邪恶的外国人的精神，他们的灵媒会提出粗俗和攻击性的建议。

这四种主要类型的附身灵体分别代表不同的民族，与崇拜者的民族交融相呼应。分别是印第安人、非洲人、巴西人 (*crianças* 意思是"像我们一样")和欧洲人。每个都代表与请愿者的不同家庭关系：父亲、祖父、兄弟姐妹和陌生人。每个都代表不同的决定领域：对行动选择的快速决定、对个人问题的安慰性建议、好玩的建议和对攻击性问题的决定。就像希腊诸神最初被区分决策领域一样，乌班达的神灵也是如此。而整体就像一个网络或隐喻矩阵，由四种内在相关的独特性将个人联系在一起，并将他们保持在一种文化中。

而这一切，我认为是二分心智的残余，因为我们经历了这几千年来对新心智的适应。

正如柏拉图和其他人所描述的那样，真正的附体一直被认为是在没有意识的情况下进行的，从而将其与行为区分开来。但是，神谕者的训练必须达到这种状态的程度和阶段。在巴西的附身宗教中，显然，这正是发生的情况。年轻的新手可以从在游戏中表演附身开始，然后继续训练，直到最后他能把灵魂说的话和他自己通常会说的东西分开。然后出现一个在意识和无意识之间来回穿梭的阶段。随着完全附体，也许右脑相应的韦尼克区和左脑的布洛卡区连接起来，出现人们所期望的无意识状态，对所发生的事情没有记忆。然而，这只是一些灵媒的真实情况。在任何像这样广泛的似灵媒实践中，可以预见，即使在同一个人身上，也会有许多不同性质和程度的行动和恍惚。

舌音

最后一种与感应附身有微弱相似性的现象是舌音（glossolalia），或使徒保罗所说的"说方言"。它包括用一种听起来奇怪的语言流利地说话，而说话者自己并不理解，通常也不记得说过什么。这种现象似乎始于早期基督教会[17]，据称是上帝的鬼魂降临到聚集在一起的使徒们身上。这一事件被视为基督教会的生日，并在复活节后的第五十天的圣灵降临节中得到了纪念。[18] 《使徒行传》第2章描述了可能是历史上第一次出现的情况，即大风咆哮，火舌交织，所有的使徒开始用他们从未学过的语言说话，好像喝醉了一样。

发生在使徒们身上的这种心智的改变成为其自身的授权。这种做法蔓延开来。很快，早期的基督徒到处都在这样做。保罗甚至把它与预言相提并论(《哥林多前书》14:27, 29)。在保罗之后的几个世纪里，舌音作为一种在二分心智崩溃后寻求授权的方法，不时地流行。

最近，不仅是那些在神学上极其保守的教派，而且还有主流的新教教会的成员也在实践这种做法，对它进行了一些科学审查，并取得了一些有趣的结果。舌音首先总是发生在群体中，而且总是在宗教仪式的背景下。我强调的是团体因素，因为我认为集体认知需求的加强对于一种特别深刻的出神类型是必要的。通常会有相当于感应

---

[17] 《旧约》中提到的耶和华倾倒他的灵魂的说法，有时被认为是指舌音，但我认为这完全不能令人信服。这种现象可以被视为特别源于基督教，特别是在保罗的著作中，或受其影响。

[18] 今天在梵蒂冈的五旬节庆祝活动中，人们穿上红色的衣服，象征着火舌；在新教教堂中，穿上白色的衣服，象征着圣灵，因此英语中称为圣灵降临周（Whitsuntide），围绕着白色星期天。

的程序,特别是激昂的赞美诗演唱,然后是一个有魅力的领导者的劝告:"如果你觉得你的语言改变了,不要抗拒,让它发生。"[19]

崇拜者通过反复参加这样的聚会,观看其他人的舌音,首先学会进入一种深层的出神状态,意识减弱或消失,对外界的刺激没有反应。这种情况下的恍惚几乎是自发的:颤抖、哆嗦、出汗、抽搐和流泪。然后他或她可能以某种方式学会"让它发生"。它确实发生了,响亮而清晰,每个短语都在呻吟中结束: *Aria ariari isa, vena amiria as aria!*[20] 节奏很重,就像史诗中的强弱弱格对听众的影响一样。这种重音和非重音音节的规律性交替,与《荷马史诗》中的音节如此相似。另外,每个短语结尾处先升后降的音调,并没有——这一点令人吃惊——随着母语的不同而变化。如果主体是英格兰人、葡萄牙人、西班牙人、印度尼西亚人、非洲人或玛雅人,或者无论他在哪里,舌音的模式都是一样的。[21]

舌音之后,主体睁开眼睛,慢慢地从这些无意识的高度回到尘世的现实中,对所发生的事情几乎没有印象。但他被告知。他已经被圣灵附身了。他已被上帝选中作为他的傀儡。他的问题在希望中停止,他的忧伤被欢乐撕裂。这是最终的授权,因为圣灵与所有存在的最高源头是一体的。上帝选择了进入卑微的主体,用主体自己的舌头来表达他的言论。个人已经成为一个神——短暂的。

这一切的残酷的日光并不那么令人振奋。虽然这种现象不是简单的胡言乱语,一般人也无法复制其流畅性和结构,但它没有任何语义。在同一宗教团体中的其他人面前播放的舌音的录音带,被赋予了完全不一致的解释。[22] 有节奏的发声在不同的文化和说话者的语

---

19. Felicitas D. Goodman:《使徒教会的骚动:在尤卡坦的基于恍惚的动荡》,见古德曼等人《恍惚,治疗,和幻觉》(纽约: Wiley, 1974),第 227-364 页。
20. 摘自古德曼博士对尤卡坦的一位玛雅人后裔的男性 glossolalist 的录音。同上,第 262-263 页。
21. 古德曼博士早期研究的重要成果:《说舌音:跨文化的舌音研究》(芝加哥: University of Chicago Press, 1972)。
22. 这是 John P. Kildahl 对 26 位美国舌音者的仔细研究的概括,他们都属于主要的新教教派。见他的《舌音心理学》(纽约: Harper & Row, 1972)。他还给出了关于这个问题的一个非常完整的书目。

言中都是相似的，这可能说明皮质下结构的节奏性放电正在发挥作用，由较少皮质控制的恍惚状态释放出来。[23]

这种能力并不持久。它会减弱。它被实践地越多，就越有意识，这就破坏了出神。这种现象的一个重要组成部分，至少在认知需求会比较弱的受教育程度较高的群体中，是有一个有魅力的领袖存在，他首先教导这种现象。如果舌音要继续下去，并且由此产生的欣快感使其成为一种虔诚的心态，就必须继续保持与权威领袖的关系。在一个被认为是仁慈的权威人物面前，放弃有意识地控制自己的语言的能力才是真正重要的事情。正如我们所期望的那样，通过主题统觉测试（Thematic Apperception Test），舌音者显示他们在权威人物面前比那些不能表现出这种现象的人更顺从、更容易受暗示、更依赖。

正是这种基本成分的模式，宗教信仰在一个有凝聚力的群体中的强烈认知需求，祈祷和仪式的感应程序，意识缩窄进入出神状态，以及在神圣精神和魅力领袖中的古老授权，表明这种现象是一般的二分范式的另一个例子，因此是二分心智的残余。[24]

Aria ariari isa, vena amiria asaria
Menin aeide thea Peleiadeo Achilleos

我把说"方言"的声音与希腊史诗对听众的声音相比较(上面第二行是《伊利亚特》的第一行)，这不仅仅是一种风格装饰。它是一个非常刻意的比较。而且我现在打算把它作为下一章的引子。因为我们不应该离开对这些文化古物的探究，至少注意到其怪异性、差异性、真正的深刻性，以及——最终——诗歌的问题和为诗歌服务。

---

23. "非语言性深层结构的表面结构"，古德曼博士用结构主义的术语说(第151-152页)。但是，在意识减弱的情况下，皮层下结构的能量释放的想法受到了尖锐的批评，特别是语言学家 W.J. Samarin 在《语言》中对古德曼的评论, 1974, 50:207-212。另见他的《人类和天使的语言：五旬节派的宗教语言》(纽约: Macmillan, 1972)。我很感谢爱德华王子岛大学的Ronald Baker让我注意到这一点。
24. John P. Kildahl：《最终进度报告：舌音与心理健康（针对 NIMH）》，私下传播。

第三章

诗歌与音乐

为什么我们在前几章中用作证据的文本材料中，有这么多诗歌?以及为什么，特别是在压力下，这一页的读者中有很大一部分人都曾写诗?是什么看不见的光引导我们进行这种黑暗中的实践?为什么诗歌会闪现出对我们不知道自己拥有的思想的认识，并以不确定的方式通向我们内心知道、并且一直都知道的东西，我认为，比我们本性的当前组织更为古老的一种东西?

在迄今为止一直是相当线性的论证中，对这个可有可无的被遗忘的话题进行讨论，似乎是一种没有必要的迂回。但是，与前两篇相比，第三篇的各章并不是一个连续的过程。相反，它们拣择了一些从我们的二分心智过去到现在时代的不同轨迹。我想，前面的论证，特别是与希腊史诗有关的论证，需要用本章来加以完善，这一点将变得很明显。

我将直截了当地阐述我的论点。第一个诗人是神。诗歌开始于二分心智。我们古老心智的神的一面，至少在历史的某一时期，通常或可能总是以诗句说话。这意味着大多数人在某一时期，整天都在听到他们自己心灵中组织和说出的某种形式的诗歌。

当然，这些证据只是推论性的。正是所有那些进入有意识时代仍保持着二分心智的人，当谈到或从他们心灵的神圣方面说话时，都是以诗歌的形式。希腊的伟大史诗当然是作为诗歌由吟游诗人听到和说出的。美索不达米亚和埃及的古代著作由于我们对这些语言的发音方式一无所知而变得暗淡无光；但在我们可以收集到的转写的保证下，得知这些著作在口述时也是诗歌。在印度，最古老的文学作品是《吠陀》，它是由神口述给 rishi 或先知的；也是诗歌。神谕者说的是诗。他们从德尔斐和其他地方发表的言论不时被写下来，其中保存下来的每一个都不是简单的短语，而是六音步长短短格（dactylic hexameter）的形式，就像史诗那样。希伯来先知在转述耶和华的幻听话语时，也常作为诗人，尽管他们的抄写员并不是每次都把这种言论保留在诗句中。

随着二分心智进一步退出历史舞台，神谕达到第五个时期，偶有例外情况。神谕的诗意话语四下被打破。例如，在公元一世纪，德尔斐神谕显然是以诗歌和散文说话的，后者由为神庙服务的诗人写成诗句。但我认为，将神谕散文转回六音步的冲动是这个晚期对神性的怀念的一部分；它再次表明，格律诗是旧日的规则。即使到了后来，一些神谕仍然只用六音步长短短格说话。例如，塔西佗在公元100年前后访问了克拉罗斯（Claros）的阿波罗神谕，并描述了出神的祭司如何倾听寻求决定的祈愿者；然后他：

> ...吞下了来自一个神秘泉眼的一口水，虽然对写作和格律一无所知，但却用固定的诗句做出了回应。

诗歌当时是神圣的知识。而在二分心智崩溃之后，诗歌是作者的声音和主调。诗歌在散文只能要求的地方发号施令。它感觉很好。在希伯来人出埃及后的流浪中，神龛被抬到众人面前，被人们追随，但却是摩西的诗歌决定了他们何时开始，何时停止，将去向哪里，在何处停留。

将有节奏的或重复的言语与超自然的知识联系起来的做法，一直持续到后来的有意识时期。在早期的阿拉伯民族中，诗人的词汇是sha'ir，即"知道者"，或者是被神灵赋予知识的人；他在陈述中的有节奏的讲话是其神性的标志。诗人和神圣的预言家在古代世界有着悠久的联系传统，一些印欧语系的语言对他们有一个共同的称呼。尾韵和头韵也一直是神及其先知的语言领域。至少在一些自发附身的例子中,恶魔的言语是有韵律的。甚至今天的舌音,如我们在上一章中看到,无论在哪里实行,都倾向于采用韵律模式,特别是强弱弱格（dactyls）。

诗歌当时是神的语言。

诗歌和歌曲

以上所有的讨论都只是文学传统，听起来是陈述而不是证明。因此,我们应该问, 是否有另一种方法来处理这个问题,以更科学地显示诗歌与二分心智的关系。我认为有，如果我们看一下诗歌与音乐的关系。

首先，早期的诗歌是歌曲。唱歌和说话的不同之处在于音调的不连续性。在普通的讲话中，我们不断地改变音调，甚至在一个音节的发音中也是如此。但在歌曲中，音调的变化是分散的、不连续的。说话在一个八度音阶的特定部分(在轻松的讲话中大约是五度)上回旋。歌曲则在一个更宽广的范围内，以严格和限定的韵脚从一个音符过渡到另一个音符。

现代诗歌是一种混合体。它有歌曲的韵脚和讲话的高音滑音。但古诗更接近于歌曲。重音不是像我们讲话那样通过强度强调，而是通过音高。在古希腊，这个音高被认为恰好是诗的基音之上五分之一的音程,所以在我们的音阶上,强弱弱格（dactyls）会变成 GCC, GCC, 没有额外强调 G。此外, 三个额外的重音, 即锐音、抑扬音和沉音, 正如他们的记号´、ˆ、'一样, 分别意味着, 音节内的升调, 同一音节内的升调和降调, 以及音节内的降调。其结果是, 诗歌的演唱像单旋律圣歌一样,带有各种听觉上的装饰,使其具有绚丽的变化。

这一切是如何与二分心智联系起来的呢?众所周知,语言主要是左脑的一种功能。但正如目前所发现的,歌唱主要是右脑的功能。证据是多样但连贯的:

• 医学常识告诉我们,许多左脑出血的老年患者不能说话,但仍能唱歌。

• 所谓的"Wada 测试"有时会在医院进行,以了解一个人的大脑支配情况。将阿米妥钠注射到一侧的颈动脉中,使相关的半脑处于深度镇静状态,而另一侧则保持清醒和警惕。当注射在左侧时,左脑处于镇静状态,只有右脑活动,患者不能说话,但仍能唱歌。当注射在右侧时,只有左脑活跃,这个人可以说话,但不能唱歌。

• 因胶质瘤而切除整个左脑的病人在术后顶多只能说几个单词。但至少有些人可以唱歌。 一位只有一个沉默的右脑的病人"能够唱《美国》和《牧场上的家》(Home on the Range),很少漏掉一个词,而且发音几乎完美"。

• 对右脑与后颞叶相邻的区域,特别是前颞叶进行电刺激,常常产生唱歌和音乐的幻觉。我已经在第一篇第五章中描述了一些这样的病人。一般来说,这个区域,与左脑的韦尼克区相对应,我曾假设它是组织二分心智的听觉幻觉的地方。

因此,歌唱和旋律主要是右脑的活动。由于古代的诗歌是唱出来的,而不是说出来的,所以它也许主要是一种右脑的功能,正如第一篇第五章中的二分心智理论所预测的那样。更具体地说,古代诗歌涉及右颞叶的后部,我曾建议它负责组织神圣的幻觉,以及邻近的区域,即使在今天也都参与音乐。

对于那些仍持怀疑态度的人,我设计了一个实验,他们现在甚至可以亲自感受这些事情的真相。首先,想两个话题,任何方面,个人的或一般的,你想就这两个话题谈一谈。现在,想象你和一个朋友在一起,就其中一个话题大声说出来。接下来,想象你和一个朋友在一起,大声唱出另一个话题。每个都做足一分钟,要求自己坚持下去并在心里进行比较。为什么第二个题目会如此困难?为什么唱歌会变成陈词滥调？或者旋律被侵蚀成朗诵？为什么主题在旋律中抛弃了你?你努力使歌曲回到话题上的本质是什么？或者说——我想这更像是这种感觉——让你的主题回到歌曲中去？

　　答案是，你的主题"在"你左脑的韦尼克区，而你的歌"在"右脑对应韦尼克区的地方。让我赶紧补充说，这种说法在神经学上是一种近似。我所说的"主题"和"歌曲"是指它们的神经基质。但这种近似的说法足以说明我的观点。就像意志性的语言嫉妒右脑，想要你关注它自己，而你的歌唱嫉妒左脑，希望你把左脑的话题抛在后面。完成一个预定主题的即兴演唱，感觉就像在两个半脑之间来回跳跃。所以在某种意义上说，"我们"在左脑决定歌词，然后试图在其他歌词到达右脑之前，把歌词带入曲调。而通常情况下，后者会发生，词偏离了主题，自己乱跑，不连贯或根本不在那里，因此我们停止唱歌。

　　当然，我们可以在一定程度上学习唱出我们的语言思想，音乐家们经常这样做。而女性，因为她们的单侧性较弱，可能会发现这更容易。如果你把它作为一项练习，每天练习两次，持续一个月或一年或一生，在歌词方面真诚地避免陈词滥调和记诵材料，在旋律方面仅仅是背诵，我估计你会更熟练地掌握它。如果你是十岁的孩子，这样的学习可能会更容易，甚至可能使你成为一个诗人。如果你在未来某个时候不幸发生了一些左脑的事故，你的"思想歌唱"（thought-singing）可能会派上用场。在这里学到的很可能是两个半脑之间的一种新的关系，与前面章节提到的一些习得现象并不完全不同。

音乐的本质

　　我想对器乐在这一切中的作用稍作扩展。因为我们也用右脑聆听和欣赏音乐。甚至在很小的婴儿身上也可以看到这种音乐的偏侧性。6个月大的婴儿可以被母亲抱在腿上进行脑电图检查。如果记录电极直接放置在左脑的韦尼克区和右脑对应韦尼克区的位置上，那么当播放语言录音磁带时，左脑将显示出最大的活动。但当播放音乐盒或某人唱歌的磁带时，右脑的活动更大。在我所描述的实验中，不仅那些烦躁不安或哭泣的孩子在听到音乐声时停止了这种行为，而且他们还微笑着直视前方，转过头去不看母亲的目光，甚至像我们在试图避免分心时那样行动。这一发现，对于说明大脑在出生时就被组织起来"服从"右脑相应韦尼克区的刺激，即音乐，而不被其分散注意力的可能性具有巨大的意义；甚至如我在前面说过，二分心智人在神经系统上不得不服从来自同一区域的幻觉。这也指出了摇篮曲在发展中的巨大意义，也许会影响到孩子以后的创造力。

或者你可以自己证明音乐的这种偏侧性。试着在两个耳机上以同样的强度听不同的音乐。你会对左耳的音乐有更好的感知和记忆。这是因为左耳在右脑有更多的神经连接。具体位置可能是右颞前叶，因为从右脑切除了右颞前叶的病人发现很难区分一个旋律和另一个旋律。反之，如果是左颞叶切除术，病人术后在此类测试中没有任何问题。

现在我们在神经学上知道，兴奋可以从大脑皮层的一个点扩散到邻近的点。因此，在右脑为器乐服务的那些区域中，兴奋的积累很可能会扩散到邻近的为神性幻听服务的区域——或者反之亦然。因此，器乐和诗歌关系密切，两者都与神的声音有关。我在此建议，音乐的发明可能是作为神灵幻觉的神经兴奋剂，以便在没有意识的情况下进行决策。

因此，音乐的名字来自被称为缪斯的神圣女神，这并不是历史的偶然。因为音乐也开始了二分心智。

因此，我们有理由说，早期诗人使用七弦竖琴是为了从紧邻的区域向神圣的语言区域，即右颞叶的后部传递刺激。公元前八世纪和七世纪的抒情诗人和挽歌诗人的长笛伴奏功能也是如此。当这种音乐伴奏不再使用时，就像后来的希腊诗歌一样，我认为是因为诗歌不再从这种传导的刺激所帮助的右脑唱出，相反，它只是从左脑的记忆中被背诵出来，而不是在真正的预言性出神中被重新创造出来。

音乐伴奏的这种变化也反映在诗歌的指称方式上，尽管大量的历史重叠使情况不是很清楚。但更多的早期诗歌被称为歌曲(如在《伊利亚特》和《神曲》中，而后来的诗歌通常被称为朗读或讲述。这种变化也许与公元前八或七世纪发生的从带着竖琴的吟游诗人到带着轻棒 (rhapdoi, 也许是用来打拍子的)的诵诗者 (Rhapsodes) 的变化大致对应。而在这些细节的背后，是更深刻的心智变化，从二分心智的创作到有意识的朗诵，从口头到书面的记忆。然而，在后来的诗歌中，诗人作为歌手和他的诗作为歌声被隐喻为一种有意识的古语，把它自己的权限让给现在有意识的诗人。

诗意与附体

审视诗歌在意识兴起和传播过程中的这种转变的第三个方法是审视诗人自己和他的心智。具体而言，诗人与缪斯的关系是否与神谕者与大神的关系相同？

至少对柏拉图来说，这件事是很清楚的。诗歌是一种神圣的疯狂。它是 Katokoche 或缪斯女神的附体：

> ...所有优秀的诗人，无论是史诗还是抒情诗，都不是靠艺术创作的，而是因为他们被附身、受到了启发，拥有了灵感...在他身上没有任何发明，直到他受到启发，脱离了他的感官，思想不再在他身上。

当时，在公元前 400 年左右，诗人的心智与同一时期的神谕者相当，他们在表演时经历了类似的心理转变。

现在，我们可能很想和柏拉图一起思考，认为这种附体一直是诗歌的特征，可以追溯到史诗传统。但证据并不能保证这样的概括。在《伊利亚特》中，在提到或观察到 katokoche 之前的许多个世纪，可以提出一个很好的论据，即原始的吟游诗人并没有"脱离他的感官，并失去他的思想"。因为在几个地方，当诗人陷入困境而不得不乞求缪斯女神继续下去时，这首诗就中断了 (2:483, 11:218, 14:508, 16:112)。

在此要顺便强调的是，缪斯女神并不是任何人想象的虚构。我想请读者仔细阅读赫西俄德《神谱》的前面几页，并认识到所有这些都可能是在幻觉中看到和听到的，就像今天在精神分裂症或某些药物下可能发生的那样。二分心智的人没有想象;他们感受。美丽的缪斯女神带着她们"百合花般的"合唱，从傍晚浓厚的雾气中跳出来，用柔软而有力的脚步敲打着独自陶醉的牧羊人，这些精致的傲慢是晚期二分心智人记忆的幻觉来源，这些人没有生活在过去生活的框架中，他们没有我们意义上的"生命"，他们不能回忆，因为他们没有完全的意识。事实上，他们所选择的灵媒——赫利孔（Helicon）的牧羊人自己把这一点写进了神话。他告诉我们，缪斯总是与同一个 phrenes 一起歌唱；并且, 在歌曲的持续流动的中, 这群特殊的神灵不是告诉人们该做什么，而是专门告诉某些人已经做了什么，她们是泰坦（Titaness）女神谟涅摩叙涅（Mnemosyne）的女儿，谟涅摩叙涅的名字后来意味着记忆——世界上第一个具有这种含义的词。

这种对缪斯的呼吁在功能上与我们对记忆的呼吁是相同的，就像欲言难吐的挣扎与回忆。它们听起来并不像一个不知道自己在做什么的没有感官的人。在《伊利亚特》中的一个例子中，诗人开始遇到困难，于是向缪斯女神求救：

> 现在对我说,缪斯,拥有奥林匹亚的家,因为你们是女神,存在并且无所不知;但我们只听得到报告，我们 *无所知*:告诉我谁是希腊人的领袖和统治者?(2 : 483 - 487)

然后又以自己的名义恳求：他这个诗人虽然有"十条舌头和十张嘴,还有一个牢不可破的声音"，但却不能说出它们的名字，除非缪斯女神开始向他歌唱这些材料。我把引文中的一个短语用斜体表示，以强调它们对诗人的实际意义。

在赫西俄德第一次与他们在赫利孔山的神圣侧翼见面时，他正在看守他的羊群，似乎也没有发生附身的情况。他描述了缪斯女神如何：

> ...给我注入神圣的声音，赞美将要发生的事和过去的事；他们求我唱出永恒的受祝福的神族，但首先和最后都要歌唱自己。

同样，我认为这应该被认为是某人的经验，就像我们相信赫西俄德的同代人阿摩司的经验一样，他在提哥亚（Tekoa）的草地上与耶和华会面，当时他也在看守他的羊群。 当缪斯的神曲停止时(第104行)，赫西俄德再次以自己的声音喊出，赞美缪斯并再次恳求她们继续写诗，"你们这些缪斯女神，从一开始就告诉我这些事情吧"，诗人刚刚列举了一长串他希望诗中涉及的主题 (第 114 行)。

《奥德赛》中对得摩多科斯（Demodocus）的庄重而细致的描述也不允许将诗人解释为被附体。显然，，如果得摩多科斯是真实存在的，他可能已经经历了某种脑部事故导致失明，但他有能力听到缪斯女神唱出如此迷人的诗歌，可以使奥德修斯垂头丧气，泪流满面(8:63-92)。 事实上，奥德修斯自己也明白，视力残疾的得摩多科斯不可能目睹特洛伊战争，他能唱出特洛伊战争，只是因为缪斯或阿波罗确实在向他讲述。他的歌声充满了神（hormetheis theou），是由神明亲自发出的 (81499)。

因此，这些证据表明，直到公元前八世纪，也可能是公元前七世纪，诗人并没有像后来柏拉图时代那样脱离感官。相反，他的创造力也许更接近于我们所说的二分心智。这样的诗人是"可耻的东西，仅仅是肚子"，正如缪斯轻蔑地嘲笑他们的人类崇拜灵媒，是来自社会结构中更原始和孤立的层次的无技能的粗人，如牧羊人，这一事实与这样的提议是一致的。在田间地头的普通人有较少的机会被新的心智所改变。而孤独会导致幻觉。

但到了公元前六世纪的梭伦时代， 情况就不一样了。诗人不再是简单地被赋予他的天赋，他必须"在缪斯的天赋中学习"(Fragment 13:51)。然后，在公元前五世纪，我们第一次听到了诗人对诗意的狂喜的独特暗示。例如，与早期吟游诗人的平静和庄重的方式相比，得摩多科斯形成了多大的反差!正是得摩多科斯坚持认为，没有人能够在不狂热到暴怒的状态下成为诗人 (Fragment 18)。然后在公元前四世纪，有柏拉图和我已经描述过的那个"脱离感官"的被附体的疯狂诗人。就像神谕者由听到自己的幻觉的先知变成了疯狂恍惚的附身者一样，诗人也是如此。

这种戏剧性的变化是因为集体认知需求使缪斯作为真正的外部实体变得不那么可信了吗？还是因为意识发展所带来的半脑关系的神经学重组抑制了这种给定性;所以意识必须置身事外才能让诗歌发生?或者是右脑对应韦尼克区的区域在使用左脑的布洛卡区，从而使正常的意识短路(就像这样)?或者这三个假设是相同的？(当然我目前认为它们是相同的)

不管是什么原因，在随后的几个世纪里，衰落继续。就像神谕在其后期喷薄而出，直到附体是部分的和不稳定的，所以，我建议，诗人慢慢改变，直到缪斯的愤怒和附体也成为部分的和不稳定的。然后，缪斯女神安静下来，凝结成神话。仙女和牧羊人不再跳舞了。意识是一个女巫，在她的魅力之下，纯粹的灵感喘息着死去，变成发明。口头的东西变成了诗人自己写的东西，而且应该补充的是，是由他的右手写的，由他的左脑工作。缪斯女神已经成为想象，并在其沉默中被召唤出来，成为人类对二分心智怀念的一部分。

综上所述，我在这篇杂乱无章的段落整理中试图陈述的诗歌理论与我提出的神谕理论相似。诗歌始于二分心智的神圣言论。然后，随着二分心智瓦解，先知仍然存在。有些人成为有组织的神谕者，为未来做决定。而其他人则成为专门的诗人，从神灵对过去的陈述中汲取灵感。然后，随着二分心智从其冲动性中回缩，同时右脑可能变得沉默，要获得这种相同状态的诗人也必须学会这样做。随着这一点变得越来越困难，这种状态变成了一种愤怒，然后是狂喜的附体，就像在神谕中发生的那样。此后，确实在公元前一千年的末尾，就像神谕开始变得平淡无奇，其陈述开始有意识地被诗化一样，诗歌也是如此。统一的缪斯女神所赋予它的特性已经消失了。有意识的人现在写了又写，划了又划，小心翼翼地重写他们的作品，费力模仿古老的神性话语。

为什么当众神进一步退缩到他们无声的天堂，或者在另一种语言模式中，当幻听从左脑监测机制的访问中缩回时，为什么众神的方言没有简单地消失?为什么诗人没有像大神谕的祭司和女祭司那样简单地停止他们的狂想行为？答案是非常清楚的。诗歌的持续存在，它从一种神圣的赐予变为人类的手艺，是这种对绝对的怀念的一部分。寻找与失落的神圣指令的他者的关系，不会允许它失效。因此，即使在今天，诗歌也经常是对不相信的实体的呼语，对未知想象的祈祷。因此有了本书开头的一段。这些形式仍然存在，现在要由一个有意识的诗人的模拟"我"来处理。他现在的任务是模仿或拟态以前的诗歌言说类型和它所表达的现实。模拟在幻觉中所听到的二分心智意义上的模仿，已经从柏拉图的模仿作为现实的表征转变为模仿是在沉闷的服务中发明模仿。

后世有一些诗人对实际的幻听说得很具体。弥尔顿提到他的"天国的女赞助人，她...不受限制地...向我口述我偶得的诗句"，甚至在他失明的情况下，也向他的女儿们口述。众所周知，布莱克（Blake）的超常幻觉和听觉幻觉——有时持续数日，有时违背他的意愿——是他绘画和创作的来源。据说里尔克曾狂热地抄下他在幻觉中听到的一长串十四行诗。

但我们大多数人都比较平凡，更多的是与时代同步。我们不再在幻觉中直接听到我们的诗。相反，它是一种被赋予然后被滋养成存在的感觉，一种发生在诗人身上的诗，以及由他创造的感觉。霍斯曼在喝完啤酒和散步后，会"突然冒出一些莫名其妙的情绪"，然后"必须掌握在手中，由大脑完成"。歌德说："是歌曲造就了我，而不是我造就了它们。"拉马丁（Lamartine）说："不是我在思考，而是我的思想在为我思考。"而亲爱的雪莱说得很明白：

> 一个人不能说："我将创作诗歌。"连最伟大的诗人也不能这样说；因为创作中的思想就像一块衰退的煤炭；而一些无形的影响，就像一阵无常的风，唤醒了短暂的光明……而我们本性中有意识的部分对它的接近或离开都没有预感。

衰退的煤炭是左脑，无常的风是右半球，是否依稀映射出人与神的古老关系？

当然，在这个问题上没有普遍的规则。诗人的神经系统就像鞋子一样，有各种类型和大小，虽然有某种不可化约的拓扑结构。我们知道，每个人的大脑半球的关系都不一样。事实上，甚至没有神经系统也可以写诗。一个词汇，一些句法，以及一些词汇搭配和判定的规则可以被敲入计算机，然后它可以运行出相当有灵感的超现实主义诗句。但这只是我们拥有两个大脑半球和神经系统的人已经做了的东西的复制。计算机或人确实可以在没有任何残余的二分心智灵感的情况下写诗。但当他们这样做时，是在模仿历史上更古老、更真实的诗歌。诗歌，一旦在人类中开始，就不需要同样的手段来生产。它开始时是二分心智的神圣言论。即使在今天，对听众来说，通过无限的模仿，伟大的诗歌无论是如何产生的，仍然保留着那种完全另类的品质，一种措辞和信息，一种抚慰和启发，这曾经是我们与神的关系。

关于塔米里斯的布道（A Homily on Thamyris）

在结束这些关于诗歌生物学的相当笨拙的建议时，我想就塔米里斯（Thamyris）的真正悲剧发表一些说教的感慨。他是《伊利亚特》（2:594-600）中的一位诗人，吹嘘自己将在诗歌中征服和控制缪斯。神，当他们在向意识的过渡中消亡时，是嫉妒的神，正如我前面所说。缪斯九女神（Sacred Nine）也不例外。她们对塔米里斯的美丽野心感到愤怒，把他打成了残废(可能是左侧瘫痪)，永远剥夺了他的诗歌表达能力，并使他忘记了他的竖琴技能。

当然，我们不知道是否有一个塔米里斯，也不知道这个故事到底指向了什么现实。但我认为这是对《伊利亚特》的后期补充，它的插入可能指出了在二分心智瓦解时半脑之间在艺术表达方面合作的困难。塔米里斯的寓言可能是在叙述我们在灵感中失去意识的感觉，然后在我们对这种损失的意识中失去灵感。意识模仿诸神，是一种嫉妒的意识，在它之前没有其他行动的执行者。

我记得至少在我二十多岁的年轻岁月里，当我漫步树林、沿着海滩行走、爬山、或在任何孤独的情况下，我经常会突然意识到我在脑海中听到即兴的交响乐，具有明确的美感。但就在我意识到这一事实的那一刻，甚至没有闲逛一下！音乐就消失了。我竭力想把它唤回来。但那里什么也没有。除了越来越深的静默，什么都没有。由于音乐无疑是在我的右脑创作的，并以某种方式作为半幻觉听到，而且由于我的模拟"我"及其言语可能，至少在那一刻，更多的是左脑的功能，我认为这种对立非常松散地像塔米里斯的故事背后的东西。"我"太紧张了。我没有左半身瘫痪。但我已经听不到我的音乐了。我不指望再听到它。

现代诗人也处于类似的窘境。曾经，文学语言和古老的言语以某种方式协助他大胆地表达了真正的诗歌所要表达的他者和壮阔。但是，不可逆转的自然主义的激湍已经把缪斯卷到了右脑的更远的夜晚。然而，不知何故，即使在寻找授权的过程中很无助，我们仍然是"未被领悟的灵感的圣职者"（the hierophants of an unapprehended inspiration）。灵感在试图理解的过程中逃逸，直到它根本不可能存在。我们没有足够的信念。认知的需求消解了。历史把她的手指小心翼翼地放在缪斯的嘴唇上。二分心智沉默不语。而且由于：

接近的神消散在空气中，

想象一下，奇迹般地，与我一起，
（暧昧的礼物，神恩赐的一定是）
　不可能存在的东西，
　从绝望中学习一种风格。

第四章

催眠

  如果我让你：把醋当作香槟来品味，当我在你手臂上戳针时感到愉悦，或者凝视黑暗，让你的瞳孔对着想象中的光亮，或者故意真的相信你平时不相信的东西，以上任何任务，你都会发现非常困难，即使可以勉强实现。但如果我先让你接受催眠的诱导程序，你就可以在我的要求下不费吹灰之力完成所有这些事情。
  为什么？这样的超能力怎么可能存在？

  从耳熟能详的诗歌到陌生的催眠，似乎进入了一个大为不同的公司。因为催眠是构成心理学的问题家族中的害群之马。它在实验室、嘉年华会、诊所和乡村礼堂中徘徊，就像一个不受欢迎的反常现象。它似乎从未理顺过，也没有把自己解决在科学理论更坚实的适当位置上。事实上，它的可能性本身似乎是对我们关于有意识的自我控制的直接想法和关于人格的科学想法的否定。然而，任何关于意识及其起源的理论，如果是负责任的，就必须面对这种偏差的行为控制的困难，这一点应该是很明显的。
  我想我对开篇问题的回答是显而易见的：催眠可以导致这种额外的可能性，因为它涉及到一般的二分范式，允许对行为进行比意识更绝对的控制。

在这一章中，我甚至要坚持认为，除了目前的理论外，没有任何其他理论能对基本问题做出解释。因为如果当代人的心智像大多数人所认为的那样，是在哺乳动物进化过程中或之前的某个地方演化出来的不可改变的基因决定的特征，那么它怎么可能像催眠那样被改变呢？而且这种改变仅仅是在另一个人的一些相当可笑的调教下发生的？只有通过拒绝遗传假说，并将意识视为在早期更专制的行为控制的残余基础上学习到的文化能力，这种心灵的改变才能开始显得有条不紊。

显然，本章的中心结构将是展示催眠如何很好地符合二分范式的四个方面。但在这之前，我希望清楚地指出催眠最初是如何开始的一个最重要的特征。这就是我在第一篇第二章和第二篇第五章中所强调的，隐喻在创造新心智方面的生成力量。

牛顿力的副被喻（Paraphrands）

催眠，就像意识一样，开始于历史上的一个特定点，在几个新的隐喻的副被喻中。这些隐喻中的第一个是在艾萨克·牛顿爵士发现万有引力定律之后，他用这些定律来解释月亮吸引下的海洋潮汐。然后，人们之间神秘的吸引力、影响和控制被比作牛顿的引力影响。比较的结果是提出了一个新的(也是可笑的)假设，即所有的身体，包括生物和物质之间，都存在着吸引力的潮汐，这可以称为"动物引力"，而牛顿的引力是其中的一个特殊情况。[1]

这一切在牛顿的一个叫安东·梅斯梅尔（Anton Mesmer）的狂热崇拜者的浪漫且混乱的著作中非常明确，他开始了这一切。然后是另一个比喻，或者说是两个比喻。重力的吸引与磁力的吸引相似。因此，由于(在梅斯梅尔的修辞思想中)与第三种事物相似的两种

---

1. 催眠的完整历史还有待书写。见F.A. Pattie：《催眠术简史》，见J. E. Gordon主编《临床和实验催眠手册》，(纽约: Macmillan, 1967)。也请看催眠术的重要实验者之一Theodore Sarbin的历史论文《试图了解催眠现象》，载于Leo Postman编辑的《心理学的发展》(纽约: Knopf, 1964), pp. 745-784。

事物彼此相似，动物引力就像磁吸引力一样，因此将其名称改为"动物磁力"。

现在，这一理论终于可以以科学的方式进行检验了。为了证明这些充满活力的磁潮在生物体内、以及通过生物体存在，类似于天体引力，梅斯梅尔将磁铁应用于各种歇斯底里的病人，甚至预先给病人喂食含铁的药物，以便磁力能够更好地发挥作用。它确实起了作用！以他那个时代的知识，其结果是不容置疑的。惊厥发作是由磁铁引发的，用梅斯梅尔的话说，它在身体里制造了"人为的潮起潮落"，并以其磁吸引力纠正了"神经液的不均匀分布混淆运动"，从而产生了"神经的和谐"。他"证明"了人与人之间存在着强大的力量流动，就像那些将行星固定在其轨道上的力量一样。

当然，他并没有证明关于任何类型的魔力主义。他发现了詹姆斯·布雷德爵士（James Braid）关于睡眠的隐喻，后来被称为催眠术。这些治疗方法之所以有效，是因为他以坚定的信念向病人解释了他的奇异理论。在使用磁铁时，剧烈的痉挛发作和奇特的感官扭曲都是由于对这些事情会发生的认知要求，他们确实发生了，构成了一种自我持续升级的"证据"，证明磁铁是有效的，可以实现治愈。我们应该记住，正如在古代亚述没有"机会"的概念，所以抽签"必须"被神控制一样，在18世纪，没有暗示的概念，结果必须是出于磁铁。

然后，当人们发现不仅是磁铁，而且杯子、面包、木头、人和动物被磁铁触碰后也是有效的(错误的信念是如何相互滋生的！)，整个事情就跳到了另一个比喻(这是第四个)，即静电，本杰明·富兰克林的风筝和所有的东西当时正被大量研究。因此，梅斯梅尔认为有一种"磁性材料"，可以转移到无数物体上，就像静电一样。人类尤其可以储存和吸收磁力，特别是梅斯梅尔本人。就像用毛皮抚摸碳棒会产生静电一样，病人也会被梅斯梅尔抚摸。他现在可以不使用实际的磁铁，而使用他自己的动物磁性。通过抚摸他的病人的身体，就像抚摸碳棒一样，产生了同样的结果：抽搐、盘绕扭曲的奇特感觉，以及治愈后来被称为癔病的疾病。

现在，关键是要意识到并理解由于这些隐喻而在相关的人身上发生的可以称之为"副被喻的"变化。你会记得，副被喻（paraphrand）是指将一个喻媒（metaphier）的联想或副喻媒（paraphiers）投射到一个被喻（metaphrand）中。这里的被喻是人们之间的影响。喻媒，或者说这些影响被比作什么，则是万有引力、磁力和静电不可阻挡的力量。天体之间的绝对强制力，大量莱顿瓶的不可阻挡的电流，或不可抗拒的海洋潮汐磁力，所有这些喻媒都投射到人际关系的被喻中，实际上改变了它们，改变了有关人员的心理性质，使他们沉浸在不可控制的控制之海中，这些控制来自医生体内的"磁性液体"，或从他身上"吸收"了这种液体的物体。

至少可以想象，梅斯梅尔所发现的是一种不同的心智，如果有一个合适的场所，在童年时接受特殊的教育，周围有一个信仰体系，并与其他人隔离，那么作为一个不基于普通意识的社会，这种心智可能会维持下去，能量和不可抗拒的控制的隐喻将承担一些意识的功能。

这怎么可能呢？正如我已经提到的，我认为梅斯梅尔笨拙地撞入了一种新的神经模式，即我称之为一般二分范式，它有四个方面：集体认知需求、感应（诱导）、出神和古老的授权。我将依次讨论每个方面。

被催眠者的性质的变化

催眠现象受集体认知需要或群体信仰系统的控制，这一点从它在历史上的不断变化中可以清楚地看到。随着对催眠的看法的改变，它的本质也随之改变。在梅斯梅尔之后的几十年里，受试者不再因奇怪的感觉和痉挛而扭动。相反，他们在出神状态下开始自发地说话和回答问题。这样的事情以前从未发生过。然后，在十九世纪初，病人开始自发地忘记在出神状态下发生的事情，[2] 这是以前从未

---

2. 正如 A.-M.-J. Chastenet, Marquis de Puységur 的重要著作《关于动物磁流学的历史和建立的备忘录》第二版所揭示的 (Paris, 1809)。

报道过的。1825 年左右,由于某种未知的原因,被催眠的人开始自发地诊断自己的疾病。在本世纪中叶,"颅骨学"——一种认为头骨的构型表明心理功能的理论,变得如此流行,以至于它实际上在一段时间内吞噬了催眠术。在催眠过程中,对头皮上的颅骨区域施加压力,会使被试者表现出该区域的控制能力(是的,这确实发生了),这是在以前或以后从未见过的现象。当按下大脑中据称负责"崇敬"的部分上方的头皮区域时,被催眠的对象跪在地上祈祷![3] 之所以如此,是因为人们相信它是如此。

稍后,当时最伟大的精神病学家沙尔科(Charcot)在萨尔佩特里耶(Salpetriere)向大批专业听众证明,催眠又是完全不同的!现在它有三个连续的阶段:木僵(catalepsy)、昏睡(lethargy)和梦游(somnambulism)。这些物理状态可以通过操纵肌肉、各种压力或在头顶上的摩擦而从一种状态转变为另一种状态。甚至在布洛卡区域上摩擦头部也会产生失语症!后来,比内特(Binet)来到萨尔佩特里尔检查沙尔科的研究结果,很快又回到梅斯梅尔的磁铁上,发现了更多奇怪的行为,从而使问题更加复杂。[4] 将磁铁放在被催眠者身体的一侧或另一侧,他可以翻转知觉、精神麻痹、所谓的幻觉和从一侧翻转到另一侧的运动,就好像这些现象是许多铁屑一样。这些荒唐的结果在以前和以后都没有发现过。

这不仅仅是操作者,梅斯梅尔或沙尔科或谁,在向柔顺的病人暗示他认为的催眠是什么。相反,在他工作的团体中,已经形成了对这种"已知"现象是什么的认知需求。这样的历史变化清楚地表明,催眠不是对给定刺激的稳定反应,而是像特定时代的期望和成见一样发生变化。

---

3. 詹姆斯·布莱德爵士(他是该领域的第一位谨慎研究者)的这些演示后来让他感到尴尬。他在 1845 年之后再也没有提到过这些结果,而且可能从来没有理解过它们。关于布莱德在催眠史上的关键地位,可以在J.M. Bramwell 的《催眠术:历史、实践和理论》(伦敦:1903;纽约:Julian Press, 1956)中找到详细说明。

4. 见 Alfred Binet 和 C-Féré,《动物磁流学》(Paris: Alcan, 1897)。这部自欺欺人的作品和与 Delboeuf 及随后更为正确的南希学派的争论,以及 Binet,后来对其愚蠢错误的承认,在 Theta Wolf 的精彩传记 Alfred Binet (芝加哥: University of Chicago Press, 1973), pp. 40-78 中有所描述。

历史上显而易见的东西可以通过更多的实验控制方式来显示。以前闻所未闻的催眠表现可以被发现，只需事先告知受试者这种表现在催眠中是可以预期的，也就是说，是关于这个问题的集体认知需求的一部分。例如，一个心理学入门班被随意告知，在催眠状态下，受试者的主导手不能移动。这在任何时代的催眠中都没有发生过。这是个谎言。然而，当班上的成员在后来被催眠时，大多数人在没有任何指导或进一步暗示的情况下，都无法移动他们的主导手。从这种研究中产生了催眠情况的"需求特征"（demand characteristics）的概念，即被催眠者表现出他认为催眠师所期望的现象。[5] 但这表达得太个人化了。这恰恰是他认为催眠是什么。这样的"需求特征"，以这种方式来看，恰恰与我所说的集体认知的需求（collective cognitive imperative）具有相同的性质。

另一种看待集体需求的力量的方式是注意到它因人群而得到加强。就像宗教感情和信仰因教堂里的人群而得到加强，或因参加神谕的人群而得到加强一样，剧院里的催眠也是如此。众所周知，舞台上的催眠师在观众席挤满的情况下，加强了催眠的集体需求或期望，可以产生比在实验室或诊所的隔离状态下更奇特的催眠现象。

诱导

其次，诱导程序在催眠中的地位是显而易见的。[6] 不需要多作评论。当代实践中的技术种类繁多，但它们都具有相同的意识收缩性，类似于我们在前几章看过的神谕的感应程序，或者是 pelestike 和 katochos 的关系。被试可能是坐着、站着或躺着，可能被抚摸或不被抚摸，被盯

---

5. 这是催眠研究史上的重要观点之一。见 Martin Orne 的论文，特别是《催眠的本质：人工制品和本质》，载《变态心理学与社会心理学杂志》，1959, 58: 277-299; 在这方面有 David Rosenhan 的重要而清醒的《论催眠研究的社会心理学》，摘自 J. E. Gordon 主编的《临床与实验心理学手册》。
6. 关于诱导程序最好的讨论是 Perry London 的文章《催眠诱导》，见 J.E. Gordon, 第 44-79 页。关于我认为有帮助的普遍的催眠的讨论，见 Ronald Shor 的论文，特别是他的《催眠和普遍现实导向的概念》，载于《美国心理治疗杂志》，1959, 13: 582-602, 和《催眠深度的三个层面》，载于《国际临床和实验催眠杂志》，1962, 10: 23-38。

着或不被盯着，被要求看一盏小灯、火焰、宝石、墙上的图钉、看他自己紧握的手的拇指甲，或不看——有数百种不同的情况。但操作者总是试图将被试的注意力限制在他自己的声音上。"你听到的都是我的声音，你越来越困了，等等。"这是一个常见的模式，一直重复到如果操作者说他不能打开他紧握的双手，或者建议他不能移动他放松的手臂，或者建议他不能记住他的名字，被催眠的受试者就不能。这种简单的建议常常被用来作为催眠术在开始阶段成功与否的标志。

如果受试者不能以这种方式缩小他的意识，如果他不能忘记整个情况，如果他仍然处于对其他考虑因素的意识状态，如房间和他与操作者的关系，如果他仍然在用他的模拟"我"（I）进行叙述，或"看到"他的隐喻"我"（me）被催眠，催眠将无法成功。但是，对这些对象的反复尝试往往会成功，这表明催眠诱导中意识的"缩小"部分是一种学习的能力，我应该补充说，是在我称之为一般二分范式的无意识结构基础上学习的。正如我们在前面看到的那样，一个 ka-tochos 进入幻觉恍惚状态的难易程度随着练习而提高，催眠也是如此：即使是最易受影响的人，诱导的时间及其内容也可以通过反复训练而大大减少。

出神和悖论的服从 (Trance and Paralogic Compliance)

第三，催眠的出神就是这样。当然，它通常有别于在其他二分心智的残余中发生的那种出神。个人没有真正的幻听，就像在神谕或灵媒的出神中一样。在范式中的那个位置被操作者所取代。但也有同样正常意识的减弱与消失。叙述受到严重限制。模拟"我"（I）或多或少地被抹去了。被催眠的主体不是生活在一个主观世界里。他不像我们那样内省，不知道自己被催眠，也不像未被催眠的状态下那样不断监测自己。

近来，淹没在水中的比喻总是被用来谈论出神的问题。基于此，人们提到了"潜入"和"深"或"浅"的出神。催眠师经常告诉受试者他正在"越陷越深"。确实有可能,如果没有淹没的喻媒,整个现象会有所不同,特别是在催眠后的失忆方面。水面以上和水面以下的副喻媒,及其不同的视觉和触觉领域,可能正在创造一种二元世界(two-world-ness),导致类似于状态依赖型(state-dependent)的记忆。而19世纪初突然出现的自发性催眠后失忆症可能是由于这种从引力隐喻到淹没隐喻的变化。换句话说,自发的催眠后失忆症可能是淹没隐喻的一种副被喻(paraphrand)。(值得注意的是,这种自发的失忆症目前正在从催眠现象中消失。也许,催眠已经变得如此熟悉,以至于成为一种事物本身,它的隐喻基础随着使用而消失,减少了它的副被喻的力量)。

正是在出神的"深层"阶段,可以引出最有趣的现象。这些现象对于任何心灵理论的解释都是极其重要的。除非另有建议,受试者对除了操作者的声音外的其他一切都是聋子;他不会"听见"其他人。疼痛可以被"阻断",或增强到超过正常水平。感官体验也可以。情绪可以通过暗示完全结构化:告诉他即将听到一个有趣的笑话,受试者会因为"草是绿色的"而狂笑。在操作者的暗示下,被试者能以某种方式控制某些无意识反应,比正常状态下更好。他的身份感可以被彻底改变。他可以表现得像动物、老人或小孩一样。

但这是一种"如果",带有对一种"不是"的压制。一些极端的催眠者有时声称,当一个处于出神状态的受试者被告知他现在只有五岁或六岁时,就会实际倒退到童年的那个时代。这显然是不真实的。让我举一个例子。受试者出生在德国,大约8岁时随家人移民到一个英语国家,那时他学会了英语,忘记了大部分德语。当操作者在"深度"催眠下向他暗示他只有6岁时,他表现出各种幼稚的举止,甚至在黑板上用儿童的字体写字。当用英语问他是否听得懂英语时,他幼稚地用英语解释说,他听不懂也不会说英语,只会说德语!他甚至还在黑板上写下了自己的名字。并且在黑板上用英文写,他一个英文单词都听不懂!。[7] 因此,这种现象就像演戏一样,不是真正

---

7. 我很感谢 Martin Orne 提供的这个例子。

的倒退。这是一种对操作者和他的期望的不加批判和不符合逻辑的服从，就好比一个二分心智人对神的服从。

关于催眠的另一个常见错误，甚至存在于最好的现代教科书中，是假设操作者可以诱导出真正的幻觉。我自己的一些未发表的观察结果恰恰相反。在一个受试者处于深度催眠状态后，我通过给他一个不存在的花瓶，要求他把不存在的花从桌子上放进花瓶，大声说出每朵花的颜色。这很容易做到。这是在演戏。但是给他一本不存在的书，让他拿在手里，翻到第一页并开始阅读则是另外一回事。如果没有比我们大多数人更多的创造力，是不可能进行表演的。受试者会很容易地通过建议的动作来拿着这样一本书，可能会结结巴巴地说出一些老生常谈的第一个短语或一个句子，但随后会抱怨印刷模糊，或太难读，或一些类似的合理化解释。或者，当被要求在一张白纸上描述一幅图片(不存在的)时，被试者会以一种停顿的方式回答，如果有的话，当被问及他所看到的东西时，他只给出简短的答案。如果这是一个真正的幻觉，他的眼睛会在纸上游走，完整的描述会很简单——就像精神分裂症患者描述他们的视觉幻觉时那样。正如可以预料的那样，这里存在着巨大的个体差异，但这种行为更符合一种若即若离的角色扮演，缺乏真正的幻觉所具有的毫不费力的被给予感。

这一点在另一个实验中得到了体现。如果一个被催眠的人被告知要走过房间，在他的路上放了一把椅子，而他被告知那里没有椅子，他并没有产生椅子不存在的幻觉。他只是绕着它走。他表现得好像他没有注意到它——当然他注意到了，因为他绕着它走。这里有意思的是，如果要求未被催眠的受试者在这种特殊情况下模拟催眠，他们会立即撞到椅子上，[8] 因为他们正试图与"催眠实际上改变知觉"的错误观点相一致。

因此，人们提出了"出神逻辑"（trance logic）的重要概念来表示这种差异。[9] 这只是对荒谬的逻辑矛盾的平淡回应。但它其实

---

[8]. 将被催眠的对象与被要求模拟催眠状态的对照对象进行比较的基本工作是由 Martin Orne 完成的。这个巧妙而简单的例子就是归功于他。

[9]. Martin Orne：《催眠的本质：人工制品和本质》。

不是任何一种逻辑，也不只是一种恍惚的现象。确切地说，我更愿意将其打扮成对口头沟通的现实的悖论服从 (paralogical compliance to verbally mediated reality)。之所以是悖论，是因为逻辑的规则(我们记得它是真理的外部标准，而不是心灵的运作方式)被搁置一边，以符合关于现实的断言，而这些断言并不具体真实。这是一种在人类生活中随处可见的行为类型，从当代宗教连祷文到部落社会的各种迷信。但它在催眠的精神状态中尤为明显，也是其核心特征。

一个受试者绕过他被告知不在那里的椅子，而不是撞向它(逻辑服从, logical compliance)，并且发现他的行为没有任何不合逻辑之处，这就是"悖论服从"(paralogic compliance)。当一个受试者用英语说他不懂英语，并认为这样说没有什么不妥，这就是悖论服从。如果我们的德国受试者一直在模拟催眠，他就会通过只说他能记住的德语或沉默来表现悖论服从。

当受试者能够接受同一个人同时出现在两个地方时，这就是悖论服从。如果一个被催眠的受试者被告知X人就是Y人，他就会有相应的行为。然后，如果真正的人Y走进房间，受试者会发现完全可以接受这两个人都是人Y。这与今天在另一个二分心智残余——精神分裂症中发现的悖论服从相似。病房里的两个病人可能都认为自己是同一个重要或神圣的人，而没有任何不合逻辑的感觉。[10] 我认为，类似的悖论服从在二分心智时代本身也很明显，比如把不动的偶像当作活的和吃东西的，或者把同一个神当作在同一时间出现在几个地方，或者在金字塔里并排发现的同一个神王的多个宝石眼睛的雕像。就像一个二分心智的人一样，被催眠的对象不承认他的行为有任何特殊性和不一致之处。他不能"看到"矛盾，因为他不能以一种完全有意识的方式进行内省。

出神中的时间感也会减弱，正如我们看到的那样，在二分心智中也是如此。这在催眠后的失忆症中特别明显。在正常状态下，我们

---

10. 关于一个例子的广泛描述，见 Milton Rokeach：《Ypsilanti 的三位基督》(纽约: Knopf, 1960).

将意识时间的空间化连续作为记忆连续的基底。当被问及早餐后做了什么时，我们通常会叙述一系列发生的事情，可以称之为"时间标签"。但处于催眠恍惚状态的受试，如精神分裂症患者或二分心智的人，没有这样将事件标记为时间的模式。空间化时间的前后性是缺失的。催眠后失忆症患者能从出神中记住的事件是模糊的、孤立的片段，是对自我的提示，而不是像正常记忆中的空间化时间。失忆者只能报告，如果有的话，"我紧握双手，我坐在椅子上"，没有细节或顺序，这让我想起了汉谟拉比或阿喀琉斯的方式。[11] 然而，当代催眠对象的明显不同之处在于，在操作者的暗示下，叙述性的连续记忆往往可以被带回到受试者身上，这表明在出神状态之外，已经有了某种意识的平行运行。

这样的事实使催眠出神呈现一种迷人的复杂性。平行运行！当受试者在做和说一件事时，他的大脑至少以两种不同的方式处理他的情况，其中一种比另一种更具包容性。这一结论可以通过最近被称为"隐藏的观察者"（the hidden observer）的发现得到更显著的证明。一个被催眠的被试者，在暗示他将手放在一桶冰水中一分钟（一种真正痛苦但无害的体验！）后，可能没有表现出任何不适，并说他没有感觉；但如果之前已经暗示，当且仅当操作者触摸他的肩膀时，他将以另一种声音说出他的真实感受，这就是发生的情况。在这样的触摸中，受试者往往以低沉的咕哝声充分表达他的不快，然而当操作者的手被抬起来时，又立即恢复到他的普通声音和麻醉状态。[12]

这样的证据让我们回到了一个曾经被否定的催眠概念上，即本世纪初，在对多重人格的研究中产生的被称为解离（dissociation）的概念。[13] 这个想法是，在催眠中，全部的心智或反应性被分离成并行

---

11. 我感谢哈佛大学的 John Kihlstrom 对这些问题的讨论。失忆者的语言和记忆者的语言之间的明显对比来自他的研究，不久将出版。
12. Ernest Hilgard：《对催眠中疼痛减轻的新解离解释》，见《心理学评论》，1973, 80:396-411。我想在这里记下我对 Ernest Hilgard 的感激之情，感谢他对前面几章的批评性阅读。他耐心的批评对我帮助很大。
13. 这一领域的经典之作是 Pierre Janet：《癔症的主要症状》，1907 (2nd ed., 纽约: Holt, 1920)和 Morton Prince：《无意识》（纽约: Macmillan, 1914）。精彩的讨论见 Ernest Hilgard 在 M. Henle, J. Jaynes 和 J. J. Sullivan 编辑的《心理学的历史概念》（纽约: Springer, 1973）中的"再探解离"。

的流，这些流可以相互独立运作。这对第一篇中所描述的意识及其起源的理论意味着什么并不明显。但是这种分离的运行方式当然会让人联想到二分心智本身的组织，以及第一篇第一章中讨论的那些无意识的问题解决方式。

也许催眠术中讨论得最少的方面是那些以前从未见过或了解过催眠术的人之间出神的性质的差异。当然，通常情况下，在我们这个时代，出神是一种被动的、可被暗示的状态。但有些人确实进入了睡眠状态。另一些人总是有部分意识，但却有特殊的暗示性，直到有人能判断出表演和现实？还有一些人颤抖得很厉害，以至于被试者必须被"唤醒"。等等。

最近的一项研究表明，这种个体差异是由于个人的信仰或集体认知需求的差异造成的。受试者被要求用文字描述催眠中发生的事情。稍后他们被催眠，并将结果与他们的预期进行比较。其中一个人在每次被赋予一项她必须用眼睛看的任务时都会从恍惚中"醒来"。后来仔细阅读她的文章，发现她写道："一个人必须闭上眼睛才能进入催眠状态"。另一个人只有在第二次尝试时才能被催眠。他写道："大多数人第一次不能被催眠"。而另一个人在站立时无法在催眠状态下完成任务。她写道："受试者必须躺着或坐着。"[14]但催眠被谈论得越多，甚至像在这几页上一样，认知需求就越标准化，出神因此发生。

作为授权的催眠师

第四，一种非常特殊的古老的授权，也部分地决定了出神的不同性质。因为在这里，授权者不是一个被诅咒的或附体的神，而是操作者自己。对被试来说，他显然是一个权威人物。如果他不是，被试者

---

14. T.R. Sarbin：《对角色扮演理论的贡献:I.催眠行为》，见《心理学评论》，1943, 57:255-270。

就不容易被催眠,或者需要更长的诱导时间,或者一开始就对这个现象有更强的信念(更强的认知需求)。

事实上,大多数研究这个课题的学生坚持认为,在受试者和操作者之间必须建立一种特殊的信任关系。[15] 对催眠易感性(susceptibility)的一个常见测试是站在潜在的被试者身后,要求他允许自己自愿跌倒,看看"放手"是什么感觉。如果受试者后退以阻止自己跌倒,他的某些部分对他会被扶住缺乏信心,那么他几乎无一例外地成为该特定操作者的一个糟糕的催眠对象。[16]

这种信任解释了诊所和实验室中催眠的区别。在精神医学环境中发现的催眠现象通常更加深刻,因为,我认为,较之于一个操作员对他的受试者而言,精神病医生对他的病人来说是一个更像上帝的人物。对于最容易进行催眠的年龄,也可以做出类似的解释。催眠的易感性在八岁到十岁之间达到顶峰。[17] 儿童仰望成人,对成人的全能和全知有更多的感觉,这就增加了操作者实现范式第四要素的潜力。操作者对受试来说越像神,就越容易激活二分范式。

催眠的二分理论的证据

如果催眠中受试者与操作者的关系确实是早期与二分心智声音关系的遗留物,那么就会出现几个有趣的问题。如果第一篇第五章中概述的神经学模型的方向是正确的,那么我们可能期望在催眠中出现某种偏侧性现象。我们的理论预测,在催眠下的受试者的脑电

---

15. 即使是 Clark Hull,一个激进的行为主义者,第一个在催眠中进行真正的控制性实验的人,蔑视内省的数据,也不得不把催眠看成是"有威望的暗示",也许"催眠程序可能导致向上的量的转变"。《催眠与暗示:实验方法》(纽约: Appleton-Century-Crofts, 1933), p. 392。
16. 见 Ernest Hilgard:《催眠敏感性》(纽约: Harcourt, Brace and World, 1965),第 101 页。在第三篇第二章中调查的那些舌音现象指出,能够"说方言"(speak in tongues)的人必须对他的魅力领袖有一种非常相似的信任。当对领袖的信任减少时,相应的舌音现象也会减少。使用磁带录音进行催眠诱导程序,操纵威望这一变量,并真正证明这一因素在催眠中的重要性,将是一件很简单的事情。
17. 来自 Theodore X. Barber 与 D. S. Calverley 的数据:《儿童和成人的催眠式暗示性》,见《变态心理学和社会心理学杂志》,1963, 66: 589-597。在即将出版的一本书中,我将讨论儿童意识的发展,指出这个最大的催眠易感性的年龄正好是在意识完全发展之后。

图中，右脑活动比例将比左脑增加，尽管这会因为在某种程度上必须由左脑理解操作者而变得复杂化。但至少我们会期望右脑的参与比例比在普通意识中更高。

目前，我们甚至对催眠状态下的脑电图也没有明确的认识，这类研究结果相互矛盾。但还有其他的证据，即使不幸的是它们更具相关性和间接性。它们是：

- 个人可以根据使用右脑还是左脑相对多于其他人来进行分类。一个简单的方法是面对一个人，问他问题，并注意他的眼睛在思考答案时向哪个方向移动。(如第一篇第五章中，我们只谈了右撇子)如果向右，他就相对多地使用左脑，如果向左，他就使用右脑——因为激活任何一个半脑的额叶眼动区都会使眼睛转向对侧。最近有报告称，那些在面对面回答问题时把眼睛转向左边的人，他们比其他大多数人更多地使用自己的右脑，更容易受到催眠的影响。[18] 这可以解释为表明催眠可能以非常特殊的方式涉及右脑，更容易被催眠的人是比其他人更能"倾听"和"依赖"右脑的人。

- 正如我们在第一篇第五章中所看到的，我们推测在早期的几千年中，右脑是神性幻觉的来源，目前被认为是更有创造力、空间感和负责生动的形象。最近的一些研究发现，比其他人更多表现出这些特征的人确实更容易受到催眠的影响。[19] 这些发现与催眠是对右脑类别的依赖这一假设是一致的，就像二分心智人依赖他的神性指引一样。

- 如果称催眠是二分心智的残余是有效的，我们也可以预期，那些最容易被催眠的人将是那些最容易被一般二分心智范式的其他实例所影响的人。在宗教参与方面，这似乎是真的。那些从小就经常去教堂的人更容易受到催眠的影响，而那些对宗教参与较少的人往

---

18. R. C. Gur 和 R. E. Gur：《催眠易感性与功能性大脑不对称之间关系的调节变量——惯用手、性别和用眼偏好》，见《变态心理学杂志》，1974, 83: 635-643。
19. Josephine R. Hilgard：《人格与催眠》(芝加哥：University of Chicago Press, 1970), Ch. 7。下面三段所依据的数据也来自她的重要著作，分别在第 5, 8 和 14 章。

往不太容易受影响。至少我认识的一些催眠研究者在神学院寻找他们的研究对象，因为他们发现这些学生更容易受影响。

• 童年时想象中的伙伴（imaginary companions）的现象，我将在今后的作品中进一步论述。但它也可以被看作是二分心智的另一个遗迹。在我采访过的人中，至少有一半的人清楚地记得，听到他们的同伴说话与听到我问的问题的体验音色相同。真正的幻觉。想象中的同伴事件的发生大多发生在三到七岁之间，正好在我认为的儿童意识的全面发展之前。我在这里的想法是，无论是通过某种先天的或环境的倾向性而拥有想象中的同伴，都运用了一般的二分范式的神经结构(用一个隐喻)。如果本章的假设是正确的，那么我们可能期望这些人在以后的生活中更容易受到这种范式的影响——如催眠。而他们确实是这样。那些在童年时有想象中的伙伴的人比那些没有的人更容易被催眠。这又是一个案例，可催眠性与另一个二分心智的遗留物相关联。

• 如果我们可以把童年时期的惩罚看作是灌输一种加强与权威关系的方式，从而训练一些曾经是二分心智的神经关系，我们可能期望这能增加催眠的敏感性。这也是事实。仔细的研究表明，那些在童年经历过严厉惩罚并来自有纪律的家庭的人更容易被催眠，而那些很少受到惩罚或根本没有受到惩罚的人往往不太容易被催眠。

这些实验室的发现只是引起联想的，而且还有相当不同的理解方法，对此我请读者参考原始报告。但它们共同构成了一种模式，支持了催眠在某种程度上是一种前意识心智的残余这一假设。以这种方式将催眠现象放置于人类广阔的历史背景之中，赋予了它们某些原本不会有的轮廓。如果人们对意识有一个非常明确的生物学概念，并认为它的起源可以追溯到人类神经系统的进化，我就看不出催眠现象是如何被理解的，一丁点也看不出。但如果我们充分认识到，意识是一个文化上的习得事件，平衡了早期心智的压制痕迹，那么我们就会看到，意识在一定程度上可以在文化上被遗忘或被抑制。习得的特征,如模拟的"我"(I),在适当的文化要求下,可以被不同的主动性接管,其中一个例子就是催眠。这种不同的主动性与感应和出神意识减弱的其他因素共同起作用的原因是,在某种程度上,它参与了一种比主观意识更古老的心智的范式。

反对意见:催眠术存在吗?

最后,我应该简要地提及可能的替代解释。但目前的催眠理论与其说是理论,不如说是观点,每一种观点就其本身而言都是正确的。一种观点坚持认为,想象力和专注于催眠师所建议的东西,以及这种想象力导致的顺从行动趋势,是很重要的。[20] 它们是重要的。另一种观点认为,重要的是单一动机的条件。[21] 当然,这只是一种描述。另一种说法是,基本现象仅仅是扮演不同角色的能力,即大多数催眠表演的假想性质。[22] 这当然是真的。另一种观点正确地强调了解离性。[23] 还有人说,催眠是一种回归到与父母的儿童式关系。[24] 而事实上,这往往是任何二分心智残余出现的方式,因为二分心智本身就是基于这种训诫性的经验。

但主要的理论争论——而且是持续的争论,也是对我们这里最重要的争论——是催眠是否真的与正常状态下每天发生的事情有什么不同。因为如果这种观点是最终的,我在本章中对不同心智的解释就是完全错误的。催眠不可能是任何东西的遗留物,因为它并不真正存在。这一立场坚持认为,催眠的所有表现都可以被证明只是正常现象的夸张。我们可以把它们列出来:

---

20. Magda Arnold:《论暗示和催眠的机制》,见《变态心理学和社会心理学杂志》,1946, 41: 107-128。
21. Robert White:《催眠理论导论》,见《变态心理学和社会心理学杂志》,1941, 16:477-505。
22. T. R. Sarbin:《对角色承担理论的贡献》。但也可参见他与 Milton Anderson 最近的论文《催眠行为的角色理论分析》,载于 J. E. Gordon。
23. Ernest Hilgard:《新解离主义的解释》。
24. 对催眠的两种精神分析的解释之一。例如,见 Merton M. Gill 和 Margaret Brenman:《催眠及相关状态》(纽约: International Universities Press, 1959)。另一种说法是,催眠是操作者和受试者之间的爱的关系,现在已经不再被认真对待。

至于对操作者的那种服从，我们所有人在如此确定的情况下都会不假思索地做同样的事，比如对老师或交通警察，或者也许是广场舞的叫号者。

至于暗示性失聪等现象，每个人都有过这样的经历:仔细"听"另一个人说话，却一无所获。因此，在雷雨中沉睡的母亲却能听到并被婴儿的哭声惊醒，这与被催眠者只听到催眠师的声音而对其他一切都充耳不闻的机制并无不同。

至于让观察者吃惊的诱发性失忆，谁能记得五分钟前他在想什么？你必须向自己建议一组或一个结构来记住当时的情况。而这一点，当今的操作者可以做，也可以不做，否定或加强淹没的副被喻（paraphrand of submersion），从而使受试者记得或不记得。

至于在催眠状态下暗示的瘫痪，谁没有在散步时与朋友讨论过，直到越来越投入，两人都走得越来越慢，直到你站着不动？集中的注意力已经意味着运动的停止。

至于催眠麻醉，那是最显著的催眠现象，谁没有见过一个受伤的孩子被一个玩具分散注意力呢？直到哭声停止，痛苦被遗忘？或者知道意外事故的受害者从无法感觉到的伤口中流血？而针灸可能确实是一种相关的现象。

至于"隐藏的观察者"，这种并行的过程一直都在进行。在普通的谈话中，我们一边听别人说话，一边计划要说什么。而演员们也不断地这样做，总是充当他们自己的隐藏观察者;相反，斯坦尼斯拉夫斯基却总是能够批评自己的表演。而第一篇第一章中的许多无意识思考的例子，或我在第一篇第四章中卅篇关于驾驶汽车和交谈的描述，都是进一步的例子。

至于催眠后暗示的惊人成功，我们有时都会决定以某种方式对某些事件做出反应，然后就这样做了，甚至忘记了我们之前的理由。这其实与"催眠前暗示"没有什么不同，就像前几页所说的主导手麻痹一样。这是对集体认知需求的一种结构化，可以以非常具体的方式预先决定我们的反应。

因此在催眠状态下完成的非凡壮举，都是对日常现象的夸大。这个论点认为催眠只是在观察者看来有所不同。恍惚的行为只是像传说中的"心不在焉的教授"（absent-minded professor）那样高度集中。事实上，最近许多实验都是为了表明，所有催眠现象都可以通过简单的暗示在清醒的受试者身上复制出来。[25]

我的回答，也是其他人的回答是：这不是在解释催眠；而是在远离它。即使所有的催眠现象都可以在日常生活中复制(我不认为它们可以)，催眠仍然可以由不同的程序、与其他经验以及其他二分心智的残余相关的不同易感性来定义，而且在有催眠诱导和无催眠诱导的情况下，催眠现象再现的难易程度存在巨大差异。在对我们心智未来可能变化的任何猜测中，后一种差异是极其重要的。这就是为什么我在本章开始时这样做。如果要求我们成为动物、五岁的孩子、被刺时无痛、色盲、全身僵硬，或者对想象中的视野漩涡表现出眼球震颤，[26] 或者把醋当作香槟来品尝——在我们正常的意识状态下，比在催眠状态下没有普通意识时要难得多。这种与操作者没有融洽关系的壮举，需要怪异的说服努力和巨大的注意力负担。觉醒状态下的全部意识本身就像一片巨大的荒野，有许多令人分心的亲密关系，不可能轻易越过而进入如此直接的控制。试着向窗外看，假装是红绿色的色盲，以至于那些颜色看起来真的像灰色的阴影。[27] 这在一定程度上是可以做到的，但在催眠状态下会容易得多。或者现在从你坐的地方站起来，像一只鸟一样，在接下来的15分钟内拍打

---

25. 持这种观点的最突出和最不懈的研究者是 Theodore X. Barber.。对 Barber 来说，"催眠"作为一种不同于清醒生活的状态是不存在的，因此这个词应该总是用引号来标明。在他的众多论文中，请看《"催眠"行为的实验分析：最近经验性发现的回顾》，见《变态心理学杂志》，1965, 70: 132-154。
26. J. P. Brady 和 E. Levitt：《眼球震颤作为催眠诱导的视觉幻觉的标准》，见《科学》，1964, 146:85-86。但我不同意作者的观点，即这证明了真正幻觉的存在。
27. 正常受试者被要求对石原（Ishihara）色盲测试作出反应，先试着不看红色，然后再试着不看绿色，以预期的红色或绿色色盲者的方式阅读一些石原牌。Theoder X. Barber 和 D. C. Deeley证明了这一点：《催眠行为理论的实验证据：I.没有"催眠"的"催眠色盲"》，见《国际临床与实验催眠杂志》，1961, 9: 79-86。但在催眠状态下，这种假性色盲更容易获得，如Milton Erickson 的《通过催眠暗示技术诱导色盲》，见《普通心理学杂志》，1939, 20: 61-89。

你的手臂，发出奇怪的叫声，这在催眠状态下很容易做到。但是上一句话的读者没有一个能做到这一点——如果他一个人的话。不管那些汗流浃背的愚昧或愚蠢的感觉是什么，"为什么要这样做15分钟"，以及"这样做是荒谬的"，这些想法像谨慎的暴君一样蜂拥而至，像一个神一样嫉妒这样的表现；你需要一个团体的许可，一个集体需求授权以及操作者——或神的命令来实现这种服从。或者把你的手放在你面前的桌子上，让其中一只手明显变红；你现在可以做，但在催眠状态下更容易。或者把你的双手举起15分钟而不感到任何不适，这在催眠状态下是一个简单的任务，但在没有催眠状态下则是一个费力的任务。

那么，是什么让催眠提供了这种额外的能力，让我们能够并不是非常困难地、做一些平时做不到的事情？或者，是"我们"在做这些事情吗？事实上，在催眠中，就像别人通过我们做事情一样。那为什么会这样呢？为什么这更容易呢？是不是因为我们必须失去有意识的自我，才能获得这样的控制权，这样的控制权本就不能由我们自己来完成？

在另一个层面上，为什么在日常生活中，我们不能超越自己，授权自己成为我们真正希望成为的样子？如果在催眠状态下，我们可以改变身份和行动，为什么不改变我们自身，使行为从具有绝对联系的决定中产生，这样，无论我们内在被称为意志（will）的东西是什么，都将成为行动的主人和船长，就像操作者对受试者拥有权威一样？

这里的答案部分在于我们在这个千年中的习得意识的局限性。我们需要一些二分心智的残余，即以前的控制方法来帮助我们。随着意识的发展，我们已经放弃了那些更简单、更绝对的控制行为的方法，这些方法是二分心智的特点。我们生活在一片充斥着为什么和哪里、叙述的目的和推理、模拟的"我"的诸多冒险的嘈杂云雾中。而这种不断变化的可能性恰恰是使得我们免于过于冲动的行为的必要因素。模拟的"我"（I）和隐喻的"我"（me）总是停留在许多集体认知需要的交汇处。我们知道的太多了，无法指挥自己走得很远。

那些通过神学家所称的"信仰的礼物"可以将生活集中在宗教信仰中并围绕它的人，确实有不同的集体认知需求。他们确实可以通过祈祷及其期望来改变自己，就像催眠后的暗示一样。事实上，政治或宗教信仰，或者仅仅是通过某种早期的认知需求对某人的信仰，都会以奇妙的方式发挥作用。凡是经历过监狱或拘留营苦难的人都知道，精神和肉体的生存往往被微妙地掌握在这种无形的手中。

但对我们其他人来说，他们必须在有意识的模式和持怀疑态度的伦理上前进，我们必须接受我们较少的控制权。我们学会了自我怀疑，研究自己的失败，是为自己的决心寻找借口和明日的天才。因此，我们开始练习无能为力的决心，直到希望破灭，在未曾尝试的情况下死去。至少这发生在我们中的一些人身上。然后，为了超越这种认识的噪音，真正改变自己，我们需要一个"我们"没有的授权。

催眠并非对每个人都有效。这有许多原因。但在一个发现催眠困难的特殊群体中，其原因是神经系统和部分遗传因素。在这样的人中，我认为一般二分范式的遗传神经学基础的组织方式略有不同。仿佛他们不能轻易接受操作者的外部授权，因为二分范式的这一部分已经被占据了。事实上，在其他人看来，他们常常好像已经被催眠了，特别是当他们被关在医院里的时候，因为他们时常如此。一些理论家甚至猜测，这正是他们的日常状况——持续的自我催眠状态。但我认为这样的立场是对催眠一词的可怕误用，而我们所说的精神分裂症患者的行为，应该以另一种方式来看待——这正是我们在下一章要做的。

第五章

精神分裂症

　　我们大多数人都会在生活中的某些时候，自发地滑回到接近实际的二分心智中去。对有些人来说，这只是一些思想被剥夺或听到幻听的小插曲。但对一部分人而言，由于多巴胺系统过度活跃，或缺乏某种酶来轻松地将持续压力的生化产物分解成可排出的形式，这是一种更为痛苦的经历——如果它可以被称为一种经历的话。我们听到一些重要的声音，批评我们并告诉我们应该怎么做。同时，我们似乎失去了自己的界限。时间崩塌了。我们行动而不自知。我们的精神空间开始消失。我们惊慌失措，但这种惊慌并没有发生在我们身上。没有"我们"。不是我们无处可去；而是无处存在。在那个无有之地，我们不自觉地成了机械人，不知道自己在做什么，被别人或自己的声音以奇怪和可怕的方式操纵着。在一个我们逐渐认识到是医院的地方，我们被告知被诊断为精神分裂症。在现实中，我们已经重新陷入了二分心智。

　　至少这是一种引人入胜方式，引出一个前文已经很明显的假设，即使过度简化和夸大了。因为显而易见的是，这里提出的观点为最常见和顽固的精神疾病——精神分裂症提出了一个新的概念。这个建议是：就像前面几章中讨论的现象一样，精神分裂症至少在某种程度上是一种二分心智的残余，是二分心智的部分复发。本章就是对这种可能性的讨论。

历史上的证据

让我们先看一眼，仅仅是侧面一瞥，这种疾病的最早的历史。如果我们的假设是正确的，首先就不应该有任何证据表明，在二分心智崩溃之前就有人被定为疯子。这是真的，尽管由于证据是如此间接，它是一个极其薄弱的案例。在伟大的二分心智文明的雕塑、文学、壁画和其他古器物中，从来没有任何描述或提及一种行为，以精神错乱的方式将一个人与其他人区别开来。白痴，有；但疯子没有。[1] 例如，《伊利亚特》中没有关于精神错乱的概念。[2] 我强调的是与他人不同的患病个体，因为根据我的理论，可以说，在公元前二千年之前，每个人都是精神分裂症患者。

第二，根据上述假设，我们应该预期，当精神错乱首次在意识时期被提及时，肯定是以二分心智相关的话语出现的。而这也是一个更有力的例子。在《斐德罗篇》(Phaedrus) 中，柏拉图称精神错乱是"一种神圣的礼物，是赐予人类最主要的祝福的源泉。"[3] 这段话为《对话录》(Dialogues) 中最美妙、最激动人心的段落之一做了铺垫，其中区分了四种类型的精神错乱:阿波罗的预言性疯癫；狄奥尼索斯的仪式性疯癫；"那些被缪斯附身的人的诗意疯癫，它抓住了纤弱而纯洁的灵魂，并激发了狂热，唤醒了抒情和所有其他数字"；最后是爱神和阿芙洛狄忒的情欲疯癫。甚至对年轻的柏拉图来说，表示预言的 (prophetic) 的词 mantike 和表示精神病患者的词 manike，也是同一个词，字母t对他来说"只是一个现代而乏味的插入物。"[4] 我在这里想说的是，我们称之为精神分裂症的早期形式与我们称之为二分心智的现象之间的联系是毫无疑问的。

---

[1]. 甚至在《撒母耳记》第 13 章中发现的，第一个提到精神分裂症的词是希伯来语 halal，在白痴的意义上，最好将其翻译成愚蠢的。

[2]. E.R. Dodds 提出《奥德赛》中的几处地方提到了疯狂，我觉得他的论点是没有说服力的。而当他得出结论说，在荷马的时代，"可能在很久之前"就有了精神疾病的常见概念，这是一个完全没有根据的论断。见 E.R. Dodds：《希腊人与非理性》(伯克利: University of California Press, 1968), p. 67。

[3]. 《斐德罗篇》, 244A。

[4]. 同上, 244C。

这种对应关系还体现在古希腊语中另一个表示精神错乱的词：妄想狂 paranoia，它来自 *para + nous*，字面意思是在自己的思想旁边有另一个思想，同时描述了精神分裂症的幻觉状态以及我们所提的二分心智。当然，这与这个词在现代的、词源学上不正确的用法没有任何关系，它具有完全不同的迫害性妄想的含义，是 19 世纪产生的。paranoia 作为古代精神错乱的一般术语，与上一章中描述的其他二分心智的残余一起持续存在，然后在语言上与它们一起在公元二世纪左右消亡。

但即使在柏拉图自己的时代，一个充满战争、饥荒和瘟疫的时代，这四种神的精神错乱也逐渐转移到智者的诗歌和普通人的迷信领域中。精神分裂症的病态方面凸显出来。在后来的对话中，年长的柏拉图对此更多持怀疑态度，他把我们所说的精神分裂症说成是一种永久的梦境，其中一些人相信"他们是神，而另一些人相信他们能飞"，[5] 在这种情况下，受折磨的人的家人应将他们留在家中，否则将被罚款。[6]

精神病患者现在要被隔离开了。甚至于在阿里斯托芬的异国情调的滑稽戏中，会向他们投掷石头，让他们远离。

因此，我们现在所称的精神分裂症，在人类历史上是作为一种与神的关系而开始的，直到公元前 400 年左右，才被视为我们今天所谓的丧失能力的疾病。除非本文所涉及的心理变化理论，否则这种发展很难理解。

问题的困难

在从同样的角度审视它的当代症状之前，我想提出一些非常普遍的初步意见。正如任何在这方面的文献中爬梳过的人所知道的那样，今天对于什么是精神分裂症，它是一种疾病还是多种疾病、或是

---

5. 《泰阿泰德篇》，158。
6. 《法律篇》，934。

多种病因的最终共同路径，是否存在两种不同程度的基本模式被称为过程性和反应性、或急性和慢性，或速发和缓发的精神分裂症，都存在着相当模糊的争议。造成这种分歧和含混不清的原因是，该领域的研究与在任何地方都可以找到一样是一团顽固的控制困难。我们如何才能在研究精神分裂症的同时，消除住院、药物、先前治疗、文化期望、对怪异经历的各种习得反应，或在获取有关病人情境危机的准确数据方面的差异的影响，这些病人出于住院的创伤，觉得交流很可怕？

在这里，我不打算通过这些困难以达到任何明确的立场。相反，我打算用一些大家都同意的简单事实来绕过这些问题。这就是：确实存在一种可以称为精神分裂症的综合症，至少在病症完全发作的状态下，它在临床上很容易识别，而且在全世界所有的文明社会中都有发现。[7] 此外，就本章的真实性而言，我是否在谈论所有具有这种诊断的病人并不重要。[8] 也不是指这种疾病最初出现的时候或住院后的发展。我的论题比较简单，那就是：完全发作的、未经治疗的精神分裂症最基本、最典型、最常见的症状，与我在前面对二分心智的描述完全一致。

这些症状主要包括第一篇第四章中描述的幻听的存在，以及第一篇第二章中定义的意识衰退，即模拟"我"（I）的丧失、心灵空间的侵蚀、以及失去叙述能力。让我们依次看一下这些症状。

幻觉

再次来到幻觉这一话题。而我在这里要说的只是对先前讨论的补充。

---

7. "经验世界量表"（The Experiential World Inventory）是由 H. Osmond 和 A. El. Miligi 在普林斯顿神经精神研究所开发的，已经在不同的国家和文化背景下对精神分裂症患者进行了测试，结果非常相似。
8. 也不只是这样的病人。精神病学界有一个越来越大的运动，那就是以特定的药物来区分诊断类别，精神分裂症用吩噻嗪类药物，躁郁症用锂。如果这是正确的，许多以前被诊断为偏执型精神分裂症的病人实际上是躁郁症，因为他们只对锂有反应。在躁狂期，几乎一半的这类病人都有幻觉。

如果局限于未用药的精神分裂症患者，我们可以说，只有在特殊情况下才会出现幻觉。通常情况下，幻觉占主导地位，持续而大量地蜂拥而至，使病人显得很困惑，尤其是当它们迅速变化时。在急性的病例中，视觉幻觉伴随着声音的出现。但在更普通的病例中，病人会听到一个或多个声音，一个圣人或一个魔鬼，一帮人在窗下想抓住他、烧死他、将他斩首。他们躺在那里等着他，威胁要从墙上进入，爬上去躲在床下或他上面的通风口里。然后还有其他的声音，想帮助他。神有时是保护者，有时则是迫害者之一。在迫害者的声音下，病人可能会逃跑、自卫或攻击。对于有帮助的安慰性幻觉，病人可能会认真倾听，像过节一样享受，甚至听到天堂的声音而哭泣。有些病人躺在被子里时，可能会经历各种幻觉体验，而另一些病人则四处攀爬，与声音大声或轻声地交谈，做出各种费解的手势和动作。即使在谈话或阅读时，病人也可能不断地轻声回答他们的幻觉，或每隔几秒钟对声音窃窃私语。

现在，就与二分心智平行而言，最有趣和最重要的一个方面是：一般来说，幻听实际上不受个人本身的控制，但它们极易受到来自个人所处的整个社会环境的无伤大雅的暗示。换句话说，这种精神分裂症的症状和催眠的情况一样，都受到集体认知需求的影响。

最近的一项研究非常清楚地证明了这一点。[9] 45 名产生幻觉的男性病人被分为三组。一组在腰带上系一个带有操纵杆的小盒子，按下去就会产生电击。他们被要求在开始听到声音时就这样电击自己。第二组戴着类似的盒子，得到类似的指示，但按下控制杆并不产生电击。第三组接受了类似的访谈和评估，但没有戴盒子。顺便说一下，盒子里有计数器，记录了按下杠杆的次数，在实验的两个星期里，频次从 19 到 2362 次不等。但重要的是，所有三组人都被随意地引导去期望幻觉的频率可能会减少。

---

9. Arthur H. Weingaertner：《对住院精神分裂症患者进行自我管理的厌恶性刺激》，见《咨询和临床心理学杂志》，1971, 36: 422-429。

当然，根据学习理论的预测，只有会受到电击的一组会有所改善。但遗憾的是，所有三个小组听到的声音都明显减少。在某些情况下，声音完全消失了。在这方面，没有任何一组比另一组更有优势，这清楚地表明在心理组织的这个方面，期望和信念起着巨大的作用。

更进一步的是一个相关的观察，即幻觉取决于童年时期的教诲和期许——正如我们所推测的那样，在二分心智时代是正确的。在当代文化中，与上帝的正统而过度的个人关系是儿童教育的一部分，精神分裂症的个人往往比其他人更容易听到严格的宗教幻觉。

例如，在西印度群岛的英属托尔托拉（Tortola）岛，孩子们被教导说，上帝实际上控制着他们生活的每个细节。威胁和惩罚时都会援引神的名字。去教堂是主要的社会活动。当这个岛的土著需要任何精神治疗时，他们总是描述听到来自上帝和耶稣的命令的经历、在地狱中被烧死的感觉或大声祈祷和唱赞美诗的幻觉，或者祈祷和亵渎的结合。[10]

当精神分裂症的幻听没有特别的宗教基础时，它们基本上仍在发挥与我所建议的二分心智的真实作用相同的角色，即启动和指导病人的行为。偶尔，这些声音甚至在医院内部也被认为是权威。一位妇女听到的声音主要是有益的，她认为这些声音是由公共卫生局创造的，以提供心理治疗。如果心理治疗总是能够如此容易地完成就好了！他们不断地给她建议，包括不要告诉精神病医师她听到的声音。他们就困难的发音向她提供建议，或者给她缝纫和烹饪的提示。正如她所描述的那样：

> 在我做蛋糕的时候，她对我太不耐烦了。我试图自己想办法解决。我想做一条布纺围裙，她就在我身边试图告诉我怎么做。[11]

---

10. Edwin A. Weinstein：《幻觉的面向》，见《幻觉》，L. J. West编辑，(纽约: Grune and Stratton, 1962), pp.233-238。
11. A. H. Modell：《精神分裂症患者的幻觉及其与精神结构的关系》，见 West，第 166-173 页，引文摘自第 169 页。

一些精神病学研究者,特别是精神分析学派的研究者,希望通过病人的联想来推断,这些声音"在所有情况下……都可以追溯到以前在病人生活中很重要的某些人身上,尤其是他们的父母"。[12] 据推测,由于这些人物如果被认出会产生焦虑,因此他们被病人无意识地扭曲和伪装。但为什么会这样呢?如果认为是病人与父母(或其他亲爱的权威)的经历成为建构幻觉声音的核心,就像我所建议的在二分心智时代的神的情况一样,那就未免过分简化了。

我并不是说父母不在幻觉中出现。他们经常这样,特别是在年轻的病人身上。但除此之外,精神分裂症的声音形象并不是伪装的父母;它们是神经系统从病人的训诫经验和他的文化期望中创造出来的权威人物。父母当然是这种训诫经验的重要组成部分。

幻觉中最有趣的问题之一是它们与意识思维的关系。如果精神分裂症在一定程度上是对二分心智的回归,如果这与普通意识是对立的(不一定在所有情况下都是如此),人们可能期望幻觉是"思想"的替代。

至少在某些病人中,这就是幻觉最初出现的方式。有时,声音似乎是从思想开始的,然后转变为模糊的耳语,逐渐变得更响亮、更有权威。在其他情况下,病人感觉到声音的开始,"好像他们的思想在分裂"。在轻症病例中,这些声音甚至可能像"思想"一样受到有意识的注意控制。正如一位不迷信的病人所描述的那样:

> 我已在这间病房里呆了两年半,几乎每天每时都能听到身边的声音,有时是风声,有时是脚步声,有时是碗碟的响声,来自沙沙作响的树木,或者来自来往火车和车辆的车轮。只有当我注意到这些声音时,我才会听到它们,但我确实听到了它们。这些声音是告诉我这样或那样的故事,就像它们不是我脑子里的想法,而是在叙述过去的事迹——但只有在我想到它们的时候。它们整天都在真实地讲述我头脑和心灵的日常历史。[13]

---

12. Modell, in West, p. 168。
13. Gustav Storring:《精神病理学》(Berlin: Swan Sonnenschein, 1907), p. 27。

幻觉似乎比病人自己能获得更多的记忆和知识——甚至像古代的神一样。在疾病的某些阶段，经常听到病人抱怨说，在他们自己有机会思考之前，这些声音就已经表达了他们的想法。这种预期并大声表达自己想法的过程，在临床文献中被称为"思想声音"（Gedankenlautwerden），接近于二分心智。有些人说他们从来没有机会自己思考;总是有人替他们做，思想是交给他们的。当他们试图阅读时，声音会提前读给他们听。当他们试图说话时，听到自己的想法被提前说出来。另一个病人告诉医生说。"思考伤害了他，因为他不能为自己思考。每当他开始思考时，他所有的想法都被说出来了。他不厌其烦地想改变思路，但他的思考又是为他完成了…。在教堂里，他经常听到一个声音在唱歌，期待着唱诗班唱的东西…如果他走在街上，看到，比如说，一个标志，这个声音就会向他读出上面的任何内容。如果他在远处看到一个熟人，这个声音就会叫他:看，某某过去了，通常在他想起这个人之前。偶尔，尽管他根本无意注意到路人，但声音通过对他们的评论迫使他去注意他们。"[14]

重要的是要考虑这些幻听在许多精神分裂症患者的综合症中所具有的非常核心和独特的地位。为什么它们会出现？为什么"听到声音"在所有文化中是普遍存在的，除非有一些通常被抑制的大脑结构在这种疾病的压力下被激活。

为什么精神分裂症患者的这些幻觉常常具有戏剧性的权威，尤其是宗教性的?我发现，关于这个问题，唯一能提供有效假说的概念是二分心智，即负责这些幻觉的神经结构在神经学上与宗教情感的基质相联系,这是因为宗教与神灵本身的来源在二分心智中。

宗教性的幻觉在所謂的暮光状态（twilight states）中特别常见，这是许多病人的一种清醒梦，时间从几分钟到几年不等，持续6个月是很常见的。这种状态无一例外都是以宗教幻觉、姿态、仪式和崇拜为特征，病人生活在幻觉中，和在二分心智状态下一样，只是环境

---

14. 同上，第30页。

本身可能产生幻觉，医院周围的环境困难会被抹去。病人可能与天上的圣徒接触。或者他可能认得周围的医生或护士，但相信他们会被证明是神或天使的伪装。这些患者甚至会因为直接与天堂的居民交谈而喜极而泣，当他们与神圣的声音甚至与星星交谈，在夜里呼唤它们时，他们会不断地在自己身上划十字。

通常情况下，偏执狂在长期难以与人相处之后，可能以一种幻觉的宗教体验开始其疾病的精神分裂方面，在这种体验中，天使、基督或上帝对病人说了二分心智性质的话，向他展示了一些新的方法。[15]因此，他开始相信自己与宇宙力量的特殊关系，他周围发生的所有事件的病态的自我指涉则被详细阐述为妄想的想法，这些想法可能会在患者无法讨论的情况下持续多年。

特别能说明宗教幻觉倾向的是著名的施雷伯（Schreber）案例，他是十九世纪末一位杰出的德国法官。[16] 他自己对自己在患精神分裂症时产生的幻觉进行了极有文采的回顾性描述，从其与古代人与他们的神的关系的相似性来看，是非常了不起的。他的疾病开始于一次严重的焦虑发作，期间他幻觉到他家的墙壁上有噼啪声。然后有一天晚上，噼里啪啦的声音突然变成了言语声，他立即意识到这是神圣的交流，"从那时起，这些声音就不停地对我说话"。这些声音持续了"七年之久，除了睡觉，甚至在我和其他人说话的时候也会持续下去。"[17] 他看到光线像"长长的丝线，从地平线上某个遥远的地方靠近我的头…或者来自太阳或其他遥远的星星，它们不是以直线、而是以一种圆或抛物线的方式向我走来"。[18] 而这些是神圣声音的载体，并能形成神灵本身的实体。

随着病情恶化，令人特别感兴趣的是，神圣的声音如何很快将自己组织成一个上位神和下位神的等级制度，这可能是在二分心智时

---

15. Eugen Bleuler:《早发性痴呆或精神分裂症群》, Joseph Zinkin 译, (纽约: International Universities Press, 1950), p. 229.
16. D. P. Schreber:《我的神经病回忆录》, I. MacAlpine 与 R. A. Hunter 编译 (伦敦: Dawson, 1955).
17. 同上, 第 225 页.
18. 同上, 第 227-228 页.

代发生的。然后,这些声音从众神身上流下他们的光芒,似乎试图"使我窒息,最终夺走我的理性"。他们正在实施"灵魂谋杀",并逐步"阉割"他,也就是说,夺走他自己的主动权或侵蚀他的模拟的"我"。在他患病的后期,在更清醒的时候,他将此叙述为身体上变成女人的错觉。我认为,弗洛伊德在他对这些回忆录的著名分析中过分强调了这种特殊的叙述,使整个疾病成为从无意识中爆发出来的被压抑的同性恋的结果。[19] 但是这样的解释,虽然可能与引发疾病的压力的原始病因有关,但在解释整个案例时并不十分有力。

现在,我们是否可以大胆地将这种精神疾病的现象与古代的神灵组织相提并论?施雷伯也有"小人"的声音幻觉(voice-visions),让人联想到许多早期文明中发现的小雕像。而且,随着他的慢慢恢复,神灵说话的节奏也慢了下来,然后退化成一种模糊不清的嘶嘶声,[20] 这让人联想到神像在征服的印加人听起来的样子。

另一个具有暗示性的平行关系是:太阳作为世界上最亮的光,在许多未经治疗的病人身上具有特殊的意义,就像在二分心智文明的神权国家中一样。例如,施雷伯在听到他的"上神"(Ormuzd)之后一段时间,终于将他视为"太阳…被银色的光芒之海包围着…"。[21] 还有一位同时代的病人写道:

> 太阳对我产生了非凡的影响。它似乎被赋予了所有的力量;不仅仅是象征着神,而且实际上就是神。诸如以下的短语"世界之光"、"正义之日永不停息"等等,不停地在我脑海中闪现,仅仅是看到太阳就足以使我的这种狂躁的兴奋感大大加强。我被迫把太阳当作个人的神来称呼,并从它身上演化出一个太阳崇拜仪式。[22]

在这里,我并不是想说神经系统中有天生的太阳崇拜或天生的神灵,在精神病的心理重组下被释放。幻觉采取特殊形式的原因部

---

19. 西格蒙德·弗洛伊德:《关于一个妄想症病例的自传的精神分析说明》,载于《心理学全集》第 12 卷, James Strachey 编译 (伦敦: Hogarth Press, 1958)。
20. Schreber, pp. 226, 332.
21. 同上,第 269 页。
22. J. Custance:《智慧、疯狂和愚昧》(纽约: Pellegrini and Cudahy, 1952), p. 18。

分在于世界的物理性质，但主要在于教育与对神灵和宗教历史的熟悉。

但我确实想建议：

(1) 大脑中存在这种幻觉的倾向性（aptic）结构；
(2) 这些结构在文明社会中的发展，决定了这种幻听声音的一般宗教性质和权威性，并可能将它们组织成等级制度；
(3) 这些倾向性结构背后的范式是在人类早期文明进程中通过自然和人类的选择演化到大脑中的，并且
(4) 在许多精神分裂症的病例中，这些结构被异常的生物化学作用从其正常抑制中释放出来，并具体化为经验。

关于精神分裂症中这些非常真实的幻觉现象，还有很多东西可以说。在这方面，需要进行更多的研究，这一点怎么强调都不过分。我们想知道幻觉的生活史，以及它与病人疾病的生活史之间的关系，在这方面我们几乎一无所知。我们想更多地了解特定的幻觉体验如何与个人成长相关。为什么有些病人的声音是善意的，而有些病人的声音则是无情的迫害，以至于他们逃离、自卫，或攻击某人或某物，试图了结他们?为什么还有一些人的声音如此欣喜若狂，如此虔诚和鼓舞人心，以至于病人像庆典般享受这些声音?这些声音的语言特点是什么?它们是否使用与病人自己的语言相同的句法和词汇?还是像从本篇第三章中预期的那样，它们更具模式化?所有这些都是可以通过经验解决的问题。当它们被解决时，它们可能确实让我们更深入地了解文明的二分心智开端。

模拟"我"的侵蚀

在隐喻的心智空间中，我们对自己的这种模拟具有超越的重要性，我们正是用它来叙述对个人行动问题的解决方案，并看到我们要去哪里，以及我们是谁!

而当在精神分裂症中，它开始减少，它所存在的空间开始坍塌，这种经历该是多么可怕啊！ 完全发作的精神分裂症患者都在某种程度上有这种症状：

> 在我生病的时候， 我失去了对自己所在之处的感觉。我觉得"我"可以坐在椅子上，但我的身体却飞奔出去，在我前面3英尺处翻筋斗。

> 我真的很难保持与他人的对话，因为我无法确定他人是否真的在说话，以及我是否真的在回话。[23]

> 渐渐地， 我不再能区分自己有多少是在自己身上， 有多少是已经在别人身上。我是一个综合体，一个畸形体，每天都在重新塑造。[24]

> 我思考和决定的能力以及做事的意愿被自己撕碎了。最后，它被扔了出去，在那里与一天中的其他部分混在一起，判断它所留下的东西。人们不再希望做事，而是由某种似乎机械而可怕的东西来完成……应该存在于一个人体内的感觉是在外面，渴望回来，带着回来的力量。[25]

能够完全描述这种自我丧失的病人以很多方式描述它。另一位病人不得不一次静坐几个小时， "以便重新找到她的思想"。另一位感觉好像"他死掉了"。正如我们已经看到的， 施雷伯谈到了"灵魂谋杀"。一个非常聪明的病人需要几个小时的艰苦努力， "在几个短暂的时刻找到她自己的自我"。或者自我感觉正在被周围的一切，如宇宙的力量、邪恶或善良的力量，或者上帝本身吸收。事实上，精神分裂症这个词是由布莱勒（Bleuler）创造的，指出这种中心体验是精神分裂症的识别标志。这是一种"失去理智"（minds）的感觉，自我"断裂"，直到它不复存在或似乎与行动或生活失去平

---

23. 这两段话都是引自新泽西州普林斯顿市脑生物中心的C.C. Pfeiffer 博士的病人，在那里，精神分裂症被认为是几种生化疾病，主要可以通过大脑营养物质来治疗。
24. Storch 转引自 H. Werner：《心理发展比较心理学》（纽约：International Universities Press, 1957），p. 467。
25. 来自E. Meyer 与 L. Covi：《去人格化的经验：一个病人的书面报告》，《精神病学》，1960, 23: 215-217。

常的联系，导致许多更明显的描述性症状，如"缺乏情感"或意志力丧失（abulia）。

这种对模拟"我"的侵蚀显示出的另一种方式是，精神分裂症患者相对无法画出一个人。当然，如果说当我们在纸上画一个人的时候，绘画依赖一个完整的自我隐喻，我们称之为模拟的"我"，这是一个有点薄弱的假设。但这个结果如此一致，以至于它成为所谓的画人测试（D A P），现在被常规地作为精神分裂症的一个指标。[26] 并非所有的精神分裂症患者都觉得这种画画很困难。但当他们这样做的时候，是非常具有诊断性的。他们遗漏了明显的结构上的部位，如手或眼睛；他们使用模糊的和不相连的线条；性别往往没有区别；形象本身往往是扭曲的和迷惑的。

但是，认为这种不能画人的情况反映了模拟"我"的侵蚀，这种概括应该慎重对待。人们发现，老年人有时也会表现出与这些精神分裂症患者一样的支离破碎和原始的绘画，而且还应该注意到，这一结果与本章所研究的假说有相当大的不一致。我们在前面的章节中说过，模拟的"我"是在公元前二千年末出现的。如果画人的能力取决于画者是否有一个模拟的"我"，那么我们就会认为在那之前没有连贯的人类图片。而事实绝对不是这样的。很明显，有一些方法可以解释这种差异，但我此时更愿意简单地记录这种异常现象。

在讨论模拟"我"的侵蚀时，不能不提到我们自己的文化中伴随着这种侵蚀的巨大焦虑，以及试图阻止这种"内在自我的最重要部分、几乎是有意识的决定的圣礼中心"的可怕衰落的尝试——这种尝试有时成功，有时不成功。事实上，许多与回复到二分心智无关的行为可以理解为是为了对抗此类模拟"我"（I）的丧失。

例如，有时会出现所谓的"我是"（I am）症状。病人试图对自己的行为保持一定的控制，反复对自己说"我是"，或"我是存在

---

26. 使用 DAP 的最初几年的研究已在 L.W. Jones 和 C.B. Thomas 的《人物画研究》中报告，《精神病学季刊》，1961, 35: 212-216。

于一切事物中的人"，或"我是心灵，而不是身体"。另一个病人可能只使用"力量"或"生命"这样的单一词汇，试图固定自己，防止意识的消解。[27]

心灵空间的解体

精神分裂症患者不仅开始失去他的"我"，而且还失去了他的心灵空间，即我们对世界和它的对象的纯粹的副被喻（paraphrand），当我们内省时，它就会变成一个空间。对病人来说，这感觉就像失去了他的思想，或者说是"思想剥夺"，这句话引起了精神分裂症患者的立即认同。这方面的影响与模拟'我'的侵蚀如此紧密地联系在一起，以至于密不可分。病人不容易想到自己所处的位置，所以他们无法利用信息为可能发生在他们身上的事情提前做好准备。

在实验中可以观察到的一种方式是反应时间研究。所有各种类型的精神分裂症患者在试图对以不同长度的间隔呈现给他们的刺激作出反应时，其能力远低于正常意识的人。精神分裂症患者由于缺乏完整的模拟"我"和想象自己做事的心灵空间，无法"准备好"做出反应，而且一旦做出反应，就无法根据任务要求改变反应。一个一直按形状分类积木的病人，在接到以不同方式分类的指示时，可能无法转而按颜色分类。

同样地，模拟的"我"和它的心灵空间的丧失导致了"假设"（as-if）行为的丧失。因为他不能以通常的有意识的方式进行想象，所以他不能进行游戏，或从事假想的行动，或谈论假想的事件。例如，如果杯子里没有水，他就不能假装从杯子里喝水。或者问他如果是医生会怎么做，他可能会回答说他不是医生。或者如果问一个未婚的病人，如果他结婚了他会怎么做，他可能会回答说他还没有结婚。因此，他对催眠的假设行为感到困难，正如我在上一章的结尾提到的。

---

27. Carney Landis：《心理病理学经验的多样性》（纽约: Holt, Rinehart and Winston, 1964）。

心灵空间的消解的另一种表现方式是在精神分裂症患者中常见的对时间的迷失。我们只有在能够将时间安排成一个空间序列时才能意识到时间，而精神分裂症中心灵空间的减少使之较难或不可能达成。例如，病人可能会抱怨"时间停止了"，或者一切似乎都"慢下来了"或"暂停了"，或者更简单地说，他们有"时间上的麻烦"。正如一位曾经的病人在病愈后所回忆的那样：

> 在很长一段时间里，对我来说，没有一个白昼像白天，没有一个夜晚像黑夜。但这一点在我的记忆中并不成形。我过去常常通过饭菜来判断时间，但我相信我们在每一天都得到了几份饭菜——每十二小时大约有六份早餐、午餐、下午茶和晚餐——这并没有多大帮助。[28]

从表面上看，这似乎与精神分裂症是部分返回到二分心智的假说不一致。因为二分心智的人当然知道一天的时间和一年的季节。但我认为，这种认识与我们有意识的人以一个在空间上连续的时间为基础展开叙述的做法非常不同。二分心智的人有行为认知，对起床和睡觉、播种和收获的线索作出反应，这些线索如此重要，以至于他们如巨石阵一般被崇拜，而且他们本身可能具有致幻作用。[29] 对于一个来自于对这种线索的关注已经被不同的时间感所取代的文化的人来说，失去这种空间上的连续性让病人处于一个相对永恒的世界。在这方面，有趣的是，当向正常的催眠对象提出时间不存在时，会产生精神分裂症的形式反应。[30]

叙事的失败

随着模拟"我"及其思维空间的侵蚀，叙事变得不可能。仿佛所有在正常状态下可以被叙述的东西都碎成了从属于某种一般事

---

28. 这是对 David Shakow 的一个广泛持有的理论的解释：《分段集》，见《普通精神病学档案》，1962, 6: 1-17。
29. M. Harrison：《斯宾纳斯湖》（伦敦：Lane, 1941），p. 32。
30. Bernard S. Aaronson：《催眠、责任和自我的界限》，见《美国临床催眠杂志》1967, 9: 229-246。

物的联想，但与在普通叙述中发生的任何统一的概念目标或目的无关。不能为行为给出逻辑上的理由，对问题的口头回答也不是源于任何内部的心灵空间，而是源于简单的联想或对话的外部环境。一个人可以解释自己的整个想法,在二分心智时代明显是神的功能,不能再发生了。

由于失去了模拟的"我"、它的心灵空间和叙述的能力，行为要么是对幻觉的指示作出反应，要么是按习惯继续下去。残存的自我感觉就像一个被命令的机器人，就像其他人在移动身体一样。即使没有幻觉命令，病人也会有一种他必须服从的命令方式的感觉。他可能正常地与来访者握手,但当被问及此事时,他回答说:"我不握手，手是自己伸出来的"。或者病人可能感觉到别人在说话时移动他的舌头，特别是在秽语症中，当用下流或淫秽的词替换其他词时。即使在精神分裂症的早期阶段，病人也会感觉到记忆、音乐或情绪，无论是愉快的还是不愉快的，似乎是由一些陌生来源强加给他的，因此，"他"无法控制。这种症状非常普遍，而且具有诊断性。而这些外来的影响往往随后发展成我前面讨论过的全面成熟的幻觉。

据布莱勒说，"有意识的感觉很少伴随着从人格中分离出来的心理表现的自动症。病人可以手舞足蹈，大笑而不感到快乐;可以杀人而不恨人;可以自我了断而不对生活感到失望……病人意识到他们不是自己的主人。"[31]

许多病人只是允许这种自动行为的发生。另一些人，仍然能够勉强叙述，发明了一些保护性的装置，以防止他们的行为受到这种外来的控制。甚至我认为，消极主义（Negativism）本身，在神经病患者中就是如此。例如，布鲁勒的一个病人，内心被驱使去唱歌，他设法抓住了一个小木块，把它塞进嘴里，以阻止他的嘴唱歌。目前，我们不知道这种自动症和内在命令是否总是由清晰的声音来指导病人的行动的结果，就像复发的二分心智所暗示的那样。这可能确实无

---

31. Bleuler, 第204页。

法知道，因为仍然对医生做出反应的人格分裂片段可能已经抑制了被神经系统的其他部分"听到"的二分心智命令。

在许多病人中，这表现为称为"指令自动症"（Command Automatism）的症状。病人服从来自外界的任何建议和命令。他没有能力不服从权威性的简短命令，即使在其他方面是抗拒的。这种命令只能涉及简单的活动，不适用于冗长复杂的任务。众所周知的紧张症患者的蜡质弹性（waxy flexibility）可能属于这一范畴；病人通过保持在他被安排的任何姿势，实际上是在服从医生。当然，并不是所有这些现象都是我们所说的二分心智的特征，但其基本原理却是如此。一个有趣的假设是，具有这种指令自动症的病人是那些没有幻听的人，而医生的外部声音正在取代它。

与这种假说相一致的是被称为回声症（echolalia）的症状。当没有幻觉出现时，病人会重复别人的讲话、哭声或表情。但当出现幻觉时，这就变成了幻觉回声症，病人必须大声重复他的声音对他说的话，而不是他周围环境中的声音。我认为，幻觉性的回声在本质上与我们在《旧约》的先知以及《荷马史诗》的吟游诗人中看到的心灵结构基本相同。

身体形象的边界紊乱

模拟"我"及其心智空间的侵蚀可能也会导致罗夏（Rorschach）对精神分裂症的研究中所说的界限缺失（Boundary Loss）。这是对在墨迹中看到的边界或边缘定义不明确、模糊或不存在的图像的比例评分。从我们的角度来看，最有趣的是这一指标与生动的幻觉体验的存在密切相关。界限缺失程度高的病人常将其描述为一种解体的感觉：

> 当我被融化时，我没有手，为了不被践踏，我走进了一个门洞。一切都从我身边飞走。在门口，我可以收集我的身体碎片。仿佛有什么东西被扔进了我的身体，把我炸得四分五裂。我为什么要把自己分成不同的碎片？我觉得我没有平静，我的人格正在融化，我

的自我消失了，我不复存在了。一切都把我分开…皮肤是将不同的碎片保持在一起的唯一可能方法。我身体的不同部分之间没有联系…[32]

在一项关于界限缺失的研究中，80名精神分裂症患者接受了罗夏测试。边界明确性得分明显低于年龄和社会经济地位相匹配的正常人和神经症患者对照组。这类病人通常会在墨迹中看到动物或人类被肢解的尸体。[33]这反映了模拟自我的解体，或者说我们在意识中对自己的隐喻画面。在伍斯特州立医院（Worcester State Hospital）对604名病人的另一项研究中，特别发现界限缺失，包括我们可以推测的模拟"我"的丧失，是幻觉发展的一个因素。产生更多幻觉的病人是那些在建立"自我和世界的边界"方面不太成功的人。[34]

沿着同样的思路，慢性精神分裂症患者有时无法在照片中辨认自己，或者可能误认自己，无论在单人照或集体照中。

精神分裂症的优势

诚然，这是一个奇怪的标题，我们怎么能说如此可怕的疾病有什么好处呢？但我的意思是，从整个人类历史来看这种优势。很明显，对压力的这种截然不同的反应背后的生物化学有一个遗传基础。对于这种发生在我们繁衍期如此之早的遗传倾向，必须提出的一个问题是:它曾经有什么生物学优势？用进化论者的话来说，为什么会选择它？在很久很久以前，这样的遗传倾向在全世界都存在？

答案当然是我在这篇文章中以前经常提到的主题之一。这种基因的选择优势是在我们早期文明的几千年里通过自然和人类的选择而演化出的二分心智。所涉及的基因，无论对有意识的人来说是造成某种酶缺乏或其他，都是在先知和"纳比姆之子"（sons of the nabiim）以及他们之前的二分心智人的背景中出现的基因。

---

32. P. Schilder：《人体的形象和外观》(伦敦: Kegan Paul, Trench, Trubner 与 Co., 1935), p. 159。
33. S. Fisher 和 S. E. Cleveland：《身体形象在身心失调症状选择中的作用》，见《心理学专论》，1955, 69, No. 17, whole no. 402。
34. L. Phillips 和 M. S. Rabinovitch：《变态心理学和社会心理学杂志》, 1958, 57: 181。

精神分裂症的另一个也许是进化上的优点，是不知疲倦。虽然少数精神分裂症患者抱怨全身疲劳，尤其是在疾病的早期阶段，但大多数患者并没有。事实上，他们表现出比正常人要少的疲惫，而且能够表现出巨大的耐力。他们不会因持续数小时的考试而感到疲倦。他们可以不分昼夜地走动，或无休止地工作而没有任何疲乏的迹象。紧张症患者可能会在几天内保持一个奇怪的姿势，而我们的读者无法坚持超过几分钟。这表明，许多疲劳是主观意识的产物，而二分心智人，仅凭手工劳动便建造了埃及、苏美尔金字塔或特奥蒂瓦坎的巨大庙宇，比有意识的自我反思的人要容易得多。

　　精神分裂症患者比我们其他人做得"更好"的另一件事是简单的感官知觉——尽管这在我们抽象复杂的世界中肯定不算优势。他们对视觉刺激更加警觉性，如果我们认为他们不必通过意识的缓冲来应付这种刺激，这一点是可以预期的。这体现在他们在受到突然刺激后比正常人更快地阻断脑电图 α 波的能力，以及比正常人更好地识别聚焦的投影视觉场景。[35] 总之，精神分裂症患者几乎淹没在感觉数据中。他们只看到每一棵树，而没有看到森林，无法叙述或调和。他们似乎更直接和绝对的参与他们的物理环境：一种更大的在世性。这样的解释至少可以基于这样一个事实上：精神分裂症患者佩戴使视觉感知变形的棱镜眼镜，比我们其他人更容易学会调整，因为他们没有那么多的过度代偿。[36]

精神分裂症的神经学

　　如果精神分裂症在某种程度上是二分心智的复发，而且如果我们先前的分析有什么价值，那么我们应该发现某种与第一篇第五章中建议的神经系统模型相一致的神经系统变化。我在那里提出，二

---

35. R. L. Cromwell 与 J. M. Held：《精神分裂症患者和正常人的阿尔法阻断潜伏期和反应时间》，见《知觉和运动技能》1969, 29: 195-201; E. Ebner 和 B. Ritzier：《慢性和急性精神分裂症患者的知觉识别》，见《咨询和临床心理学杂志》，1969, 33: 200-206。
36. E. Ebner, V. Broekma 与 B. Ritzier：《正常人和精神分裂症患者对突兀的视觉本体感受输入的适应》，见《普通精神病学档案》，1971, 24: 367-371。

分心智的幻听是储存的劝诫经验的混合物，这些经验以某种方式在右颞叶组织起来，并通过前连合或胼胝体传达给左脑或主导半脑。

此外，我还提出，意识的出现必然会抑制这些源自右颞叶皮层的幻听。但这在神经解剖学意义上的确切含义还很不清楚。我们清楚地知道，大脑中有一些特定的区域对其他区域有抑制作用，大脑以一种非常普遍的方式，在兴奋与抑制之间，总是处于一种复杂的张力(或平衡)状态，而且抑制可以通过一些不同的方式发生。一种方法是通过激发一个半球的某个区域来抑制另一个半球的某个区域。例如，额叶视区是相互抑制的，对一个半脑的额叶视区的刺激会抑制另一个半脑的额叶视区。[37] 我们可以假设，连接额叶眼区的胼胝体的部分纤维本身是抑制性的，或者会激发对侧半球的抑制性中枢。在行为上，这意味着在任何方向上的注视都被程序化为两个额叶眼区的相反激发的矢量结果。[38] 而可以推测，这种半脑的相互抑制在其他各种双边功能中起作用。

但是，将这种相互抑制推广到不对称的单边功能是一个更大胆的问题。例如，我们是否可以假设，左脑的某些心理过程与右脑的某些不同功能在相互抑制配对，因此一些所谓的高级心理过程可能是两个对立半脑的合力？

无论如何，要使这些关于精神分裂症与二分心智及其神经模型的关系的想法得到某种程度的信任，第一步就是要在精神分裂症患者身上寻找某种偏侧性差异。这些病人的右脑活动是否与我们其他人不同？对这一假设的研究才刚刚开始，但以下最近的研究至少是有启发性的：

---

37. A. S. F. Layton 和 C. S. Sherrington：《对黑猩猩、红毛猩猩和大猩猩兴奋皮层的观察》，见《实验生理学季刊》，1917, 11: 135。
38. 这是 Marcel Kinsbourne 在《通过大脑半球之间的互动控制注意力》中的措辞，第四届国际注意力和表现研讨会，科罗拉多州博尔德，1971 年 8 月。

- 在我们大多数人中，长时间的总脑电图显示，主导的左脑比右脑的活动略多。但在精神分裂症中往往会出现相反的情况:右脑的活动略多。[39]

- 在感觉剥夺数分钟后，精神分裂症患者右脑活动的增加更为明显，这与导致正常人产生幻觉的情况相同。

- 如果设置脑电图机，使我们能够每隔几秒钟就知道哪个半脑更活跃，我们会发现，在大多数人中，这种测量大约每分钟在半脑之间来回切换一次。但在迄今为止测试的精神分裂症患者中，这种切换大约每四分钟才发生一次，这是一个惊人的滞后。这可能是我以前提到的"片段集"（segmental set）的部分解释，即精神分裂症患者往往"卡"在一个半脑或另一个半脑，因此不能像我们其他人那样快速地从一种信息处理模式转向另一种。因此，他们在与我们的交往中会出现混乱，并且经常出现不合逻辑的言语和行为，而我们则以更快的速度来回转换。[40]

- 对精神分裂症中这种较慢的转换的解释有可能是解剖学上的。一系列长期精神分裂症患者的尸检结果令人惊讶地显示，连接两个半脑的胼胝体比正常大脑厚1毫米。这是一个统计学上的可靠结果。这种差异可能意味着精神分裂症患者的大脑半球之间有更多的相互抑制。[41] 本研究中的前连合没有测量。

- 如果我们的理论是正确的，那么，由于疾病、循环变化或应激诱导的神经化学的改变而引发的左颞叶皮层的任何广泛功能障碍都应该使右颞叶皮层脱离其正常的抑制性控制。当颞叶癫痫是由左颞叶(或左右两侧)的病变引起时，因此(推测)释放了右侧的正常抑制，有整整90%的患者会发展成伴有大量幻听症状的偏执型精神分

---

39. Arthur Sugarman, L. Goldstein, G. Marjerrison 与 N. Stoltyfus：《脑电图振幅分析的最新研究》，见《神经系统疾病》，1973, 34: 162-181。
40. 这是 Leonide E. Goldstein 的几个课题的初步工作：《脑电图的时域分析:综合方法》，罗格斯医学院预印本，1975年。我很感谢他与我讨论这些建议。
41. Randall Rosenthal 与 L. B. Bigelow：《慢性精神分裂症的大脑定量测量》，见《英国精神病学杂志》，1972, 121: 259-264。

裂症。当病变仅发生在右颞叶时,只有不超过 10% 的人出现这种症状。事实上,这后一组人倾向于发展为躁郁症。[42]

这些发现需要进一步证实和探讨。但它们加起来毫无疑问地首次表明了精神分裂症中显著的偏侧化效应。而这些影响的方向可以被解释为部分证据,表明精神分裂症可能与人类大脑的早期组织有关,我称之为二分心智。

总结

精神分裂症是我们在道德上最突出的研究问题之一,它造成的心灵创痛蔓延在患者和爱他们的人身上。近几十年来,我们怀着感激之情目睹了这种疾病的治疗方式的强劲和加速改善。但这不是在像我这样新的、略显浮夸的理论旗帜下实现的,而是在日常治疗中脚踏实地的实践方面。

事实上,精神分裂症的理论——数量众多——因为它们常常是竞争性观点的摇动木马,在很大程度上打败了自己。每个学科都将其他学科的研究成果解释为次要的因素。社会环境研究者认为精神分裂症患者是压力环境的产物。生物化学家坚持认为,压力环境之所以产生影响,只是因为病人体内的生物化学反应异常。那些从信息处理方面讲的人说,这一区域的缺陷直接导致了压力和反压力的防御。防御机制心理学家认为受损的信息处理视为与现实接触的自我激励退缩。遗传学家根据家族史数据中做出遗传性解释。而其他人则可能从同样的数据中发展出关于精神分裂症父母影响的作用的解释。以此类推。正如一位批评家所表达的那样,就像坐旋转木马,人们选择自己的马。人们可以相信他的马会领先于其他的马。然后,当某一趟骑行结束时,人们必须走下马来,才能观察到这匹马原来哪里都没有去。

---

42. P. Flor-Henry:《与颞叶癫痫有关的类似精神分裂症的反应和情感性精神病:病原学因素》,《美国精神病学杂志》,1969,126: 400-404。

因此，我推测我在这个沉重的名册上又增加了一个负载。但我觉得有必要这样做，即使只是出于完成和澄清本书前面部分的建议的责任。因为精神分裂症，不管是一种疾病还是多种疾病，在其充分发作阶段实际上是由某些特征定义的，我们在前面已经说过，这些特征是二分心智的显著特点。幻听的出现往往是宗教性的，而且总是权威性的，自我或模拟"我"（I）的解体，以及它曾经可以在其中叙述做什么及其在时间和行动中的位置的心灵空间的消解，这些是很大的相似之处。

但也有巨大的差异。如果这个假设有任何道理，复发只是部分的。构成主观意识的知识是强大的，永远不会被完全压制。诸如恐怖和愤怒，痛苦和绝望。伴随着如此灾难性变化而产生的焦虑，与习惯性人际关系结构的不协调，以及缺乏对幻听的文化支持和定义，使它们不足以成为日常生活的指南，需要抵御环境感官刺激的决堤，这种刺激在他面前泛滥成灾——产生了一种社会退缩，与二分心智社会的绝对社会个体的行为截然不同。有意识的人不断利用他的内省来寻找"自己"，并知道他在哪里，与他的目的和处境有关。而没有这种安全感的来源，被剥夺了叙事能力，生活在周围的人无法接受并被否认为不真实的幻觉中，发作的精神分裂症患者处于一个与马杜克的神或乌尔的偶像所拥有的劳工相反的世界。

现代精神分裂症患者是在寻找这样文化的个体。但他通常保留着主观意识的某些部分，与这种更原始的心理组织作斗争，试图在一个应由幻觉掌控的心理组织的中间建立某种控制。

实际上，他是一个对环境敞开的心灵，在一个无神的世界中静候着神灵。

第六章

科学的预言

在第三篇的这几章中，我尽可能地解释了我们近代世界的某些特征，即神谕和宗教的社会制度，附身、催眠和精神分裂等心理现象，以及诗歌和音乐等艺术实践，所有这些如何在一定程度上被解释为人性的一种早期组织的残余。在任何意义上，这些都不是我们早期心智当前可能投射的完整目录。它们只是其中最明显的一些。研究它们与不断围攻它们的发展中的意识之间的相互作用，使我们能够理解，否则我们将无法理解。

在这最后一章，我希望转向科学本身，并指出它，甚至我的整本书，也可以被解读为对二分心智崩溃的回应。因为科学在与自然界进行雅各布式（Jacob-like）的搏斗时如此虔诚地要求这种确定性的祝福，其本质是什么？我们为什么要要求宇宙向我们阐明自己？我们为什么要关心？

可以肯定的是，科学冲动部分源于简单的好奇心，想抓住未抓住的东西，观察未观察的东西。我们都是未知世界中的孩子。为电子显微镜或夸克的发现，或恒星间黑洞的负引力而欣喜，并不是对早期心智的丧失的反应。技术是科学仪式的第二个甚至更持久的来源，在历史上以其自身不断增长和不可控制的势头将其科学基础向前推进。也许是一种用于狩猎、解决问题的深层倾向性结构，将其激励作用添加到对真理的追求中。

但是，在这些和其他科学原因的背后，一直有一些更普遍的东西；在这个专业化的时代，这些东西往往不为人所知。它们是关于理解存在的整体性、事物的实在性的基本定义、整个宇宙和人类在其中的位置。它是在浩瀚星河间寻找最终答案的追索，为了无限的普遍性而徘徊于无穷小的方寸，越来越深入未知世界的朝圣之旅。这个方向在历史的迷雾中遥远地发端，在二分心智的崩溃中寻找丢失的指令时可以悠远地窥到它。

正如我们在第二篇第四章所看到的，在亚述的预兆文献中，这种寻找是显而易见的，在那里，科学开始了。仅仅半个千年后，当希腊的毕达哥拉斯在神圣数字及其关系的神学中寻找失落的生命不变性时，它也是明显的，从而开始了数学科学。就这样过了两千年，直到伽利略带着同样的动机称数学为上帝的言语，或者帕斯卡尔和莱布尼茨附和他，说他们在数学令人敬畏的正确性中听到了上帝。

我们有时认为，甚至喜欢认为，影响人类的两个最大的努力，宗教和科学，一直是历史上的敌人，把我们引向相反的方向。但这种以特殊身份所作的努力是大错特错的。彼此敌对的不是宗教、而是教会和科学。而且，这是竞争，而不是矛盾。两者都是宗教。它们是两个在同一块领地上相互争吵的巨人，都宣称自己是获得神圣启示的唯一途径。

这场竞争首先成为文艺复兴晚期的绝对焦点，尤其是在1633年伽利略被监禁时。所谓的表面原因是他的出版物没有第一时间得到教皇的批准。但我确信，真正的理由不是如此微不足道的表面事件。因为有争议的著作只是太阳系的哥白尼日心说，而这一理论在一个世纪前就已经由一位教士发表了，并没有引起任何骚动。真正的分歧更为深刻，我认为只能理解为人类渴望神圣确定性背后的紧迫性的一部分。真正的鸿沟在于教会的政治权威和个人的经验权威之间。真正的问题是，我们是要通过从听到神圣声音的古代先知那里得到的使徒式继承，还是要通过在没有任何神职人员代祷的情况下在客观世界中寻找我们自己的经验天堂，来寻找我们失去的授权。众所周知，后者成为新教，在其理性主义方面，我们称之为科学革命。

如果我们要正确理解科学革命，我们应该永远记住，它最强大的推动力是对隐藏的神性的不懈探索。因此，它是二分心智崩溃的直接后裔。举一个明显的例子，在十七世纪末，有三位英国新教徒，都是业余的神学家并且非常虔诚，为物理学、心理学和生物学奠定了基础。偏执狂艾萨克·牛顿在伟大的宇宙万有引力定律中写下了上帝的话语；憔悴而直率的约翰·洛克在丰富的认识经验中认识了他最了解的存在（Being）；而游手好闲的约翰·雷（John Ray），一个不修边幅的教士，在讲坛之外，快乐地在动植物生命设计的完美中阐述他的造物主的话语。如果没有这种宗教动机，科学将仅仅是技术，一瘸一拐地依赖经济需要。

下个世纪，由于启蒙运动理性主义的出现，情况变得复杂起来，其主要力量我将在稍后讨论。但在启蒙运动的巨大阴影下，科学继续被束缚在寻找神圣作者的魔咒中。它最明确的声明来自所谓的自然神论（Deism），或者在德国是 Vernunftreligion。它抛弃了教会的圣言，蔑视它的牧师，嘲笑祭坛和圣礼，并热切地鼓吹通过理性和科学达至上帝。整个宇宙都是一个显灵（epiphany）！上帝就在星空下的大自然中，可以在所有理性的庄严中与之交谈与聆听，而不是在身着盛装的牧师阴暗的喃喃自语中无知的罗幕背后。并不是说这样的科学自然神论者得到普遍认同。对一些人来说，像憎恨使徒的莱马鲁斯（Reimarus），现代动物行为科学的创始人，动物族群或驱动力实际上是上帝的思想，它们的完美品种是他的思想。而对于其他人，如物理学家莫佩尔蒂（Maupertuis），上帝并不关心任何这些毫无意义的现象；他只生活在纯粹的抽象中，生活在伟大的自然界的一般规律中；而人类的理性，凭借对数学的敏锐奉献，可以在这些多样性背后辨别出来。[1] 确实，今天思想强硬的唯物主义科学家会对这样一个

---

1. 我在与 William Woodward 的论文《在启蒙运动的阴影下》中更充分地讨论了这一点，见《行为科学史杂志》，1974, 10: 3-15, 144-159。

事实感到不安：仅仅在两个世纪前，科学在如此不同的方向上是一项宗教事业，与古代诗篇的努力相同，即努力再次看到"面对面"的神（elohim）。

当我们从宏观角度来看世界历史的中心思想趋势，这出戏剧，人类在过去 4000 年里一直在这个星球上表演的巨大场景，是显而易见的。在公元前二千年，我们不再听到神的声音。在公元前一千年，我们中那些仍然听到声音的人，神谕和先知，也逝去了。在公元一千年里，正是他们的说法和听闻保存在神圣的文本中，我们通过这些文本服从于远去的神灵。而在公元第二个千年，这些文字失去了权威。科学革命使我们远离了古老的格言，去发现大自然中失去的授权。在过去的四千年里，我们所经历的是对我们这个物种缓慢无情的亵渎。而在公元第二个千年的最后时日，这个过程显然已经完成。这是我们在这个星球上最崇高和最伟大的努力的巨大人类讽刺，在寻求授权的过程中，在阅读自然界上帝的语言时，我们应该在那里清楚地读到，我们是如此大错特错。

科学的这种世俗化，现在是一个明显的事实，当然是植根于我刚刚提到的法国启蒙运动。但在1842年的德国，四位杰出的年轻生理学家在一份著名宣言中变得猛烈而认真。他们像海盗一样用自己的血在宣言上签名。厌倦了黑格尔的唯心主义及其对物质的伪宗教解释，它们愤怒地决定，在他们的科学活动中，只考虑普通的物理化学力。没有精神实体。没有神圣的物质。没有生命力（vital forces）。这是到那时为止科学唯物主义最连贯、最尖锐的表述。而且产生了巨大的影响力。

五年后，他们中的一员，著名的物理学家和心理学家赫尔曼·冯·亥姆霍兹（Hermann von Helmholtz）宣布了他的能量守恒原理。焦耳（Joule）说得比较温和："大自然的伟大使者是坚不可摧的"，海洋、太阳、煤炭、雷电、热和风是一种能量，是永恒的。但亥姆霍兹厌恶浪漫主义的泥沙俱下。他对这一原理的数学处理冷酷地强调了从那以后一直强调的重点:在我们封闭的能量转化世界中没有外力。在星空中没有任何神的角落,在这个封闭的物质宇宙中,没有任何裂缝可供任何神圣的影响渗入,没有任何东西。

　　如果不是紧随其后的对人类事务中的神圣理念更惊人的亵渎,这一切可能只是作为科学的工作宗旨而被恭敬地保留下来。它特别令人震惊,因为它来自宗教驱动的科学领域。在英国,自十七世纪以来,研究所谓"博物学"通常是在自然界中发现仁慈的造物主的完美之处,从而获得慰藉的快乐。还有什么比他们中间的两个人,达尔文和华莱士——都是业余博物学家——隆重地同时宣布是进化、而不是神的智慧创造了所有的自然,更能给这些温柔的动机和安慰带来破坏呢?这一点早先也被其他人以更友善的方式提出过,如达尔文的祖父伊拉斯谟·达尔文(Erasmus Darwin),或拉马克(Lamarck),或罗伯特·钱伯斯(Robert Chambers),甚至在爱默生或歌德的赞颂中。但是,新的重点令人眼花缭乱,也令人不安。冷酷无情的机会,通过使一些人能够在这场生命搏斗中更好地生存,从而一代又一代地繁衍下去,盲目地,甚至残酷地把人类从物质中雕刻出来,仅仅是物质。当与德国唯物主义相结合时,如在肆无忌惮的赫胥黎身上,正如我们在导言中所看到的那样,自然选择进化论是所有关于人类是伟大的造物主有目的的创造物的崇高传统的空洞丧钟,它直接回到了二分心智时代的无意识深处。　一言以蔽之:没有来自外部的授权。看啊!那里什么都没有。我们必须做的事必须来自我们自己。艾南的国王可以不再盯着赫尔蒙山;死去的国王可以最终死去。脆弱的人类物种在公元二千年的末尾,必须成为我们自己的授权。在即将进入第三个千年时,我们被这个问题所包围。它是一个新的千年将解决的问题,也许是缓慢的,也许是迅速的,甚至我们的心智会发生一些进一步的变化。

在第二个千年的最后几年里，对人类宗教观的侵蚀仍然是二分心智崩溃的一部分。它正慢慢地在生活的每一个环节和领域发生着重大变化。在今天宗教团体成员资格的竞争中，最古老的正统立场，在仪式上更接近二分心智的长期使徒继承，被有意识的逻辑削弱得最多。自梵蒂冈二世以来，天主教会的变化当然可以从这种随着意识进入人类而发生的神圣的长期撤退的角度来审视。在理性主义科学的压力下，宗教的集体认知需求衰落，尽管它确实引发了对传统神学概念的一次又一次的修正，但这不能维持仪式背后的隐喻意义。仪式是行为的隐喻，信仰的行动，占卜的预言，外在的超自然思维。仪式是教会生活核心的伟大叙事的记忆装置。当这些仪式被掏空成自发的崇拜、被耗尽了高度的严肃性，当它们被冷漠地行动并以不负责任地客观性进行推理时，中心就消失了，漩涡开始扩大。在这个通讯时代，其结果是世界性的:礼仪松散到随意，敬畏在相关性中软化，以及洗掉了那个告诉人类他是什么和他应该是什么的赋予身份的历史定义。这些可悲的临时措施，往往是由一个困惑的神职人员开始的，[2] 这只会助长他们所要扭转的巨大历史潮流。我们对口头沟通的现实的悖论顺从降低了，我们会以自己的方式撞上挡路的椅子，而不是绕过它们;我们会保持沉默，而不是说我们不明白我们的讲话;我们会坚持简单的位置。这是神圣的悲剧还是世俗的喜剧，取决于我们是要洗刷过去还是要加速进入未来。

在现代教会权威的解体中所发生的事情让我们想起很久以前二分心智本身崩溃后发生的事情。在当代世界，到处都有替代物，即其他的授权方法。有些是古老方法的复兴:附身宗教在南美洲的流行，那里的教会曾经如此强大;基于"圣灵"的极端宗教专制主义自我，这实际上是保罗超越耶稣的升天;对占星术的严肃接受度惊人上升，

---

[2]. 神学家们都很清楚这些问题。要进入他们的讨论，可以从 Harvey Cox 的《世俗之城》开始，然后是 Mary Douglas 的《自然象征》，然后是 Charles Davis 的《贫民窟或沙漠:文化困境中的礼拜仪式》，载于《崇拜与世俗化》，Wiebe 编 (Vos, Holland: Bussum, 1970), pp.10-27，然后是 James Hitchcock 的《恢复神圣》(纽约: Seabury Press, 1974)。

这是近东二分心智崩溃时期的直接遗产;或更小的《易经》占卜,也是二分心智在中国刚刚崩溃后的直接遗产。还有各种冥想程序、敏感性训练小组、精神控制和群体接触练习在商业上取得了巨大的成功,有时还取得了心理上的成功。其他的信仰往往看起来像是从一种新的不信的无聊中的逃离,但也是以这种寻求授权为特征的。比如对各种伪科学的信仰,如山达基教(Scientology),或对不明飞行物带来的来自宇宙其他地方的权威的信仰,或认为神灵曾一度是这样的访客;或对超感知觉的顽固迷恋,将其视为我们生命中的神圣环绕的一种假设证明,从中可能获得某种授权;或使用精神药物作为接触更深刻的现实的方式,正如它们对大多数美国土著印第安文明在二分心智崩溃中的作用。正如我们在本篇第二章中所看到的,制度化的神谕的崩溃导致了较小的感应附体的信仰,所以制度化宗教的衰落也导致了这些更小的、更私人的各种宗教。而这一历史进程可望在本世纪余下的时间里不断发展。

我们也不能说现代科学本身不受类似模式的影响。因为现代知识景观也被告知了同样的需求,而且在其更大的轮廓中经常会呈现同样的准宗教姿态,尽管是以略加伪装的形式。正如我所说,这些科学主义是一连串科学思想,它们聚集在一起,几乎惊奇地自己成为了信仰信条:科学神话(scientific mythologies)填补了我们这个时代科学与宗教分离后留下的非常明显的空白。[3] 它们与古典科学及其共同辩论的不同之处在于,它们唤起与它们试图取代的宗教相同的反应。它们与宗教有着许多最明显的特征:解释一切的理性光辉,一个有魅力的领导人或一系列引人注目且不受批评的接班人,一系列在某种程度上超出了通常的科学批评范围的经典文本,某些思想的姿态和解释的仪式,以及全心投入的要求。作为回报,信徒得到了宗教曾经更普遍地给予他的东西:一种世界观,一种重要的等级制度,以及一个他可以找到做什么和思考什么的预言场所,简而言之,对人的

---

3. 乔治·斯坦纳(George Steiner)在他 1974 年铿锵有力的梅西讲座中把这些称为"神话传说",并更详细地讨论了这一点。我借用了他的一些措辞。

全面解释。而这种整体性并不是通过实际解释一切来获得的，而是通过对其活动的包裹，对注意力的严格和绝对的限制，从而使未被解释的一切都不会出现在视野之内。

我刚才提到的唯物主义是最早的科学主义之一。十九世纪中叶的科学家们几乎被营养学如何改变人的身体和思想的重大发现激动得麻木了。于是，它变成了一场名为"医学唯物主义"的运动，旨在缓解贫困和痛苦，吸收了周围侵蚀的宗教的一些形式和所有热忱。它抓住了那一代人最激动人心的思想，它的计划听起来遥远地熟悉：教育，而非祈祷；营养，而非圣餐；医学，而非爱；政治，而非布道。

遥远的熟悉是因为医学唯物主义仍然受黑格尔的困扰，在马克思和恩格斯那里成熟为辩证唯物主义，甚至在其周围吸收了更多的过时信仰的教会形式。当时和现在一样，它的核心迷信是阶级斗争。这是一种占卜，它对过去作出了全面的解释，并预先决定在每一个办公室和生活的警报中该做什么。

在医学科学中，我认为，最突出的科学主义是精神分析学。它的核心迷信是被压抑的童年性欲。少数可以被如此解释的早期歇斯底里案例，成为理解所有人格和艺术、所有文明及其缺憾的喻媒。它也像马克思主义一样，要求完全的承诺、入会程序、对其经典文本的崇拜关系，并作为回报，在生活的决策和方向上给予同样的帮助，而这在几个世纪前是宗教的范畴。

而且，为了举一个更接近我自己的传统的例子，我将添加行为主义。因为它在少数老鼠和鸽子实验中也占有重要的先兆地位，使它们成为所有行为和历史的喻媒。它也通过强化偶然性为个人信徒提供了控制的法宝，通过这些突发事件，他可以迎接自己的世界并理解其变化莫测。尽管它背后的激进环境主义（environmentalism），即相信一个"白板"（tabula rasa）有机体可以通过强化来构建任何东西，早被认为是有问题的；但鉴于每个有机体的生物进化的倾向性结构，这些原则仍然吸引着追随者希望在这种控制的基础上建立一个新的社会。

当然，这些关于人的科学主义是从真实的东西开始的。营养可以改善身心健康，这是事实。马克思在路易·拿破仑的法国所研究的阶级斗争是事实。通过对性记忆的分析，少数病人的癔症症状可能缓解。饥饿的动物或焦虑的人当然会学习为了食物或赞许的工具性反应。这些都是真实的事实。但被献祭的动物的肝脏的形状也是一个真实的事实。占星师的上升点和天顶，或者说油在水面上的形状也是如此。将作为所有世界的代表应用于世界，事实变成了迷信。但迷信毕竟只是一个为了满足认识需要而野蛮生长的隐喻。就像动物内脏或鸟类的飞翔一样，这种科学主义的迷信成为保留下来的仪式化场所，在那里我们可以读出人类的过去和未来，并听到可以授权我们行动的答案。

　　那么，科学，就其所有华丽的事实而言，与一些更容易被贬低的伪宗教的爆发并没有什么不同。在这个从宗教基础过渡的时期，科学常常与占星术的天体图或其他一百种非理性主义共享对最终答案、唯一真理、唯一原因的怀旧之情。在实验室的挫折和汗水中，它感受到了涌入教派的同样的诱惑，就像卡比鲁难民那样，从各处启程，穿越干燥的西奈半岛，寻找一些流淌着真理和赞美的丰富而勇敢的意义。而所有这些，我的隐喻和所有这些，都是二分心智崩溃后的过渡时期的一部分。

　　而本文也不例外。

* * *

　　奇怪的是，这些当代运动都没有告诉我们，在我们的营养皱纹被熨平之后，或者"国家的消亡"已经发生，或者我们的力比多已得到适当宣泄，或者援军的混乱局面已被平息之后，我们应该是什么样子。相反，他们的典故大多是倒退的，告诉我们什么地方出了问题，暗示了一些宇宙的耻辱，一些早先对我们潜力的阻挠。我认为，这是宗教形式的另一个特点，这种运动在教会确定性的退缩所造成的空虚中接管了——所谓的人类堕落。

这种奇怪的，而且我认为是虚假的关于失去的纯真的想法，恰恰在二分心智的崩溃中留下了印记，作为人类第一个伟大的有意识的叙事。它是亚述诗篇的歌声，希伯来赞美诗的哀鸣，伊甸园的神话，从神圣的宠爱中跌落的根本，是世界上伟大宗教的来源和首要前提。我把这种假设的人的堕落解释为刚有意识的人摸索着讲述发生在他们身上的事情，在人类指令和自私隐私的混乱中失去了神圣的声音和保证。

　　我们看到这个关于失去的确定性和辉煌的主题不仅在人类历史上的所有宗教中都有所提及，而且甚至在非宗教的思想史上也一再出现。从柏拉图《对话录》的回忆理论，即一切新事物实际上都是对一个失去的美好世界的回忆，一直到卢梭对文明的人造物对自然人的腐蚀的抱怨，都是如此。我们在我提到的现代科学主义中也看到了这一点:在马克思的假设中，有一个失去的 "人类社会的童年，人类在其中展现完整的美"，在他早期的著作中如此明确地指出，一个被金钱腐蚀的纯真，一个有待恢复的天堂。或者在弗洛伊德强调文明中神经症的根深蒂固性，以及我们种族和个人过去可怕的原始行为和愿望中;并且通过推论，我们通过精神分析返回到一个相当不明确的以前的纯真的状态。或者在行为主义中，如果不那么明显的话，在没有记录的信仰中，它是发展和社会进程的混乱强化，必须加以控制和命令，以便在这些强化扭曲其真实本性之前，使人回到一个相当不明确的理想中去。

　　因此，我相信，这些运动和我们这个时代的许多其他运动都在我们文明的宏伟图景中，与人类本性的早期组织的丧失有关。它们试图回到不再存在的东西，就像诗人回到他们不存在的缪斯女神那里，因此它们是我们所处的这些过渡性千年的特征。

　　我的意思不是说，个别的思想家，本页的读者或其作者，或伽利略或马克思，是如此卑微的受造物，以至于没有任何有意识的表达意愿达到神的绝对性或回到前意识的纯真。这些术语应用于个人生活是毫无意义的，并且脱离了更大的历史背景。只有当我们把几个世代当作一代人，把几个世纪当作几个小时，这种模式才是清晰的。

作为个人，我们受制于集体需求的摆布。我们透过日常关注、花园、政治和孩子，模糊地看到我们的文化形式。我们的文化就是我们的历史。在我们试图沟通、劝说或仅仅引起他人兴趣的过程中，我们正在使用文化模式进行活动，并在其中穿梭，我们可以选择其中的差异，但我们从其整体性中逃脱。正是在这种诉求形式的意义上，为我们自己或我们的想法带来希望、兴趣、欣赏或赞美，我们的交流被塑造成这些历史模式，这些说服的凹槽甚至在交流行为中成为交流内容的固有部分。本文也不例外。

一点也不例外。它开始于在我的个人叙述中似乎是对一个问题的个人选择，我生命中的大部分时间都在密切关注这个问题：所有这个无形的国度的性质和起源的问题，其中充满了无法触及的记忆和无法展示的遐想，这个内在的宇宙比我在任何镜子里能找到的任何东西都更符合我自己。但是，这种发现意识源头的冲动是我所看到的吗？真理的概念本身就是一个文化给定的方向，是对早先确定性的普遍怀旧情绪的一部分。一个普遍稳定的理念，一个可以通过世界寻找的永恒坚定的原则，就像为圣杯而战的亚瑟王骑士，在历史的形态学中，是在二分心智衰退后的两千年里寻找失落的神的直接产物。当时，在古老心智的废墟中预示着行动的方向，现在则是在事实的神话中寻找一种纯真的确定性。

后记

本文第一次以书的形式出现,到现在已经有十多年了,出版商鼓励我增加一个后记,在其中可以讨论对这本书的普遍反应,以及如果重写本书,我可能做出的修改。

一些专业知识分子一开始面对像我提出的这样庞大的理论时,最喜欢的做法是寻找那条松散的线索,一旦拉动,就会解构其余所有部分。确实如此。这是科学思维学科的一部分。在任何涵盖如此多的人性和历史领域的作品中,匆匆进入被无数咄咄逼人的专家谨慎守卫着的领域中,必然会有这样的错误,有时是事实,但我担心更多的是基调。但是,认为这本书的编织方式不堪一击,只要拉动这样一个坏的针脚,其余的都会被解开,更多地是正统派的一种希望,而不是科学追求真理的事实。本书不是一个单一的假说。

第一篇和第二篇中有四个主要假设。我很高兴有这个机会对它们中的每一个补充一些评论。

一、 意识以语言为基础。 这样的说法当然与通常的、我认为是肤浅的意识观点相矛盾, 这些观点根植于大众信仰与语言中。但是, 在仔细区分内省和我们称之为认知的所有其他神经能力之前, 意识科学不可能有任何进展。意识与认知不一样, 应该与认知明确区分开来。

我没有充分强调的最常见的错误是将意识与知觉(perception)混淆。最近, 在哲学与心理学协会的一次会议上, 一位声名卓著的哲学家站起来大声反对这一点。他直视着我, 大喊道:"此刻我正感知着你。你是想说我此刻没有意识到你吗?"他的集体认知需求正在肯定地宣告。但实际上他意识到自己正在进行的修辞论证。如果他转过身去不看我,或者闭上眼睛,他可能会更好地意识到我。

这种类型的混淆至少在1921年受到了伯特兰·罗素(Bertrand Russell)的鼓励:"我们意识到我们所感知的任何事物。"[1] 而随着他的逻辑原子论在哲学界成为时尚,很难用其他方式来看待它。在后来的一本书中,罗素用"我看到一张桌子"作为意识的一个例子。[2] 但给我们带来现代意识概念的笛卡尔绝不会同意。像华生(Watson)这样的激进行为主义者也不会同意,他否认意识的存在当然并不意味着感官知觉。

正如我在上面提到的情况,我认为罗素不是在意识到桌子,而是在意识到他正在写的论点。在我自己的符号中,我会把这种情况描绘为:

"我" → (我看见一张桌子)

罗素认为他的意识是第二项,但实际上是整个表达式。他应该找到一个在行为学上更有效的例子,这个例子对他的意识来说是真实的,确实发生过,例如,"我想我将重写《数学原理》,因为怀特海已经死了"或"我怎么能负担另一位罗素夫人的赡养费?" 然后他就会得出其他结论。这样的例子是行动中的意识。而"我看到一张桌子"则不是。

知觉是对刺激的感知,并作出适当的反应。而这可以发生在非意识层面,正如我在开车时试图描述的那样。看待这个问题的另一种方式是记住白血球的行为,它当然能感知细菌,并通过吞噬它们做出适当的反应。因此,将意识等同于知觉就等于说我们的循环系统中每立方毫米血液中有六千个意识实体在打转——我认为这是一个归谬法。

---

1. 罗素:《心灵分析》(伦敦: Allen and Unwin, 1921)。
2. 罗素:《哲学》(纽约: Norton, 1927)。

意识并不全是语言,但它是由语言产生,并由语言访问的。而当我们开始解开语言如何产生意识的细密网状结构时,我们就处于理论化的一个非常困难的层面。我已经概述了历史上发生这种情况的原始机制,然后在第二篇第五章中试图说明这是如何在希腊的意识发展中发挥作用的。意识随后被嵌入到语言中,因此很容易被儿童学会。一般的规则是:意识中的任何操作都首先发生在行为中。

简单回顾一下,如果我们参考前面的圆形-三角形问题,在解决这个结构时,我们会说:"我'看到'这是一个三角形",当然,我们实际上并没有看到任何东西。在寻找如何表达这种问题解决的结构的过程中,实际看到的隐喻突然浮现在我们的脑海中。也许还有其他的喻媒[3],导致不同的意识结构,但是在西方文化中,"看"和我们试图用来锚定心理事件的其它词的确是视觉的。通过使用"看"这个词,我们带来了它的副喻媒,或者实际看到的联想。

通过这种方式,我们周围世界的空间质量被驱动到解决问题的心理事实中(正如我们记得的那样,这不需要意识)。而正是这种相关的空间质量,作为我们用来描述这种心理事件的语言的结果,随着不断的重复,成为我们的意识的功能空间,或心灵空间(mind-space)。我认为心灵空间是意识的主要特征。它是你此刻正在"反省"或"看到"的空间。

但是谁在"看"呢?谁在内省? 在此,我们引入了类比(analogy)的概念,它与隐喻的不同之处在于,它的相似性是在关系之间,而不是在事物或行为之间。由于身体及其感觉器官(称为"我")与物理视觉有关,因此自动发展出一个模拟的"我"与心灵空间中这种心理上的"看见"相关联。模拟的"我"是意识的第二个最重要的特征。它不能与自我相混淆,后者是后来发展中的意识的对象。模拟的"我"是没有内容的,我认为与康德的超验自我(transcendental

---

3. 我的朋友 W. V. Quine 极力反对我的"被喻-喻媒"(metaphrand-metaphier)的新造词,因为它们是拉丁文和希腊文的混合体。然而,我选择保留它们,因为它们与乘数(multiplier)和被乘数(multiplicand)的内涵有关。他提出了一个有趣的建议,即这种区别也许与精神分析中的潜意识-显意识的区别有关。梦是隐喻吗?弗洛伊德所说的无意识实际上是由喻媒操作的潜在被喻吗?

ego）有关。正如身体的"我"可以在其环境中四处走动，看这个或那个，所以模拟的"我"学会了在心灵空间中"移动"，"注意"或专注于一件事或另一件事。

意识的所有程序都是基于这种行为的隐喻和类比，构建了一个相当稳定的精巧矩阵。就这样，我们叙述了对实际行为的类比模拟，这是意识的一个明显的方面，似乎已经脱离了先前对意识的共时讨论。意识不断地把事情融入故事中，在任何事件周围安排一个前奏和后续。这一特征类似于我们的身体自我在物理世界中移动，它的空间连续性成为心灵空间中时间的连续性。这就导致了有意识的时间概念，它是一个空间化的时间，我们在其中定位事件，实际上是我们的生活。除了以空间之外，不可能以任何其他方式意识到时间。

因此，意识的基本内涵定义是一个模拟"我"在一个功能性心灵空间中叙事。就像笛卡尔、洛克和休谟那样，延伸的定义是可内省的东西。

我所列举的特征并不是详尽无遗的或排他的。它们也不意味着无处不在的意识的普遍方面。鉴于当今世界的巨大文化差异，就像过去的世界一样，在我看来，认为意识的特征和重点在任何地方都是一样的是不合理的。

就目前而言，我给出的清单我认为是不完整的。至少还应该加上另外两个特征:专注，这是感官注意力的类比[4]；以及抑制，通过抑制我们不再意识到恼人的想法，这是厌恶、反感、或者只是远离物理世界中的恼人事物的行为类比。

我还想借此机会评论一下本书中所谓的调和（conciliation）或兼容（compatibilization），这让一些读者感到困惑。冒着更加混乱的风险，我想把这个词改成融通（consilience），这是惠韦尔（Whewell）的更好的术语，更符合我的预期含义，是指使事物相互兼容的心理过程。[5] 虽然这在清醒的生活中不是很明显，但在梦中却

---

[4]. 有趣的是，通过实验观察，准确和快速注意力训练是否会导致在分心测试中更好地集中精力完成任务。

[5]. William Whewell：《科学方法论》(1858), R. E. Butts 编辑 (Pittsburgh: University of Pittsburgh

变得极为重要。最初,我在本篇中写了两章关于梦的内容,但出版商建议,鉴于本书的篇幅,将它们留在下一本中似乎更合理,我希望下一本能在几年后面世。[6]

心理学家有时会被公正地指责为习惯于重新发明轮子,使之成为方形,然后称其为第一相似物(approximation)。我不同意在我刚才概述的发展过程中这是真的,但我确实想把它称为第一相似物。意识不是一件简单的事,不应该说得好像它是一样。我也没有提到有意识的叙述的不同模式,如言辞的(进行想象中的对话——当然是我自己最常见的模式)、感知的(想象场景)、行为的(想象自己在做某事)、生理的(监测我们的疲劳、不适或食欲)或音乐的(想象音乐),所有这些似乎都很独特,具有自己的属性。这些模式显然有不同的神经基底,表明任何可能的意识神经学的复杂性。

二、二分心智。第二个主要假设是,在意识之前,有一种基于幻听的不同心智。对于这一点,我认为证据是压倒性的。无论我们在古代何处寻找,都有某种证据支持它,不管是在文献中还是在考古文物中。除了这个理论,为什么还有神?为什么有宗教?为什么所有的古代文学似乎都是关于神的,而且通常是从神那里听闻?

而为什么我们会有幻听呢?在这本书出版之前,除了作为精神分裂症的主要指标外,幻听并未引起太多关注。但从那时起,大量的研究表明,幻听的发生率比以往认为的要广泛得多。大约有三分之一的正常人在某些时候会听到幻觉的声音。儿童会听到他们想象中的声音,或者应该说是幻觉的玩伴发出的声音。最近发现,先天性四肢瘫痪者在一生中从未说过话或移动过,通常被视为"植物人",但他们不仅能完全理解语言,还能听到他们认为是上帝的声音。[7] 我把这

Press, 1968)。
6. 对于那些想了解这一理论如何转化为梦境的读者,我建议他们阅读我在鲍尔研讨会上的演讲,见《加拿大心理学》,1986, 27:128-182,尤其是 146 和 147 页。
7. John Hamilton:《非语言性四肢瘫痪者的幻听》,见《精神病学》,1985, 48: 382-392。关于语言幻觉的其他作品,见我的《言语幻觉和前意识心理》,载于 Manfred Spitzer 和 Brendan H. Maher 编,《哲学与心理病理学》(纽约: Springer Verlag, 1990), pp.157-170。

些研究放在一起的重要性在于，它们向我清楚地表明，我们所有人都有这种幻觉的遗传基础，并且它可能早在更新世晚期就被进化到了人类的基因组中，然后成为二分心智的基础。

三、确定年代。第三个一般假设是，意识是在二分心智崩溃后才习得的。我相信这是真的，在失去神灵所造成的混乱中不知所措的痛苦提供了社会条件，可能导致产生一种新心智来取代旧的。

但实际上，这里有两种可能性。该理论的一个弱形式会指出，意识是基于语言的，但它不是最近才出现的，而是可以追溯到语言的开端，甚至可能在文明之前就发端了，比如说，公元前12000年左右，大约在听到幻听的二分心智开始的时候。这两种心智系统可以同时运行，直到二分心智变得笨拙而被抛弃，留下意识作为人类决策的媒介独立存在。这是一个极其薄弱的立场，因为它几乎可以解释任何事情，而且几乎是无可辩驳的。

强的形式更有趣，正如我在介绍二分心智的概念时所说的那样。它为将我们称之为意识的这一非凡的隐秘事件引入世界设定了一个惊人的最近日期。这个日期在世界不同的地方略有不同，但在中东，也就是二分心智文明开始的地方，大约是公元前1000年。

我认为这个年代可以从美索不达米亚的证据中看出，二分心智的崩溃始于公元前1200年左右，是非常清楚的。这是由于混乱的社会解体、人口过剩，以及可能由于文字成功取代了听觉的命令形式。这种崩溃导致了我们现在称之为宗教的许多做法，努力恢复失落的神灵的声音，例如，祈祷、宗教崇拜，特别是我所描述的诸多类型的占卜，它们是通过简单类比回归神的指示来做出决定的新方法。

我现在不会像在第二篇第三章中那样，对塞拉的爆炸大加强调。但我认为，它确实导致了近东神权的瓦解，从而为学习非幻觉的心智创造了条件。但在一般情况下，我更想强调的是，神权农业文明的成功会带来人口的过剩，因而也埋下其自身崩溃的种子。这一点至少在中美洲的文明中表明了，在那里，文明兴衰相对迅速，随之而来的是神庙群的荒废，与世界上更古老地区长达数千年的文明形成鲜明对比。

但这是意识还是意识的概念？这是众所周知的"使用--提及"（use-mention）批评，被应用于霍布斯和其他人，以及本理论。我们是不是在这里混淆了意识的概念和意识本身？我的回答是，我们正在融合它们，它们是一样的。正如丹尼尔·丹尼特（Dan Dennett）在最近对该理论的讨论中所指出的，[8] 有许多提到和使用是相同的例子。棒球的概念和棒球是同一个东西。或金钱、法律、善与恶，或这本书的概念。

四、双脑。当在任何讨论中，甚至在我们的思考中，我们可以使用空间术语，如在争论中"定位"一个问题或"定位"一个困难，存在的一切仿佛都像地面一样在我们面前铺开，我们似乎得到了一种清晰的感觉。这种伪清晰性，正如它应该被称为的，是因为意识的空间性质。因此，在定位大脑不同部分的功能时，我们似乎对它们有一种额外的清晰感——无论是否合理。

在20世纪60年代我写这本书的那一部分时，人们对右脑几乎没有什么兴趣。甚至到了1964年，一些领先的神经科学家还说，右脑什么都不做，暗示它就像一个备胎。但从那时起，我们看到关于右脑功能的研究激增，恐怕导致了一种大众化，接近于在十九世纪末[9] 和二十世纪[10] 关于不对称半脑功能的类似讨论中的一些尖锐的过激行为。

但主要结果，即使是保守处理，也大体上与我们根据二分心智假说在右脑所预期的结果一致。最有趣的发现是，右脑是以综合方式处理信息的。现在，更多的研究表明，右脑在将立方体（Kohs Block

---

8. 丹尼尔·丹奈特（Daniel Dennett）：《朱利安·杰恩斯的软件考古学》，见《加拿大心理学》，1986, 27:149-154。
9. Anne Harrington：《十九世纪关于半球差异和"心灵的双重性"的想法》，见《行为和脑科学》，1985, 8:517-659，或她的优秀的扩展研究：《医学、心灵和双脑》（普林斯顿: Princeton University Press, 1987）。
10. S. J. Segalowitz：《大脑的两侧》（Englewood Cliffs, N.J.: Prentice-Hall, 1983）。

Design Test)、面部各部分或音乐和弦组合在一起等方面远远优于左脑,[11] 而这种协同功能确实是训诫性诸神在整合文明中的作用。

读者现在已经猜到,一个有点关键的实验是可能的。既然我认为精神分裂症患者和其他人听到的幻听与曾经由二分心智的人听到的相似,那么我们是否可以通过一种新的脑成像技术,在病人产生幻觉时,测试出声音在右颞叶的大脑位置?最近已经尝试使用带有正电子断层扫描的大脑葡萄糖造影术,这是一个非常困难的过程。事实上,结果表明,当病人听到声音时,右颞叶的葡萄糖摄取量更多(显示更多的的活动)。[12]

我想强调的是,这四个假设是独立的。例如,最后一个可能是错误的(至少在我提出的简化版本中),而其他则是正确的。大脑的两个半脑并不是二分心智,而是其目前的神经学模型。二分心智是一种古老的心智,在古代的文献和文物中都有体现。

第三篇的最后一行听起来确实像一个沉重的最终判决。的确如此。但它也是一个开端,敞开了我们所了解和深刻感受到的人性,及其所有的盛衰、清晰和晦涩,因为有意识在我们自己身上。由于文献的记载,我们可以在公元前一千年上半叶的希腊最清楚地看到这一点,那里的变化可以真正称为——

认知爆炸

随着意识的出现,时间空间化和空间化的新词(如chronos)变得越来越重要,但这是过于委婉的说法。这是一种认知爆炸,意识和其他认知的互动产生了新的能力。在过去,二分心智的人知道什么接下来是什么以及他们身在何处,与所有哺乳动物一样具有行为预

---

11. M. P. Bryden:《偏侧化:完整大脑中的功能不对称》(纽约: Academic Press, 1982)。
12. M. S. Buchsbaum, D. H. Ingvar, R. Kessler, R. N. Waters, J. Cappelletti, D. P. van Kammen, A. C. King, J. L. Johnson, R. G. Manning, R . W. Flynn, L. S. Mann, W.E. Bunney, and L. Sokoloff:《正电子断层扫描的脑糖图:在正常人和精神分裂症患者中的应用》,见《普通心理学档案》,1982,39:251-259。

期和感官识别能力;现在有了意识,人类可以"展望"一个想象中的未来及其所有潜在的恐怖、喜悦、希望或野心,就像它已经是真实的一样,或者扪心自问过去的心情是怎样的;或者品味所做的事,过去通过一个空间的喻媒出现,我们可以在一个新的、神奇的过程中穿越其长影移动、称为回忆或追忆。

与习惯性记忆(或语义性记忆)形成鲜明对比的是,回忆性记忆(或有时被称为情节性记忆)[13]对有意识的世界来说是全新的。因为世界上的某个物理空间总是可以返回的,所以我们会不理性地、不知为何确定、难以置信地确定:我们应该能够再次回到一些常常未完成的关系,一些童年场景或情况,遗憾的爱或脾气的失控,或者撤销一些在想象的不存在的空间中发生的悲剧性偶然行为。

因此,我们拥有有意识的生命和生活,并能透过明天的阴霾来凝视我们自己的死亡。在公元前六世纪赫拉克利特的推动下,[14]我们发明了一些新词或对旧词进行了真正修改,通过添加后缀sis来命名一些过程或象征随时间推移的行为,从而意识到它们。希腊语中的单词如 gnosis,一种知识; genesis,一个开始; emphasis,一种显示; analysis,一种放松;特别是 phronesis,它被翻译为智力、思考、理解或意识。这些词和它们所指的过程在公元前六、七世纪是新的。[15]

自我

在这段新的生命中,我们把类似的事件或其片段拼凑在一起——从别人告诉我们的我们是谁,以及根据我们对自己所做之事的意识可以告诉自己什么——我们开始不断地在自己和他人身上构建或发明一个自我。自我概念的好处在于,它能帮助你了解你能或不能做

---

13. Endel Tulving:《情景记忆的要素》(牛津: Clarendon Press, 1983)。
14. Howard Jones:《赫拉克利特中的 -sis 名词》,见《非洲博物馆》,1974, 3:1-13。我很感谢 Jones教授在这一点上的讨论。
15. 一些古典学者注意到并强调了这一点,包括Bruno Snell,他谈到"一种新的'精神'和谐显然在公元前七世纪开启一个新的智力维度之前是不可能的"。由Joseph Russo 在《阿基洛库斯与奥德赛中的内心世界》,载《希腊、罗马和拜占庭研究》,1974, 25:139, n.1中引用,他更倾向于这种转变的较早日期,正如其标题所示。

什么，应该或不应该做什么。二分心智的人有稳定的身份，他们或其他人可以给他们附加绰号，但这种口头身份是一种比有意识地构建的自我（尽管多变、脆弱和充满防御性的）要浅薄得多的行为形式，这种自我摇摇欲坠，引导我们选择有意识的生活。

特别地，关于自我，而且在所有不牢靠的心灵术语中，我们必须警惕多义词、同音异义词或多重指称混淆的危险，正如我曾在其他地方这样称呼它。这是由大多数心理术语的历史发展和内在变化所致；一个术语的指称通常会随着新的有意识的指称的添加而改变，直到这个术语真正具有多重指称。"自我"就是一个很好的例子。最初，这个词(或在任何语言中的相应词)可能只是用作一个身份标记，就像在它的诸多复合词中一样：自雇、自律，等等。或者就像我们说苍蝇会自己洗澡一样。但随着历史上意识的类分形（fractal-like）扩散和强化，特别是自公元12世纪以来，一种截然不同的"自我"指代出现了。它是对"我是谁"这一问题的回答。大多数社会心理学家都接受这种自我指称。

因此，正如约翰·洛克在某处所说，[16] 如果我们切断一根手指，我们并没有减少自我。身体不是自我。我的书的一个早期批评者指出了一个众所周知的事实：镜子的使用可以追溯到古代，[17] 因此这种古代的人是有意识的。但我们在镜子里看到的不是我们的自我，尽管我们这么说；我们看到的是我们的脸。脸不是自我。

由于这种混淆的重要性以及它在误解我的书方面的频率，我想在这里简单介绍一些其他研究。当面对镜子时，大多数鱼类、鸟类或哺乳动物的反应是完全不感兴趣，或进行社交或攻击性的表现，或攻击它们的镜像。但人类和黑猩猩则不同：它们喜欢镜子。人类幼童对其镜像的行为经历了四个阶段。起初几乎没有什么反应；之后是微笑、触摸、发声，就像它是另一个孩子一样；然后是测试或重

---

[16]. 见洛克在《人类理解论》II:10-29中深刻的现代讨论。
[17]. 确切地说，这种镜子的意义是个问题。在沙特阿拉伯利雅得的考古博物馆里，我看到一块古代墓碑上有一位女士拿着这样一面镜子的轮廓。这是否是化妆镜？镜子是在美索不达米亚常见的手部偶像吗？还应注意玛雅人图像中使用镜子的神秘性，因为它通常代表一个神或一个神的光亮。见 Linda Schele 和 Mary Ellen Miller：《国王之血》(Fort Worth: Kimbell Art Museum, 1986)。

复活动的阶段,同时专注地观察镜像;最后,当孩子差不多两岁的时候,对镜像的反应就像成人一样了。[18] 这最后阶段的测试是在孩子的鼻子上涂抹胭脂,然后让孩子照镜子,看孩子是否触摸了自己的鼻子——到两岁时很容易做到。[19]

但人们对这一现象的真正兴趣始于盖洛普（Gallup）表明可以在黑猩猩身上可以获得同样的效果。[20] 对镜子有丰富使用经验的黑猩猩被置于深度麻醉状态。然后在眉毛或耳朵的上半部涂抹一个明显的红色染料点。醒来后,黑猩猩没有注意到这些标记,表明没有局部的触觉刺激存在。但是,当提供一面镜子时,已经非常熟悉自己镜像的黑猩猩立即伸手去擦或摘掉颜色斑点,这表明他们知道自己的镜像。其他没有接触过镜子的黑猩猩则没有这种反应。因此,有人声称黑猩猩有自我和自我识别能力。或者,用动物行为学领域一位资深人士的话说,"这些结果为黑猩猩的自我意识提供了明确的证据"。[21]

但这个结论是不正确的。自我意识通常意味着随着时间的推移,我们对自己角色的意识,对我们是谁、我们的希望和恐惧的感觉,因为我们对自己与他人的关系做白日梦。我们不会在镜子里看到有意识的自己,尽管在很多情况下这种形象可能成为自我的象征。这个实验中的黑猩猩和两岁的孩子学会了镜像和身体之间的点对点关系,这很奇妙。擦拭镜子里的斑点与不照镜子擦拭身体上的斑点没有本质上的区别。这只动物没有显示出在其他地方想象自己,或随着时间的推移思考他的生活,或在任何意义上进行内省的能力——所有这些都是有意识的自我的迹象。

在斯金纳（Skinner）的实验室进行的一项巧妙实验使这种不太有趣的、更原始的解释更加清晰。[22] 基本上,鸽子也遵循同样的

---

18. J. C. Dixon：《自我识别的发展》,见《遗传心理学杂志》,1957,91:251-256。
19. B.K.Amsterdam：《两岁前的镜像自我形象反应》,见《发展心理生物学》,1972,5:297-305。
20. G. G. Gallup：《黑猩猩:自我认知》,见《科学》,1970,167-.86-87。
21. Donald R. Griffin：《认知伦理学的前景》,见《行为与脑科学》,1978,4:527-538。
22. Robert Epstein, R. P. Lanza and B. F. Skinner：《鸽子的自我意识》,见《科学》,1981,212:695-696。

范式，只是它需要用镜子进行一系列特定的训练，而早期实验中的黑猩猩或儿童当然是自我训练的。但在经过大约15个小时的此类训练，并严格控制偶发事件后，人们发现鸽子也可以使用镜子来定位它身体上无法直接看到的蓝色斑点，尽管它从未接受过明确训练来做到这一点。我不认为鸽子因为可以接受如此训练而具有自我概念。

从感情（Affect）到情感（Emotion）

在新的空间化时间中，事件和经历可以被定位、记忆和预期，这不仅会导致自我的有意识构建，还会导致我们情绪的戏剧性改变。我们与其他哺乳动物共享一个不太有序的情感库（repertoire），其神经基质很久以前就通过自然选择进化到大脑深处的边缘系统。我想在这里提到三个:恐惧(fear)、羞耻(shame)和交配(mating)。在这样做的时候，我想预先警告读者，术语又是一个问题，特别是在这个领域——甚至是感情(affect)这个词，我不喜欢用它，因为它经常与效果(effect)混淆，对非专业人士来说听起来很奇怪。通过感情，心理学意味着指定一种具有特定解剖学表现和特定生物化学的生物组织行为，会随着时间消散。但随着意识的出现，这一切都被改变了。

我将把这种对过去或未来感情（affect）的意识称为情感（emotions），因为我们就是这样描述它的。我在这里提出的是现代人类区别于二分心智人和其他动物的两层情感理论。[23] 有哺乳动物生命的基本感情，然后是我们的情感，它们是在过去或未来的一生中位于身份中的这种感情的意识，并且，值得注意的是，它没有生物演化的停止机制。

---

23. 朱利安·杰恩斯：《情绪的两层理论》，见《行为与脑科学》，1982, 5:434-435；《感觉的疼痛和意识的疼痛》，见《行为与脑科学》，1985, 8:161-63。

从恐惧到焦虑

在恐惧中，有一类刺激，通常是突发的和威胁性的，它们会阻止动物或人正在进行的行为，引发逃跑，并在大多数社会性哺乳动物中产生特定的身体表情，使血液中的儿茶酚胺水平上升，如肾上腺素和去甲肾上腺素。这就是众所周知的应急反应，如果吓人的物体或情况被移开，几分钟后反应就会消散。

但在现代人的意识中，当回忆以前的恐惧或想象未来的恐惧时，恐惧就会与焦虑的感觉混合在一起。如果想在这里呼应詹姆斯·朗格（James-Lange）的情感理论，我们会把焦虑称为恐惧的知识。我们看到一头熊，害怕地跑开，并产生焦虑。但是，焦虑作为对实际恐惧的预演，至少会在一定程度上引起紧急反应。正是人类新的有意识的想象能力，可以在意识中保持对惊恐情况的模拟，并对其作出持续的反应。如何关闭这种具有生化基础的反应，过去是，而且我认为现在仍然是有意识的人类的一个问题，特别是由此产生的儿茶酚胺水平的增加及其所有的长期影响。我在这里想请你们考虑一下，在公元前第一个千年，在人类学会有意识的思维机制之前，一个人有这些没有自己内在停止机制的焦虑是什么感觉。

这在希罗多德描述的雅典第一部悲剧的著名事件中得到了证明。它只上演了一次。该剧是弗里尼库斯（Phrynicus）的《米利都的陷落》（The Fall of Miletus），描述了公元前494年波斯人洗劫这座爱奥尼亚城市的情景，这是一场发生在前一年的灾难。观众的反应如此极端，以至于整个雅典在几天内无法运转。弗里尼库斯被放逐，从此杳无音讯，他的悲剧也被烧毁。

从羞耻到内疚

我想在这里考虑的第二个生物学情感是羞耻。由于它是一种社会诱发的情感，所以很少在动物或人类身上进行实验研究。它是一种复杂的情感，其发生的刺激往往与维持高度社会性动物的等级关系有关，并且是对被等级群体拒绝的顺从反应。虽然这种生物学上的羞耻感在食肉动物群体中显然是一种控制机制，但在灵长类动物中更为明显，特别是在人类中。我们似乎羞于谈论羞耻感，事实上，作为成年人，我们过去一直被羞耻感所左右，局限于一个狭窄的社会可接受的行为范围内，以至于很少引发羞耻。

但是，当我们回想自己的童年，被同龄人群体拒绝的刺痛、悸动的创伤，害怕不恰当地从私人领域跨越到公众面前的畏惧，当我们这样做时的烦恼，特别是在性和排泄功能方面，别人或我们自己的厕所事故；但也有较为温和的形式，希望穿得与其他孩子一样，希望收到尽可能多的情人节礼物，与其他人一起晋升，或者希望父母在财富、健康或承诺方面与其他人的父母相同，或者不被他人殴打或嘲笑，有时甚至希望在自己真正优秀的情况下却在学业中表现平平——只要能确保自己隐蔽地融入群体中，这些都对我们的发展产生了最强大和最深刻的影响。我们应该记住，随着年龄的增长，我们的同伴越来越少地是直接的同龄人群体，而越来越多的是我们的家庭传统、种族、宗教、工会或职业，等等。

羞愧或耻辱的生理表现当然包括脸红、垂下眼睛和头，以及简单地躲避群体的行为表现。不幸的是，人们对其生物化学或神经学基础一无所知。

如果你想以纯粹的形式感受到羞耻，超越人们对你的期望，只需站在繁忙的街道上，在每个路过的人的头顶上大声喊出分秒的时间，并持续5分钟——或者直到你被带走。这是羞耻，但不是内疚，因为你没有做任何社会教给你是错误的行为。

现在考虑一下有意识的回忆和对未来的想象给这种情感带来了什么。特别要在神的指令具有确定性的二分心智崩溃后，作为行为标志而发展起来的伦理是非环境中考虑这个问题。错误，或者用另一个词来形容，罪孽，或者实际上任何如果被知道会把我们从社会中驱逐出去的事情，或者似乎会把我们从社会中驱逐出去的事情，都可以从过去回忆起来，并为未来担忧。这就是我们所说的内疚。公元前1000年以前，没有人感到内疚，即使羞耻感是群体和社会团结的方式。

为了表明相对于羞耻感的内疚感在此时是一种新的情感的证据，我想举出一个证据，而且是众所周知的证据。[24] 这就是俄狄浦斯的故事。它在《伊利亚特》的两行和《奥德赛》的两行中被提及，我认为我们可以将其视为真实的故事，因为它是从二分心智时代传下来的。这个故事似乎是关于一个人杀了他的父亲，然后无意中娶了他的母亲，从而成为底比斯的国王，接着与他的母亲生了几个孩子——兄弟姐妹。后来他发现了自己的所作所为，当然感到羞耻，因为乱伦一直是一个禁忌，但又显然从这种羞耻中恢复过来，此后与他的妻子--母亲过着幸福的生活，并在后来某个时候以皇家荣誉去世。这是公元前800年左右写下的，但这个故事发生在那之前几个世纪。

仅仅四百年之后，我们就有了索福克勒斯关于这个主题的伟大的三部曲，一部关于未知的罪恶感的戏剧，这种内疚感是如此极端，以至于整座城市因此陷入饥荒；如此强烈，以至于罪犯在发现自己的内疚时不配再看这个世界，用从他母亲--妻子的胸前攥起的胸针将自己的眼睛刺入黑暗，并被他的姐妹--女儿们领走，在科洛纳斯（Colonus）神秘死亡。

再一次地，没有摆脱内疚的生物学机制。如何摆脱负罪感是一个问题，现在已经发展出许多习得的社会重新接受仪式:希伯来人的替罪羊仪式(送走这个词翻译成"宽恕")，希腊人中类似的 Pharmakos 仪式(再次地，表示送走 Pharmakos 的词 aphesis，成为希腊语中的"宽恕"一词)，许多种类的净化仪式，洗礼，taurobolium，朝觐（haj），忏悔（confession），tashlik，弥撒（mass），当然还有基督教的十字架，它带走了世界的罪孽(注意所有这些的隐喻和类比)。甚至把上帝的性质改变为一个宽恕的父亲。

我还想让你在这里注意到，虽然情感通常是离散的，并且在非常具体的情况下被诱发，作出特定类型的反应，但意识中的情感不是离

---

24. E. R. Dodds：《希腊人与非理性》(伯克利: University of California Press, 1951).

散的，可以相互融合和引发。普维（Pve）刚刚说，在内疚中，我们可以对未来的可耻经历感到担忧，这实际上是一种焦虑，因此我们有两种情感，焦虑和内疚，一起成为一种更强大的情感。

从交配到"性"

我在这里要考虑的第三个例子是交配的情感。它在某些方面与其他情感相似，但在其他方面却截然不同。动物研究表明，与大众的想法相反，交配并不是像饥饿或口渴那样的必要驱动力(尽管看起来是因为意识)，而是一种精心设计的行为模式，等待非常具体的刺激触发。因此，大多数动物的交配仅限于一年或一天中某些适当的时间，以及某些适当的刺激集合，如另一方的行为、信息素、光线条件、隐私、安全和许多其他变量。这包括种类繁多的极其复杂的求爱程序，在许多动物中，由于相当微妙的进化优势，这些程序几乎旨在阻止交配而不是鼓励交配，正如人们从自然选择运作的过度简化的想法中所期望的。在类人猿中，与其他灵长类动物不同，交配在自然环境中是如此的罕见，以至于早期的动物行为学家对这些最像人类的物种到底是如何繁殖的感到困惑。也许二分心智人也是如此。

但是，当人类可以意识到自己的交配行为，可以回忆过去，想象未来时，我们就处在一个完全不同的世界，事实上，一个对我们来说似乎更熟悉的世界。试着想象一下，如果你不能对性产生幻想，你的"性生活"会是什么样子。

这种变化的证据是什么?我想，研究古代世界的学者们会同意，我所说的二分心智世界，也就是公元前1000年以前的壁画和雕塑是贞洁的;几乎不存在带有性内容的描述，尽管有例外。现在摆在雅典国家博物馆二楼的来自二分心智的塞拉的朴实无华的壁画就是很好的例子。

但随着意识的出现，特别是在证据最明确的希腊，这些早期希腊社会的遗迹却一点也不纯洁。[25] 从公元前七世纪的花瓶画开始，随着对新的半兽人、猥琐的色情狂（ithyphallic satyrs）的描述，性似乎确实是一个突出的关注（concern）。我的意思是使用"关注"这个词，因为它乍一看并不只是色情的刺激。例如，在爱琴海的提洛岛（Delos）上，有一座巨大的阴茎勃起的神庙。

遍布阿提卡（Attica）的界石都是所谓的赫尔墨斯（herms）的形式：大约四英尺高的方形石柱，顶部通常雕刻着一个赫尔墨斯的头像，柱子上唯一的其他雕塑特征是在适当的高度有一个勃起的阴茎。这些赫尔墨斯不仅不像对今天的孩子们那样引发笑声，反而被认为是严肃而重要的，因为在柏拉图的《会饮篇》中，醉酒的将军阿尔西比亚德（Alcibiades）"损毁赫尔墨斯"，显然是用他的剑敲掉了雅典城周围这些突起，被视为一种亵渎。

在挖掘过程中发现了大量由石头或其他材料制作的直立阴茎。有阴茎的护身符。花瓶画展示了裸体女舞者在酒神崇拜中摆动阴茎。一段铭文描述了即使在战争时期也要采取的措施，以确保阴茎游行队伍能安全进入城市。殖民地有义务将阴茎送到雅典参加伟大的酒神节。甚至亚里士多德也提到了通常在伟大悲剧的仪式表演之后进行的阳具滑稽剧或色情狂剧。

如果这就是全部，我们也许可以同意维多利亚时代的解释，即这种阳具崇拜只是一种客观的生殖仪式。但是，在有意识的幻想出现之后，实际的性行为证据表明情况并非如此。到公元前四世纪，据说是由梭伦创立的妓院无处不在，种类繁多。花瓶画描绘了每一种可能的性行为，从手淫到兽交到人类的3P，以及各种可能形式同性恋。

后者确实是在这个时候才开始的，我认为部分是由于人类新的幻想能力。《荷马史诗》中完全没有同性恋的内容。这与弗洛伊德最近的一些解释，甚至这一时期的古典参考文献(特别是在柏拉图在《法律篇》中禁止同性恋，认为其违背物理或自然)相反，他们在

---

25. 这些信息和参考资料大多可以在 Hans Licht：《古希腊的性生活》(伦敦: Routledge, 1931)中找到，或在 G. Rattray Taylor：《历史中的性》(纽约:Vanguard Press, 1954) 中看到。

荷马中寻求对同性恋的授权，将其投射到阿喀琉斯和帕特洛克罗斯（Patroclus）之间的牢固关系中。

再一次，我想让你考虑一下2500年前的问题，当人类第一次有意识，第一次可以对性进行幻想，他们如何学会控制性行为以实现一个稳定的社会。特别是由于男性的勃起组织比女性更突出，而且即使是部分勃起的反馈也会促进性幻想的持续(这一过程被称为募集反应)，我们可能认为这更多是一个男性问题而不是女性问题。也许为了这种控制而产生的社会习俗导致了更大的社会性别分离(这在柏拉图时代是显而易见的)，同时也加强了男性的主导地位。我们可以从这方面考虑现代正统的穆斯林社会，其中女性裸露脚踝或一绺头发会受到法律的惩罚。

我当然会承认，在我所说的证据中存在很大的空缺。当然还有其他的感情，比如愤怒成为我们的仇恨；或者更积极的，比如随着意识的神奇接触而变得快乐的兴奋，或者意识化为爱的归属感。我选择了焦虑、内疚和性作为最重要的社会因素。持弗洛伊德观点的读者会注意到，他们的理论研究可以从这里开始。我希望这些假说可以为比我更有能力的历史学家提供一种新的方式来看待在人类历史上这个极其重要的时期，在这一时期，我们所认为的现代心理学和人格中许多东西都是第一次形成的。

还有很多事情要做，还有很多历史和理论的海湾和入口需要探索。追溯古代的心灵是一个持续的过程，它会带来新的见解和发现。由于我不懂中文，我无法在书中处理这部分材料。但令我欣喜的是，我的同事迈克尔·卡尔 (Michael Carr)，一位中国古文献专家，正在用一系列权威论文中弥补这一不足。[26] 这里的年代与希腊的大致相同，这使得一些学者称这一时期称为"轴心时代"。

一些学者已经探索了文学理论的分支，特别是朱迪斯·韦斯曼 (Judith Weissman)，她的书名为《视觉、疯狂与道德：诗歌与二

---

26. Michael Carr：《〈诗经〉中的心"Heart, Mind"侧记》摘要，见《第31届CISHAAN会议论文集》，东京和京都，1983，824-825；《中国古代死者的装扮》，见《亚洲和非洲语言的计算分析》，1985，1-107。

分心智理论》(Vision, Madness, and Morality: Poetry and the Theory of the Bicameral Mind)，在我撰写本文时即将完成。[27] 托马斯·波西 (Thomas Posey) 正在继续他的语言幻觉研究，罗斯·麦克斯韦 (Ross Maxwell) 正在做进一步的历史研究，还有其他许多人，如 D. C. 斯托夫 (Stove)，[28] 我也感谢他们的支持和鼓励。

---

27. 她的一篇论文的题目也是这样：《视觉、疯狂与道德：诗歌与二分心智理论》，见《佐治亚评论》，1979, 35:118-158。另见她的《在耳边的某处:叶芝的训诫性神灵》，*Pequod*, 1982, 74:16-31。
28. D. C. Stove:《神谕及其终止：向朱利安·杰恩斯致敬》，见《邂逅》，1989, pp. 30-38。

图片

第 34、84、86、99 页由本书作者绘制；

第 117 页由 Christiane Gillièron 根据 J. Perrot 的照片绘制；

第 124 页来自 J. Mellaart,《近东最早的文明》(伦敦: Thames and Hudson, 1965);

第 125 页经 Ekrem Akurgal 许可；

第 138 页根据 Mellaart；

第 139、184 页由 Susan Hockaday 绘制；

第 164 页由 Carol Goldenberg 绘制；

第 142 页经 Francis Robicsek 许可；

第 159 页改绘自 Henri Frankfort,《王权与神祇》(芝加哥: University of Chicago Press, 1948)。

第 304 页上的诗句来自 William Empson 的《教义点》(Doctrinal Point) 和《最后的痛苦》(The Last Pain), 载于《William Empson 诗集》。经 Harcourt Brace Jovanovich 许可转载。

朱利安·杰恩斯 (Julian Jaynes) 于 1920 年出生于马萨诸塞州西牛顿。他曾就读于哈佛大学，在麦吉尔大学获得学士学位，并在耶鲁大学获得心理学硕士和博士学位。1966 年至 1990 年，杰恩斯博士在普林斯顿大学心理学系授课。他广泛地发表文章，在职业生涯的早期阶段专注于动物行为研究。后来，他将思考和精力重新转向人类意识研究，最终完成了他的开创性且唯一出版的著作，《二分心智崩溃中意识的起源》，该书于 1978 年获得国家图书奖提名。这本书被许多人认为是二十世纪最重要和最具争议的书籍之一。1997 年 11 月 21 日，杰恩斯博士中风去世。

要了解有关朱利安·杰恩斯理论的更多信息，请访问朱利安·杰恩斯协会 JULIANJAYNES.ORG

www.ingramcontent.com/pod-product-compliance
Lightning Source LLC
Chambersburg PA
CBHW030611100526
44585CB00032B/224